거의 모든 저항운동의 전시장
현대 인도 저항운동사

현대 인도 저항운동사 : 거의 모든 저항운동의 전시장

발행일 초판1쇄 2013년 10월 25일 | **지은이** 한형식·이광수
펴낸이 유재건 | **편집** 김효진 | **디자인** 서주성 | **펴낸곳** (주)그린비출판사 | **등록번호** 제313-1990-32호
주소 서울 마포구 동교로17길 7, 4층(서교동, 은혜빌딩) | **전화** 02-702-2717 | **이메일** editor@greenbee.co.kr

ISBN 978-89-7682-529-2 03910

이 도서의 국립중앙도서관 출판시도서목록(CIP)은 e-CIP홈페이지(http://www.nl.go.kr/ecip)와 국가자료공동목록시스템 (http://www.nl.go.kr/kolisnet)에서 이용하실 수 있습니다.(CIP제어번호: CIP2013021022)

Copyright©2013 한형식·이광수
저작권자와의 협의에 따라 인지는 생략했습니다. 이 책은 지은이와 (주)그린비출판사의 독점계약에 의해 출간되었으므로 무단전재와 무단복제를 금합니다. 잘못 만들어진 책은 서점에서 바꿔 드립니다.

나를 바꾸는 책, 세상을 바꾸는 책 www.greenbee.co.kr

새움총서_04

거의 모든 저항운동의 전시장

현대 인도 저항운동사

한형식 · 이광수 지음

그린비

차례

들어가며 _ 왜 아시아인가, 왜 인도인가 9

1장 _ 독립 이후 인도 현대사(1947~2011) 15
독립과 국가자본주의 체제의 성립 16
인디라 간디의 통치 22
정치적 혼란과 신자유주의의 도입 29
종교공동체주의 36
UPA 정권 1기 39
UPA 정권 2기 45
신자유주의 개혁의 내용 49
①재정 정책 49 | ②산업 정책 50 | ③무역 정책 52 | ④농업 정책 55 | ⑤금융 정책 56
신자유주의 경제 개혁의 영향(1991~2009) 57
①재정 부문 58 | ②금융시장 59 | ③무역 부문 59 | ④노동 부문 60 | ⑤농업 부문 62 |
⑥서비스 산업 부문 64
2기 UPA 정권 이후 현재까지의 경제 상황 65
①도시화와 빈곤의 확대 67 | ②식량 문제 71 | ③공기업 사영화 72 | ④물가 문제 73 |
⑤경상수지 적자 문제 74 | ⑥제조업 취약 문제 76 | ⑦제조업의 미래? : 제약 산업과 초저가
상품 생산 79 | ⑧12차 5개년 계획 83

2장 _ 공산당 운동과 노동운동 85
인도 공산당의 역사 88
① 레닌과 로이의 논쟁 88 | ② 인도공산당의 분열 91 | ③ 당의 분열과 CPI-M의 창설 95 | ④ 인도공산당의 지지 기반 98 | ⑤ CPI-M의 경우 100 | ⑥ 당 분열의 또 다른 원인 : 중-소 분쟁 101 | ⑦ 1964년 이후의 역사 103 | ⑧ 비상통치와 그 이후의 공산당 운동 106 | ⑨ 신자유주의 이후의 공산당 운동 109 | ⑩ 2011년 좌파의 퇴조 112
노동운동 114

더 생각해 볼 문제 #1 _ 인도에서 공산당과 노동운동은 과연 실패했는가? 123
께랄라에서 공산당의 집권 124
서벵갈, 공산당 34년간 통치하다 128
서벵갈 공산당의 변화와 패배 135
노동조합과 노동자 투쟁 141

3장 _ 반카스트 운동 149
카스트 개념 정리 150
불가촉천민, 지정 카스트, 하리잔 그리고 달리뜨 152
암베드까르의 달리뜨 해방운동 156
반카스트 운동의 재활성화 163
① 달리뜨 팬더 운동 163 | ② 달리뜨 국제화 운동 168 | ③ 달리뜨의 정치세력화 : BSP 174
여타후진계급 운동 175

더 생각해 볼 문제 #2 _ 반카스트 운동은 계급운동인가? 181
불가촉천민 투쟁은 왜 좌파 진영에서 배제되었는가? 181
여타후진계급의 부상 183
달리뜨 팬더 187
대중사회당의 정치세력화 189

4장_농민운동 195

농민운동의 두 흐름 196
농민운동의 전개 : 페전트 무브먼트 199
떼바가 봉기와 뗄랑가나 봉기 200
파머스 무브먼트 205
농민운동의 대안적 실천들 211
① 까르나따까 농업연맹 211 | ② 데칸발전협회 213
낙살 반군 216
신자유주의 이후의 인도 농촌과 농민 224

더 생각해 볼 문제 #3 _ 농민운동은 어디로 가는가? 233

농업 개혁과 농민저항운동 233
낙살 반군, 공산혁명으로 체제 전복을 꾀하다 245

5장_여성운동, 환경운동, 부족민 운동 257

여성운동 258
국가 주도의 여성운동 265
환경운동 268
부족민 운동 277
신자유주의 이후의 부족민 운동 283

6장_ 향후 대안 모델을 께랄라에서 찾아보다 287

전체적 개괄 288
께랄라 모델의 성립과 전개 : 께랄라 공산당의 역사를 중심으로 292
께랄라 공산당의 역사 293
새로운 께랄라 모델 304
① 새로운 발전국가 306 | ② 사회주의와 자본주의의 공존 308
③ 사회적 필요에 지향된 경제 308 | ④ 참여민주주의 310
빤짜야뜨 제도의 부활 311
빤짜야뜨에 대한 평가 314
인민계획 캠페인 318
새로운 께랄라 모델 이후 께랄라의 현황 326
ADB 차관과 께랄라 모델의 쇠퇴 333
새로운 께랄라 모델에 대한 평가 340

참고문헌 344
찾아보기 349

| 일러두기 |

1 이 책의 '들어가며'와 1~6장은 한형식이 집필했고, '더 생각해 볼 문제'는 이광수가 인터넷신문 『레디앙』(redian.org)에 2012년 11월 12일부터 2013년 2월 26일까지 '현대 인도인민의 역사'라는 제목으로 연재한 글을 재편집해 실은 것이다.
2 단행본·정기간행물 등에는 겹낫표(『』)를, 논문, 성명서, 영화 등에는 낫표(「」)를 사용했다.

들어가며_왜 아시아인가, 왜 인도인가?

아시아 그중에서도 보통 한중일 삼국을 지칭하는 동북아시아 외의 지역이 나의 주된 관심사였던 적은 별로 없었다. 우리 사회의 대부분 사람들에게도 그러할 것이다. 특히 좌파 진영 내에서 유럽 이외의 지역에 대한 관심은 최근에 반짝했던 라틴 아메리카에 대한 관심 정도인 것 같다. 돌이켜보면 좌파 진영 내에서 비서구 사회에 대한 관심이 적었던 것은 어제 오늘의 일도 아니고 냉전과 급속한 근대화를 고통스럽고 숨가쁘게 겪어 낸 우리나라의 풍토에서는 당연한 현상일 수도 있다. 그럼에도 내가 기억하기에 1980년대에는 아시아, 라틴 아메리카, 아프리카에 대한 관심이 지금보다는 높았던 것 같다.

    그것은 아마 시대 상황과도 관련이 있을 것이다. 우리 세대는 베트남전을 간접적으로나마 체험한 세대다. 주변에서 베트남 참전 경험을 가진 이를 어렵지 않게 볼 수 있었다. 그들의 때로는 과장 섞인 전쟁담을 직접 듣기도 했고 학교와 뉴스에서 베트남전을 소재로 한 반공 선전을 수도 없이 받아야 했다. 대학에 들어가서는 리영희 선생의 베트남 전쟁에 관한 글들을 자연스럽게 읽었다. 참, 크메르 루주의 대학살을 다룬 「킬링 필드」라는 영화가 전 세계적으로 유포된 것도 대학 신입생 무렵이었다.

그러나 1990년대가 되면서 베트남과 아시아에서의 공산주의는 일상에서도 의식적인 학습에서도 사라졌다. 베트남, 캄보디아, 라오스의 실용 노선과 급속한 자본주의화 그리고 한국과의 화해 이야기만 간간이 언론을 통해 들었을 뿐이다. 베트남 외의 다른 아시아 국가들에서의 공산주의 운동에 관한 이야기를 접할 기회는 더구나 없었다. 인도네시아의 공산당이 비공산권 국가 중에서 가장 많은 당원을 가진 당이었다는 사실이나 또 이들이 20세기를 통틀어 가장 큰 규모의 대학살 중 하나로 인해 붕괴되었다는 사실을 내가 알게 된 것도 몇 년이 채 되지 않았다.

내가 아시아, 라틴 아메리카, 아프리카의 저항운동들에 관심을 다시 가지게 된 것은 그 지역 자체에 대한 관심에서가 아니었다. 한국 진보 진영의 지나친 유럽 '이론' 지향성이 우리 사회에 도대체 실효성이 있는가에 대한 반성이 비서구에서의 저항적 '실천'에 대한 관심으로 나를 이끌었다. 우리 사회가 지금과는 다른 사회가 되어야 한다고 생각하는 이들이 다른 세상의 구체적 모습과 실현 과정을 고민할 때 참조할 수 있는 역사적 경험들이 좀더 다양해져야만 한다고 나는 생각한다. 특히 좌파적 관점의 사람들에게는 실천적 관점이 더 절실하다. 그런 의미에서 나의 앞선 책 『맑스주의 역사 강의』에서 이렇게 말했다. "맑스주의가 사변적 이론이 아니라 실천을 위한 담론이라는 데는 누구나 동의할 것입니다. 그럼에도 학계 내의 관심에만 몰두한 유럽 좌파 학자들의 주장을 수십 년간 목숨 바쳐 투쟁한 수많은 민중의 이야기보다 더 중요하게 다루는 한국 좌파들의 풍토는 지극히 비맑스주의적이라 할 수 있습니다."

유럽 '이론' 지향성이 세상 일들에 대해 균등한 관심을 가지지 못했다는 점에서만 문제라는 것은 아니다. 1960년대 이후 유럽 진보 이론의 특정한 경향도 문제다. 서구의 진보 세력에게 흔한 담론 하나는 '민주주의의 심화'(deepening democracy)가 모든 문제의 해결이라는 것이다. 이들은 현실사회주의와 복지국가의 모델이 붕괴된 지금 신자유주의에 맞설 수단은 민주주의를 심화하는 것이라고 말한다. 그러나 이런 민주주의는 아직 존재한 적이 없으므로 구체적으로 어떤 것인지 알 수가 없다. 이것은 모든 대안의 공통점이다. 아직 완성되지 않았으므로 현재의 대안인 것이다. 그러나 민주주의의 '불충분한' 형태는 이미 존재한다. 자유민주주의와 사회민주주의가 이미 그 한계를 드러내었으면서도 유지되고 있다. 급진적 민주주의자들의 주장은 사회민주주의보다 오히려 자유민주주의의 주장과 유사하다. 개인의 자유와 국가로 대표되는 권위적 통제장치의 대립을 강조하고 다원주의를 주장하는 급진민주주의의 가치가 자유민주주의의 주장 그리고 신자유주의의 주장과 다른 점보다는 유사한 점이 더 많다는 것은 많은 이들이 지적한 바다. 게다가 급진민주주의 담론은 신자유주의를 비판하지만 신자유주의를 신보수주의의 경제 철학, 경제 정책만으로 한정시키고 자신들의 입장과는 다르다고 말한다. 그러나 신자유주의를 넘어설 경제적 대안을 제시하지 못한다면 인간의 얼굴을 한 신자유주의에 지나지 않는다는 비판을 완전히 피할 수는 없다. 정치나 이데올로기의 측면에서 신자유주의를 비판하는 접근법이 지금 정세에서 문제가 되는 것도 이런 맥락에서이다. 이런 접근법은 본질적으로 경제 철학과 경제 정책의 패키지인 신자유주의를 이해하지 못하게 만든다. 또 신자유주의의 정치적 측면에 대한 비판이 아니라, 경제가 아닌 정치와 철학으로서의 신자유주의라는 잘못된 관점을 정당화한다. 그래서 신자유주의의 부작용을 윤리적 문제이거나 민주주의와 인권에 대한 공격의 문제로 환원시켜 버린다. 이런 주장은 결국 기껏해야 미국의 민주당이나 유럽의 제3의 길 노선 정도를 대안으로 받아들이게 한다.

또 이런 논자들은 구호 단체나 NGO들의 활동을 과대평가한다. 그 활동이 가지는 한계와 문제점들이 많이 폭로된 지금도 그들의 부정적 측면을 지적하면 아무 대안도 없기 때문에 이나마라도 받아들이라고 우리를 윽박지른다. 이것은 지난 20년간 한국 진보운동을 질식시켰던 비판적 지지론의 논리와도 같다. 그러나 나는 그들에게 말하고 싶다. 당신들은 다른 더 급진적인 대안이 수많은 이들에 의해 얼마나 정열적으로 실험되고 있는지 알려고는 했는가? 아시아와 라틴 아메리카 그리고 아프리카 일부 지역에서 지금도 이어지는 민중들의 자생적인 저항·대안 운동에 조금의 관심도 기울이지 않고, 심지어 고의적으로 외면하고 은폐하는 지배 집단의 논리와 한편이 되어 있는 것은 아닌지 반성해 보라. 당신들이 보려하지 않더라도 우리 민중들이 직접 다른 나라의 민중들과 연대하며 서로의 경험에서 배울 것이다. 현학적 말투와 개량적 속내로 우리를 가르치려 하지 마라.

아시아의 여러 나라들 가운데에서 인도의 저항운동에 대한 책을 먼저 내는 것은 인도가 세계에 현존하는 거의 모든 저항운동의 전시장이라 할 수 있을 만큼 다양한 실천의 사례들을 가지고 있기 때문이다. 뿐만 아니라 이 다양한 운동들이 서로 맺고 있는 관계가 역시 전 세계적 상황의 압축판이라 할 만하다. 한편으로 인도는 아시아의 어떤 나라보다도 서구와 많은 연결망을 가지고 있다. 우리나라보다 더 서구의 영향을 강하게 받고 동시에 서구에 많은 자극을 주고 있다. 한국 지식인들이 서구 사조를 수입하는 데 열을 올리고 있지만 인도의 신속함과 방대함을 따라잡기는 불가능하다. 다른 한편으로는 서구에서는 구좌파로 명목만 남은 공산주의자들이 지금도 저항운동의 가장 강력한 중심이다. 또 중국에서도 옛이야기가 된 마오이스트들이 전 국토의 절반 가까이에서 영향력을 행사하고 있는, 다른 어느 나라에도 없는 독특한 억압과 저항의 상황이 벌어지는 곳이기도 하다.

    1991년 신자유주의 경제 개혁이 본격화된 이후로 상황은 더욱 악화되고 있다. 집권 세력은 신자유주의에 인간의 얼굴이라는 가면을 덧씌워 가장하고 있지만 본질은 변하지 않았다. 이런 상황에서 인도인들은 우리가 상상하는 이상으로 다양한 방식으로 그러나 강력하게 자신들을 억누르는 힘에 맞서고 있다. 이제 서구인들의 각색을 통해서가 아니라 우리 스스로의 눈으로 인도 민중의 절망의 깊은 골과 그에 맞서는 투쟁의 높은 산을 있는 그대로 마주할 때가 왔다. 인도, 아시아, 아니 인간이 사는 세상은 어디나 울퉁불퉁하다.

    이 책의 원형은 2011년 한 해 동안 세미나네트워크 새움의 아시아 저항운동 세미나에서 류화영, 박준규, 박지예, 이종필, 진용주, 한형식이 함께 읽은 자료들과 세미나 발제문들을 정리한 것이다. 초고가 나오고 출판될 때까지 인도의 정치 지형에 공산당 주 정부의 실각이라는 큰 변동이 있었기 때문에 일부 보충과 수정이 있었다.

    인도 통사 한 권도 읽어 본 적이 없었던 비전문가들의 공부 모임이라 어려움이 많았지만 앞서 연구한 분들의 귀중한 자료로부터 많은 것을 배울 수 있었다. 우리가 한 일은 이 자료들을 재구성한 것뿐이다. 그래서 저서라기보다는 자료집이라는 말이 어울릴 것이다. 그나마 책의 꼴을 갖출 수 있었던 것은 인도 전공자인 부산외국어대 이광수 교수의 도움 덕분이다. 이광수 교수는 『레디앙』에 연재한 글들을 마음대로 사용하도록 허락해 주셨다. 우리가 정리한 본문에 비해 훨씬 쉽고 요령 있게 쓰여진 이광수 교수의 글 일부를 2, 3, 4장 뒷부분에 해제('더 생각해 볼 문제')로

넣었다. 또 인도에서 사회학을 공부한 정호영 박사는 내용에 대한 자문은 물론이고 적절한 사진 자료를 찾아주는 수고를 아끼지 않았다. 두 분에게 진심으로 감사드린다. 새움에서는 앞으로도 아시아의 저항운동을 소개하는 책을 계속 낼 계획이다.

책 뒤에 실은 자료 목록이 우리가 사용한 것인데 독자의 편의를 위해 본문에서 일일이 인용 표시를 하지는 않았다. 사용한 모든 자료의 원저자들에게 감사드린다.

아시아 저항운동 세미나를 대표하여 한형식 씀

1장
독립 이후 인도 현대사
(1947~2011)

1장_독립 이후 인도 현대사(1947~2011)

독립과 국가자본주의 체제의 성립

영국인들은 문호 셰익스피어를 인도와도 바꾸지 않겠다고 했다 합니다. 어디에서 나온 이야기인지는 모르겠지만 역사적 사실을 보면 마음에 없는 말이었음이 분명합니다. 영국의 부(富)는 갠지스 강의 부를 스펀지로 빨아들여 템스 강에 짜놓은 것이라고 영국 총독 스스로가 인정한 것처럼 영국은 인도의 부를 포기할 수 없었습니다. 하지만 식민지의 민족해방운동이 갈수록 강력해지자 더 이상 식민지 직접 지배를 고수하는 것이 이롭지 않다는 판단을 합니다. 영국은 1946년에 내각위원회(Cabinet Mission)를 파견하여 연방제를 기본 골자로 한 인도의 독립을 약속합니다. 이것은 영국의 이해관계를 최대한 확보하면서 인도 독립 과정과 그 이후를 자신들이 통제하려 한 것입니다. 인도국민회의(Indian National Congress)와 무슬림연맹(All-India Muslim League)은 이를 받아들였으나 임시정부를 비롯한 몇몇 사항에 대해 합의를 보지 못하였고, 독립된 인도의 미래를 놓고 힌두-무슬림 사이의 갈등이 커지면서 폭력 참사가 잇따랐습니다. 결국 1947년 이슬람 문화권은 파키스탄으로 나머지는 인도로 분리되어 독립합니다.

독립 직후 구성된 제헌의회에서 현재까지 인도를 지배하는 몇 가지 원칙들이 헌법을 통해 확립되었습니다. 독립 당시의 회의당(인도국민회의)은 마하뜨마 간디(Mahatma Gandhi)의 카리스마를 등에 업고 자와하를 네루(Jawaharlal Nehru)가 주도하는 정당이었습니다. **네루 지도하의 회의당은 세속주의와 사회주의 원칙에 입각해 근대적이고 자유로운 인도, 공화정, 하원에 의해 수상이 선출되는 영국식 양원제를 채택**합니다. 정교를 분리시키는 서구식 세속주의와 달리 인도의 세속주의는 다양한 종교들의 공존을 의미합니다. 또 사회주의 원리를 반영한 인도 헌법은 **사유재산권과 경제적 정의를 둘 다 지향했고 국가 주도 경제 모델**을 받아들입니다.

회의당은 식민지 시대인 1938년에 벌써 국민계획위원회(National Planning Committee)를 설립한 바 있습니다. 시장경제는 엄격히 통제되고 지도되어야 한다고 생각했기 때문입니다. 국가 주도의 계획이 인도 사회·경제 변혁의 주요 수단으로 채택됐습니다. 국가는 '자유'를 위해서 사회간접자본 건설, 경제의 생산적 기반 강화 및 확대, 새로운 금융 기관 설립, 경제활동 규제 및 조정의 역할을 주도적으로 맡았는데, 이때 '자유'란 중심부의 지배로부터의 자유를 의미했습니다. 즉 구(舊)식민 세력의 영향을 벗어나 독자적인 경제를 건설하는 데 있어 계획이 유용한 수단이라고 판단한 것입니다. 그래서 **'국가자본주의'(state capitalism)와 '국가개입'(state intervention)은 '독립적인 인도 자본주의 발전'을 위한 필수적 도구**가 됩니다.

독립 후 인도 산업 정책의 기조는 '허가(license)에 의한 산업 통제'입니다. 이는 1945년 식민지 정부가 발표한 산업 정책 성명을 이어받은 것으로 전시경제체제의 흔적을 가지고 있었습니다. 중앙정부와 주(州)

정부가 허가제를 통해 산업을 통제하고 군수, 공익 사업, 철도 등의 기간산업은 국유화하려 합니다. 그러나 계획경제에 모두가 찬성한 것은 아닙니다. 독립을 전후해서 계획경제에 대한 논쟁이 벌어졌는데, 이때 봄베이(1995년부터 '뭄바이')의 기업가 집단은 네루의 계획경제안을 경제 자유화의 방향으로 크게 수정하도록 압력을 가합니다. 인도의 대자본가들은 여럿이 합의하여 흔히 '봄베이 플랜'(Bombay Plan)이라 불리는 '인도 경제 개발 계획'(A Plan of Economic Development of India)을 발표했고 네루는 그 계획을 상당 부분 수용했습니다. 회의당이 토착 자본가들을 무시할 수 없었던 것은 그들이 정치자금의 주요 공급원이자 가장 중요한 지지 기반이었으며, 국민회의에 직접 참여해 활동하고 있었기 때문입니다.

대표적인 토착 자본가 집단으로는 지금도 인도에서 가장 큰 재벌인 따따(Tata)와 비를라(Birla) 그룹이 있습니다. 이들은 19세기 후반에 상인 계층의 혈족공동체에서 시작해 식민지 시절에 이미 섬유, 철강, 호텔, 전력 등의 사업을 벌이고 있었습니다. 비를라 그룹의 창업주인 G. D. 비를라(Ghanshyam Das Birla)는 간디의 개인비서이자 자금원으로도 유명합니다. 인도도 우리나라처럼 재벌의 경제력 독점이 심각한 문제인데, **인도 재벌들은 정치인이나 관료 등과 부패를 통한 유대 관계를 맺고 정부 정책을 자신들에게 유리하게 작용하게 함으로써 부당한 이익을 추구하는 방식으로 성장했습니다.** 또 시장 실패와 제도의 미비를 보완하기 위한 기업 경영 자체의 필요도 재벌이 생겨난 한 원인이 되었습니다. 결과적으로 1948년에 제출된 산업정책결의(Industrial Policy Resolution)에서는 통제적 성격이 훨씬 약화됩니다.

1950년에 네루의 유력한 경쟁자였던 빠뗄(Vallabhbhai Jhaverbhai Patel)이 사망합니다. 이를 계기로 회의당의 실권을 완전히 장악한 네루는 다시 경제 통제를 강화합니다. 이를 위해 이 해에 계획위원회(Planning Commission)가 설립됩니다. 다음 해인 1951년 겨울에 최초의 보통선거가 실시되었습니다. 식민지 시기인 1937, 1946년에 치러진 선거의 경험을 통해 투표를 통한 의회정치를 모든 집단들이 정당한 정치 방식으로 인정했기 때문에 '지구 최대의 민주주의 국가'라는 실상과는 어울리지 않는 별명을 얻기도 합니다. 이 선거에서 486석 중 364석을 얻은 회의당이 집권합니다.

비를라 그룹의 창업주인 비를라는 간디의 개인비서이자 자금원으로도 유명하다.

집권한 회의당 정부는 5년 기간의 제1차 계획 초안을 공포합니다. 1차 계획(1951~1956)은 농업에 집중했고 2차 계획(1956~1961)은 산업에 초점을 맞추었습니다. **모든 5개년 계획들은 소득과 부의 불평등을 감소시키는 것을 목표로 제시했지만 실제 정책에서는 선거를 의식한 제스처 이상은 아니었습니다.** 경제적 불평등 문제에 둔감했다고 해서 고도성장을 이룩한 것도 아닙니다. 1950~1951년부터 1990~1991년까지 40년 동안 인도의 국내총생산량(GDP)은 약 4배, 즉 연평균 3.9% 증가했습니다. 같은 기간에 인도의 인구가 3억 6천 1백만 명에서 8억 4천 4백만 명으로 약 134% 늘어났기 때문에 개인별 실제 소득은 연평균 겨우 1.7%씩 증가하는 데 그친 것입니다. 이 수치는 파키스탄(2.5%), 인도네시아(4.4%), 타이(4.2%), 중국(5.1%) 및 한국(7%)을 포함한 다른 아시아 나라들의 증가율에 비해 훨씬 낮은 것입니다.

네루는 1차 계획 기간 중인 **1954년**에 넓은 의미의 사회주의형 사회(socialist pattern of society)를 인도 발전의 전체적인 목적으로 설정합니다. 즉 "주요 생산수단을 사회적 소유나 통제하에 두는 사회주의적 사회의 건설이라는 전망을 가지고 계획을 실행"한다는 원칙이 공표됩니다. 사회주의형 경제질서를 건설하는 첫 조치는 자민다리(Zamindari)의 폐지였습니다. 자민다르(Zamindar)는 인도 농촌의 봉건적인 중간 계급에서 출발해 지주 계급으로 성장한 집단으로 인도 농토의 대부분을 소유한 계급이고, 자민다리는 그 지주제입니다. 자민다리의 폐지는 곧 농토를 경작자에게 분배하는 토지 개혁을 통해 근대화를 하겠다는 의미입니다. 네루는 1952년에 농촌을 발전 단위로 나누고 각 단위 안에서 훈련된 촌락 단위의 노동자들이 농부들에게 향상된 농사법을 조언하는 방식인 공동체 발전(Community Development) 계획을 제안하고 몇 년 뒤에는 집단농장 결의안을 의회에 제출합니다. 이는 마오이즘에서 영감을 받은 것이었습니다. 그러나 이 안은 1950년대 말 식량 생산이 정체되면서 실행되지는 않았습니다. 결국 **토지 개혁이 제대로 실행된 곳은 공산당이 집권한 지역뿐**이었고 각종 편법과 탈법을 통해 지주 계급의 기득권은 그대로 유지됩니다. 사회주의 사회라는 말이 무색하게도 독립 인도의 경제는 사적 자본주의 부문이 주도했습니다.

제2차 5개년 계획 시기의 네루의 경제 운영은 **'빅 푸시(big push) 공업화 전략'**을 특징으로 합니다. 이것은 로젠슈타인-로단(Paul Rosenstein-Rodan)이 제안한 개념으로, '개발도상국은 대규모 투자를 통해 한 번에 비약적으로 정체에서 벗어나지 않는 한 저소득 상태로부터 탈출하기 어렵다'는 생각을 전제로 해, **단기간에 대규모 자원을 투입하는 급속한 중공업화를 지향**합니다. 네루는 5개년 계획을 통해 단기간에 중공업화를 달성한 소련의 경험을 염두에 두고 있었습니다. 1956년에 발표한 산업정책결의에 따라, 국민경제의 기초가 되는 중화학 공업으로 대표되는 기간산업의 운영은 모두 국가가 담당하고 고용 촉진을 위한 소비재 산업과 서비스 산업은 민간 부문에 맡김으로써 국가 부문의 비중이 매우 높은 혼합경제 체제가 성립됩니다. 네루는 이것을 사회주의적이라고 불렀지만 **사적 소유를 온전히 인정했고 계획경제의 운용이 민간 대기업들의 성장에 기여했다**는 점에서 정확하게는 국가자본주의 체제라고 볼 수 있습니다. 그리고 네루의 **개발 전략의 기본은 '수출 비관주의'에 입각한 수입대체산업화 및 국산화 전략**이었습니다. 이런 전략은 인도 경제에서 대기업들의 성장을 도왔습니다. 이로 인해 **산업 자본가**(industrial capitalist class), **부농**(rich farmers), **공공 부문 종사자**(professionals in the public sector)로 이루어진 세 그룹의 **지배 연합**(dominant coalition)이 인도 지배 집단의 자리를 공고히 합니다. 네루형 경제 운영은 1964년 5월 네루의 죽음으로 끝이 납니다.

    네루의 뒤를 이어 수상이 된 샤스뜨리(Lal Bahadur Shastri)는 경제 운영의 분권화를 시도했습니다. 그리고 기간산업 부문에 집중되었던 공공 투자도 농업 부문을 중시해 일부 분산시킵니다. 농업 정책은, 네루가 주도했던 토지 개혁 및 농업협동조합 운동이 추진력을 잃고 화학 비료를 비롯한 근대적 투입재를 통해 생산성 향상을 지향하는 새로운 농업 전략으로 전환합니다. 외국 기업들의 국내 투자도 허용되었습니다. '점진적 자유화' 시대라고 부르는 이 시기는 그러나 오래 가지 못합니다. 1965년에 파키스탄과의 군사 충돌이 일어납니다. 이 사건으로 인도 독립 당시에도 문제가 되었던 힌두교와 이슬람교 간의 갈등이 고조되었고 인도 국내에서 종교공동체주의(communalism)가 확산되는 단초를 제공합니다. 그리고 1965년부터 다음 해까지 대기근이 인도를 덮칩니다. 식량 생산이

19%나 감소해 아직 식량 자급도 안 되던 인도 민중들을 기아 상태로 몰아갑니다. 인도 정부는 식량난을 극복하기 위해 미국의 원조에 의존했습니다. 이 와중에 샤스뜨리 수상이 급사합니다.

인디라 간디의 통치

샤스뜨리의 뒤를 이어 네루의 딸인 인디라 간디(Indira Gandhi)가 수상으로 취임합니다. 인디라 간디는 네루의 세속주의적이고 사회주의적인 가치를 완성하겠다고 공언했습니다. 1966년에 인도 경제는 식량위기 외에도 외환위기도 겪게 됩니다. 세계은행(World Bank)은 외화자금 지원을 조건으로 루피화 평가 절하, 규제 완화, 농업 근대화 계획 등의 추진을 인도 측에 요구했습니다. 이에 따라 인도 정부는 제4차 5개년 계획 추진을 중단하고 1966년~1969년의 3년에 걸친 연차계획(annual plan)을 수립했습니다. 이 시기를 '계획 중단기', 플랜 홀리데이(plan holiday)라고 부릅니다. 우리나라가 국제통화기금(IMF)의 긴급 자금을 받는 조건으로 경제 정책 결정권을 내준 것과 비슷한 상황이었던 것입니다. 그런데 이 정책들은 인도 경제에 더 큰 문제를 일으킵니다. 인도 경제는 '식량 부족-재정적자 팽창-물가 급등'이라는 삼중고에 시달리게 됩니다.

경제적인 어려움이 닥치자 1967년 선거에서 회의당의 의석은 감소하고 공산당이 서벵갈(West Bengal)과 께랄라(Kerala)에서 집권하면서 독립 이후로 유지되어 온 정치 질서에 큰 변화가 나타납니다. 회의당 안에서도 분열이 일어나 회의당-I 가 설립됩니다. 여기서 'I'는 인디라 간디의 이니셜입니다. 당명에서도 알 수 있듯이 그녀의 정치적 위상이 높아져 개인의 독단적인 통치가 이루어집니다. 그러나 인도 경제의 정체 상

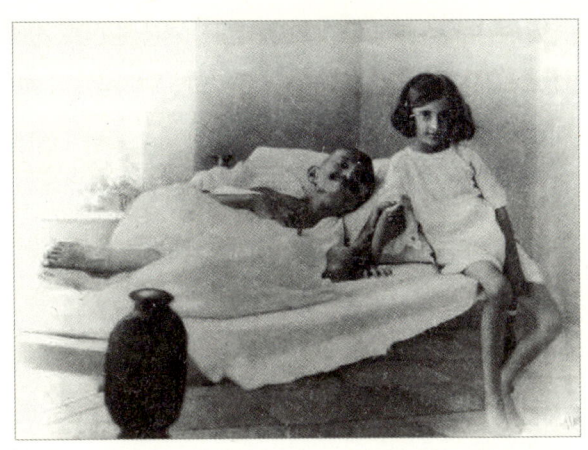
1966년, 샤스뜨리의 뒤를 이어 네루의 딸인 인디라 간디가 수상으로 취임한다. 사진은 마하뜨마 간디와 함께 있는 어린 시절의 인디라 간디.

황은 나아지지 않고 민중들의 삶은 더욱 어려워집니다. 이런 상황에서 인도 저항운동사에서 가장 획기적인 사건이 일어납니다. 마오이즘에 입각한 농민 반란인 낙살 반군(Naxalite) 봉기가 그것입니다.

식량난을 극복한다는 명분으로 포드 재단, 록펠러 재단이 주도하는 녹색혁명(Green Revolution)이 도입됩니다. **녹색혁명은 식량 부족을 해결하기 위해 다수확종으로 개량된 종자를 보급하고 관개망의 정비, 농업 기계의 사용, 화학 비료와 농약의 집중적인 사용을 통해 농업 생산량을 비약적으로 증대시키는 영농 방식을 말합니다.** 즉 농업의 생산력 증대를 위한 근대화라고 할 수 있습니다. 인도뿐만 아니라 우리나라를 비롯한 주변부 농업 국가들에서 미국의 주도로 광범위하게 실행되었습니다. 녹색혁명의 결과 농업 생산은 26%, 국민소득은 9% 상승했고 식량 자급의 가능성이 높아졌습니다.

그러나 녹색혁명에는 단점들도 있었습니다. 먼저 1970년을 정점으로 곡물 생산은 더 이상 증가되지 않습니다. 이것은 녹색혁명이 단기간에 많은 수확을 거두면서 지력을 고갈시키기 때문에 어느 시점에 가면 필연적으로 나타나는 현상입니다. 또 성과가 불균등하게 분배되었습니다. 농업 생산량의 증가는 토지 소유자에게 가장 유리한 결과를 낳았습니다. 소득이 늘었다고 지주에게 세금이 더 부과되지도 않았고 농업 노동자나 소작농에게 주는 몫이 늘어나 재분배가 일어나지도 않았습니다. 이로 인해 **농촌의 빈부격차는 더욱 심각해집니다.** 식량 자급만을 강조하면서 농업 기계화에 필요한 석유, 전기 요금 그리고 비료와 농약 대금에 대해 보조금을 지급하는 정책을 시행하는데, 이 정책은 지주 계급에게만 이익이 돌아갑니다. 이런 부작용에도 불구하고 식량 자급이 중요했던 인도 정부는 1969년부터 시작된 제4차 5개년 계획에서도 녹색혁명 전략을 계획의 중요 내용으로 채택합니다.

1971년에 인디라 간디의 떨어진 인기를 만회시켜 준 사건이 일어납니다. 동파키스탄이라 불리던 방글라데시가 파키스탄으로부터 독립합니다. 파키스탄이 영국으로부터 독립한 후 25년간 서파키스탄 출신의 지배 계층이 동파키스탄의 벵갈 사람들을 착취하고 억압해 왔습니다. 동파키스탄은 인도의 정치적·군사적 후원을 받아 방글라데시 독립공화국이 되었습니다. **파키스탄과 대결하면서 방글라데시 독립을 지원한 인디라 간디는 대중의 압도적인 지지를 이끌어 내면서 인디라 통치(Indira Raj)라고 불리는 권위적 통치 시대를 열었습니다.**

인디라 간디는 회의당의 조직을 통한 정치를 포기합니다. 전통적으로 인도 정당 정치는 **브로커 정치**입니다. 즉 **지방의 세력가들이 자신들의 영향 아래에 있는 민중들의 표를 모아 특정 정당이나 정치인을 지지하고 이에 대한 대가로 특혜를 받는 구조**입니다. 이 구조는 인디라 간디가 마음대로 할 수 없게 견제하는 당내 정치 세력을 만들어 놓았습니다. 그래서 인디라 간디는 당내의 다른 정치인들에게 의존하지 않고 인민들에게 직접 호소하는 길을 선택합니다. 농민들을 동원하고 후진 계급들, 달리뜨, 무슬림의 지지를 얻기 위해 이들에게 특혜와 보호를 제공합니다. 이를 통해 인민주의적 권위주의 체제라고 평가받는 정치 체제를 만듭니다. 하지만 민중들의 지지를 얻는다는 명분으로 내놓은 좌편향 정책들이 실제로 민중들에게는 별로 도움이 되지 못하는 경우가 많았습니다. 재벌 기업들과 정부의 유착 관계가 오히려 강화됩니다. 관료와 정치인들은 허가와 규제권을 자의적으로 운영하면서 자기들과 연결된 기업에 특혜를 줍니다. 이를 통해 '국민회의당 소속 정치인, 관료, 산업 자본가'로 구성된 '철의 트라이앵글'이 정착됩니다. 그래서 탈세, 밀수, 부정, 불법 정치헌금 등이 횡행하는 **블랙머니(black money) 경제, 비공식 경제(parallel economy)가 인도 경제의 특징**이 됩니다.

여기서 인디라 간디 시대의 좌편향 정책들을 간단하게 정리하고 가겠습니다. 인디라 간디는 "경제의 관제고지(commanding height)를 통제하고, 국가 정책 목표에 부합하는 경제 개발에 집중하기 위해"라는 명분으로 소유권을 제한하는 헌법 개정을 합니다. 이에 근거해 주요 14개 상업은행(commercial bank)을 국유화하고 1972년에는 보험 회사를 1973년에는 석탄 산업을 국유화했습니다. 1973년에는 외환규제법(Foreign Exchange Regulation Act, FERA)을 제정해서 외국 자본의 출자비율을 40% 이하로 제한합니다. 그리고 빈곤 추방을 내세우면서 하층민과 좌파 세력의 지지를 끌어냈습니다. 이를 위해 식량 자급 체제를 확립하려 했습니다. 이 목표는 녹색혁명의 결과 어느 정도 달성되었습니다. 또한 인디라 간디는 반미운동을 주도해서 미국과 거리를 두고 소련과의 관계를 증진합니다. 이는 미국이 파키스탄을 원조한 것에 대한 반발이었습니다.

미국의 존슨(Lindon B. Johnson) 대통령은 이에 대응해 인도 원조를 즉각 중단하는데 미공법 480조(흔히 PL 480으로 알려진)에 의해 인도에 제공되던 식량 원조도 끊습니다. 인도는 더욱더 소련에 접근하면서 폐쇄적인 경제 운영을 고수해 나갑니다.

그러나 인디라 간디의 사회주의는 인도 사회에 만연한 빈곤이라는 문제를 해결할 수 없었고, 정부의 부패와 상류층의 공공연한 탈세는 빈곤 퇴치를 거의 불가능하게 했습니다. **겉으로 좌편향을 선전하던 것과는 달리 실제로는 농촌의 상층 계급에 반대하는 정책을 과감하게 실행하지 않았습니다.** 몇 년 뒤인 1976년에도 농촌 빈곤층의 사회적·경제적 상태 개선을 위해 '20조항 계획'(20 Point Program)을 발표했지만 지주, 부농 및 관료의 저항으로 인해 큰 효과를 볼 수 없었습니다. 1960년대 후반부터 장기침체에 빠져 있던 인도 경제는 '질은 나쁘고, 값은 비싼' 인도 상품이 국내 시장을 지배하는 상황이 되었고, 인도 사회는 **'사이비 사회주의 사회'** (**pseudo socialist society**)라는 비판에 직면합니다. 인디라 간디 정부가 내세웠던 빈곤 추방(Garibi Hatao)이라는 구호는 실제로는 '빈곤한 사람들의 추방'(Garib Hatao : elimination of the poor)이었다는 비아냥을 듣습니다. 엎친 데 덮친 격으로 1974년 오일쇼크로 경제위기가 심화되어 20%를 초과하는 초인플레이션(hyper-inflation)이 발생합니다. 당연히 정치적 반대도 격화되었겠죠.

1975년 인도 대법원이 1971년 선거에서 인디라 간디가 당선된 것이 무효라는 판결을 내립니다. 인디라 간디는 최대의 정치 위기에 직면하고 이를 돌파하기 위해 우리나라의 계엄령과 같은 비상사태를 선포합니다. **비상사태를 이용해 정치적 반대파들, 특히 좌파 세력들에 대한 폭력적인 탄압을 자행하고 인민들에게는 규율에 대한 복종과 열심히 노동할 것만을**

강요합니다. 특히 빈민들에 대한 오만한 대응은 민중들의 분노를 불러일으킵니다. 인디라의 차남 산자이(Sanjay Gandhi)는 델리의 빈민가를 청소하고 근대 도시로 만든다는 명분으로 50만 명이나 되는 많은 빈민들을 강압적으로 이주시켰습니다. 그는 또 인구 증가 억제 정책도 주도적으로 실행했는데, 두 자녀 이상을 둔 남성에게는 강제로 불임 수술을 받게 하거나 라디오 같은 물건을 주며 회유했습니다. 주로 빈민층 남성들을 강제로 수술했는데 이 조치는 국가에 대한 대중의 환멸을 키우는 결과를 낳습니다. 결국 처음에는 인디라 간디의 지지 기반이었던 무슬림과 빈민들이 지지를 철회합니다.

인디라 간디의 회의당은 비상통치가 해제되고 치러진 1977년 선거에서 패배합니다. 회의당을 대신해 민주주의 회복을 제창하는 반(反)인디라 연합의 국민당(Bharatiya Janata Party, BJP)이 집권(1977~1980)하는데 이로써 30년간의 회의당 지배는 끝이 납니다. 국민당은 산업 대신 농업 투자와 소규모 기술을 강조하는 간디식 정책을 내세웠습니다. 그 결과 식량 증산은 어느 정도 이루어졌지만 이 시기 동안에 힌두 우익이 힌두 민족주의를 선전하기에 우호적인 기회를 주기도 했다는 평가를 받습니다. 국민당 정권은 내부 갈등으로 3년 만에 붕괴됩니다. 국민당 정권도 민중들의 어려운 처지에는 무관심했습니다. 1978년 12월에 제6차(1978~1983년) 계획 초안이 발표되었는데, 악화되는 빈부 격차를 의식해서 '분배의 정의'에 관한 특별 항목을 두었습니다. 그러나 실제로 취해진 조치는 아무것도 없었다는 평가를 받습니다. 그다음에 나온 제7차 5개년 계획에서는 불평등을 감소시키겠다는 목표를 아예 폐기합니다.

거듭되는 경제 개발 계획에도 불구하고 인도 대중들의 삶은 거의 나아지지 않았습니다. 1980년대 말에 개인별 식량 소비 가능량은 1950년대 초보다 겨우 13% 증가했습니다. 그나마도 상위 10%가 그 기간 동안의 개인소득 전체 증가분의 3분의 2를 가져갔습니다. 나머지 90%의 사람들이 전체의 3분의 1을 나누어 가져야 했습니다. 특히 **재생산재의 불평등한 집중이 소득의 집중보다 훨씬 더 크다는 것은 심각한 문제입니다.** 이렇게 되면 생산을 부자들이 독점하게 되고 빈부격차는 고착되겠죠. 대표적으로 농업 토지 보유의 고도 집중은 거의 해소되지 않았습니다.

경제 상황이 급속히 악화되어서 인도 정부는 1979년에 이번에는 IMF로부터 50억 달러에 달하는 SDR(Special Drawing Right : 특별인출권)을 얻어야 했습니다. IMF는 부대 조건으로 경제 자유화 조치를 요구했고, 인도 정부는 이에 부응해서 규제 완화 정책을 추진해 나갔습니다. 특히 승용차 부문에서의 규제 완화가 대표적인 정책입니다. 경제위기의 영향으로 국민당이 내분, 실각하고 회의당이 권력에 복귀합니다. 이는 회의당의 장기 집권에 효과적으로 도전할 수 있는 반대 세력을 모으는 것이 쉽지 않음을 보여 주는 것입니다. **재집권한 인디라 간디는 인종적·종교적 연줄을 토대로 유권자들을 결집시켰습니다. 이는 네루 이래로 인도 정부가 고수해 온 세속주의를 상당히 포기하는 것이어서 종교공동체주의 집단이 성장하는 계기가 되었습니다.**

1984년 보팔(Bhopal) 시에 있던 유니언 카바이드(Union Carbide)의 화학 제품 공장에서 유독 가스가 도시 전역으로 유출되어 2천 명 이상이 사망하는 끔찍한 일이 일어납니다. 그러나 피해자들은 거의 보상을 받지 못했고 유니언 카바이드의 경영진에게 법적 책임을 묻지도 못했습니다. 선진국 자본과의 불평등한 협정 탓이었습니다. 이 사건은 서구 선진국의 탈산업화와 생태 친화적 환경을 위해 주변부 민중에게 무엇이 강요되었는지를 잘 보여 줍니다.

같은 해에 독자적인 주(州)의 건설을 요구하는 시크교도들이 시크교의 성지인 황금사원을 근거지로 삼고 테러를 일으키면서 반국가 투쟁을 벌입니다. 인디라 간디가 이들을 무력으로 진압하면서 수많은 사상자가 발생하고 성지는 훼손됩니다. 이에 대한 보복으로 그해 10월 31일 시크교도 출신인 인디라의 경호원이 그녀를 암살합니다. 이 암살 사건은 다시 인도 전역에서 시크교도에 대한 보복 폭력이 자행되게 만들었습니다. 정부는 시크교도에 대한 폭력을 거의 방조합니다. 이런 분위기에서 그해 12월 치러진 선거에서 인디라 간디의 장남인 라지브 간디(Rajiv Gandhi)가 이끄는 회의당은 의석의 80%를 차지하는 압승을 거둡니다.

정치적 혼란과 신자유주의의 도입

라지브는 인디라의 강압 통치를 완화하고 회의당 조직을 재활성화시키는 유화 정책을 폅니다. 동시에 사적 기업의 장점을 설파하면서 인도 경제를 세계자본주의 체제에 개방하는 데 앞장섭니다. 기득권 세력의 대부분은 이에 찬성합니다. 부유층이 중심이 되어 국내 생산 및 수입 통제 정책을 해제하도록 압력을 가합니다. 국제적 전시효과로 중심부의 소비재에 대한 인도 상류층의 수요 증가를 억제하는 것은 더 이상 불가능해졌습니다. '국제적 전시효과'(international demonstration effect)는 중심부 자본이 주변부 국가의 시장 개방을 위해 사용하는 강력한 수단의 하나입니다. 힌두 우파 정치인 일부와 공산주의자들만이 이에 반대했습니다. 그래서 **기업 규모 제한 철폐, 부유세와 상속세 감면, 내구소비재, 하이테크 제품 수입 제한 간소화 등의 정책들이 이 시기에 시행**됩니다. 그러나 시장 자유화가 1990년대만큼 전면적이지는 않았습니다.

인도의 제조업이 다시 붐을 일으킨 것도 이 무렵부터입니다. 1980년대 후반까지 인도는 외국으로부터의 상업 차관에 의존해서 대규모 공공투자를 수행합니다. 그 결과 연간 6% 정도의 상대적으로 높은 경제성장률을 달성했습니다. 이 시기 성장의 자극은 정부 부문에서 비롯된 것이라고 볼 수 있습니다. 구체적으로 다음의 세 가지를 성장의 주요 원천이라고 평가합니다. 첫째, 정부 지출 증가를 통한 재정 자극. 둘째, 수입 자유화 조치. 셋째, 정부의 해외 상업 차관 증가.

하지만 이와 동시에 대외 지불 능력에 문제가 발생합니다. 1980년대 중반 이후 장기 저리 대부가 점점 줄어들면서 이자율이 높은 상업 차관이 증가했고, 이는 부채 상환에 따른 대규모 경상수지 적자를 야기시킵니다. 국가 채무는 달러 기준으로 1980년 약 200억 달러에서 1990년 약 820억 달러로 거의 4배 가량 증가했습니다. 또 은행 및 민간 부문의 부채는 같은 기간 동안에 20억 달러 미만에서 220억 달러 이상으로 10배 이상 증가했습니다. 1989년에 국제 금융 기관들의 대부 중단 결정으로 채무를 연장할 수 없게 된 인도는 부채 상환을 위해 총수출액의 1/3에 달하는 외환을 소진해야 했습니다.

1989년 선거에서 인민당(Janata Dal) 정부가 회의당을 대신합니다. 좌파 세력과 힌두 민족주의 세력이 통합된 인민당은 다른 반회의당 성향의 정당들과 국민전선(National Front)이란 연합 세력을 형성해 집권에 성공합니다. 국민전선은 극우 힌두 정당인 국민당(BJP : 86석), 공산당계의 인도공산당(CPI, Communist Party of India : 12석) 및 인도공산당 맑스주의당(CPI-M, Communist Party of India-Marxist : 33석)의 외곽 지원을 받아 V. P. 싱(Vishwanath Pratap Singh)을 총리로 취임시킵니다. 극우인 BJP와 좌파 정당인 CPI와 CPI-M이 연합을 맺은 명분은 라지브 간디 정권의 부패와 회의당의 오랜 독재였습니다. 표면상의 명분에도 불구하고 언뜻 이해하기 힘든 좌파와 극우의 연합은 인디라 간디의 비상통치(1975~1977년) 이후부터 싹을 보였습니다. **비상통치라는 절대악에 맞선다는 명분으로 어떤 정치 집단들과의 합종연횡도 정당화됩니다. 오늘날까지도 인도 정치는 이런 원칙 없는 정치 세력 간 짝짓기를 계속하고 있습니다.**

마침내 1990~1991년 인도의 국제수지는 위기 상태에 빠집니다. **신자유주의적 개혁을 주장하던 세력들은 이러한 상황을 이용해 IMF 스타일의 안정화 정책 및 구조조정 전략을 추진할 명분을 얻게 됩니다.** 이때의 경제위기는 실물경제의 불황이라기보다는 주로 금융위기(financial crisis)였다고 할 수 있습니다. 위기가 닥쳤지만 짠드라 세카르(Chandra Shekhar) 수상은 정권 유지에만 급급했고, 국가의 재정 위기나 국제수지 위기를 모면하기 위한 어떤 수단도 제시하지 못합니다. 대신 정부는 차별받는 계급에게 27%의 공직을 할당하라는 만달화 정책(Mandalisation Policy)을 발표합니다. 이 정책은 위기에 처한 인민당 정부가 국면을 전환시키고 여타후진계급의 지지를 이끌어 내려는 정략적 목적에서 내놓은 것이었지만 오히려 사회적 갈등을 야기했을 뿐입니다. 결국 인민당 정부는 붕괴됩니다.

이 와중에 회의당의 재집권을 위해 선거운동을 벌이고 있던 라지브 간디가 암살당합니다. 그의 죽음이 자극이 되어 라지브의 부인인 소냐 간디(Sonia Gandhi)를 내세운 회의당이 1991년 선거에서 승리를 거뒀지만, 독자적 집권은 불가능해서 몇몇 지역 정당들의 지지에 의존해야 했습니다. 이때 CPI-M도 연정에 참여합니다. 인도 정부는 경제위기를 극복하기 위해 다시 한 번 IMF와 세계은행의 구조조정 차관을 받아들입니다. 라오(Narasimha Rao) 수상(1991. 6~1996. 5)은 신자유주의를 근간으로 하는 신경제 정책(New Economic Policy, NEP)을 공식적으로 추진했습니다. 이 신경제 정책의 자세한 내용은 이 장의 끝에서 따로 정리하겠습니다.

회의당 주도의 정권은 재집권에 실패합니다. 1996년 제11차 총선 결과 회의당은 제3당으로 전락했고 힌두 극우주의 정당인 BJP가 최다 의석 정당으로 등장했습니다. 비록 정부 구성 요건을 갖추는 데 실패해서 '13일 천하'에 그치는 인도 역사상 최단명 정부 기록을 세우기는 했지만 어쨌든 집권에 성공한 것입니다. **핵심 지지층이 소사업자, 무역업자, 화이트칼라 노동자, 즉 인도 사회의 중간 이상 계급인 BJP는 계급 간의 경제적 갈등이라는 문제를 호도하기 위해 종교적 통일성을 강조하는 수사법을 사용**합니다. BJP는 외부자에 대항하는 힌두의 통일을 강조함으로써 계급적 모순을 주로 무슬림들에게 전가시키려 했습니다. 힌두교도 하층 계급이 자신들의 고통의 원인이 힌두 지배 계급이 아니라 무슬림 하층 계급에게 있다고 믿게 만들어서, 역시 인도에서 정치적·경제적으로 하층에 속하는 무슬림 하층 계급과 대립하게 만드는 것이 힌두 민족주의의 전략인 것입니다.

13일 천하 이후 3년간이나 안정된 정부가 성립되지 못하는 정치적 혼란이 계속됩니다. 혼란 끝에 1999년 다시 한 번 BJP 정부(1999~2004)가 수립됩니다. 이번에는 바즈빠이(Atal Bihari Vajpayee) 수상이 이끄는 정부가 5년 임기를 다 채웁니다. 집권한 BJP 정부는 대외적으로는 무슬림에 강경 태도를 보였지만 힌두 민족주의 단체인 세계힌두협회(VHP)와 전국자원봉사단(RSS)의 힌두트바 이데올로기(힌두 우파 이데올로기)와도 거리를 두는 세속적 정책을 취했습니다. 경제면에서 집권 전에는 경제 자유화를 비판했지만 집권 후에는 전 정권과 마찬가지로 7~8% 성장, 재정적자 통제를 약속하며 경제 개혁을 핵심정책으로 삼았습니다. 그 외에도 BJP는 외국인 투자에 필요한 정책들을 적극적으로 도입합니다. WTO 규정에 따라 특허법을 개정했고 외국인 투자는 보험업, 제조업과 사회기반시설사업뿐만 아니라 소비재에까지 허용되었습니다. 특히 외국 자본 유치를 위해 노동 유연화 정책을 실시해서 노동자들의 상황을 더 악화시킵니다. 결국 **BJP와 회의당의 경제 정책은 차이보다 공통점이 더 많았습니다. 사영화, 보조금 축소, 외국투자 허용에서 모두 일치합니다.** 이런 정책들은 간디 이래로 인도가 명목상으로나마 고수해 온 스와데시(Swadesh : 국산품 애용, 자치경제) 전통을 완전히 부정한 것이라고 할 수 있습니다. 이런 비판에 맞서 바즈빠이는 "스와데시는 오늘날의 맥락에서는 인도의 경제적 기초를 강화시키는 것"이라고 말합니다. 인도 경제만 성장하면 생산품이 인도의 것인지 외국의 것인지는 중요하지 않다는 것입니다. BJP는 스와데시 폐기와 서구 중심 국제질서로의 편입을 이미지상으로 만회하기 위한 국내 정치적 목적으로 핵무기를 개발합니다.

힌두 민족주의를 내세운 당이 집권하면 폐쇄적이고 국가 주도적인 경제 정책을 펼 것이라고 예상하기 쉽지만 실제는 정반대였습니다. 이런 사실을 보면 정치 집단이 겉으로 내세우는 이념이 아니라 그들이 실행하는 경제 정책이 누구의 이익을 위한 것인지를 보아야 그들의 정체를 온전히 알 수 있음을 다시 한 번 깨닫게 됩니다. 학자들이나 정치인들이 하는 말을 액면 그대로 믿는 것은 정말 어리석은 일이라는 것을 보통 사람들은 다 아는데 지식인들만 모릅니다. 소위 담론 분석이란 것에만 매달리면서 담론과 이론에 세상을 거꾸로 끼워 맞추는 것을 보면 웃어야 할지 화를 내야 할지를 모르겠습니다.

바즈빠이 시기 인도는 경제 성장을 위해 하이테크 산업 위주의 발전을 강조합니다. 그 결과 컴퓨터, 휴대폰의 보급이 확대됩니다. 하이테크와 IT는 2000년대 초반의 성장에 긍정적으로 기여했지만 협소한 부문에 의존한 성장 전략은 상당한 대가도 치러야 했습니다. 상층 계급에게만 성장의 이익이 돌아갔고 소득 불균형은 더 심화됩니다. **21세기에 와서 인도는 사실상 '이중의 경제' 국가가 되었습니다. 하이테크 부문의 성장과는 대조적으로 농업 생산성은 더욱 정체되어서 도시와 농촌의 격차는 극심해집니다.** 중부 인도에 지속적인 가뭄까지 닥치면서 가난한 농민의 대량 자살이 줄을 잇습니다. 보건 투자의 감소로 에이즈와 뎅기열 같은 전염병들이 대규모로 확산됩니다.

인도는 전 세계에서 보건 부문 지출이 최하위인 나라 가운데 하나입니다. GDP 중에서 보건 부문에 대한 공공투자 비율은 1990년 1.3%에서 2002년 0.6%로 떨어졌습니다. 인도의 교육 부문에 대한 공공투자는 2002~2003년도에 인구 일인당 30파이사(1루피의 1/100)였다가 2003~2004년도에는 18파이사로 줄었습니다. 세계 문맹자의 1/3에 달하는 문맹자가 인도에 있습니다. 6~14세의 인도 어린이 중에서 단지 50%를 조금 넘기는 숫자가 학교에 등록하고 그중 60%만이 출석합니다. 나머지는 가난 때문에 생계를 위한 돈벌이를 해야 합니다. 인도 전체의 고용 증가율은 1977~1991년 사이의 평균 2.16%에서 1991~2000년 사이에 평균 1.55%로 하락했습니다. 비농업 부문도 고용을 창출하지 못하였고 고용 증가율은 1977~1991년간 평균 4.13%에서 1991~2000년간 평균 2.12%로 하락합니다.

경제적 양극화는 종교 간 갈등을 더욱 격화시킵니다. 아니 정확하게는 경제적 불만을 종교적 갈등으로 전가시키려는 지배 집단의 술책이 극성을 부립니다. 2002년 구자라뜨(Gujarat) 주에서 성지순례를 다녀오던 힌두교도들이 탄 열차에 화재 사고가 발생했고 무슬림들이 계획적으로 힌두교도를 공격했다는 소문이 퍼집니다. 힌두교도들이 복수를 명분으로 무슬림을 공격해 천 명 이상이 사망했지만 정부는 방조하고 심지어 부추기기까지 했습니다. 이 사건을 선거에 이용하기 위한 지역 정치 세력들의 속셈 때문이었습니다. 2003년 지역선거에서 승리한 BJP 주도의 민족민주연합(National Democratic Alliance, NDA) 정부는 제14차 총선을 조기에 실시합니다. 구자라뜨 사건으로 고조된 힌두 근본주의 경향을 선거에 악용하려는 의도에서입니다.

하지만 NDA 정부의 노골적인 신자유주의 정책으로 가장 큰 고통을 받은 농업 인구의 대다수는 그들을 지지하지 않았습니다. 따라서 **NDA 정부는 그들의 지지 기반인 도시 중상층과 신흥 부자들의 지지를 얻기 위해 이들에게 더 많은 혜택을 주는 전략을 취합니다. 이런 중산층 지향을 보여 주는 선거 구호가 "빛나는 인도"와 "좋은 느낌"입니다.** 이 구호가 의미하는 경제 정책은 휴대폰, 자동차 등의 판매를 촉진시켜 소비 주도적인 성장을 이루고 정보통신기술 부문의 경기를 부양하는 것으로, 소비자들에게는 부채에 의존한 소비를 부추김으로써 자신들이 부자가 되었다는 환상을 주고 대자본가들과 상층 노동자들이 그 성과를 독점하게 만드는 정책입니다. 이에 맞서는 회의당 주도의 통합진보연합(United Progressive Alliance, UPA)은 "좋은 느낌"이 환각에 불과하다는 것을 폭로하는 선거 전략을 세웠습니다.

2004년 총선 결과, 회의당 연합 세력은 과반수에는 미치지 못했지만 좌익 정당들과 지역 정당들의 지지를 받아 정부를 구성합니다. 즉 다시 회의당이 집권할 수 있었던 것은 스스로의 지지세가 확장되었다기보다는 성공적인 정치연합을 구성한 덕분입니다. 한편 국민당(BJP)이 재집권에는 실패했지만 여전히 상당한 영향력을 가지고 있습니다. 신자유주의가 가한 고통을 누군가 다른 이들의 탓으로 돌리려는 전략을 힌두 민족주의자들이 고수하고 있기 때문입니다.

종교공동체주의

여기서 인도 정치의 가장 큰 변수 가운데 하나가 되어 버린 종교공동체주의(코뮤날리즘) 문제를 구자라뜨 사건을 중심으로 정리하고 넘어가겠습니다. 힌두-무슬림 간의 갈등이 실제 폭력 충돌로 발전하는 지역은 인도 전체에서 일부에 불과하고 또한 거의 대부분 도시 지역에 한정됩니다. 그중에서도 북인도의 소위 '암소 벨트'(Cow Belt)*를 중심으로 힌두-무슬림 간의 폭력 충돌이 빈번하게 일어났습니다.

구자라뜨에서 힌두-무슬림 폭력 충돌이 빈번히 발생한 배경은 이 지역의 기간산업이었던 섬유 산업의 쇠퇴입니다. 섬유 산업 경기가 좋았던 1969년에 섬유 노동자들의 폭동이 발생했는데, 이때만 해도 힌두 노동자들이나 무슬림 노동자들 모두 서로가 형제라는 느낌을 공유하고 있었다고 합니다. 힌두 노동자들이 파업에 참여한 무슬림 노동자들을 지원하기 위해 무슬림 노동자들이 필요한 물건들을 가져다줄 정도로 연대가 강했다고 합니다. **노동자들의 계급의식이 강하던 시기에는 섬유 산업 노동자들 사이에 코뮤날리즘의 선동이 먹혀들지 않았던 것입니다.** 그러나 섬유 산업이 날로 쇠퇴하던 1985~1986년에 일어난 폭동을 계기로 섬유 노동자들의 형제애는 사라져 버렸습니다. 이때부터 '상층 카스트 대 하층 카스트'라는 대립 구도에 근본적인 성격 변화가 나타났다고 합니다.

* 암소를 숭배하는 힌두교 근본주의 세력이 강성한 인도 북부와 서부 지역.

2002년 구자라뜨 주에서 성지순례를 다녀오던 힌두교도들이 탄 열차에 발생한 화재 사고에 대해, 무슬림들이 계획적으로 힌두교도를 공격한 것이라는 소문이 퍼진다. 힌두교도들이 복수를 명분으로 무슬림을 공격해 천 명 이상이 사망했지만 정부는 방조하고 심지어 부추기기까지 했다. 사건을 선거에 이용하기 위한 지역 정치 세력들의 속셈 때문이었다.

    힌두 근본주의 세력은 힌두인들을 단합시켜 정치적 지지 기반을 확대하려고 무슬림들을 적으로 삼습니다. 특히 **자본가와 중산층의 이해관계를 대변하는 힌두 근본주의자들은 노동자 계급의 단결을 약화시키기 위해 힌두 노동자와 무슬림 노동자가 서로 적대하게 만드는 전략을 사용**합니다. 구자라뜨에서도 주된 사회적 대립 구도가 1960년대에는 '상층 카스트 대 달리뜨'였다가 1970~1980년대에는 만달 보고서[**]를 계기로 '상층 카스트 대 여타후진계급'으로 변화합니다. 경제 개혁 이후에 이 대립 구도가 힌두 대 무슬림으로 변화해 왔다는 사실은 코뮤날리즘의 진짜 의도가 무엇인지를 알 수 있게 해줍니다. 힌두 근본주의 세력은 '모든 힌두는 하나'라는 주장을 내세우면서 특히 힌두 사회의 최약자인 달리뜨들을 적극적으

[**] 1979년 국민당 정권 시기, 낙후된 카스트들의 지위 향상 대책을 마련하기 위해 결성된 만달위원회(Mandal Commission)가 제출한 보고서. 3장 참조.

로 포섭합니다. 1992년의 아메다바드(Ahmedabad) 폭동* 때부터 2002년의 구자라뜨 사건까지 무슬림들을 공격하는 선봉에 선 것은 달리뜨들이었습니다. **달리뜨들은 무슬림을 공격하는 일에 앞장섬으로써 힌두 카스트 집단의 일원으로 인정받을 수 있기를 기대하기 때문입니다.**

구자라뜨에서의 코뮤날리즘적 폭력은 지역의 정치 구도와도 관련이 깊습니다. 구자라뜨 사건을 힌두 근본주의자들이 약화되고 있는 정치적 지지 기반을 재강화하기 위해 계획한 '정치테러'라고 해석하는 견해도 설득력이 있습니다. 회의당은 1980년대부터 약화된 정치적 지지 기반을 회복하기 위해, 전통적 지지 계층인 끄샤뜨리아, 하리잔, 아디와시, 무슬림을 아우르는 카스트 대연합전선인 KHAM(Kshatriyas-Harijans-Adivasis-Muslims) 전략을 도입하였습니다. 이 집단들은 구자라뜨 사회에서 다수이면서도 정치적으로는 피지배층이었습니다. 회의당은 KHAM 전략을 통해 1980년 주 의회 선거에서 승리합니다. 브라만(Brahmin), 바니아(Banias), 빠띠다르(Patidar) 등의 상층 카스트 지배 집단은 이에 대한 반동으로 힌두 근본주의 노선으로 기울어진 것입니다. 그러나 수적으로 열세인 이들이 정치적 힘을 확대하기 위해서는 하층 카스트들의 지지가 필요했고 하층 카스트들의 적대감이 자신들이 아닌 무슬림을 향하도록 유도합니다. 즉 **상층과 하층 카스트 집단들 간의 계급 대립을 무슬림에 대한 증오로 전환하고 힌두라는 공통성을 내세워 상·하층 카스트가 한편이라는 환상을 심는 데 성공**한 것입니다.

힌두 근본주의자들은 미국의 9.11 테러 이후부터는 무슬림들의 저항을 전 세계에서 벌어지고 있는 무슬림 지하드의 하나라고 규정하고 무

---

* 1992년 12월 일부 극우 힌두교도들이 힌두교 성지인 아요디아(Ayodhya)에 있는 무굴 제국의 개조(開祖) 바부르(Babur)가 세운 이슬람 사원을 부숴 버린 사건을 계기로 일어난 폭동

슬럼들을 모두 잠재적인 테러리스트라고 몰아붙입니다. 이 논리에 따르면 그들이 무슬림들에 대해 자행하는 대규모 학살은 테러에 대응하기 위한 힌두인들의 정당방위가 됩니다. 힌두 근본주의 세력들이 무슬림들을 힌두 하층 카스트에 대한 착취자나 테러 집단으로 매도하면서 무슬림들은 많은 피해를 보았습니다. 또 무슬림들은 힌두인들의 위협에 대응해서 함께 모여 살게 됩니다. 그 결과 힌두들의 거주 구역과 무슬림들의 거주 구역이 공간적으로 뚜렷이 구분되는 '게토화', '새로운 불가촉천민(new untouchables)화'가 일어납니다. 이를 통해 힌두와 무슬림은 일상생활에서도 거의 완전히 격리되어 두 집단이 화해할 가능성은 더 낮아졌습니다. 다행히도 2004년 선거를 계기로 힌두 근본주의는 쇠퇴하고 전 국민을 포괄하려는 범민족주의가 확산되면서 극단적인 충돌은 줄어들고 있습니다.

UPA 정권 1기

연정을 통해 집권한 회의당의 실질적 지도자 소냐 간디는, 이탈리아 출신이라는 점이 힌두 민족주의자들의 공격거리가 되자 논란을 피하기 위해 총리직을 거절하고 당을 지배하는 역할을 맡습니다. 대신 시크교도인 만모한 싱(Manmohan Singh)이 총리가 되었습니다. 그는 라오 정부 당시에 재무장관으로 신자유주의 추진에 앞장섰던 인물입니다. 그의 이름을 딴 '**만모한 경제학**'(Manmohanomics)이라는 용어는 신자유주의 정책과 그 논리적 근거를 지칭하는 이름입니다. 이 용어에서도 알 수 있듯이 **새로운 정부의 노선은 BJP와 전혀 다르지 않은 것이었습니다**. 우리나라에서 신자유주의를 본격화한 김대중, 노무현 정부가 이명박 정부로 바뀌어도 경제적 틀은 변하지 않은 것과도 같습니다. 다시 민주당으로 정권이 바뀌더라도 별로 달라지는 것은 없을 것입니다.

UPA 정부는 표면상으로는 노골적인 신자유주의 정책을 수정하는 듯한 제스처를 취했습니다. 이는 회의당의 뜻이라기보다는 연합전선을 구성한 좌익 정당들의 요구를 완전히 무시할 수만은 없었기 때문입니다. 좌익 정당들은 2004년 선거 승리가 NDA 정부의 종교공동체주의와 신자유주의적 경제 개혁 정책에 대한 국민적 반대의 표현이라고 보았습니다. CPI-M을 중심으로 한 좌익 정당들은 새 정부에 참여하지 않고 외부에서 지지하기로 집단적으로 결정하였습니다. 회의당으로부터 독립성을 유지할 필요가 있다는 이유에서입니다. 회의당과 좌익 정당들은 기본적인 입장 차이가 있었습니다. 결정적인 의견의 차이는 경제 문제에 관한 것으로 **좌익 정당들은 회의당의 개방화 및 사영화 정책과 '반(反)노동자적' 시각에 반대했습니다. 이런 노선 차이에도 불구하고 좌익 정당들이 회의당과 연합한 것은 더 큰 적인 힌두 근본주의를 막기 위한 것**이었습니다.

UPA에 참여한 정치 세력들은 노선 차이를 조정하는 공통의 국가 운영 방침이 필요했습니다. 그래서 **공동최소강령**(Common Minimum Programme, CMP)에 합의합니다. 그 내용은 대략 다음과 같습니다.

- 코뮤날리즘에 반대하고 세속주의적 원칙들을 강조한다.
- 신자유주의로 인한 사회적 소외 문제에 주목하고 불이익을 받은 계급들 및 사회 집단들에게 균등한 기회를 부여한다.
- 테러방지법(Prevention of Terrorism Act)을 철폐한다.
- 미국과 이스라엘에 치우친 외교 정책을 수정한다.
- 세계무역기구(WTO) 협상에서 인도의 국익, 특히 인도 농민들을 보

호하기 위해 노력한다.
- 흑자 공기업들의 전면적 사영화를 유보한다.

하지만 CMP에는 '성장', '투자', '고용' 등의 단어만이 반복되고 있고 평등의 문제는 상대적으로 경시되었다는 비판도 많습니다. 무엇보다도 **거시경제의 차원에서 신자유주의적 정책을 폐기하지 않습니다. 그나마 합의한 내용들도 거의 실행되지 않았습니다.** 특히 빈곤층에게 일자리를 보장하기 위해 입안된 전국농촌고용보장법안을 기득권층의 이익을 대변하는 재무부가 주도해서 무력화한 것은 UPA 정부의 본질을 가장 잘 보여주는 사건입니다. 노동 정책에서도 UPA는 CMP에서 약속한 것과는 달리 비조직 노동자와 농업 노동자들의 생계 보호를 위한 구체적 안을 마련하지 않았습니다. 또 연금 기금을 사영화하는 것을 검토하기도 합니다.

이로 인해 좌익 정당들은 정부의 전반적인 경제 정책 방향에 대해 불만을 제기했습니다. 반면에 만모한 싱 총리는 경제 개혁을 가속화시킬 필요가 있다고 주장하면서 좌익 정당들을 개혁 세력에 대한 방해꾼으로 묘사하며 비난합니다. 이런 상황에서 BJP의 지도자인 아드와니(Lal Krishna Advani)는 경제 개혁 수행에 BJP가 협조하겠다는 제안을 합니다. 선거에서와는 달리 신자유주의에 찬성하는 **회의당과 BJP가 한편이 되고 반대하는 좌익 정당들이 다른 편이 되는 상황**이 벌어집니다. NDA 정권 당시에도 회의당은 의회에서 결정적인 신자유주의적 개혁 입법의 통과에 찬성했습니다. 결국 힌두 민족주의를 둘러싼 두 집단 간의 정치적 대결은 정치적 명분에 불과했고 신자유주의의 관철이 두 당의 본질임을 알 수 있습니다. 정치적 수사는 대중을 기만하는 것에 불과하고 그들이 집행하는 정책이 진짜 그들의 정체성입니다. 지식인들이 말에만 집착하는 것은 대중을 기만하기 위해 지배 계급이 지식인들에게 부여한 역할이 바로 그것이기 때문입니다.

UPA의 외교정책도 전(前) 정권인 NDA의 것과 큰 차이가 없었습니다. UPA 정부는 중국과의 유대를 강화하고 파키스탄과의 관계를 개선하는 노력을 했다고 자부합니다. 그러나 **인도 외교에서는 여전히 미국과의 관계가 최우선**이었습니다. 중국에 대항할 지역 동맹 세력을 찾고 있던 미국은 **인도를 아시아에서 중국에 대항하는 세력으로 만듦으로써 중국의 팽창을 억제**하려 합니다. 미국 부시 행정부가 차기 전략 동반자 관계(Next Steps for Strategic Partnership) 계획을 통해 인도와의 관계를 강화시킨 것은 이런 의도에서입니다. 이에 따라 양국은 '글로벌 파트너십'(global partnership)을 맺게 되는데, 이 관계는 사실 미국에게 큰 경제적 이익도 가져다주었습니다. 인도 시장에 방위 장비를 판매할 수 있었기 때문입니다. 미국의 부시 대통령이 중국을 겨냥한 미사일 방어 계획(MD)을 발표했을 때 인도는 이를 환영한 최초의 국가 중 하나입니다. 지금도 인도는 중국에 대한 견제라는 점에서 미국과 이해관계를 같이하고 있습니다. 미국 정부가 이란과 북한의 핵 개발은 결코 용인하지 않으려 하면서 인도의 핵 개발에는 동의하는 이중적 태도를 보이는 것도 이런 맥락에서입니다. CMP에서도 1998년의 핵 실험과 핵무기 제조 및 배치 계획 당시부터 이에 반대해 온 좌익 정당들의 의견은 무시되었습니다. 인도와 이스라엘의 관계도 계속 우호적이며, 인도 정부는 이스라엘 군수산업체로부터도 많은 군사 장비를 구입하고 있습니다.

UPA 정권의 보수성을 보여 주는 또 다른 외교 문제는 네팔에 대한 태도입니다. 인도는 네팔공산당이 주도하는 네팔 혁명을 저지하기 위해 적극적으로 개입합니다. 마오이스트 반군이 네팔 전역을 거의 장악하고 네팔 왕가의 존립이 위태로워지자 네팔에 비상사태가 선포됩니다. 그 직후에 인도는 그동안 네팔에 취했던 무기 금수(禁輸) 조치를 철회합니다. 이는 네팔의 공산화를 막기 위해 미국과 영국이 네팔에 무기를 제공하는 것을 돕기 위한 것이었습니다. 그러나 인도 정부의 이런 조치가 부패하고 무능한 네팔 왕이 일시적으로 권력을 유지하게 해주기는 했지만, 결국 네팔 왕실은 민중들의 힘으로 폐지되었습니다. 한국 사회에서도 서구에서처럼 히말라야 산맥에 위치한 작은 나라들에 대해서 환상이 많은 것 같습니다. 영적인 이상향으로 그 나라들을 바라보는 분들에게 「히말라야의 딸」이라는 다큐멘터리를 꼭 보시라고 권하고 싶습니다. 하층 카스트 출신 소녀들이 어떻게 마오이스트 게릴라가 될 수밖에 없었는지를 보여 주는 작품입니다. 보고 나서도 기존의 생각이 유지된다면 더 드릴 말씀은 없습니다.

2005년 UPA 정부가 온전히 신자유주의적임을 분명하게 보여 주는 법안이 통과됩니다. 수출 촉진을 목적으로 한 경제특구법(SEZ Act)이 그것입니다. 그리고 다음 해인 2006년 2월 **SEZ 개발 업체 및 입주 기업에 대한 인센티브를 대폭 강화하는 경제특구활성화법을 시행**합니다. 대표적인 인센티브는 법인소득세를 최초 5년간 100%, 이후 5년간은 50% 면제해 주는 것입니다. 게다가 입주 기업에게 부과되었던 수출 의무를 철폐해서 수출 촉진이라는 취지 자체를 스스로 부정했습니다. 왜냐하면 **SEZ 개발 업체들이 많은 관심을 기울인 것은 부동산 개발 이익**이었기 때문입니다. 이를 위해 신규 개발 SEZ 면적 중 산업 시설 구역(다업종 SEZ의 경우 30%) 이외 구역에서는 주거 시설, 쇼핑센터, 골프장 등 부대 시설을 건립할 수 있도록 허용해 주었습니다. 이런 행태는 우리나라의 부동산 개발에서도 흔히 일어나는 일입니다. 국가 경제 전체에 이익이 된다는 거창한 명분

다큐멘터리 「히말라야의 딸」(2009, 안중섭 연출)은 네팔의 하층 카스트 출신 소녀들이 어떻게 마오이스트 게릴라가 될 수밖에 없었는지를 보여 준다. 인도 UPA 정권은 네팔의 공산 혁명을 막기 위해, 그동안 네팔에 취했던 무기 금수 조치를 철회함으로써 부패한 네팔 왕실을 도왔다.

을 내세워서 개발을 하지만 결국은 생산적인 산업이 아니라 부동산 투기 이익이 주목적입니다. 이것을 정부가 세제 혜택과 토지 수용권까지 일부 주면서 지원한 것입니다. 최근에는 **자원 개발 사업까지 겹치면서 땅과 삶의 기반을 빼앗긴 SEZ로의 토지 수용에 대한 민중의 저항이 거세지고 있습니다.**

몇 가지 사례를 보면 서벵갈에서 따따 자동차(Tata Motors)가 세계 최저가 승용차인 '나노' 자동차 생산공장을 건설하려 했지만 지역 군소 정당과 현지 농민들의 반대로 결국 생산 계획을 철회하고, 구자라뜨 주로 이전했습니다. 한국 기업인 포스코의 오디샤 프로젝트도 대표적인 사례입니다. 포스코는 2005년부터 2016년까지 12조 원을 투입해 1,200만 톤 규모의 제철소를 건립하기로 오디샤(Odisha: 2011년까지 '오릿사') 주 정부와 양해각서를 체결했지만 현지 주민들의 반발로 아직까지 착공도 못하고 있습니다. 저항에 부딪힌 인도 정부는 2007년 1월, SEZ 개발과 관련된 제도 보완과 국민적 합의가 도출되기 전까지는 신규 허가를 제한하겠다고 발표했지만 실효성에 대해서는 의구심이 많습니다.

UPA 정권 2기

2009년 총선에서 회의당 주도의 UPA가 과반에 가까운 득표를 하며 대승을 거두었습니다. UPA 정권 2기가 시작된 것입니다. 특히 회의당은 200석 이상을 얻어 제1정당 자리를 굳혔기 때문에 정국 주도권을 쥐게 되었습니다. 반면 선거 한 해 전에 연정에서 떨어져 나간 공산당의 의석 수는 62석에서 24석으로 줄었습니다. BJP와 그 연합 세력인 전국민주연합(NDA)은 160석도 못 얻었는데, 이런 BJP의 실패가 회의당에 반사 이익을 안겨 주었다는 평가입니다.

만모한 싱 총리는 "새로운 투자와 경제 개혁에 대한 국민들의 요구"라고 평가했고 선거 다음 날 주가가 17% 이상 폭등했습니다. 투자자들은 신자유주의 정책이 안정적으로 지속될 것이라고 본 것입니다.

하지만 선거 전략 측면에서 UPA의 재집권은 개혁 개방을 통한 성장정책을 지속하되 서민들을 대상으로 한 분배 정책을 가미한 절충적 노선이 호소력을 가졌기 때문입니다. UPA는 "Aam Aadmi ke Badhte Kadam Har Kadam Par Bharat Buland"(보통 사람의 발전으로 인도의 번영을), "Aam Admi Bachao"(보통 사람을 구하라)라는 구호를 내세웠는데, 이는 과거 BJP의 슬로건이었던 "India Shining"을 비판하면서 부자와 기득권만을 위한 정책이 아니라 중산층과 서민을 위한 정책을 펼치겠다는 의지를 보여 주는 것이었습니다. 즉 개혁·개방의 속도를 조절하고 소위 **'인간의 얼굴을 한 발전'**으로 부분적이나마 정책 노선을 변경하겠다고 선언한 것입니다. 구체적으로는 고용 없는 성장이 문제인 상황에서 고용 창출에 주력하고 개혁 소외 계층인 농민들의 발전을 지원할 것을 약속했습니다. 또 동북 지역 개발 공약도 제시했는데, 이는 심각해지는 동북 지역의 테러를 통제하고 동시에 중국의 영향력도 차단하기 위함입니다. UPA가 재집권에 성공한 요인으로는 이 외에도 잃어버렸던 무슬림의 지지 회복, BJP의 대안 부재 및 지도력 부재, 좌파전선의 친기업 정책으로 인한 몰락, 싱 총리의 청렴 이미지 등이 꼽힙니다. 하지만 **무엇보다도 경제 개혁의 수혜자인 도시 중산층의 지지가 가장 중요한 원인**입니다.

2009년 선거는 인도 정치의 부정적 측면도 드러냈습니다. 특히 **주요 정치 세력들이 신자유주의를 모두 받아들이면서 차별화된 의제가 없어졌습니다.** 우리나라에서도 민주당이나 새누리당이나 정책적 차이는 거의 없어진 것과 마찬가지입니다. 그래서 선거는 정치 지도자들의 브랜드 대결 구도로 전락해 버립니다. 소위 민주주의 선진국의 정치가 현실적으로는 미디어를 동원한 이미지 정치가 된 것을 인도 정치도 따라갑니다. 또한 **정치와 권력의 세습화는 더 강화**됩니다. 갓 마흔을 넘긴 인디라 간디의 손자 라훌 간디(Rahul Gandhi)가 가문의 후광을 등에 업고 정치 전면에 나섭니다. 정치 권력이 4대에 걸쳐 세습된 것입니다. 라훌 간디 외에도 당선된 젊은 정치인 대부분은 집안에서 물려준 선거구에서 당선되었습니다.

하지만 선거가 끝나자 UPA 정권은 노골적인 신자유주의 정책의 틀을 그대로 유지합니다. 소매유통업의 현대화가 산업 성장의 핵심이라는 명분으로 소매시장을 전면 개방하는 정책을 추진하다가 저항에 부딪쳐 보류합니다. 제조업에서도 비교우위 분야부터 점진적으로 개방하고 있고 전력, 고속도로, 국도, 항만, 공항 등 인프라 분야에 대한 외국인 민간투자를 확대했습니다. 주요 경제권과 자유무역협정(FTA) 체결을 통한 대외 교역 활성화 및 세계경제로의 편입을 적극적으로 진행하고 있습니다. 우

2009년 선거 결과, 갓 마흔 살을 넘긴 인디라 간디의 손자 라훌 간디가 가문의 후광을 등에 업고 정치 전면에 나선다. 정치 권력이 4대에 걸쳐 세습된 것이다.

리나라와의 자유무역협정인 CEPA(Comprehensive Economic Partnership Agreement : 포괄적 경제 동반자 협정)도 2009년 7월 최종 승인되었습니다.

 인도 정치에서 최근에 일어난 중요한 사건은 주 정부들의 정권 교체 바람입니다. 2011년 주 의회 선거가 치루어진 서벵갈, 따밀나두(Tamil Nadu), 께랄라(Kerala), 퐁디셰리(Pondicherry) 주에서 정권이 교체됩니다. 특히 **공산당이 오랫동안 집권해 온 서벵갈과 께랄라에서 좌파의 패배는 인도 정치지형에 큰 변화**를 가져올 것입니다. 34년 만에 정권이 교체된 서벵갈에서 공산당이 실권한 것은 2007년 난디그람(Nandigram)과 싱구르(Singur) 사건의 영향이 큽니다. 낙후된 경제를 개발하기 위해 공산당 정권은 주 밖의 투자를 적극적으로 유치하려 했습니다. 하지만 대규모 생산시설 건설을 위한 부지 매입 과정에서 무력 충돌이 있었고 이로 인해 급격하게 지지도를 상실한 결과가 정권 교체로 나타났습니다. 공산당이 집권하고 있던 또 다른 주인 께랄라에서는 회의당 중심의 연합이 근소한 차이로 승리했지만, 좌파 정당이 140석 중 68석을 차지해 영향력을 어느 정도는 유지할 수 있게 되었습니다. 공산당은 이제 동북부 뜨리뿌라(Tripura) 주에서만 집권 세력으로 남았습니다.

올해(2012년)에도 5개 주에서 의회 선거가 치러졌습니다. 이 선거에는 UPA 정권에 대한 중간 평가의 성격도 있고, 2014년 실시될 총선 결과를 예상하는 척도라는 의미도 있습니다. 웃따르쁘라데시(Uttar Pradesh)와 고아(Goa) 주에서는 정권이 교체되었고, 뻰잡(Punjab)와 마니뿌르(Manipur) 주에서는 기존의 집권당이 승리했습니다. 그리고 웃따라칸드에서는 연합정권이 들어섰습니다. 특히 웃따르쁘라데시 주는 전통적으로 인도 정치의 중심지였습니다. 이곳의 선거에서는 총 403석을 놓고 223개 정당이 경쟁을 벌였는데 불과 6개 정당만이 의석을 얻었고 무소속은 14석을 차지합니다. 기존 집권당이었던 대중사회당(Bahujan Samaj Party, BSP)은 야당인 사회주의당(Samajwadi Party, SP)에게 참패하면서 실권했습니다. BSP는 지난 2007년 선거 때보다 126석을 잃었고 SP는 127석을 더 얻었습니다. BSP가 선거에서 진 이유는 서벵갈에서처럼 강압적인 토지 수용 때문입니다. 식민지 시대인 1897년에 만들어진 '토지수용법'을 적용하여 농민들의 토지를 강제로 수용했고, 이 과정에서 3명이 목숨을 잃고 많은 사람들이 부상하는 사건이 일어났습니다. SP는 농민들의 토지를 강제로 수용하는 것을 금지하고 농민들이 반대하면 농토를 산업단지로 개발하지 않겠다는 입장을 취하면서 지지를 얻었습니다.

웃따르쁘라데시 주의 선거 구도가 지역 정당인 SP와 BSP의 양당 체제로 되면서 대대로 이 지역을 지역구로 삼아온 간디 가문과 회의당이 타격을 받았습니다. 회의당은 지난 선거에 비해 6석을 더 획득했지만 라훌 간디가 정치 생명을 걸고 선거를 지휘했고 중앙당 차원에서 전력을 쏟았기 때문에 정치적 타격이 컸습니다. 게다가 회의당 다음으로 현 UPA 정부 내에서 많은 의석을 갖고 있는 지역 정당 뜨리나물 회의당(Trinamool Congress, TC)이 UPA 정권에서 탈퇴하여 새로운 정치 세력과 협력할 가능성이 제기되면서 UPA 정권이 무너질 수 있다는 예측도 있습니다.

신자유주의 개혁의 내용

마지막으로 오늘날의 인도 사회를 만든 신자유주의 개혁의 구체적 내용과 그 결과를 정리하겠습니다. 지금 인도에서 일어나고 있는 일의 상당 부분은 신자유주의 경제 개혁을 알아야 이해할 수 있는 것이기 때문입니다. 인도 정부는 1991년 7월 신자유주의 개혁 프로그램을 공식적으로 채택합니다. 이 프로그램은 두 단계로 나누어집니다. 첫 단계는 안정화 정책(stabilization policy)으로 일시적 전략입니다. 이 단계를 통해 국제 투자자들의 신뢰를 회복하고, 외환 접근성을 증가시킴으로써 높은 성장률을 달성하는 것이 목표입니다. 두번째 단계는 구조조정 정책(structural adjustment policy)입니다. 이 두 단계의 조치는 재정적자를 줄이기 위한 정부지출 삭감, 무역(특히 수입) 자유화, 산업 자유화, 외국 금융의 접근성 강화, 감세 등을 포함합니다.

① 재정 정책

인도에서 신자유주의 도입을 주장한 세력은 다른 여러 나라들처럼 재정적자의 누적을 명분으로 삼았습니다. 늘어나는 정부의 재정적자가 감당할 수 없는 지경이 되었으므로 적극적으로 재정 건전성을 확보해야 한다는 논리로 신자유주의 정책들을 정당화한 것입니다. 따라서 **재정 정책에서는 정부의 지출 삭감을 강조합니다.** 인도에서 재정삭감은 무엇보다도 **여러 산업 부문을 지탱해 주던 다양한 보조금을 없애는 것을 의미합니다.** 인도의 산업은 정부의 폐쇄적 시장 정책과 보조금에 의존해 왔고 특히 농업은 정부 보조금이 없으면 망하거나 농산품 가격을 대폭 인상해야 하는 상황이었습니다. 또 지정 카스트(Scheduled Caste)나 지정 부족민(Scheduled Tribe)들을 비롯한 다양한 사회적 약자들의 생존에 필수적인 보조금도 적지 않았습니다. 이것을 갑자기 폐지하거나 축소하는 것은 큰 파장을 일으킬 수밖에 없었습니다. 그런데 인도 정부는 세입을 증대시켜 재정적자를 메우려고는 하지 않고, 재정 지출을 줄이는 것에만 집중하고 오히려 세금을 감면하는 정책을 폅니다. 이것은 신자유주의 정책의 핵심적인 특징으로, 경제 개혁이 결국은 사회적 약자들을 희생시키고 지배계급의 이익을 더 크게 하는 정책임을 잘 보여 줍니다.

② 산업 정책

신산업 정책은 다음과 같은 세 가지 주요 방향을 설정합니다.

- 생산설비에 관한 '유보 해제'(de-reserving) 및 '허가 제도 폐지'(de-licensing)
- 독점규제법(Monopolies and Restrictive Trade Practices Act, MRTPA) 조항의 완화
- 외국인 투자 규제 완화

신산업 정책의 핵심은 국가 통제와 관리를 완화하고 공기업 부문을 해제

한 것입니다. 즉 정부의 허가 없이 사업에 진출하는 것을 내국인뿐만 아니라 외국인에게도 대폭 허용했습니다. 1956년 이후 17개 산업이 공기업 분야로 지정되었는데 1991년 신산업 정책은 이를 8개 분야로 축소했습니다. 현재는 군수산업, 원자력, 철도운송 그리고 1995년 3월 15일 중앙정부 원자력부에서 발표한 규정 물질 등 4개 업종만 공기업 부문으로 지정되어 있습니다. 인도 정부는 정부 소유의 기업을 주식시장에 상장해서 실적이 우수한 공기업과 부실한 공기업 지분을 함께 번들(bundle) 형식으로 묶어 각 묶음의 최저평균가격으로 매각했기 때문에 대부분 헐값으로 매각했습니다. 1990년대 초에는 경영권이 여전히 정부에게 있었지만 1996년 이후에는 경영권 이양과 단독 매수자에 대한 지분 매각까지 허용하는 등 공기업 사영화를 적극 추진했습니다.

이런 정책이 인도의 산업 성장에 어떤 영향을 줬는지 봅시다. 본격적인 산업화를 시작한 제3차 경제 개발 계획 기간에 연평균 9.0%의 높은 성장을 이룩한 인도의 공업 성장은 1966년부터 급격히 하락하다가 1980년대 중반에 들어와서는 상승을 시작했습니다. 1980년대와 1990년대의 산업 성장을 비교해 보면 신산업 정책 이후인 1990년대의 성장률이 오히려 줄어들었습니다. 개혁 이전 기간인 1980/1981~1991/1992년 연평균 7.8%의 성장을 기록했으나 경제 개혁 이후인 1992/1993~2003/2004년 동안에는 연평균 6.2%로 감소하였습니다. 하지만 2004~2005년부터 2년 연속 8% 이상 성장하였고 2006~2007년에는 11.6%의 높은 성장률을 보입니다.

산업 자유화 정책으로 인해 가장 크게 발전한 산업 중 하나는 자동차 산업입니다. 1993년부터 인도 정부는 자동차 산업을 글로벌화의 거점으로 삼기 위해서 자동차 및 관련 부품 산업을 적극 육성하기 시작합니다.

〈표 1〉 인도의 연도별 제조업 성장률

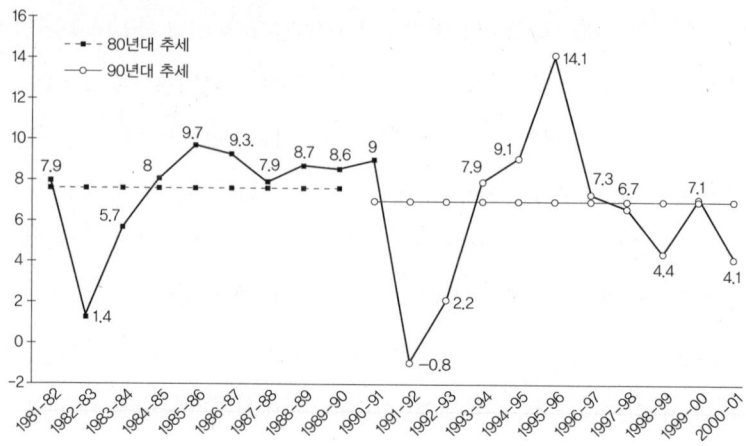

출처 : CSP, Index of industrial Production

1997년에는 외국인직접투자(Foreign Direct Investment, FDI)의 경영권을 인정했고, 2002년에는 소형차 및 부품의 수출 거점화를 목표로 외국인직접투자를 자동승인제로 바꾸었습니다. 이 결과 인도의 자동차 산업은 연평균 12%씩 성장하였습니다.

③ 무역 정책

인도는 경제 개혁 이후 수출을 중시하면서 **수출 지향적 산업 정책**을 폅니다. 이 정책의 일환으로 1991년 2차례에 걸쳐 루피화를 미 달러 대비 약 22% 평가 절하시켰습니다. 또 1992년에는 복수환율제도*도 도입하였습니다. 1993년에는 루피화에 대한 환율이 단일화되어 변동환율제를 채택합니다. 다음 해인 1994년 인도는 루피화를 완전히 자유롭게 외국 화

* 환율을 복수화하여 통화면과 무역면에서 또는 품목별, 환거래 내용에 따라 적용되는 환율을 달리 하는 제도를 말한다.

폐와 교환할 수 있도록 하는 외환규제 철폐조치를 의무적으로 시행하는 IMF 8조국이 되었습니다.

인도 중앙정부는 국가차원에서 무역을 체계적으로 육성 발전시키겠다는 의지의 표현으로 2004년에 「국가 대외무역 정책 5개년 계획 2004~2009」(National Foreign Trade Policy 2004~2009)를 발표했습니다. 이 정책의 핵심 목표는 2009년까지 인도가 세계무역에서 차지하는 비중을 2%대로 높이겠다는 것입니다. 무역 자유화 정책의 시행으로 아시아 국가들이 인도의 새로운 수출 지역으로 떠오른 반면, 전통적인 인도의 수출 시장이었던 러시아를 포함한 동구권 국가들의 비중은 급격히 감소합니다. 수입에서는 경제협력개발기구(OECD) 국가들이 차지하는 비중이 줄어든 반면 개발도상국의 비중이 증가했습니다. 미국은 여전히 인도의 최대 무역 상대국이지만 중국의 비중이 지속적으로 상승하고 있습니다. 중국은 2000~2001년 2.5%의 비중을 차지했으나 2002~2003년 4.2%, 2006~2007년엔 8.3%로 상승했고, 이러한 추세는 지금도 지속되고 있습니다.

하지만 인도 신자유주의 무역 정책에서 가장 큰 특징은 수입 규제를 완화한 것입니다. 자국 시장을 폐쇄적으로 보호하면서 수입대체산업화(Import Substitution Industrialization, ISI)를 추구하던 노선을 폐기하고 수입을 자유화하고 각종 상품에 대한 관세율도 인하합니다. 수출도 추진하지만 인도의 산업들은 수출 경쟁력이 높지 않습니다. 따라서 **무역 자유화의 핵심은 수입 자유화**입니다. 1998/1999년 BJP 정부가 발표한 수출-수입 정책(Export-Import Policies)을 계기로 소비재 수입이 완전히 자유화됩니다. 사회의 부유층을 중심으로 국내 생산 및 수입 통제를 해제하라는 압력이 높아졌기 때문입니다. 이러한 압력은 '국제적 전시효과'

(International Demonstration Effect)의 결과입니다. 소비할 수 있는 부를 축적한 상층 계급이 선진국의 고급 사치품에 대해 알게 되면 이를 소비하려는 욕구가 높아집니다. 국제적 전시효과는 중심부 자본이 주변부 국가의 시장을 개방하기 위해 사용하는 전형적인 수단으로서, 인도에서도 중심부의 사회 소비재에 대한 인도 상류층의 수요 증가가 수입 자유화의 중요한 동기로 작용했습니다.

여기서 한 가지 의문이 생길 수 있습니다. 수입 자유화는 그동안 보호받던 인도의 산업 자본가들에게 큰 위기가 될 것입니다. 실제로 1990년대 중반 이후 제조업 분야의 정체가 이어졌던 것은 수입 자유화와 관련이 있다는 평가가 많습니다. 그렇다면 인도 자본가 계급은 왜 개방 정책을 찬성했을까요? 1980년대에 진행된 인도 자본가 계급 내의 분리 현상이 원인입니다. 개방 정책으로 이익을 볼 자본가와 그렇지 않을 자본가가 나누어지고 전자의 목소리가 커진 탓입니다.

국가의 다양한 보호 제도 속에서 성장해 온 재벌들은 중소 자본가 계층이 확산되면서 이들과의 경쟁에 직면합니다. 그러자 재벌들은 그동안 자신들에게 혜택을 주었던 정부의 규제들을 오히려 거부하고 공공 부문 및 소규모 자본가에 의해 점유되어 있는 부문으로 진출해 자신들의 이익을 키우려 합니다. 이를 위해 선진국의 초국적 기업들과 손을 잡습니다. 즉 **공공 부문 및 일부 기존 자본가 계층을 희생시켜, 국내 및 국제 시장에서 신규 파트너로서 이익을 얻기 위해 중심부 자본의 인도 시장 진출을 찬성한 것입니다.** 수출 경쟁력이 떨어져서 독자적으로 외국 시장에 진출하기가 힘들었던 그들에게 손쉬운 대안은 중심부 자본주의와의 협력이었습니다. 하지만 이들은 동시에 중심부 자본이 자신들의 고유 영역을 침해하는 것은 원치 않습니다. **IMF 및 세계은행과 밀접한 연관을 맺어 온 인**

도 최고위 관료 집단들도 무역 자유화의 중요한 찬성 집단입니다. 또 인도의 엘리트 및 중산층 출신으로 외국에 거주하는 이들도 국내 지배계층과 밀접하게 연계해서 무역 자유화를 후원했습니다.

④ 농업 정책

인도 사회에서 가장 많은 수를 차지하지만 가장 열악한 상황에 있던 농민들은 경제 개혁으로 인해 가장 큰 영향을 받은 집단입니다. 하지만 이 영향은 대체로 부정적인 것이었습니다. 특히 **정부의 농업 부문 지출과 투자의 대폭 감소는 치명적**이었습니다. 녹색혁명 이후 인도 정부는 고수확 품종 재배를 위한 관개망 정비, 농기계 구매, 농기계 유지를 위한 석유와 전기 요금, 화학 비료 및 농약 구매에 드는 비용 가운데 상당 부분을 보조금으로 지급해 왔습니다. 이것을 갑자기 축소하거나 폐지한 것입니다.

두번째로 식량에 대한 공공분배체계(Public Distribution System, PDS)의 적용 범위를 축소하고 식량 가격을 인상합니다. 공공분배체계는 정부가 곡물을 수매해서 비축했다가 가난한 이들이나 흉년으로 식량이 부족해진 지역에 저가로 공급하는 시스템으로, 인도의 가난한 민중들이 최소한의 생계를 이어갈 수 있게 해준 핵심적인 제도입니다. 1965년부터 시행되어 온 이 제도를 비효율적이라는 명분으로 축소하고 공급하는 식량의 가격을 올린 것입니다.

세번째는 은행의 우선 대출 부문의 축소를 포함하는 금융 자유화 조치입니다. 우선 대출은 정부가 지원하는 부문에 은행이 엄격한 심사 없이 대출해 주는 일종의 특혜 금융입니다. 보호할 필요가 있는 열악한 부문들은 대체로 자금 여력이 없으므로 이들을 지원하기 위해 만든 제도입니다. 이 제도를 축소하면 농업처럼 영세하고 경제성이 높지 않은 부문은 은행을 통해 자금을 마련하기 힘들어집니다.

　　네번째로 인도 내에서 주(州)들 사이의 농업 생산물 교역에 대한 제한 및 국제교역의 제한까지 철폐합니다. 이렇게 되면 농업은 자급적 성격보다 상업적 측면이 더 강해질 것입니다. 이제 인도 농업은 세계시장에 더욱더 편입됩니다. 막대한 보조금과 앞선 기술에 기반한 선진국들의 산업적 농업과 경쟁하게 된 인도 농업은 1990년대 내내 성장이 정체되고 1인당 곡물 산출량이 줄어들었습니다. 그러니 당연하게도 농업 부문 고용창출률도 감소했습니다. 농촌 노동자의 실업 문제는 지금도 인도 경제의 가장 취약한 부분입니다. 농촌의 심각한 실업은 수많은 농민들이 살길을 찾아 도시로 몰려가게 만들었습니다. 도시로 유입된 농민들은 도시의 최하층을 이루게 되고 수많은 도시 문제에 직면하게 됩니다.

⑤ 금융 정책

인도 경제 개혁의 금융 정책은 한마디로 금융 자유화입니다. 은행은 정부의 경제 정책을 보완하는 기능보다 자체적인 금융 수익을 추구하게 되었습니다. 초기 단계에서는 고금리 정책이 중심이었고, 금융시장 특히 유가증권 시장의 대외 개방이 지속적으로 추진되었습니다. 높은 이자율은 고수익을 노리는 외국 자본 및 비거주 인도인(Non-Resident Indian, NRI) 자본의 지속적 유입을 목표로 한 정책이었습니다. 하지만 동시에 이자율의 상승은 정부의 이자부담을 증가시켰습니다. 1990년대 말에는 중앙정부 세출의 절반 이상이 이자 지급에 사용되었습니다. **금융 부문 개혁의 결과로 인도 경제는 외국인 기관 투자자 및 NRI 투자, NRI 예금 등 유동적인 형태의 단기 자본흐름에 급속하게 종속됩니다.**

신자유주의 경제 개혁의 영향(1991~2009)

1991년 신자유주의 개혁을 선언한 이후 1990년대 중반까지 인도 경제는 6%대의 성장을 기록했습니다. 독립 이후 평균 성장률보다는 높은 수치여서 경제 개혁이 효과가 있었다고 볼 수도 있습니다. 그러나 1997~2002년의 기간 중 경제성장률은 하락합니다. 성장률 저하 요인으로는 농업 및 인프라 부문에 대한 공공투자의 감소가 많이 지적됩니다. 성장을 이끌었던 3차 산업 부문도 결국 정체됩니다. 당연히 경제 개혁의 영향에 대한 부정적 평가가 나오기 시작합니다. 개혁 초기의 성장 자체가 거짓이었다는 주장도 있습니다. 경제 개혁 조치의 하나로 새로운 통계 기준이 도입되었는데 이 **새로운 기준에 의한 통계는 과거 기준에 비해 GDP뿐만 아니라 전체 소득 및 농업 소득의 성장률이 높게 계측**된다는 것입니다.

또 성장이 실제로 있었더라도 이것이 1990년대에 시작된 것이 아니라, 경제 자유화 이전인 1980년대에 시작된 것이라는 주장도 있습니다. 1980년대에도 성장률 자체는 낮지 않았고 당시 성장은 주로 국내외 차입으로 조달한 정부의 재정 자극(fiscal stimulus)을 통해 가능했는데, 이 영향으로 1990년대 중반까지 고성장이 계속되었다는 것입니다. 이 입장에 따르면 자유화 조치는 상품 생산 부문(commodity-producing sector)의 새로운 동력을 수반하지 못했기 때문에 1990년대 후반부에 들어와서 침체에 빠지게 되었다고 봅니다. 실제 통계상으로도 1990년대에 들어와서 중반의 3년(1993/1994~1995/1996)을 제외하고는 투자율이 1980년대 말 수준과 비슷하거나 훨씬 감소했다는 것이 근거입니다.

2002년 이후 2007년 세계적인 경제위기 이전까지는 다시 성장률이 올라가 연평균 7.9%라는 고성장을 기록합니다. 하지만 이 수치는 중국 등의 다른 나라들의 성장률과 비교할 때 결코 높은 것도 아니고 2008년 위기 이후에는 지속되지도 못했습니다. **이 시기의 성장은 전형적인 고용 없는 성장으로 성장의 과실을 골고루 나누는 데 실패합니다.** 분배의 형평성과 민중들의 삶의 질이라는 기준을 가지고 본다면 그 영향은 참혹합니다. 이제 부문별로 경제 개혁의 결과를 살펴보겠습니다.

① 재정 부문

앞서 보았듯이 신자유주의는 재정적자를 경제 불안정의 주요 원인으로 여깁니다. 신자유주의 이후로 세계 각국에서 재정적자를 통제해야 한다는 것이 일종의 강박관념처럼 되었습니다. 하지만 국가의 재정 정책은 매우 정치적인 성격을 가지고 있습니다. 즉 누구에게 이익이 되느냐의 문제입니다. 신자유주의적 재정 정책은 대체로 전체 국민의 이익보다는 금융자본을 비롯한 지배적 경제 집단의 이해를 반영하고 국민들의 기본적 경제권은 무시한다는 지적이 많습니다. **인도에서도 재정 지출 감축은 주로 정부 투자나 복지 지출(welfare spending)의 감축에 주력했고, 부유층에 대한 낮은 과세 및 높은 이자율로 재정 상태는 더욱 악화**되었습니다. 1990년대에도 재정적자는 오히려 늘어났습니다. 그리고 그 주요 원인은 정부의 세입 적자 때문이었습니다.

정부의 재정적자 감축 수단 중 '수익성 있는 공기업의 사영화'(privatization of profitable public sector corporation)도 논란이 되었습니다. 공기업 지분 매각을 통해 재정적자의 감축을 시도한다는 계획인데, 이는 국고 수입을 늘리기는커녕 오히려 감소시킨다는 비판이 많습니다. 매각되는 공기업이 지나치게 싼 가격에 팔리기 때문입니다. **매각 국유 자산에 대한 '저평가'(undervaluation)는 신자유주의적 사영화에서 항상 문제가 되고**

있습니다. 또 상대적으로 **영업 성과가 좋은 양질의 공공 부문 자산을 매각하면 결국 정부의 수입이 줄어드는 것은 자명**합니다.

정부는 재정 정책의 핵심인 정부 보조금 삭감을 위해 1992년에 수출 보조금을 폐지했고 1990년대 내내 식량과 비료에 대한 보조금을 축소했습니다. 이로 인해 비료 가격이 상승했고 비료 사용량 감소로 인한 농업 생산량 감소와 화학적으로 불균형한 비료 사용이 초래됐습니다. 실제로 보조금은 2000/2001년 세수 지출의 단 10%에 해당될 정도로 줄었지만 인도 경제 전 분야의 활력을 떨어뜨렸고 복지 수준을 저하시켰습니다.

② **금융시장**

1990년대 초 인도 정부는 금융시장에서 투자를 권장하는 여러 조치들을 시행해 주식시장 붐을 일으킵니다. 이 결과 주식에 대한 투기적 거래가 광범위하게 나타납니다. 주식시장에서는 배당 이익보다는 자본 이득을 통한 수익 실현을 목표로 하게 되었습니다. 1999/2000년 기간 중 일부 주식시장 지표가 급격히 상승하는데, 특히 IT 관련 주식이 이 붐을 주도합니다. 미국 경제에서처럼 '신경제'(new economy) 성장이 인도 경제를 활성화시킬 것이라는 환상이 생겨납니다. 동시에 인도 금융시장에는 사기와 부정거래 사건이 현저하게 늘어납니다. 선진국과 신흥 시장의 금융 시장처럼 **인도 금융 시장도 '투기와 변동성'이 지배**하게 됩니다. 하지만 IT 산업의 산업 전반에 대한 파급력이 미미하고 이마저도 정체에 빠지면서 인도 주식시장도 실물경제와 괴리된 급변동만을 거듭합니다.

③ **무역 부문**

개혁론자들은 자유화 정책은 곧 수출에 대한 장애 요인을 제거하는 것이고 이를 통해 수출이 현저히 증가할 것이라고 주장했지만, 세계 수출 시장에서 인도 상품이 차지하는 비중은 거의 증가하지 않았습니다. 수출 성장률 면에서 보면 1990년대는 1970년대보다도 부진했습니다. BJP 정부가 수입 상품 개방을 적극적으로 추진하면서 무역 적자는 늘어만 갔습니다. 또 해당 상품의 국내 생산자들이 붕괴해 국내 생산 기반이 무너집니다. 대부분의 농업 및 제조업 상품의 경우, 수입품과의 경쟁은 국내 생산자가 상품 가격을 낮게 유지시키도록 압력을 가합니다. 자본력이 우월한 다국적 기업에 의한 덤핑 관행도 국내 기업을 위협합니다. 대기업 및 다국적 기업들은 유통망도 장악하고 있었습니다. 게다가 그들이 사용하는 엄청난 광고비와 발달한 마케팅 전략에 인도의 중소업체들이 대응하는 것은 어려운 일입니다. **수입품의 가격 인하가 처음에는 인도 소비자들에게 유리하겠지만 인도 생산자들에게는 불리하게 작용**합니다. 결국 인도 제조업자들도 과거보다 더욱 낮은 임금을 주고 더욱 '유동적'인 노동을 고용하려 합니다. 또 점점 더 자본 집약적 신기술을 채택하면서 일자리는 줄어듭니다. 일자리를 얻지 못한 인도 하층민들은 낮은 가격의 필수재(necessary goods)마저 구입하지 못하게 되었습니다.

④ **노동 부문**

지금 본 것처럼 인도 경제 개혁의 가장 큰 문제는 '고용 없는 성장'이 계속된다는 점입니다. **서비스 부문에 의존한 경제 성장 전략은 기대한 만큼의 고용을 창출하지 못했습니다.** 인도의 미래를 이끌 것처럼 찬사를 받아 온 IT 분야의 취업 인원은 최대 3백만 명으로 전체 고용자의 1%에도 훨씬 못 미칩니다. 이런 식의 경제 성장이 지속 가능한지에 대해 많은 의문이 제기되고 있습니다. 1990년대에 들어오면서 고용 형태 면에서도 변화가 나타나는데, 조직 부문(organized sector)* 피고용자가 전체 피고용자 중 겨우 7%에 불과할 정도로 줄어들고 그중 대부분은 공공 부문에 고용됩니다. 1993~1999년 기간 중 조직 부문 고용 비율이 크게 감소한 부문은 금융 서비스, 운수, 저장, 통신, 건설 등이며 제조업 부문에서도 그 비율이 저하되었습니다.

이처럼 인도 노동시장에서 '**노동의 비정규직화**'가 진행되면서 **정규직과 비정규직 간의 소득 격차도 벌어지고 있습니다.** 예를 들어 자동차 업계에서는 비정규직 인원이 정규직의 두 배나 되지만 임금 수준은 3/5~1/15에 불과합니다. 비정규직의 열악한 처지는 노사 분쟁의 중요 원인이 되었습니다. 비정규직 고용이 일반화되고 그 수도 급격히 증가하지만 비정규직 보호 법률은 거의 없습니다. 1999년에 인도 정부는 제2차 전국노동위원회(Second National Labour Commission)를 구성하였습니다. 이 위원회는 기존 조직 부문 노동법의 합리화, 비조직 노동자에 대한 최소한의 보호 제도 입법화를 목표로 하였지만 큰 성과는 없었습니다.

인도 노동시장의 또 다른 경향은 특히 수출 지향적 제조업 부문에서 나타난 '고용의 여성화'입니다. 하지만 이 현상은 인도 경제 전반에서 나타난 여성의 경제 활동 참가율 하락세를 메울 수 있을 정도로 충분하지는 못했습니다. 제조업 고용주들이 여성 노동자를 선호하는 것은 여성들의 열등한 지위를 악용하기 위해서입니다. 즉 **여성들은 남성보다 낮은 임금과 열악한 노동 조건도 받아들이는 경향이 있습니다. 또 언제든지 고용하거나 해고할 수 있습니다.** 여성 노동자들이 여전히 가계의 '보조적 소득원'(subsidiary earner)으로 취급되고 있기 때문이기도 하고, 전반적인 고

---

*인도의 노동 부문은 조직(organized)과 비조직(undorganized)으로 나뉘어 있다. 조직 부문은 공공 영역의 모든 기구, 10명 이상을 고용하는 비농업적 사적 기구를 말한다.

용 사정이 악화된 상황에서 생존을 위해서는 아무리 낮고 불합리한 보수라도 가난한 도시 가계의 여성들은 받아들여야 하기 때문입니다. 여성 고용의 증대는 여성 임금 상승의 압력으로 이어졌고 임금의 성별 격차는 줄어들었습니다. 그 결과 '고용의 여성화'를 낳은 원인은 다시 없어집니다. 그래서 노동의 여성화 현상은 퇴보하거나 역전되고 있으며 1990년대 말에는 이미 여성 고용이 감소하기 시작합니다.

인도의 노동시장은 교육 수준에 따라 심하게 계층화되어 있습니다. 교육 수준은 소득 수준과 정비례하고 교육 수준이 다시 소득 불평등의 원인이 되는 악순환이 벌어지고 있습니다. 조직 부문에 고용되기 위해서는 최소한의 기초 교육은 마쳐야 하고 특히 화이트컬러 노동시장에 진입하기 위해서는 대학 교육이 필수적입니다. 농촌과 도시 간, 남성과 여성 간에도 커다란 교육 격차가 존재합니다.

2008년 세계금융위기로 노동자들은 대량 해고를 겪어야 했고, 그 결과 노동자들은 노동조합의 필요성을 절감하고 노조를 인정해 달라고 요구합니다. 노동조합들도 정치적 성향은 줄이는 대신 임금 및 노동 환경 개선 등 경제투쟁에 집중하는 전술로 영향력을 확장합니다. 인도에서 민간 기업에서의 파업은 이전에는 인도 북부 지역과 서벵갈 주에서 주로 일어났으나 경제위기 이후로는 전국으로 확산되었습니다. 구자라뜨 주의 GM 공장에서는 공식 노조가 없음에도 노동자들이 임금 인상을 요구하며 파업을 일으켰고, 2008년부터는 좌파 노조들이 전국적으로 세력을 확장하고 있어요.

⑤ **농업 부문**

신자유주의 개혁 이후로 특히 농업 부문이 정체됩니다. 1980년대에 농업 생산이 급속히 증가한 것과는 대조적으로 1990년대에 들어오면서 모든 주요 곡물의 산출 성장률이 하락했습니다. 1990년대 초의 무역 자유화로 식량 및 상업작물의 수출이 증가한 결과, 국내 시장에서는 곡물이 부족해지고 가격이 급등합니다. 1996년 이후에는 반대로 각종 농산물의 국제 가격 하락으로 국내 곡물 가격이 폭락합니다. 국제 농산물 시장의 변동에 인도 농업이 온전히 노출되고 종속된 것입니다. 게다가 인도 농업은 세계시장에서 선진국의 농업에 비해 경쟁력이 떨어집니다. 이는 선진국에서 자국 농민들에게 높은 수준의 직·간접 보조금을 지급하기 때문입니다. 선진국 농업 보조금의 평균 수준은 인도의 곡물 총생산비의 몇 배에 해당합니다. 경제 규모가 훨씬 크고 경제에서 농업이 차지하는 비중이 얼마 되지 않는 선진국에서는 농업 보조금이 국가 재정에 큰 부담이 되지 않습니다. 하지만 이 액수가 인도 경제의 규모에서 보면 엄청난 액수입니다. 생산성이 낮은 인도 농업이 보조금으로 가격 경쟁력까지 갖춘 선진국 농업과 경쟁해서 이기기는 불가능합니다. **무역 자유화를 계기로 인도 농업 부문이 세계시장에 급속하게 통합되면서 '낮은 곡물 가격'과 '낮은 생산량'이 함께 나타납니다.**

인도와 같이 농촌 경제의 비중이 큰 사회에서 농산물 가격의 급격한 오르내림은 농민들의 삶의 안정성을 위협합니다. 또 농업 투자 및 생산, 식량 안보(food security)마저도 위협받게 되었습니다. 1990년대 들어 1980년대에 농촌 지역의 고용 증진 및 빈곤 완화를 위해 시행된 공공 정책들이 대거 중단되었습니다. 1993/1994~1999/2000년 기간에 농촌에서 1차 산업 부문 고용이 남녀 모두에서 감소했으며 특히 남성 고용이 크게 줄었습니다. 농업 부문의 고용 불안으로 농업 부문과 비농업 부문 소득 격차도 급증해서 1950년대의 2배에서 1990년대에는 4배가 되었습니다. 생존을 위해 농업 분야뿐만 아니라 농업 이외 분야에서 임시 노동에 종사해야만 합니다. 그래서 3차 산업 부문의 남성 노동자 고용은 현저히 늘었습니다.

⑥ 서비스 산업 부문

인도에서 서비스 부문의 비중 증가는 주로 민간 부문의 증가 때문입니다. 하지만 인도에서는 우리가 서비스 산업하면 떠올리는 보다 자본 집약적인 현대적 산업이 아니라 **저임금·저생산성 서비스 직종의 확산이 주를 이룹니다. 서비스 부문 피고용자의 약 98%는 비조직 부문에 고용되어 있습니다. 대표적인 것이 영세 소매업**입니다. 인도는 세계에서 소매점의 밀도가 가장 높은 나라입니다. 인도의 소매업은 GDP의 10%를 차지할 정도로 비중이 크고 고용 면에서도 전체 피고용자 수의 6~7%를 차지해서 농업에 이어 두번째로 큰 노동시장입니다. 인도 소매상 대부분은 끼라나(Kirana)라고 불리는 가족이 경영하는 자영 잡화상입니다. 1991년 이후에 근대적 소매업이 등장하면서 이들이 급격히 붕괴됩니다. 최근에 외국계 기업형 소매점 진출을 허용했다가 강력한 저항에 부딪쳐 포기한 것도 영세 소매업의 비중이 크다는 반증입니다.

첨단 분야의 서비스 산업도 있습니다. 인도의 IT 산업은 우리에게도 잘 알려져 있을 정도로 인도 경제 발전의 중심축으로 여겨집니다. 하지만 **인도 산업 전반에 대해 IT 분야 발전이 미치는 효과는 매우 제한적이고 대부분의 파급 효과는 도시 지역에만 국한됩니다.** 게다가 인도의 IT 산업은 선진국 기업의 아웃소싱 담당자로서 여전히 낮은 단계의 소프트웨어(lower end software)와 IT 기반 서비스 제공자에 머물러 있습니다. 이 부문 수출로부터 얻은 총수입의 대부분은 값싼 노동력과 미숙련 상태의 IT

기반 노동 서비스에서 나온 것입니다. 2011년 인도 IT 산업 전체(하드웨어, 소프트웨어, IT 활용 서비스업 포함)의 피고용자 수는 300만 명 정도로 인도 전체 피고용자 수 4억 1,500만 명의 약 0.7%에 불과합니다. 거기다가 소프트웨어 및 IT 기반 서비스 분야의 고용 창출은 보다 부유하고 영어 교육을 받은 도시 출신에 집중되어 있습니다. 그래서 **소프트웨어 산업은 '엘리트에 의한, 엘리트를 위한 외딴 섬'**이라는 비아냥을 받고 있습니다.

2기 UPA 정권 이후 현재까지의 경제 상황

이 장의 마지막으로 신자유주의가 현재의 인도 경제를 어떤 모습으로 바꾸어 놓았는지를 살펴보겠습니다. 주류 경제학의 기준인 성장률이라는 지표만을 놓고 보더라도 그 성과가 두드러지지는 않습니다. 게다가 이 **성장률이라는 지표는 빈부 격차의 확대, 생태적 위기의 증가, 전통적 삶의 방식의 파괴 등은 전혀 보여 주지 못합니다.** 신자유주의적 개혁이 시작된 1991년부터 2010년까지 20년간 인도는 평균 6.6% 성장했습니다. 그중에서 9% 이상 고성장을 이룬 시기는 2005년에서 2007년까지 3년에 불과합니다(각각 9.5, 9.6, 9.3%). 이 시기가 인도 신자유주의의 전성기겠지요. 이 수치가 어느 정도 수준인지를 알기 위해서 고도 성장의 대명사인 중국과 한국의 성장률과 비교해 보겠습니다. 중국은 개혁 개방 이후 30여 년간 연평균 10% 성장했고 성장률이 10%를 넘은 적이 15번이었습니다. 더구나 중국의 경제 정책은 신자유주의적인 것이 아니라는 점도 중요합니다. 한국은 본격적인 경제 개발에 나선 1960년대 후 30년간 연평균 9.2% 성장했습니다. 한국의 고성장도 신자유주의 경제 정책이 아니라 발전주의에 입각한 것이었습니다. 이 수치만 놓고 보면 인도의 성장률이 그렇게 높지 않음을 알 수 있습니다. 물론 인도 자체적으로만 보면 신자유주의 이전에 비해서는 높아지지만 새로운 통계 기준이 성장률 상승의 큰 원인 중 하나임은 앞서도 보았습니다. 여기에다가 신자유주의가 인도 사회에 가져온 수많은 부작용까지 고려한다면 **인도가 신자유주의 이후로 경제적으로 급성장했다는 주장은 수긍하기 힘듭니다.**

　　인도 정부도 신자유주의적 경제 정책 기조는 유지하되, 드러난 문제점들을 보완하기 위한 정책 변화가 필요하다는 점은 인정합니다. 하지만 이 정책 변화가 얼마나 실효성이 있는지 또 집행할 의지가 있는지는 의심스럽습니다. 2012년 3월 16일 인도의 무카르지 재무장관*은 2012 회계 연도의 연방 예산안을 발표했습니다. 이 예산안의 기본 방향은 개혁 정책은 유예하고 재정적자를 줄이는 데 중점을 둔다는 것입니다. 하지만 경제 개혁으로 고통받는 민중들을 위한 고려는 여전히 부족합니다. UPA 1기 정부 때부터 현 UPA 2기 정부까지 보건과 가족 분야 예산 지출은 지속적으로 증가하고 있습니다. 그러나 이것을 신자유주의의 포기보다는 선거공학적 고려에 따른 임시변통이라고 보는 관점이 압도적입니다. 회의당이 전통적 지지 기반인 웃따르쁘라데시와 비하르(Bihar) 같은 북인도 지역의 표를 다시 얻기 위해 '보통 사람' 정책을 들고 나왔다는 것입니다. 이들 지역의 무슬림과 달리뜨는 전통적으로 회의당의 지지 세력이었는데 1980년대 중후반부터 이들이 이탈하기 시작하면서 회의당도 함께 쇠퇴했습니다. 네루, 인디라 간디, 라지브 간디, 소냐 간디, 라훌 간디로 이어지는 네루 가문 출신 정치인들이 모두 웃따르쁘라데시에 지역구를 가졌습니다. 라훌 간디가 차기 총리에 당선되기 위해서는 '보통 사람' 정

---

* 쁘라나브 무카르지(Pranab Mukherjee) 전 재무장관은 지난 2012년 국민회의당 주도 통합진보연합 후보로 출마하여 대통령에 당선되었다.

책을 유지할 수밖에 없었지만 앞서 보았듯이 이마저도 정치적으로 실패한 상황에서 인도 정부가 어떤 정책을 택할지는 미지수입니다.

구체적 정책들을 예를 들면 연 소득 30만 루피 이상의 고소득자의 직접세는 삭감하면서 연 소득이 2만 루피 이하인 영세 어부들이 쓰는 디젤 가격을 인상했습니다. 또 식료품, 유류, 비료에 대한 보조금을 한 해만에 12% 삭감하기도 했습니다. 금액으로 보면 공공분배체계에 대한 보조금은 250억 루피, 비료 보조금 예산은 300억 루피가 깎였습니다. 이에 대해 인도 정부는 직접 보조금은 줄이고 국가 농촌고용 프로그램과 같은 간접 지원을 활성화하겠다는 취지라고 밝혔습니다. 이것은 전형적인 신자유주의 정책입니다. 또 늘어난 인도 정부 지원 예산의 10%만이 수혜자에게 전달되고 나머지는 중간 매개자나 정치인의 손으로 들어간다는 통계도 있을 정도로 정책의 실제 효과는 미미합니다.

① 도시화와 빈곤의 확대

인도에는 지금도 영양실조와 굶주림 때문에 사망하는 어린이만 1년에 약 100만 명 정도 된다고 알려져 있습니다. 인도 정부가 경제 개혁의 최고 수혜주 중의 하나라고 자랑하는 마하라슈뜨라(Maharashtra) 주에서만 매년 4만 5천 명의 어린이가 영양실조로 사망합니다. 산업화에 따른 환경오염 문제도 심각합니다. 인도는 2008년부터 중국, 미국 다음으로 이산화탄소 배출량이 많은 국가가 되었습니다. 인도는 전체 전력 발전의 50%를 석탄을 연료로 한 화력 발전에 의존하기 때문에 산업화로 인한 전력 사용 증가는 곧 대기오염 악화로 이어집니다.

현재 인도 전체의 도시화 비중은 30%를 조금 웃도는 수준이며, 2030년에는 40% 정도로 높아질 전망입니다. 도시화 비율이 높은 지역은 대부분 서부와 남부 지역에 위치해 있습니다. 즉 이 지역에 근대화가 집중되었음을 알 수 있습니다. 반면에 동북부 지역은 현재 1인당 소득이 가장 낮아서 서부 지역과 비교하면 거의 3배나 낮은 수치입니다. **경제 개혁이 서부 지역과 동부 지역의 지역 간 불균형을 심화**시킨 것입니다. 이 문제를 해결하지 못하면 인도는 산업 벨트와 낙살 반군이 지배하는 붉은 벨트로 양분될 가능성도 있습니다. 인도의 도시화 비중이 높아지면서 카스트 제도와 같은 전통 사회 제도는 크게 약화되고 있습니다. 그러나 도시화로 인해 종교 갈등은 오히려 심화될 가능성이 있다는 전망입니다. 가장 큰 이유는 직업이나 상권 등을 차지하려는 경쟁이 더 치열해지고 이를 일부 정치인들과 종교 집단들이 정치적 목적으로 이용하기 때문입니다.

  대도시로의 인구 집중도 심각한 사회 문제를 낳고 있습니다. 인도 정부가 실시한 도시화 정책이 빈민 인구 증가를 가속화시키는 결과를 낳았습니다. 인도 도시 인구의 40% 정도가 빈민 지역에서 생활합니다. 인도에서는 현재 매달 3만 명에 이르는 노동 이주민이 대도시로 이주합니다. 이들 대부분이 빈민촌에 거주합니다. 예를 들어 2011년 델리 인구 1,675만 명 가운데 약 300만 명 정도는 빈민가에 사는 노동 이주민입니다. 인도 경제 수도인 뭄바이(Mumbai)에서는 인구의 50% 이상이 빈민가(몇 해 전 개봉된 「슬럼독 밀리어네어」란 영화가 이곳에서 촬영된 것입니다)에 살고 있습니다. 이들이 생계를 잇기 위해서는 일터가 있는 시내에 살아야 하기 때문입니다.

  인도의 평균 수도 공급 시간은 하루 1~6시간밖에 되지 않고 주요 대도시에서도 단수가 자주 발생합니다. 하수도 상황은 상수도보다 더 심각해서 전체 지역의 약 21% 정도만 하수 처리가 가능합니다. 하수 시설의 부족은 수질오염과 이로 인한 전염병을 포함한 건강 문제를 일으킵니다.

뭄바이에서는 인구의 50% 이상이 빈민가에 살고 있다. 사진은 「슬럼독 밀리어네어」에 아역 배우로 출연했던 루비나 알리. 2011년 뭄바이 빈민가 화재로 그녀 역시 집을 잃었다.

가난한 인도인들에게 질병은 큰 경제적 부담이 됩니다. 몬순 때마다 도심에서도 홍수가 발생하는데 이는 인도 대도시의 열악한 인프라를 잘 보여 줍니다. 정말 어이없는 일은 이런 **빈민가의 삶이 관광상품화되고 있다**는 사실입니다. 뭄바이에서는 도비(Dhobi: 빨래가 천직인 불가촉천민)들이 일하는 빨래터가 외국인에게 주요 관광지가 되고 있고 아시아 최대 빈민가로 알려진 다라비(Dharavi) 현지 체험이 포함된 여행 상품도 있다고 합니다. **주변부 민중에게는 생존이 걸린 문제가 중심부의 사람들에게는 구경거리에 불과한 상황**을 보고 어떤 생각이 드시나요?

도시환경의 악화에 대처하기 위해 인도 중앙정부의 도시개발부는 2005년에 자와하를 네루 국가도시 재개발 미션(Jawaharlal Nehru National Urban Renewal Mission, JNNURM)이라는 계획을 수립해서 실행했습니다. 하지만 그 성과는 매우 낮아서 2011년 4월 말 연방 정부 기획위원회 산하 패널 회의에서 JNNURM은 실패했다고 결론 내렸습니다. 또 다른 문제는 인도 정부와 지방자치단체가 도시환경 개선을 위해 민관 합동 프로젝트(Public Private Partnership, PPP) 방식을 채택했다는 점입니다. 이 방식은 도시 인프라 구축 사업에서 민간 자본을 끌어들이는 것인데 특히 인프라 사업에서 이 방식의 비효율성은 여러 측면에서 제기되고 있습니다. 서울시에서도 지하철 9호선, 우면산 터널 등으로 문제가 된 민자사업이란 방식도 PPP 방식의 한 가지입니다.

농촌에서 도시로의 인구 유입은 1960년대 녹색혁명 이후 본격화되었는데, 1990년대 초반까지는 남성이 주를 이루었지만 그 이후부터는 여성 이주자도 증가합니다. 이들은 주로 도시의 중산층 가정에서 가사노동자로 고용됩니다. 반면 남성은 주로 릭샤왈라(rickshaw wala)로 일합니다. 릭샤왈라는 인도의 대표적인 대중교통 수단인 릭샤 운전수를 말합니다. 하지만 오토바이와 자동차의 급속한 증가와 이주자들로 인한 릭샤의 증가가 겹치면서 릭샤는 교통 정체의 주범으로 몰립니다. 그래서 정부는 자격증을 발급해서 릭샤의 수를 통제합니다. 하지만 다른 생계 수단이 없는 빈민들은 무허가 릭샤를 몰 수밖에 없습니다. 도시환경 정비에 대한 요구가 높아지면서 **릭샤는 항상 단속의 위협을 받고 있습니다.** 우리 대도시의 노점상 문제와도 비슷하다고 볼 수 있습니다.

더 나쁜 것은 **도시 노동 이주민의 빈곤이 세대를 이어서 대물림**되고 있다는 점입니다. 인도의 대도시에서 평균적인 가족이 생계를 유지하기 위해서는 최소한 7,000루피 이상이 필요하다고 합니다. 부모의 수입만으로는 이 금액을 벌 수 없는 경우가 대부분입니다. 따라서 대부분의 빈곤층 아이들은 교육을 포기한 채 어린 나이에 생계를 위한 비공식 부문 노동자가 됩니다. 인도 사회에서도 신분 상승을 위해서는 교육이 필수적인데, 도시 빈민 가정의 자녀들은 대체로 10세가 되면 딸은 붙박이 가사노동자가 되고 아들은 야채 가게나 식당 노동자가 되면서 학교를 그만둬야 합니다. 인도 정부는 교육 격차를 해소하기 위해 의무교육을 확대하고 있습니다. 하지만 행정관청에 의해 인정되는 등록 노동 이주민에 대해서만 교육 혜택이 주어집니다. 미등록 노동 이주민 자녀인 경우에도 고향으로 돌아가면 무상교육을 받을 수 있지만 농촌의 학교에서는 방언으로 수업이 진행되는 것이 문제입니다. 도시에서 직장을 가지려면 영어와 힌디어를 배워야 하기 때문에 결국 도시를 떠날 수가 없는 것입니다.

② **식량 문제**

미국의 국제식량정책연구소(International Food Policy Research Institute, IFPRI)에서는 매년 글로벌기아지수(Global Hunger Index, GHI)를 발표합니다. 인도는 2011년 65위에 해당되는데 이는 스리랑카(37위), 북한(52위), 파키스탄(57위)보다 낮은 순위입니다. 특히 인도는 5세 이하 표준 체중 미달 인구 수, 5세 이하 인구의 사망률이 다른 국가보다 높게 나타났습니다. 이것은 인도의 좋지 않은 식량 사정과 연관이 있습니다. 식량 가격 상승이 상황을 더 악화시키고 있습니다. 2010년 인도의 식료품 가격은 평균 15%이상 상승했습니다. 그래서 최근 인도 정부는 식량 문제를 국가 차원에서 해결하기 위해 '식량안보법'을 통과시켰습니다. 이 법은 **가난한 국민들에게 식량 가격을 보조하거나 무료로 식료품을 제공하는 내용**을 담고 있습니다. 이 법의 통과로 농촌 인구 6억 5천만 명, 도시 인구 1억 8천만 명 등, 총 7억 3천만 인구가 시장가격보다 훨씬 낮은 가격에 식량을 공급받을 수 있게 되었습니다. 하지만 이 제도를 시행하는 데는 연간 5,500만~6,000만 톤의 식량과 510억~2,000억 루피(10~40억 달러)의 추가 예산이 필요합니다. 재정적자 문제가 심각한 상황에서 정부의 보조금 지급이 얼마나 이루어질지 의심스럽습니다.

식량 안보란 식량농업기구(Food and Agriculture Organization, FAO)의 정의에 따르면 "모든 사람들이 건강한 삶을 영위하기 위해 영양과 음식 선호를 충족할 수 있도록 충분한 양의 안전하고 영양가 있는 음식을 물질적·경제적으로 언제든 섭취할 수 있는 것"을 의미합니다. 즉 **식량 안보는 단순히 우리가 먹을 수 있는 충분한 양의 식량을 공급하는 것을 넘어 균형 잡힌 영양소 섭취, 깨끗한 식수 확보 등 기본 위생 시설을 통한 영양 공급까지 포함된 개념**입니다. 하지만 식량안보법에는 식량 부족에 대비한 장기적인 식량 비축 대책은 포함되어 있지 않아서 국내 빈곤층에게 식량 공급을 확대하여 국민의 영양 상태를 개선하는 데만 집중한다는 비판도 제기됩니다.

③ 공기업 사영화

무엇보다 인도 정부의 진정성을 의심하게 하는 정책이 있습니다. 재정 건전성을 유지하면서도 사회 부문의 지출을 늘리기 위해, 공기업 사영화를 통해 재원을 확보하겠다고 나선 것입니다. UPA 정부는 2009년 5월 총선에서 공산당 정당들의 지지 없이도 재집권에 성공합니다. 이에 자신감을 얻은 파텔 대통령은 그해 6월 국회 연설에서 공기업 사영화의 방향을 밝혔습니다. 그러자 재무부가 뒤를 이어 연방 정부 산하 공기업에 대한 사영화 정책을 발표합니다. 발표 내용은 이렇습니다. 첫째, 이미 상장된 수익성 있는 공기업 중 주식의 10%를 공개하지 않은 기업의 경우 의무적으로 이를 실행해야만 한다. 둘째, 누적 손실이 없고 지난 3년간 연속 순이익을 낸 모든 공기업은 일반 공개를 해야 한다. 공개 방식은 정부 지분의 일부 매각이나 신규 자본의 발행, 두 방식의 혼합 모두 가능하다. 셋째, 공기업 지분 매각을 통해 회수된 자금은 모두 국가투자펀드(National

Investment Fund, NIF)에 편입될 것이다. 특히 2009년 4월부터 2012년 3월까지 매각된 금액은 기획위원회가 선정한 '사회 부문 프로그램' 예산을 충당하는 자금으로 사용될 것이다.

또한 UPA 정부는 공기업의 공개 비율을 25%까지 의무적으로 늘리고 기업 또는 기관에 일괄 매각하는 전략적 매각 방식 대신, 5~10%의 소수 지분을 주식시장을 통해 매각하는 방식을 추진하고 있습니다. UPA 2기 정부는 이런 방침에 따라 2009년부터 화력발전공사, 광물개발공사, 오일인디아, 수력발전공사, 농촌전기공사 등 대규모로 우량 공기업들의 지분을 매각했습니다. 2010년 들어서도 인도철강공사, 힌두스탄구리, 인도석탄공사, 인도망간광공사, 인도송전공사의 지분 매각을 승인했고 인도석유공사(10%)와 석유천연가스공사(5%)의 일부 지분을 매각했습니다. 결국 **인도 정부는 재정을 통해 수행해야 할 의무인 사회 서비스를 재정 수입의 중요한 기반인 알짜 공기업을 팔아 버리고 그 돈으로 제공한다는 것입니다.** 재정적자를 줄인다는 명분으로 말입니다. 이런 발상은 국가가 국민을 위해 마땅히 해야 하는 기본적인 의무도 경영 합리성이란 잣대로 평가하는 전형적인 신자유주의적 발상입니다. 게다가 자신들이 주장하는 재정 건전성을 위해서라도 이익이 나는 공기업을 매각해서는 안 되는 것입니다.

④ 물가 문제

2008년 세계금융위기에도 잘 버틴다는 칭찬을 받던 인도 경제는 2009년 이후 성장률이 다시 떨어지는 경기 둔화를 겪고 있습니다. 금융위기의 영향을 극복한 것이 아니라 조금 늦게 받은 것입니다. 인도 정부는 세계 금융위기에 대응하기 위해 2008년 10월에 9%였던 재할인율(시중 은행에 대한 중앙은행의 대출금리)을 2009년 4월 4.75%에서 6개월 만인 2009년 10월에 4.25%로 내렸습니다. 그러나 **저금리로 인한 통화 팽창은 물가 폭발로 나타났습니다.** 특히 빈민들의 생존에 가장 기본적인 식료품 가격이 급등했고 소비자물가지수에서 비중이 높은 주택 임대료도 매년 두 자릿수 상승을 기록하고 있습니다. 정부가 공공주택 사업을 등한시하고 민간업자들은 고급 주택 건설에만 열을 올린 결과라는 비판이 제기되고 있습니다. 인플레이션 압력에 가장 큰 요인으로 작용한 것은 무엇보다도 연료나 공업제품 가격의 상승입니다. 2009년 6월부터 소비자물가 상승률은 10%를 돌파했고 2010년 1월에는 16.1%까지 올라갔습니다.

인도 경제는 전형적으로 내수 중심이어서 성장률과 물가에 가장 큰 영향을 미치는 변수는 정책 금리를 주된 수단으로 하는 통화 정책입니다. **인도 정부는 고물가를 잡기 위해 2010년 이후 금융 긴축 정책을 실시합니다. 그러자 이제는 다시 내수가 침체에 빠지는 악순환이 나타납니다.** 오랜 기간 지속된 인플레이션은 소비에 부정적 영향을 미쳤고 금리 상승과 원자재 가격 상승은 투자 부진과 생산 활동 둔화를 초래했습니다. 하지만 물가 상승 우려로 경기 부양을 위한 금리 인하로 다시 돌아가기도 어려운 상황이며, 정부 재정적자가 심각한 상황에서 재정 정책을 시행할 여지도 많지 않습니다.

⑤ 경상수지 적자 문제

2011년 8월 이후 이전부터 하락세를 이어오던 달러당 루피화 가치가 전년도 7월 말에 비해 21.2%나 평가 절하됩니다. 루피화의 급락은 단순히 통화 가치 하락만이 아니라 외환 부족으로 이어질 수 있기 때문에 여러 번 외환위기를 겪은 인도로서는 큰 문제입니다. 루피화 약세의 원인으로는 높은 대외 채무 의존도, 정부 부채 규모 등 경제 펀더멘털이 부실하기 때문이라는 평가가 일반적입니다.

그중에서도 **만성적인 경상수지 적자는 외환 문제뿐만 아니라 인도 경제 전체의 가장 취약한 지점**으로 이야기되는 것입니다. 이 문제는 지난 20년 동안 계속 지적되어 왔지만 개선된 것은 전혀 없습니다. 경상수지 적자는 매년 불어나고 있습니다. 경상수지 적자가 늘어나는 것은 폐쇄적 경제 운영에서 대외 개방으로 전환한 이후 교역 규모의 절대량이 늘어난 것이 중요 원인입니다. 인도 GDP에서 교역이 차지하는 비중은 2000년 20.1%에서 2010년에는 35.1%까지 상승했습니다. 상품수지 적자는 2003년 139억 달러였는데 2008년에는 1,214억 달러로 5년 만에 열 배 가량 증가했습니다. 2009년에는 1,082억 달러로 확대되었습니다. 수입은 늘고 수출은 지지부진하기 때문입니다. 수입이 급속하게 늘어난 가장 큰 원인은 경제 성장 과정에서 석유 수요가 늘어났기 때문입니다.

반면에 **수입을 충당할 뚜렷한 수출 산업은 없습니다**. 2011년 기준으로 나프타(naphtha)와 같은 석유 제품, 보석류, 광석, 농산물, 가죽 등 1차 원재료들이 인도 수출 전체의 48%를 차지합니다. 특히 대중국 무역 적자는 192억 달러에 달하며, 스위스(141억 달러), 한국(52억 달러), 독일(49억 달러), 일본(31억 달러)에 대규모 무역 적자를 기록하고 있습니다. 중국에 대해 무역 적자가 많은 것은 **산업 생산 능력이 부족해서 경제성장률이 상승할수록 중국 등으로부터 제품 수입이 확대되는 구조**를 갖고 있기 때문입니다. 따라서 서구의 기업을 대상으로 소프트웨어 개발이나 콜센터 운영을 통해 벌어들이는 돈이나 해외 거주 인도인의 송금만으로는 경상수지의 적자 규모를 줄일 수 없는 상황입니다.

경상수지의 만성적 적자는 자본이 해외로 유출되어 국내 저축이 부족하다는 의미이기도 합니다. 인도 정부는 이를 보완하기 위해서 해외자본의 유입에 의존하는 정책을 사용합니다. 그러나 **인도로 유입되는 해외자본은 직접투자보다는 주식투자 등 간접투자가 대부분을 차지합니다.** 그 결과 인도는 아시아의 다른 신흥국에 비해 국제 금융 시장의 변동성에 취약한 **금융 시스템을 갖게 되었습니다.** 그리고 경제학자들은 인도에 그나마 유입되는 외국인직접투자(FDI)마저도 경제 성장에 도움이 되었다는 증거가 분명하지 않다고 주장합니다. 인도에 유입되는 FDI는 중국과 달리 제조업 중심이 아니라 서비스 부문에 집중되어 있습니다. 또 다른 특징은 한국이나 중국, 동남아 국가들에 투자된 FDI와는 달리 내수 시장을 노리고 들어온 것이 많습니다. 따라서 상품 생산 확대를 통해 수출을 늘리는 데는 도움이 될 수가 없습니다.

⑥ 제조업 취약 문제

인도는 1947년 독립 이후 지금까지 제조업 비중이 서비스업 비중을 넘은 적이 단 한 번도 없습니다. 신자유주의 이후에 GDP에서 제조업이 차지하는 비중도 1990년 14.9%에서 1995년 16.2%로 조금 올랐지만 2009년에는 14.8%로 14년 전보다 오히려 낮습니다. 반면에 건설을 포함하는 서비스업의 비중은 약 65%나 됩니다. 이런 수치는 급속한 경제 발전을 한 개도국으로서는 이례적인 것입니다. 중국은 2008년 전체 GDP에서 제조업이 차지하는 비중이 32.6%로 인도에 비해 월등히 높습니다. 그 이유로는 영세 상인 중심의 상업(GDP 중 14.9%)이 비대하기 때문이라는 지적도 있지만 인도 정부 스스로가 기간산업에 많은 재정 투입을 했던 국가자본주의 시기와는 달리, 신자유주의 개혁을 통해 금융과 같은 서비스업에 의존해 성장률을 올리는 정책을 선택한 것이 큰 원인입니다. 현재 도소매, 숙박 및 음식업 부문이 전체 서비스업의 약 35%, 공공 및 개인 서비스 부문이 27%를 차지합니다. 서비스업 중에서도 생산성이 특히 낮은 이 두 부문이 전체 서비스업의 60% 이상을 차지하고 있는데 이는 독립 당시와 비슷한 수준입니다. 상대적으로 생산성이 높은 금융, 보험, 부동산 및 비즈니스 서비스업은 약 25%, 운수 보관, 통신 서비스업은 약 12%로 역시 지난 60년 동안 큰 변화가 없습니다.

제조업이 서비스업보다 산업의 전후방 효과가 훨씬 크다는 것은 상식입니다. 즉 서비스업과 제조업이 같은 금액의 매출을 올리더라도 거기서 파생되는 관련 산업의 매출과 고용 유발 효과는 제조업이 훨씬 크다는 것입니다. 인도가 경제 성장의 주역이라고 자랑한 IT 소프트웨어 산업의 전체 고용 규모가 현재 300만 명에 불과한 것을 보면 이해가 될 것입니다.

인도에서 **제조업의 성장이 더딘 가장 큰 이유로 꼽히는 것은 열악한 인프라**입니다. 교통과 통신 문제는 많은 발전이 있었지만 아직 충분하지 않습니다. 최근에는 전력 공급의 불안정이 큰 문제가 되고 있습니다. 인도 정부는 1991년 경제 개혁 후 국가가 운영하던 전력 분야를 민간에 개방했지만 전력난을 해소하는 데 실패했습니다. 민간 재벌 그룹들이 주로 투자하고 있는 초대형 발전소의 사업성이 악화되자 업계의 불만이 높아지고 있습니다. 인도 정부는 재정적자에 발목이 잡혀 발전 능력 확충에 나서지 못하고 있습니다. 또 전체 발전 능력 중 석탄 화력 발전 비중이 여전히 70% 수준으로 환경오염을 악화시키고 있습니다. 그나마 석탄공급도 불안정합니다. 석탄 매장량이 풍부한 인도에서 석탄 공급이 부족한 이유는 환경 및 산림 승인 지연과 물류와 치안 문제가 해결되지 않기 때문입니다. 이런 상황을 빌미로 인도 정부는 2050년까지 전체 에너지 공급의 25%를 원자력으로 조달하겠다고 나섰습니다. 인도원자력발전공사(Nuclear Power Corporation of India Ltd., NPCIL)가 주체가 되어서 2030년까지 약 30기의 원전을 건설한다는 계획을 가지고 있습니다.

사회적인 인프라도 열악한 수준입니다. 공장 부지로 활용하기 위해 토지를 매입하려 해도 부동산 등기 제도의 미비로 실소유주를 찾기가 쉽지 않다고 합니다. 매입 후 3년 안에는 등기를 하지 않아도 되기 때문에 등기를 하지 않은 상태에서 전매하는 경우가 많기 때문입니다. 이는 취득세, 등록세가 8%로 상당히 높은 탓에 일어나는 현상입니다. 산업화에 필요한 인력도 부족합니다. 인도의 문맹률은 2010년 기준으로 25%대에 달하며, 초등학교 취학률은 93%에 이르지만 과정을 마치는 학생 비율은 23%에 불과합니다. 노동 가능 인력의 20%만이 초등학교 교육을 마치는 셈입니다.

마지막으로 제조업 발전의 불균형도 문제입니다. 지역적으로는 구자라뜨와 따밀나두, 마하라슈뜨라와 같은 주는 제조업이 잘 발달되어 있는 반면, 서벵갈과 BIMARU 지역(비하르, 마디야쁘라데시, 라자스탄, 웃따르쁘라데시)은 매우 낙후되어 있습니다. 또 조직 부문와 비조직 부문의 격차가 큽니다. 비조직 부문은 부가가치가 매우 낮고, 조직 부문은 자동화의 진전과 노동 집약도 감소로 인해 고용 창출 효과가 크지 않다는 한계가 있습니다.

그래서 인도 정부는 2005년 국가 제조업 경쟁력 위원회를 만들어서 '국가 제조업 정책'(National Manufacturing Policy, NMP)을 수립 중입니다. 국가 제조업 정책의 기본 목표는 '2022년까지 제조업의 경쟁력을 더 키우고 인도를 글로벌 제조업 허브로 만든다'는 것입니다. GDP에서 제조업 비중을 25~26%까지 높이고, 제조업 분야 고용 인원을 두 배로, 즉

2011년 현재 약 4,800만 명(전체 고용의 12%)인 제조업 고용 인원을 1억 명까지 늘리려고 합니다. 이 목표를 달성하기 위해 국가 제조업 투자 구역(National Manufacturing Investment Zone, NMIZ)을 지정해서 인프라 투자를 집중시키고 행정 서비스와 각종 인센티브를 제공해 제조업을 육성하겠다는 계획입니다. NMIZ에서는 '계약근로 폐지법'이 적용받지 않도록 해서 노동자의 해고를 손쉽게 하고 노조 설립도 어느 정도 제한하려 합니다. 이는 노동자의 희생에 근거해서 제조업 발전을 도모한다는 지극히 자본가적인 발상입니다. 이런 계획이 나온 것은 시행된 지 5년째에 접어든 경제특구 제도가 몇 가지 문제를 드러내자 이를 보완하기 위해서입니다. 경제특구에서 지금까지 고용된 인원은 약 50만 명으로 기대에 미치지 못했고, 무엇보다 부지 확보를 둘러싼 갈등이 끊이지 않으면서 주 정부가 직접 나서 이 문제를 해결하려는 것입니다.

⑦ 제조업의 미래? : 제약 산업과 초저가 상품 생산

인도 경제 발전의 주역으로 각광받던 IT 산업의 성과가 실제로는 기대에 못 미친다는 점이 분명해지고 제조업으로의 전환이 다시 강조되면서 주목받는 업종이 바로 제약 산업입니다. 2007년 69억 달러에 불과했던 인도 제약 시장 규모는 2011년 117억 달러로 1.7배 성장했습니다. 연평균 성장률로 계산하면 15% 이상이니 인도 경제 전체의 성장률보다 두 배 정도 높습니다. 물량 기준으로 보면 전 세계 제약 시장의 8%를 차지해 3위에 해당됩니다. 인도 내수 시장에서만도 6만여 종의 복제약(generic)이 유통되고 있습니다. 인도를 '세계의 약국'이라고 부르는 것이 그렇게 과장만은 아닌 것이죠.

인도 제약 산업은 복제 의약품(generic pharmaceutical product) 생산이

중심입니다. 이는 인도의 특허 제도와 관련이 있습니다. 1972년부터 시행된 인도 지적재산권 법령은 제품 특허보다 공정 특허를 우위에 둡니다. 즉 동일한 소재를 사용하고 약효가 같더라도 제조 공정에 차이가 있으면 특허 침해라고 보지 않는다는 것입니다. 그 덕분에 인도 제약사들은 전 세계 거의 모든 의약품에 대한 복제 의약품을 생산할 수 있었습니다. 이 결과 **인도는 세계에서 가장 저렴하게 복제 의약품을 생산할 수 있는 자급자족형 의약품 생산 국가**가 되었습니다. 세계적으로도 복지 시스템이 붕괴되면서 개인의 의료비 부담이 늘고 있고 저렴한 치료 방법을 찾는 추세가 강화되면서 복제약 시장은 점점 커지고 있습니다. 그 결과 다국적 제약사들은 인도 제약사를 인수합병하고, 이렇게 합병이나 제휴 관계를 맺은 인도 제약사들은 인도 국내를 넘어서 해외 시장으로 진출하고 있습니다. 2011년 4월부터 11월까지 제약 분야의 FDI 유입 금액은 31억 달러로, 2000년 이후 유입된 총 금액 50억 달러의 62%가 넘을 정도로 급증하고 있습니다.

하지만 이 과정에서 2005년 1월 지적재산권 관련 법령이 강화되면서 다국적 제약사의 바이오 의약품이 인도 내수 시장에 진출하여 세력을 확대하기가 쉬워졌고 복제약 제조에 제약이 가해지고 가격이 상승하는 일이 벌어졌습니다. **약값 상승이 인도 국민들의 건강을 위협하는 상황이 오면서 인도 정부는 당뇨, 고혈압, 항생제, HIV 치료제 등 필수 의약품에 대해서는 가격 인하 압력을 가하고 있지만 얼마나 실효성이 있을지는 의문입니다.** 신약 개발에 엄청난 자본과 고도의 기술력이 필요한 상황, 그리고 국민들의 낮은 경제 수준을 고려하면 인도 방식의 특허 제도, 제약 산업 관행은 우리에게도 시사하는 바가 많습니다. 특히 지적재산권을 강조하면서 주변부 국가들을 옥죄는 선진국 주도의 자유무역협정이 누구에게 이

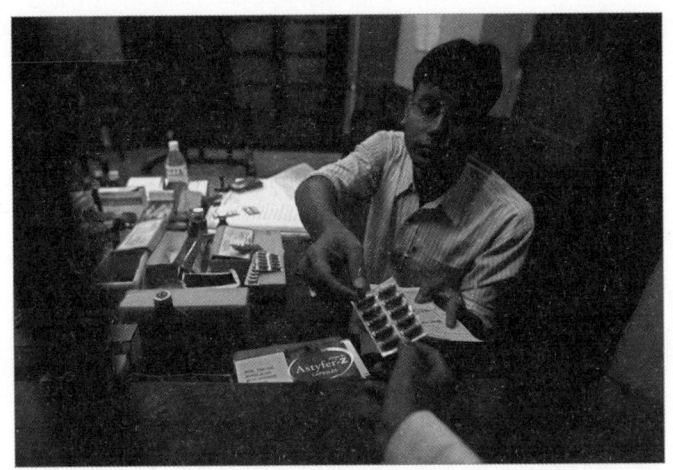

인도 제약 시장 규모는 2007년 69억 달러에서 2011년 117억으로 1.7배 성장했다. 인도 경제 전체보다 2배 정도 높은 성장률이고, 전 세계 제약 시장 물량의 8%를 차지했다. 내수 시장에서 유통되는 복제약만도 6만여 종에 이르러, 인도에는 '세계의 약국'이라는 별칭이 붙었다.

로운 것인지 생각해 보아야 합니다. **값싼 복제약품 생산과 유통을 지적재산권이라는 명분으로 가로막는 것은 신약 특허를 가진 자본을 제외하고는 누구에게도 이익이 되지 않습니다.**

인도 제약 산업의 성장에는 또 다른 이면도 있습니다. 영국 일간지 『인디펜던트』(Independent)는 2005년 인도에서 임상 실험 규제가 완화되면서 인도인 15만 명이 다국적 제약사가 실시한 임상 실험에 참가했다고 보도했습니다. 이 보도에 따르면 인도의 한 의사는 "2007년에서 2010년 사이 최소 1,730명의 인도인이 임상 실험에 참가한 뒤 목숨을 잃었다"고 주장했다고 합니다. 이 통계가 얼마나 정확한지는 알 수 없지만 **다국적 제약 회사들이 선진국에서는 엄격하게 규제되는 임상 실험을 못사는 나라들에서 제멋대로 시행하면서 민중들을 위험으로 내모는 것은 분명한 사실입니다.** 선진국에서는 동물 실험도 규제할 정도이지만 주변부에서는 사람을 대상으로 온갖 실험이 규제받지 않고 행해집니다. 또 선진국에서 유해성이 밝혀져 판매가 금지된 약품 재고를 주변부 국가들에게 팔아먹는 일은 지금도 버젓이 자행되고 있습니다. 결국 선진국 사람들의 안전을 위해 주변부 민중들이 '마루타' 노릇을 하고 있는 것입니다.

인도 자본가들이 기대하는 또 다른 제조업 영역은 '세계 최저가' 제품 시장입니다. 초저가 소형차인 '나노', 식수 사정이 좋지 않은 인도 사정이 반영된 초저가 정수기, 심지어 초저가 조립식 주택도 있습니다. 인도에서 개발되고 생산된 저가 제품들은 처음에는 인도 내수 시장을 대상으로 했습니다. 하지만 곧 인도 기업과 다국적 기업들을 통해 서남아시아, 아프리카 등 저개발 국가들로 수출되었습니다. 현재는 서구 선진국의 저소득층도 중요 소비자로 등장했습니다. 상류층이나 중산층만을 공산품 시장으로 설정했던 이전과는 달리 빈민들을 대상으로 한 시장의 가능성에 처음 주목한 것은 따따 그룹입니다. 이들은 빈민들을 위한다는 명분을 내세우고 있지만 그 제품을 그냥 나눠 주지는 않습니다. 빈민들이 감내할 수 있는 가격을 책정할 뿐입니다.

전 세계적으로 초저가 시장이 확산되는 것은 전 세계적으로 가난한 사람들이 더 늘어나고 있기 때문입니다. 또한 국가와 같은 공적 영역이 가난한 사람들에게 마땅히 제공해야 할 서비스를 책임지지 않으면서 시장으로 내몰리게 된 것이 초저가 상품 붐의 배경입니다. 초저가 자동차를 사라고 할 것이 아니라 대중교통을 확충해야 합니다. 초저가 정수기 대신 공공 수도 건설에 국가가 나서야 합니다. 더 나쁜 것은 **인도가 초저가 제품 생산의 중심지가 된 것은 인도의 낮은 임금과 원가 절감 방식 때문**이라는 점입니다. 인도의 어느 의료 기관에서 사용된 수술 방식이 초저가 제품 생산 방식에 도입되었습니다. 맥도널드 시스템이라고도 불린 이 방식은 한 수술실에 여러 개의 침대를 두고 한 환자의 수술을 마친 뒤 곧바로 의자를 돌려 옆 수술대에 대기 중인 환자를 수술하는 방식이었는데, 이를 컨베이어 시스템에 적용했다고 합니다. 인도의 가난이 전 세계의 가난한 사람들을 대상으로 한 시장(Bottom of Pyramid, BOP)을 만들어 낸 것입니다.

⑧ 12차 5개년 계획

2012년 4월부터 12차 5개년 계획이 시작되었습니다. 12차 계획은 '더욱 빠르고, 다양한 계층을 포함한 지속 가능한 성장'을 목표로 내세웠습니다. 구체적으로는 제조업 활성화, 인프라 확충, 에너지 확보, 교육과 의료 서비스의 보편화 등을 추진하는데, 특히 인프라 시설을 확충하는 데 11차 계획보다 2배가 늘어난 1조 달러를 투입할 계획입니다. 전체 예산의 23.8%를 차지하는 에너지 부문 예산과 19.2%를 차지하는 교통 부문 투자도 여기에 포함됩니다. 이는 지속적인 경제 발전을 위해서는 사회간접자본 개선이 필요하기 때문이기도 하고 인프라 투자 확대 자체가 인도 경제의 성장률 회복을 위한 자극이 될 것이라는 기대가 반영되기도 한 것입니다. **문제는 인프라 확충에 필요한 재원을 민관 합동 사업 방식의 투자를 통해 마련하려 한다는 점**입니다. 11차 계획 때도 인프라 투자액의 약 30%를 민간 자본으로 충당했는데, 이번에는 투자 자금의 50%를 외국인을 포함한 민간 자본을 동원해 마련할 계획입니다. 이 방식은 신자유주의 이후로 인프라 구축의 중요한 재원 조달 수단이 되었는데 그 실효성에 대한 의문이 끊임없이 제기되고 있습니다. 정부의 재정 건전성이 지나치게 강조되면서 인프라 구축 같은 국가의 전통적인 역할이 민간으로 넘어갑니다. 하지만 **이 방식이 정부 지출을 줄인다는 실증적 근거는 거의 없습니다. 오히려 정부 지출을 늘리고 늘어난 지출로 민간 투자자들의 이윤을 보장해 주는 사례가 속출**하고 있습니다.

예산에서 차지하는 비중으로만 보면 전체 예산의 29%를 차지하는 사회 서비스 분야가 1조 8,887억 루피로 가장 많습니다. 이 부문에는 건강, 교육, 농촌의 주택 개량, 식수 개선 사업을 위한 투자가 포함되어 있습니다. 이는 '인간의 얼굴을 한 발전' 노선이 반영된 것입니다. 하지만 이 노선의 효과에 대한 의문은 이미 앞서 언급했습니다. 앞으로 인도 경제와 사회가 어떤 방식으로 전개될지는 지켜보아야 하겠습니다.

2장
공산당 운동과 노동운동

2장_공산당 운동과 노동운동

인도의 저항운동들 가운데에서 공산당 운동을 맨 먼저 살펴보겠습니다. 공산당 운동이 첫 순서인 이유는 독립 이후 현재까지도 회의당을 제외한다면 공산당이 인도에서 가장 영향력이 큰 사회운동이기 때문입니다. 또한 **세계적으로도 현존하는 공산당 중 중국공산당을 제외한 가장 큰 공산당이 인도의 공산당**입니다.

인도의 공산당은 당원 수도 많고 께랄라, 서벵갈, 트라푸라 이 세 개 주에서 30년 이상 집권당이거나 제2당의 지위를 차지하기도 했습니다. 그리고 공산당의 집권은 많은 의미 있는 대안적 시도들을 가능하게 해주었습니다. 특히 께랄라 주에서는 전 세계가 주목하는 대안적 발전 모델을 수십 년간 성공적으로 운영해 오고 있습니다. 이 모델은 자본주의의 문제들을 넘어서려는 운동들에게 많은 영감을 주고 있습니다.

하지만 인도 공산당은 내외에서 많은 비판을 받고 있기도 합니다. 재미있는 것은 최근으로 올수록 공산당에 대한 칭찬은 서구나 자본주의 진영에서 나오고 비판은 주로 극좌 진영이 제기한다는 점입니다. 이것은 인도 국내에서 공산당이 기존의 정치 질서나 자본주의 경제체제에 완전하게 순응하고 있다는 것을 보여 줍니다. 독립 후 얼마 동안을 제외하고는 공산당은 집권 세력과 연립정부에 참여 혹은 지지를 하기도 하면서 우호적인 관계를 유지해 오고 있습니다. 1970년대부터 활발해진 신사회운동 진영은 공산당에 대한 주된 비판자입니다. 여기에는 여러 가지 이유가 있지만 지지 기반이 겹치기 때문에 발생한 경쟁 관계가 큰 몫을 차지합니다.

그런데 이렇게 비판과 지지의 대상이 되는 인도 공산당 운동에 하나의 당만 있는 것이 아닙니다. **인도에는 합법적으로 인정되는 공산당만 세 개입니다. 불법적인 당과 당의 형태가 아닌 공산주의 세력은 그 수가 훨씬 더 많습니다.** 그래서 일률적으로 인도 공산당이 어떻다고 말하기는 불가능합니다. 이 다양한 집단들은 이념이나 활동 방식의 차이 또는 지도자들 간의 갈등이 원인이 되어 갈라졌습니다. 우리가 이 장에서 다루는 공산당 운동은 주로 합법적인 정당들입니다. 대표적인 불법화된 공산주의 집단은 낙살 반군이라는 세력으로, 농민운동을 다루는 4장에서 상세히 다루도록 하겠습니다.

여러 당으로 나뉘어 있지만 **합법적 공산당들에는 공통의 특징들도 있**습니다. 제일 많이 이야기되는 **인도 공산당 운동의 특징은 이론과 실천의 현격한 분리**입니다. 인도 공산당 중 규모로 첫번째와 두번째인 '인도공산당 맑스주의당'(CPI-M)와 '인도공산당'(CPI)은 공식적인 이론에 있어서는 지금도 스탈린주의를 표방하고 있습니다. 21세기에 스탈린주의 당이라니 조금 생뚱맞다고 생각하는 분들도 계실 겁니다. 그런데 더 재미있는 것은 **이 당들이 실천에 있어서는 사민주의 혹은 유럽코뮤니즘과 유사한 지향을 가졌었고 몇 년 전부터는 신자유주의를 적극적으로 수용한 정당으로 변모했다는 점**입니다. 공식적으로는 아직도 혁명을 얘기하지만 실질적으로는 의회주의 전술을 쓰면서 자본주의 경제체제를 완전히 용인하는 것입니다. 또 당 내부적으로는 스탈린주의적이고 대외적으로는 개량적이라는 지적도 있습니다. 왜 이런 특징을 가지게 되었는지를 중심으로 인도 공산당의 역사를 지금부터 살펴봅시다.

인도 공산당의 역사

공산당 운동은 영국의 식민 지배에 대한 저항운동에서 비롯되었습니다. 영국 제국주의에 대한 반대 운동은 19세기 중후반부터는 인도국민회의라는 민족주의 집단에 의해 주도되었습니다. 하지만 국민회의 내부에서 대지주, 자본가 계급이 중심이 된 온건한 주류 세력에 불만을 가진 급진주의 세력들이 나타납니다. 이들은 러시아혁명과 소련의 성공적인 발전 과정에서 영감을 받아 급격하게 공산주의에 경도됩니다. 소수의 지식인이 중심이었던 이 집단이 최초로 인도 공산당을 만드는데, 초기의 지도자는 마나벤드라 나트 로이(Manavendra Nath Roy)였습니다. 로이는 코민테른 제2차 대회에서 레닌-로이 논쟁으로 잘 알려진 사람입니다. 그 후 로이는 공산당을 떠나 굴곡 많은 정치 인생을 살게 되지만 큰 성과를 남기지 못하고 오히려 운동의 분열을 부추긴 사람으로 주로 평가받습니다. 하지만 레닌과 로이의 논쟁은 인도뿐만 아니라 전 세계 공산주의 운동, 특히 식민지에서의 공산주의 운동의 노선에서 중요한 문제를 다룬 것으로, 이후 세계 공산주의 운동의 방향을 결정합니다. 먼저 이 논쟁을 간단하게 정리해 봅시다.

① 레닌과 로이의 논쟁

레닌은 맑스주의 정통파의 관점을 계승한 사람입니다. 그는 목적론적이고 단계론적인 역사철학에 입각해 있었습니다. 역사철학 이야기가 나오는 것은 두 사람의 논쟁이 자본주의 발전이 이루어져 있지 않은 식민지가 사회주의, 공산주의로 나아가기 위해서 어떤 역사적 발전 단계를 거쳐야 하는가의 문제에 관한 것이었기 때문입니다. 레닌의 입장은 당연히 자본주의 발전이 선행해야 한다, 즉 자본주의 발전이 충분히 이루어진 이후에야 사회주의가 가능하다는 것입니다. 따라서 식민지 해방 혁명은 사회주의를 지향해서는 안 되고 우선은 부르주아 민주주의적 성격을 가진 혁명, 즉 자본주의의 발전을 목표로 하는 운동이어야 합니다. 맑스주의에서는 노동자 계급이 사회주의 혁명의 주체라는 것은 아실 것입니다. 그런데 식민지에서는 노동자 계급이 충분히 형성되지 않았을 것입니다. 그래서 노동자 계급은 농민과 협력해야 합니다. 자본주의가 아직 발달하지 않은 식민지 사회에서는 농민이 인구의 다수를 차지하는 경우가 많으니까요. 그런데 방금 말한 것처럼 식민지에서의 혁명은 사회주의를 지향하는 것이 아니므로 노동자와 농민만이 주체가 될 수는 없습니다. 이들은 민족부르주아지들과 연대해야 하고, 나아가 민족 부르주아지가 주도적 역할을 할 수도 있는 상황이 식민지 혁명의 상황입니다. 이렇게 동맹을 맺은 식민지의 노동자, 농민, 부르주아지는 자본주의 경제체제와 부르주아 민주주의적인 정치 질서를 일차적인 목표로 삼아야 합니다.

로이는 정통파의 역사철학적 전제는 동의하지만 인도의 그 당시 상황에 대한 평가에서 레닌과 다른 생각을 합니다. 그에 따르면 인도에서는 이미 노동자, 농민 세력이 강력하기 때문에 민족 부르주아지와의 연대 없이 노동자, 농민의 헤게모니에 입각한 공산당의 주도로 식민지 민족해방혁명이 진행되어야 합니다. 로이의 인도 상황에 대한 평가가 역사적으로 보면 상당히 과장된 것임은 누구나 인정합니다. 당시 인도에는 노동자도 거의

초기 인도 공산당의 지도자였던 로이 (1887~1954)는 코민테른 제2차 대회에서 레닌과 벌인 논쟁으로 유명하다.

없었고 공산주의자의 수는 많아 봐야 몇 백 명 정도였습니다. 그는 실재하지 않는 공산당이 혁명을 이끌어야 한다고 주장한 것입니다. 그럼에도 불구하고 식민지 민족해방혁명이 단계론적·도식적으로만 전개되지 않을 수도 있다는 주장을 했다는 점에서는 의미 있는 주장을 한 것입니다. 즉 **식민지 민족해방혁명이 반드시 부르주아 민주주의 혁명일 필요는 없다는 주장을 한 것**입니다. 이런 식의 생각은 이후 식민지의 많은 공산주의자들에 의해 실천적으로 제기됩니다.

두 사람의 논쟁 끝에 레닌의 안이 코민테른의 공식적인 안으로 채택됩니다. 이 토론의 결과로 소련의 승인을 받지 못한 로이는 인도 공산주의 운동에서의 주도권을 잃게 됩니다. 인도에서는 그 이후 자생적으로 발전한 노동운동과 소련의 지원에 힘입어 본격적인 공산주의 운동이 시작됩니다. 대부분의 식민지의 공산당은 코민테른과 소련의 도움으로 만들어집니다. 인도 공산당도 마찬가지입니다. 소련은 인도 공산주의 운동을 지원하기 위해서 1920년 타슈켄트(Toshkent)에 인도 공산주의자들을 교육하는 정치·군사학교를 세웁니다. CPI-M은 이것을 인도 공산당의 출발로 봅니다. 하지만 인도공산당(CPI)이 공식적으로 창당한 것은 1926년 12월 7일입니다.

자본주의적 산업이 대규모로 존재하지 않았기 때문에 공산당의 세력은 미약했습니다. 산업화가 급속히 진전되는 와중에 1929년 월가에서부터 촉발된 세계대공황을 거치면서 노동자 계급의 생활은 비참해졌습니다. 이런 상황에서 공산주의자들은 당을 재정비하고 노동운동을 주도하기 시작합니다. 1934년 불과 200여 명에 불과하던 당원 수는 1943년 합법화되었을 당시에는 1만 6천 명이 되어 있었습니다. 이때도 이론적으로는 코민테른의 공식 입장을 그대로 받아들였고 실제적으로도 소련공산당의 영향력하에 있었습니다. 코민테른은 중국에서의 국공합작과 유사한 전술을 인도공산당에게도 요구합니다. 인도공산당이 부르주아 민족주의 집단인 국민회의와 연대해야 한다는 것입니다. 두 세력의 통일전선은 역시 중국 국공합작에서와 마찬가지로 공산당원들이 국민회의당 내부로 들어가서 국민회의 내의 좌파와 함께 당내 당을 만드는 방식이었습니다. 이렇게 만들어진 것이 국민회의 사회주의당(Congress Socialist Party, CSP)입니다. 즉 공산당과는 별도로 국민회의 내에 사회주의적 지향을 가진 당파를 만든 것입니다.

② 인도공산당의 분열

코민테른은 1930년대 내내 세계혁명에 대한 다양한 입장들로 부지런히 옮겨 다닙니다. 물론 이것은 당시의 정세가 정신 없이 빠르게 변화했기 때문입니다. 대공황에서 파시즘의 등장과 제2차 세계대전 이라는 역사의 큰 사건들이 10여 년 사이에 모두 일어났다는 것만 보아도 당시 상황이 단순치 않았음을 알 수 있습니다. 하지만 식민지의 공산당 입장에서는 자신들이 결정하지도 않은 노선이 번복되기를 거듭하는 상황이 운동에 도움이 되지 않는 경우도 많았습니다. 어떤 경우에는 운동을 거의 파멸 수준으로 몰고 가기도 했습니다. 인도공산당은 코민테른의 잦은 노선 변경으로 인한 여러 문제에 힘겹게 대응해야 했습니다.

대표적인 문제가 **영국 제국주의와 전쟁에 대한 입장 변화**입니다. 1930

짠드라 보스(1897~1945)는 인도의 독립운동가였으며 국민회의 의장과 임시정부 주석을 지낸 정치가였다. 그는 제2차 세계대전의 와중에 반영 투쟁을 위해 독일 나치와 손을 잡는 선택을 하기도 하는데, 이것이 이후 인도공산당의 분화를 촉발시키는 씨앗이 된다.

년대 동안에 인도공산당은 영국 제국주의에 반대하는 투쟁에 주력하고 전쟁에 대해서는 제국주의 세력끼리의 다툼이라는 이유에서 단호하게 반대했습니다. 당시 소련이 독일과 불가침 조약을 맺고 있었던 것도 이런 입장의 중요한 배경입니다. 소련은 영국과 독일 사이의 분쟁으로부터 물러나 있으려 했던 것입니다. 소련 입장에서는 두 나라 모두 제국주의일 뿐이었죠. 하지만 독일이 불가침 조약을 깨고 소련을 침공하고 소련이 연합국의 일원이 되면서 입장이 급선회합니다. 코민테른은 인도공산당이 반제국주의·반영 투쟁을 중단하고 반파시즘 전쟁에 참여해야 한다고 주장합니다. 어제까지 투쟁의 대상이었던 영국이 반파시즘 투쟁의 동맹자가 되었고 제국주의 간의 세력 다툼에 지나지 않던 전쟁이 반파시즘 투쟁이라는 숭고한 의미를 지니게 되었습니다. 이 큰 변화가 인도공산당의 자발적인 선택에서가 아니라 코민테른의 일방적 지시로 일어나게 됩니다. 이런 상황이니 독일과 영국 사이의 전쟁에 대해 어떤 입장을 취하느냐를 두고 공산주의자들 간에 다른 의견들이 충돌할 수밖에 없었겠죠. 공산당에서뿐만 아니라 국민회의 내에서도 갈등이 발생합니다. 간디와 네루는 전쟁을 찬성합니다. 간디는 심지어 자원병을 모집하는 일에 앞장서기도 합니다. 또 다른 독립운동 지도자인 짠드라 보스(Subhas Chandra Bose)라는 이는 반영 투쟁을 지속하기 위해 독일 나치와 손을 잡습니다. 이때의 갈등이 나중에 인도공산당의 분화를 촉발시키는 씨앗이 됩니다. 특히 급진적 입장의 젊은 공산당원들은 인도공산당이 영국 식민정부의 하수인이 되었다는 비판을 합니다. 인도공산당 내부에서 이런 비판 의식을 공유한 사람들이 소련공산당과 인도공산당 지도부에 거부감을 갖는 세력을 형성합니다.

인도공산당 분열의 다음 계기는 1947년의 인도 독립에 대한 평가 문제입니다. 당내의 온건파와 급진파는 인도 독립이 진짜 독립인가를 둘러싸고 입장 차이를 보입니다. 온건파는 **인도는 1947년에 완결된 독립국가가 되었다고 봅니다. 반면 급진파는 제대로 된 독립이 아니라 인도의 부르주아 계급과 영국 제국주의자들의 기만적인 타협에 불과할 뿐이라고 주장했습니다.** 이 논쟁이 중요한 것은 공산주의 운동에서 민족 부르주아지를 동맹 세력으로 삼을 수 있느냐 없느냐를 결정하는 기준이 되기 때문입니다. 진짜 독립이라면 노동자와 농민 계급은 부르주아지와 손잡고 자본주의 경제와 부르주아 민주주의 정치 질서를 확립하는 방향으로 나가면 됩니다. 그러나 진정한 독립이 아니어서 제국주의의 지배가 지속되는 상황이라면 인도의 부르주아지는 민족적 성격을 가진 것이 아니고 제국주의의 앞잡이에 지나지 않으므로 이들과 동맹할 수 없습니다. 인도공산당은 1948년의 두번째 전당대회에서 인도의 독립은 형식적인 것일 뿐이고 실질적으로는 여전히 식민지라는 선언을 합니다. 그리고 러시아식 혁명 노선을 따르는 BTR 노선*을 결의하고 총파업을 실행했지만 실패합니다.

그런데 소련공산당은 1950년대 초가 되면 또 다른 급진적이고 과격한 좌익 노선으로 갑자기 기웁니다. 그 영향 아래에 있던 인도공산당도 제국주의와 인도를 지배하는 봉건적인 대지주 계급에 맞서 싸워야 한다는 '반제·반봉건 노선'을 공식적으로 채택합니다. 1950년에 게릴라 무장투쟁 노선인 '안드라(Andhra) 노선'을 채택하면서 당의 세력은 급격히 위축됩니다. 1950년 8만 9천 명이던 당원 수는 불과 1년 만에 1만 명으로 줄어듭니다. 인도공산당은 이 노선에 따라 국민회의와의 상층의 연합을 폐기하고, 아래로부터의 연합전선을 주장합니다. 이것은 노동자·농민의 투쟁을 중심으로 당 활동을 전환한다는 의미입니다. 결국 **1951년 전당대회에서 앞선 두 극좌 노선의 오류를 인정하고 민중민주주의(People's Democracy) 노선을 채택해 제도권 정당으로 방향을 전환**합니다. 소련이 원한 것도 '의회주의 전술'이었습니다. 의회주의 전술을 받아들이되 국민회의와의 연대보다는 공산당의 독자 노선을 요구한 것입니다. 이때 이후 지금까지도 인도공산당의 전술은 의회주의입니다.

의회주의 전술은 1950년대 중반을 거치면서 실질적 성과를 거둡니다. 1957년 총선에서 께랄라 주에서 공산당이 주도하는 연합정권이 집권합니다. 이것은 20세기에 선거를 통해 공산당이 집권한 최초의 사례입니다. 이러한 성과 덕분에 인도공산당 내부에서는 **의회주의를 통한 평화로운 사회주의 달성이 가능하다는 희망**이 광범위하게 퍼지게 됩니다. 하지만 의회주의 전술을 반대하는 세력도 당내에 존재했습니다. 문제가 불거진 것은 의회주의 전술이 상당한 성공을 거둔 이후입니다. 께랄라에서 공산

---

*1948년부터 1950년까지 인도공산당의 총서기를 지낸 라나디브(Bhalchadra Trimbak Ranadive)의 이름을 딴 노선으로 좌익모험주의라는 비판을 받았다

당이 집권하자 중앙정부를 장악하고 있던 국민회의는 대통령령으로 주 정부를 해산해 버립니다. 합법적으로 구성된 주 정부가 이렇게 해산되자 온건파와 급진파 사이에 노선 투쟁이 격렬해집니다. **의회주의 노선이 부분적으로는 성공한 것 같지만 지배 계급에게 위협이 되는 순간에는 선거의 성과를 지킬 수 없다**는 것이 급진파의 논리였습니다.

인도 정부는 공산당 내의 갈등을 교묘하게 이용해 분열을 부추깁니다. 또 온건파가 주류를 이룬 당권파는 인도 정부와 협력함으로써 급진파를 제거하고 당권을 안정적으로 유지하려는 술책을 부립니다. 1962년 인도 중앙정부가 인도공산당 당원 1,000명 정도를 전시 포고령 위반이라는 명분으로 일시에 체포하는 사건이 발생합니다. 그런데 체포 대상자의 명단은 경찰이 만든 것이 아니었습니다. 경찰은 인도공산당 지도부가 제공한 명단을 보고 그대로 체포에 나섰습니다. 당 지도부가 정부와 협력해서 자신들에게 반대하는 급진 좌파들의 명단을 넘긴 것입니다. 이 일을 계기로 공산당 지도부는 공산당 내부 급진파들과 대중들에게 불신을 사게 됩니다. 집권 회의당과 인도공산당 지도부 사이의 공모에는 당시의 외교적 상황도 배경이 되었습니다. 인도공산당 지도부는 여전히 친소련 노선을 확고히 하고 있었는데, 당시 인도 회의당 정부가 소련과 긴밀한 우호 관계를 맺기 시작했기 때문에 두 당 간에 '친소련'이라는 공통분모가 생겨난 것이죠. 당권에 도전하는 급진파들은 소련의 노선에 대해서도 반감이 있었기 때문에 친소련 동맹 세력에 의해 제거된 것입니다.

③ 당의 분열과 CPI-M의 창설

인도공산당의 당권은 실제로는 1930년대 이후 1960년대까지 몇몇 사람에 의해 독점되고 있었습니다. 서기장인 당게(Shripad Amrit Dange)는 권위적인 방식으로 당을 지배하면서 자신에게 도전하는 목소리를 용납하지 않았습니다. 당게는 이전부터도 권위적인 당 운영 방식과 공금 유용 등의 문제로 계속 비판받아 왔습니다. 그는 당시 운동과 노동자 농민의 취약한 상황에도 불구하고 당의 돈으로 고급 호텔에서 생활해서 비난을 받기도 했습니다. 급진파는 당권파를 공격하기 위해서 당게가 식민지 시절인 1924년에 영국 식민지 정부에게 보냈던 편지를 공개했습니다. 그 편지에는 자신을 풀어 주면 프락치가 되어서 정보를 넘기겠다는 내용이 들어 있었습니다. 당게는 급진파들의 문제 제기를 분열주의자들의 음모라고 일축하며 전부 출당시켜 버립니다.

이 사건을 계기로 좌파들과 중도파들이 떨어져 나와 1964년 새로운 당을 건설합니다. 이것이 CPI-M(Marxist)입니다. 정치 노선에 있어서 **두 당의 핵심적인 차이는 민족 부르주아지와의 연대가 가능하다는 입장(CPI)과(이 입장이 민족민주주의입니다), 민족 부르주아지와의 연대는 불가능하고, 노동자·농민 계급의 헤게모니하에서 쁘띠 부르주아지와의 연대만이 가능하다는 입장(이 입장이 민중민주주의입니다)** 사이의 차이입니다. 이 두 입장 사이에서 중도파들이 절충적 노선을 제시합니다. **남부디리빠드**(E. M. S. Namboodiripad)**가 주도한 중도 노선은 기본적으로 민중민주주의를 받아들이되, 민족 부르주아 계급 중에서도 민중민주주의에 동의하는 이들과의 연대는 가능하다는 입장**입니다. 이 입장이 결국 CPI-M의 노선으로 채택됩니다. 이론적인 용어로 말하니까 어렵게 들리지만 이 노선 차이는 결국 국민회의당과 손을 잡느냐, 잡으면 어느 선까지 협력하느냐의 문제였습니다. 그리고 어떤 이들은 노선 차이가 아니라 지도자들 간의 개인적 갈등이 분열의 근본 원인이라고 보기도 합니다. 시간이 지나 돌이켜 봤을 때 두 당의 입장이 거의 구별되지 않게 수렴되었다는 사실을 보면 이 주장이 더 설득력을 가지기도 합니다.

CPI-M의 전술은 CPI와 마찬가지로 의회주의입니다. 이들은 의회 전술에 근거해서 단시간에 CPI보다 더 큰 성과를 거두게 됩니다. 창당 후 불과 3년 만인 1967년에 서벵갈 주에서 집권에 성공합니다. 1968년에 대통령령으로 주 정부가 해산되기도 하지만 그 이후에는 법적이거나 군사적인 수단으로 대대적 탄압을 받는 일은 비상통치 시기를 제외하고는 일어나지 않습니다. CPI-M은 1977년에 다시 서벵갈의 집권당이 된 이후에 2011년 초에 권력을 내놓을 때까지 30년 이상 권력을 유지했습니다.

남부디리빠드(1909~1998)는 민중민주주의를 받아들이되, 민족 부르주아지라도 민중민주주의에 동의하는 이들과는 연대할 수 있다는 중도 노선을 주도했다.

그러면 회의당과 인도 중앙정부는 왜 CPI-M을 적극적으로 탄압하지 않았을까요? **중도파와 급진 좌파가 공존하는 당을 탄압할 경우 당의 주도권이 좌파에게 넘어가거나 제도적 틀 밖의 무장투쟁으로 발전할 것을 걱정했기 때문**입니다. 합법적 테두리 내에서의 정치 활동은 어떤 노선도 허용하지만, 합법적 테두리에서 벗어나서 체제에 위협을 가하거나, 무장투쟁을 하면 철저하게 탄압하는 것이 독립 이후부터 인도 지배 세력의 일관된 대응 방식이었습니다. 이것이 인도공산당이 제도 내 정당으로 제한된 중요한 이유 중의 하나입니다. 아무리 스탈린주의 정당을 표방하더라도 제도 내에서의 활동에 머무른다면 용인되었던 것입니다. 그 선을 넘어서면 가혹한 물리적 탄압에 직면해야 했기 때문에 **공산당은 이론의 과격화와 실천의 온건화가 공존하는 방식으로 생존**하려 했습니다.

그런 이유로 우파-중도파-좌파 사이의 갈등 원인으로서의 이론적 노선 차이는 그저 명분일 뿐이라는 평가가 나옵니다. 당내 각 파벌의 지지 기반이 확연하게 달랐고 또 카리스마 강한 지도자를 중심으로 당이 운영되면서 이들 사이의 개인적 갈등이 당 분열의 실질적 원인이었다고 볼 수도 있습니다.

④ 인도공산당의 지지 기반

인도공산당은 처음에는 다른 대부분의 공산당들처럼 상층 지식인 중심으로 시작되었습니다. 또 인도 사회에서 노동자는 당의 초기나 지금이나 상대적으로 소수입니다. 그래서 **당은 농민 계급에 의존**할 수밖에 없었습니다. 하지만 농민 계급은 정치적으로 상당히 후진적이었고 동원도 어려웠습니다. 의회주의 전술을 채택한 뒤에는 대중적 지지의 확산이 더 중요해집니다. 의회 전술이란 결국 대중을 동원해 다수의 표를 얻어야 하는 것이니까요. 인도공산당에게는 자신들이 대변한다고 주장한 노동자·농민, 특히 농민의 표를 동원할 수단이 없었습니다. 인도 정치의 중요한 특징은 브로커 정치입니다. 이것은 각 지역의 지배 집단이 하층 계급의 표를 동원해 특정 정당에 몰아 주는 구조입니다. 표를 동원할 수 있는 지역 지배 집단이 결국 선거를 좌지우지하게 됩니다. 실제 유권자들보다 최상층의 정치인들과 결탁한 중간 지배 계급이 중요한 의사결정을 독점하는 것입니다. 인도 농촌에서 이런 역할을 하는 계급이 바로 지주 계급입니다. 그래서 **인도공산당은 초기부터 하층 농민이나, 노동자, 불가촉천민, 지정 부족민의 이해를 대변하기보다 농촌 중간/상층 계급의 지지를 받아서 의회에서 승리하는 노선을 밟을 수밖에 없었습니다.**

또 공산당의 지도부들은 대부분 상층 브라만 출신이기 때문에 도움을 받거나 운동에 끌어들일 수 있는 사람들도 주로 상층 계급일 수밖에 없었습니다. 당이 점점 커지면서 새로운 당 관료들이 충원되었는데 이들도 대부분 상층 계급 출신이었습니다. 이렇게 된 첫번째 이유는 높은 문맹률입니다. 당시에 당의 실무를 볼 수 있을 정도로 교육을 받은 이들은 거의 상층 계급이었습니다. 두번째, 열악한 재정 상황 때문에 당 관료들에게 월급을 줄 수가 없었는데, 그러다 보니 월급을 받지 않고도 생활을 할 수 있는 부유한 집안 출신들만이 당 활동을 할 수 있었습니다. 그래서 인도공산당 초기부터 의사결정은 상층 계급들이 독점하게 됩니다. 초기에 당권을 장악한 최상층은 죽을 때까지 영구 집권하는 식으로 당을 운영했습니다. 당게의 사례에서 본 것처럼 권력의 독점으로 인해 이 지배 구조가 깨어지지 않았던 것입니다. 문제는 이 사람들의 기득권이 굳어지면서 하층 계급의 이해관계를 대변하기 위한 정책 실현은 점점 더 멀어진다는 것입니다. 결국 인도공산당은 공식 노선은 스탈린주의이지만, 실질적으로는 사민주의 혹은 좀더 비판적으로 보자면 국가자본주의 정도로 평가받게 되었습니다.

당의 분열로 CPI는 대중 기반을 거의 잃어버립니다. 그래서 회의당과 연대하는 방식으로 살아남는 길을 택합니다. 회의당과의 연대를 택한 것은 선거에서 공천 협상을 통해 국회의원 자리를 몇 개라도 얻기 위한 것이었습니다. 즉 자신들의 힘만으로는 당선이 힘드니까 회의당 후보자가 출마하지 않도록 양보받고 그 지역구에서 자신들의 표에다 회의당 지지표를 더해서 당선되는 방식입니다. 우리나라에서도 자체적인 득표력이 부족한 정파들이 노선이 다른 당에 기대어 의석을 얻기 위해 이런 전술을 택하죠. 그런데 이게 정도를 지나칩니다. CPI는 인디라 간디가 권력을 유지하기 위해 선포한 비상통치까지 지지하면서 회의당에 기생하려 합니다. 역사학자 로스 말릭(Ross Mallick)은 **지식인 중심의 상층과 대중운동이 분리될 때, 지도부 없는 토대는 살아남을 수 있지만 토대 없는 지도부는 살아남을 수 없다는 것을** 인도공산당이 보여 준다고 평가합니다. 아무리 급진적 주장을 하더라도 기층 대중을 지지 기반으로 획득하지 못한 상층 운동은 결국 개량화될 수밖에 없습니다. 자신들의 정치적 영향력을 행사하기 위해서는 지배 계급이 나누어 주는 권위에 의지할 수밖에 없기 때문입니다. 우리 진보운동 진영도 되새겨 볼 만한 교훈입니다.

⑤ CPI-M의 경우

CPI-M도 당을 만드는 과정에서 좌파보다는 중도파의 영향력이 강해지면서 이들의 지지 기반인 조직 노동자 계급이나 농촌의 토지 소유 계급에 의존합니다. 대중적 토대가 창당 당시부터 이미 결정되어 있었기 때문에 하층 계급들이 당을 좌우할 수 있는 위치에 들어가긴 힘들었습니다. 급진파들은 하층 계급의 이해관계를 대변하기 위해서 노력하지만, 이들은 대부분 하위 당직자들이었습니다. 1967년 낙살바리(Naxalbari)에서의 봉기를 계기로 이 급진파들은 대부분 당을 떠나 낙살 반군이 됩니다. 봉기의 중심지였던 서벵갈은 당시 CPI-M이 집권하고 있었습니다. 이들은 봉기 초기에는 타협을 통해 급진파를 당내에 묶어 두려 했지만 결국 실패하고 중앙정부에 진압을 요청합니다. 봉기는 3년 만에 유혈 진압되고 급진적 성향의 사람들은 전부 당을 떠나게 된 것입니다. 이 과정에서 CPI-M은 자연스레 중간 계급의 정당이 됩니다.

당시 좌파의 지도자는 굽따(Indrajit Gupta)였고 중도파는 조띠 바수(Jyoti Basu)와 남부디리빠드가 이끌었습니다. 중도파의 입장은 좌파보다는 오히려 CPI 지도부와 비슷했습니다. 그럼에도 이들이 CPI-M으로 온 이유는 CPI의 지도자인 당게와의 갈등 때문이었습니다. 또 조띠 바수와 남부디리빠드는 상당한 명성을 가지고 있었지만 현장 조직들과의 연계가 거의 없었습니다. 이들이 CPI의 하부 조직들을 자기 지지 기반으로 끌어올 수는 없었기 때문에 좌파와 결합할 필요가 있었습니다. 반대로 기층 조직을 이끄는 하위 당직자 위주였던 좌파는 당파를 대표할 인물이 필요했습니다. 두 집단의 이해관계가 일치하면서 새로운 당을 만든 것입니다.

그런데 왜 하필 CPI의 하위 당직자들이 급진적 목소리를 높였을까요? 1959년 서벵갈에서 극심한 식량 부족 사태가 일어납니다. CPI는 여기에 항의하는 식량투쟁, 총파업을 성공적으로 조직했습니다. 이때 현장에서 투쟁을 조직했던 활동가들이 젊은 급진주의자들입니다. 그들은 이 투쟁을 계기로 세력을 키웠고 나중에 CPI-M의 좌파 노선을 주도하는 세력이 된 것입니다. 이렇게 해서 **CPI-M에서도 당의 상층은 온건 노선을, 하부는 급진 노선을 선호**하는 현상이 나타납니다. CPI-M은 애초부터 다른 두 노선이 정치적 필요에 의해 결합한 정당이었기 때문에 계기가 주어지면 분열될 수밖에 없었다는 평가도 많습니다.

⑥ 당 분열의 또 다른 원인 : 중-소(中蘇) 분쟁

지금까지 살펴본 것이 당이 분열된 인도 내부의 사정이라면 **당 분열의 외부적 원인은 중-소 분쟁**입니다. 같은 사회주의 국가인 소련과 중국 사이에 갈등이 고조되면서 전 세계의 공산당들은 둘 중 하나를 택하거나 둘 사이에서 위태롭게 줄타기를 해야 하는 곤란한 상황에 빠집니다. CPI는 친소 노선을 처음부터 줄곧 고수합니다. CPI-M을 만든 세력은 상대적으로 친중국적인 성향을 갖고 있었습니다. 이들이 중국 공산주의에 좀더 친화적이었던 것은 그들의 지지 기반과도 관련이 있습니다. 그들은 농촌의 현장 조직을 지지 기반으로 가지고 있었기 때문에, 맑스주의의 정통 노선에 따라 노동자 헤게모니를 주장하는 CPI의 주장이 현장 활동가들에게는 와닿지 않았습니다. 그들의 정서에서는 농민 공산주의를 내세우는 중국 혁명의 모델이 훨씬 설득력 있었을 것입니다.

중-소 분쟁이 발생했을 때 CPI 당내의 중도파와 좌파는 중립적 입장을 취했습니다. 반면 CPI 지도부는 집권당인 회의당과 함께 중국공산당을 비난했습니다. 좌파들의 입장에서 이것은 프롤레타리아트 국제주의라는 공산주의의 대의에 어긋나는 행위로 보였습니다. **좌파들은 여기서 더 나아가 제3세계 민족해방혁명에 미온적인 소련도 제국주의의 앞잡이라고까지 주장**합니다. 마오이즘에 기울어진 급진적인 낙살 반군들은 소련 제국주의자들이나 미국 제국주의자들이나 한통속이라고 보았습니다.

여기에는 지리적인 조건도 영향을 줍니다. 급진파들이 장악하고 있던 지역들은 대부분 중국과 인접한 지역입니다. 중국의 영향이 클 수밖에 없었겠죠. 중국공산당도 소련 견제를 위해 이들을 부추깁니다. 1965년 꼴까따 출신의 젊은 공산주의자 몇 명이 네팔로 넘어가 중국 대사관을 찾아갔고, 마오이즘을 교육받고 꼴까따로 돌아와 마오이즘 확산에 나섭니다. 이들이 나중에 낙살 반군 봉기를 주도합니다. 낙살 반군 봉기가 일어나기 전인 1966년부터 중국은 인도 농민 문제에 본격적으로 개입합니다. 베이징에서 인도 쪽으로 라디오 방송을 송출하고 거기서 제3세계 혁명을 부추기는 선전선동을 강화합니다. 봉기 후에도 낙살 반군은 11명의 요원을 중국에 파견해서 군사 훈련, 사상 교육을 받게 합니다. 이렇게 중국과 소련에 대한 입장의 차이가 인도의 공산당들을 가르는 기능을 하게 됩니다.

⑦ 1964년 이후의 역사

다음으로 당이 분열된 이후의 역사를 정리하겠습니다. CPI-M이 건설되고 나서 곧바로 좌파 지도자 수십 명이 체포됩니다. 체포된 사람들은 중국 스파이 혐의를 받았는데 흥미롭게도 중도파의 인물들은 체포되지 않았습니다. 누구나 짐작할 수 있겠지만 좌파를 견제하기 위한 집권 세력의 전략에 따른 사건이었습니다. 그리고 이 사건 이후에 CPI-M 역시 점점 우경화되어 갑니다. **정부의 견제로 인해 중도파 성향의 지도부들이 당의 상층을 지배**하게 되었기 때문입니다. 당 지도부는 우파 정당과의 선거연합을 받아들입니다. 그리고 이를 정당화하기 위해 이론적 입장도 수정합니다. 즉 **인도 대부르주아 계급과 제국주의자들 사이에 모순이 있을 수도 있다는 주장**을 새롭게 내세웁니다. 제국주의자들과 모순이 있으므로 **인도의 대자본가도 제국주의의 앞잡이가 아니라 민족자본가일 수 있다는 것**입니다. 하지만 하층 당원들의 정서는 전혀 달랐습니다. 당의 갑작스러운 우경화에 반발한 평당원들이 봉기를 일으키는 일까지 발생합니다. 이후 CPI-M 지도부는 가능하면 토론을 연기하고 근본적인 문제는 건드리지 않는 식으로 대응합니다. 결국 CPI-M은 점점 실용주의적이고 우경화된 노선으로 나갑니다.

당의 주요 근거지인 서벵갈에서 중도파와 좌파의 분열이 두드러지게 되는 사건이 발생합니다. 1964년에 서벵갈에서 식량 위기가 발생하고 공산당은 다른 좌파 세력들과 통합 좌파전선을 구성해서 저항에 나섭니다. 이때 서벵갈의 경찰들은 좌파 지도자들을 집중적으로 탄압합니다. 지도부가 체포되었지만 저항은 계속되었고 하층 당원들이 운동을 지도합니다. 하층 당원들은 당 지도부에 비해 더 급진적 성향의 사람들이었습니다. 또 좌파 지도자들이 체포되거나 도피하는 바람에 현장에서 저항을 이끌던 하층 당원들에게는 협상을 할 권한도 없었습니다. 민중들은 당 지도부의 전술적 고려에 제약받지 않고 지속적으로 투쟁하게 된 것입니다. 이런 조건 덕분에 저항운동과 운동의 주도 세력은 점점 더 급진적이게 됩니다. 이때 저항운동의 맨 앞에 섰던 이들이 경험을 쌓고 전업 활동가가 되면서 CPI-M 내에서 좌파 세력을 키워 나갑니다. 이 투쟁이 격렬해지면서 더 이상의 급진화를 막기 위해 인디라 간디가 직접 나서서 타협안을 제시했고 운동은 진정됩니다. 하지만 식량 투쟁을 계기로 서벵갈에서 좌파 세력이 급부상했고 이때의 지지 기반을 근거로 1967년 서벵갈에서 CPI-M이 집권할 수 있었습니다.

당 기층의 좌경화에도 불구하고 지도부는 지속적으로 우경화됩니다. 당연히 당원들의 불만이 쌓이게 되자 당 지도부는 꼼수로 대응합니다. 급진적 성향의 하층 당원들을 일단 승진시키지만 중앙당에 두지 않고 지방으로 보내 버립니다. 그들을 인정해 주는 척하면서 사실상 의사 결정권에서 배제한 것입니다. 그리고 CPI-M 지도부는 선거에 몰두합니다. 서벵갈에서는 1967년 총선에서 반회의당이라는 기치하에 연합전선을 구성하고 선거에서 승리합니다. CPI-M이 서벵갈 주의 집권당이 되자 의회주의 전술에 더 이상 반대할 수 없는 상황이 됩니다. 당의 활동 영역도 의회와 행정부에서의 활동으로 집중되면서 완전한 제도 내 정당으로 자리 잡습니다. 이때까지만 해도 CPI-M의 구호는 "주 정부의 권력은 인민의 손에 주어진 투쟁의 수단"이었습니다. 즉 선거는 전술적 수단일 뿐이고 인민의 해방을 위한 큰 투쟁의 일부로서 의회 전술이 의미를 가진다는 의미입니다. 당시의 CPI-M에게 국가권력이란 '더 많은 인민을 획득하고 프롤레타리아트를 위한 더 많은 동맹군을 얻기 위한 투쟁의 특정한 형태'였습니다. 하지만 곧 이 입장은 잊혀집니다.

1967년의 서벵갈 정권은 14개의 당이 연합한 것이었고 공산당은 이 연합전선의 최대 세력이었습니다. 집권 후의 당면 과제는 토지 개혁과 노동자 문제였습니다. 좌파의 입장에서는 당연한 과제였지만 실행에 옮기는 것은 기득권 세력의 저항 때문에 결코 쉽지 않았습니다. 그래서 연립정권 내의 14개 당 가운데 아무도 노동장관을 맡으려 하지 않았고 결국 CPI-M이 이 자리를 떠맡습니다. 공산당 소속의 노동장관은 노동자들이 요구 조건을 얻어내기 위해 고용주를 인질로 잡는 것을 합법화합니다. 이런 투쟁 방식은 당시에는 인도 노동자들의 흔한 투쟁 형태 중 하나였지만 불법으로 취급되었던 것입니다. 하지만 예상할 수 있듯이 이 조치는 지배 계급의 반발을 불러옵니다. 토지 개혁은 의지는 있었지만 제대로 실행할 충분한 시간을 갖지 못했습니다. 하지만 집권 세력에게 가장 큰 어려움은 식량난이 나아지지 않았다는 것입니다. 공산당의 집권 후에도 식량 가격이 두 배 이상 상승합니다. 이러면서 연립정부 내부의 갈등이 심화되고, 1968년 2월 대통령령으로 주 정부는 해산됩니다.

　　이후 1969년 재선거에서도 CPI-M은 최다 득표로 2차 통일전선 정부를 구성합니다. 이때는 앞서의 실패 경험을 떠올리며 경제 침체 극복을 위해 힘을 기울입니다. 하지만 경제 회복을 빌미로 서벵갈의 대재벌 비를라와 손을 잡습니다. 비를라 가문은 지금도 인도의 가장 큰 재벌 가운데 하나입니다. 설립자였던 비를라는 간디의 비서이자 자금원이었습니다. CPI-M 지도부는 공식적으로 비를라 그룹과 협력했을 뿐만 아니라 불법적인 정치자금도 받았다는 의심을 삽니다.

　　두번째 집권은 중앙정부의 용인을 받아 해산되지 않았습니다. 그 이유는 그 무렵 회의당이 분열되면서 인디라 간디가 급진적 좌파 노선을 채택하고, 대외적으로도 친소 노선을 걸었기 때문입니다. 우파와의 대결을 위해 공산당을 용인했던 것입니다. 당시 소련은 CPI-M의 영향력이 커지면서 CPI에 두 당 간의 연합을 권하지만 당게의 강력한 반대로 무산됩니다.

이후 CPI의 영향력은 미미해지고 CPI-M이 인도 공산당 운동을 사실상 주도합니다. 세력이 약해진 CPI는 다시금 회의당으로 들어갑니다. 같은 공산당과의 연합은 거부해 놓고 보수 세력과는 기꺼이 타협한 것입니다. 명분은 회의당 내부에 '사회주의적 행동을 위한 의회 포럼'이라는 단체를 만들어서 회의당의 정책에 영향력을 행사하겠다는 것이었습니다. 이게 얼마나 실현 불가능한지는 역사 속의 여러 사례들이 보여 줍니다. 사실 당게에게 그런 의도가 정말 있었는지도 의심하는 이들이 많은데 이 의심이 근거 없는 것은 아닙니다. 인디라 간디가 자신의 권력 유지를 위해 우리의 계엄통치에 해당하는 비상통치를 선언했을 때 CPI는 이를 지지했기 때문입니다.

⑧ 비상통치와 그 이후의 공산당 운동

비상통치 선포 이후에 CPI는 인디라 간디의 우경화 정책들을 전부 수용합니다. 하지만 인디라 간디는 탄압을 통해 공산당의 지지 기반을 해산시키는 것으로 보답합니다. 인디라 간디의 강압적인 통치에도 불구하고 그녀의 정치적 입지를 강화시켜 주는 사건이 발생합니다. 1971년 방글라데시가 파키스탄으로부터 독립한 것입니다. 방글라데시의 독립을 지원하기 위해 인도는 파키스탄과 무력 충돌을 일으키고 승리합니다. 이 사건을 계기로 인디라 간디의 지지율이 상승했고, 그녀는 이 기회를 이용해서 1972년 총선에 승리해 집권을 연장합니다. 하지만 1972년 선거에서는 부정 선거가 노골적으로 자행되었습니다. 가장 큰 피해를 본 것은

CPI-M이었는데, 이들은 부정 선거에 강력하게 항의했지만 상황을 뒤집을 수는 없었습니다. 이때 CPI는 자신들과 직접 이해관계가 없었기 때문에 이 사안을 무시하고 아무런 도움도 주지 않습니다. 고립된 CPI-M은 그 이후 선거를 보이콧하는 방식으로 대응합니다. 하지만 이미 의회주의 전술을 당의 주된 활동 방식으로 채택한 이상 선거 보이콧은 비현실적인 투쟁 방식이었습니다. 인디라 간디 정권은 의회주의 이외의 정치 노선과 활동에 대해서는 강력하게 탄압했습니다. 이로 인해 CPI-M은 급속하게 위축되었고, 1977년 다시 선거에 참여하기 전까지 약 5년간 정치 무대에서 완전히 배제됩니다.

배제되었다는 것은 단순히 정치 활동을 못했다는 것 이상이었습니다. **공산주의자들을 대상으로 한 잔인한 백색테러가 자행**됩니다. 농촌의 지주 계급과 도시의 자본가 계급들이 동원한 무장 세력들이 공산당 활동가들을 살해하고 폭행하지만 경찰은 이를 방관하거나 돕기도 했습니다. 이런 상황에 대한 대응에 있어서도 당 지도부와 기층의 급진적 당원들 사이에 입장 차이가 있었습니다. CPI-M 지도부는 당원들에게 사는 곳을 떠나서 다른 곳에 몸을 숨기라는 지침을 내렸지만, 남아서 싸우고자 했던 당원들과 심각한 갈등이 발생했고 지도부는 이들을 출당시켜 버립니다. 열심히 활동하는 당원들이 출당당하면서 당의 노령화와 우경화가 심각해집니다. 의회주의 경향이 강화되는 것에 그치지 않고 극우 정당과의 연정까지도 가능한 지경에 이르게 됩니다.

1977년이 되어도 CPI는 여전히 회의당에 의존하는 상황이었습니다. 오히려 인도 사회 전반적으로는 비상통치 시기가 끝나면서 간디 정권에 대한 비판이 고조되고 있었습니다. 1978년이 되어서야 CPI는 비상통치를 지지한 데 대해 사과하고 당수였던 당게가 수십 년간의 당 지배를 끝내고 퇴진합니다. 반면에 CPI-M은 1977년 선거에서 선거연합의 성공으로 서벵갈에서 재집권에 성공합니다.

정치적 위상은 달라졌지만 지금까지도 두 당은 공식적으로 스탈린주의를 고수하고 있습니다. 현존하는 세계 최대의 스탈린주의 공산당입니다. 이런 비현실적인 노선과 당 내부의 갈등에도 불구하고 **두 당이 살아남을 수 있었던 이유 중 하나는 인도의 지배 계급이 그들을 용인해 주었기 때문입니다.** 인도 중앙정부는 CPI-M을 탄압하면 더욱 급진화될 것이기 때문에 탄압하지 않았다는 것이 일반적인 분석입니다. 또는 좌파의 관점에서 보면 문제가 많은 당이 깨지지 않은 또 다른 이유는 대안이 없었기 때문입니다. 낙살 반군이 되는 것 이외에 그나마 합법적 공간에서 공산주의 운동을 할 수 있는 가장 왼쪽이 CPI-M이었기 때문에 당이 유지될 수 있었던 것입니다. 분열 후 CPI는 전국을 무대로 활동하지만 대부분 지역에서는 명목상으로만 존재하고 지지 기반은 거의 없습니다. 회의당에 얹혀 사는 신세가 된 것이죠. 반면에 CPI-M은 의석 수는 훨씬 많지만 지역당에 머물게 됩니다. 서벵갈, 께랄라, 뜨리뿌라 세 개 주 정도에서만 영향력을 행사하고 전국적 확산에는 실패합니다. 결국 두 노선 모두 원래 이루고자 했던 목표를 달성하는 데는 실패했다고 보아야 할 것입니다.

아무튼 두 당에 대한 여러 가지 평가와 비판이 있지만, 인도의 특수성을 이해한다면 CPI-M이 집권했던 서벵갈과 께랄라에서 이룬 성과에 대해서는 인정할 것이 많습니다. 인도 독립 이후 지금까지도 토지 개혁이 거의 이루어지지 못한 상황에서 그나마 이루어진 토지 개혁의 50% 이상이 서벵갈에서 이루어진 것입니다. 또 께랄라의 발전 모델은 자본주의 저발전 국가들의 참조 모델로 널리 알려져 있습니다. 께랄라는 낮은 생산력과 높은 생활 수준이 공존할 수 있는 특이한 사례로서 주목받아 왔고 수십 년간 서구 발전주의 경제학자들의 연구 대상이자 국제 보건학계의 연구 사례였습니다. 이에 대해서는 6장에서 자세히 다루겠습니다.

⑨ 신자유주의 이후의 공산당 운동

1990년대가 되면서 CPI와 CPI-M의 차이는 거의 사라졌습니다. "정부의 권력은 인민의 손에 주어진 투쟁의 수단"이라는 구호는 "좌파전선은 인민의 동반자"라는 구호로 바뀌었습니다. CPI-M이 혁명 노선을 명목상으로도 포기했음을 보여 주는 것입니다. CPI-M의 정책은 90년대 이전에는 농촌 중간 계층의 이해관계에 근거했습니다. 1990년대 이후에는 산업 발전과 더불어 도시 노동자 계급이 증가하는데, 이들은 인도 전체의 사회 구조로 봤을 때 상대적으로 상층 계급입니다. 이들이 CPI-M의 중요한 지지 기반으로 등장합니다. 또 하나의 새로운 지지 기반은 공공 부문 종사자들입니다. 인도의 열악한 노동시장 구조에서 공공 부문 종사자들은 상대적으로 특권적인 계층입니다. 집권한 공산당의 입장에서도 행정권력을 원활하게 움직이기 위해서는 공공 부문 노동자들의 지지가 필수적이기 때문에 이들의 특권을 상당 부분 보장해 줍니다. 그런데 공공 부문에서 종사하기 위해서는 교육 수준이 높아야만 하고 이런 사람들은 당연히 상층 계급 출신인 경우가 많습니다. 공산당의 정책을 집행하는 주축이 상층 계급들로 이루어졌기 때문에 당의 우경화는 더욱 심해집니다. 당 우경화의 다른 원인도 있었습니다. 인도는 독립 초기부터 지정 카스트나 지정 부족을 포괄하기 위해 유보 제도(Reservation)를 실시합니다. 서벵갈의 집권 공산당도 이 제도를 통해 하층 집단의 지지를 이끌어 내지만 하층민 내부의 위계화라는 부작용이 나타나면서(이 문제에 대해서는 '반카스트 운동' 부분에서 자세히 설명하겠습니다) 우경화를 부추기게 됩니다. 결국 이런 집단들이 하층 농민을 대신해 CPI-M의 지지 기반이 되면서 기득권 집단의 목소리가 당을 지배하게 됩니다.

당 지도부는 엘리트 중심의 당 운영에 대해 비판을 받게 되자, 당원들의 정치 의식이 낮아 당 운영에 참여하기 힘들다는 이유를 대면서 문제 해결을 외면합니다. 1977년 집권 후 실시된 혁신적인 프로그램들 가운데 많은 정책들이 1980년대부터 중단되고 1990년대가 되면 CPI-M이 앞장서서 신자유주의적 정책들을 받아들입니다. 서벵갈의 경제 침체가 장기화되면서, 지지 기반을 잃을 것을 두려워한 당은 결국 산업화 정책을 시행할 수밖에 없었습니다. 서벵갈에는 자생적인 산업 기반이 부족했기 때문에 인도의 다른 지역의 자본이나 외국 자본을 유치해야 했습니다. 결국 **좌파 정권의 중요한 정치적 쟁점이 하층 계급들을 어떻게 지원하느냐의 문제에서 개발을 어떻게 순조롭게 이루어 내느냐로 이동**하게 됩니다.

2001년 붓다데브 밧따짜르지(Buddhadeb Battacharjee)가 서벵갈의 주(州) 수상으로 취임하면서 본격적인 정책 변화가 나타나기 시작합니다. 밧따짜르지는 서벵갈을 공업화하고 투자를 확보하려고 노력했으며 도시와 농촌의 기간산업을 동시에 발전시키려 했습니다. 이런 노선은 몇 년간은 당의 지지도를 높이는 데 기여했습니다. 호우라(Howrah)와 후글리(Hoogly) 같은 공업 지대에서의 득표율이 높아졌고 동시에 농촌 지역에서 당의 위치도 더욱 공고해졌습니다. 밧따짜르지의 개인적인 카리스마와 청렴한 이미지, 그리고 교조적이지 않고 실용주의적인 정책 노선이 많은 지지를 얻을 수 있게 해주었다고 평가받습니다. 2006년 4월에서 5월에 걸쳐 실시된 주 의회 선거 결과, 서벵갈 주에서 CPI-M 주도의 좌파 전선(Left Front)은 7번 연속으로 그것도 3/4의 압도적인 다수를 획득하면서 승리하였습니다. 이 선거에서 좌파전선에 대한 지지는 모든 계급과 지역에 걸쳐 골고루 나타났습니다.

께랄라 주에서도 2006년 선거를 통해 CPI-M이 주도하는 좌파민주전선(Left Democratic Front, LDF)이 국민회의 중심의 집권 연합민주전선(United Democratic Front, UDF)을 누르고 권력에 복귀합니다. CPI-M은 께랄라 주 선거 사상 가장 높은 33%의 유효 투표를 얻었습니다. 선거에서 주요 이슈는 집권 UDF 정부의 농업 부문을 비롯한 전산업에 대한 개방정책이었습니다. CPI-M은 이윤 극대화를 위해 인민들의 삶을 피폐하게 만드는 회의당의 발전 개념을 공격하면서 좌익 정당들의 발전 개념은 대다수 국민들의 삶의 조건을 개선하고자 하는 것이라고 주장했습니다. 그래서 **CPI-M은 신자유주의적 발전 전략에서 소외된 농민 및 노동자들에 초점을 맞춘 정책을 제시해서 선거에서 승리**한 것입니다. 하지만 이 선거에서 분배를 위해서는 부의 창출이 우선되어야 한다는 논리가 께랄라 주 발전 모델의 한계를 지적하며 제기되기도 했습니다.

2006년 총선을 통해 좌익 정당들은 동시에 세 개의 주 정부를 관리하게 되었습니다(2003년 2월 선거에서 CPI-M 주도의 좌익 연합이 북동부의 뜨리뿌라 주에서 집권했습니다). 연방 의회에서도 좌파는 60개의 하원의석을 차지하며 약진합니다. 좌익 정당들은 1987년에도 이 세 개 주에서 동시에 집권한 적이 있었으나 그때는 회의당의 세력이 강력해서 좌익 정당들은 국가 전체의 정책 결정에 거의 영향력을 갖지 못했습니다. 이 선거에서 좌파전선에 대한 지지는 모든 계급과 지역에 걸쳐 골고루 나타났습니다. 이때만 해도 좌파 세력은 낡은 국민회의당과 극우 힌두 민족주의를 대신할 제3의 정치 대안이라는 평가를 받습니다. 그러나 불과 얼마 지나지 않아 좌파 세력은 커다란 정치적 패배를 경험하게 됩니다.

⑩ 2011년 좌파의 퇴조

최대의 승리를 거둔 지 불과 5년 뒤에 치러진 선거에서 서벵갈의 좌파 정권은 30여 년간의 장기 집권을 마쳐야 했습니다. 서벵갈 주의 전체 의석 수는 294석인데, 이 중 공산당이 주도하는 좌파전선은 62석을 얻는 데 그쳤습니다. 2006년에 비해 172석을 잃은 것입니다. 반면에 새롭게 집권당이 된 뜨리나물 회의당은 227석으로, 지난 선거에 비해 176석을 추가로 얻어 이후 5년간 서벵갈 주를 통치하게 되었습니다.

좌파전선의 첫째 패인이 공장 부지 수용을 둘러싼 갈등이라는 것에는 누구나가 동의합니다. 앞서 말한 것처럼 공산당은 2008년 하반기에 낙후된 서벵갈의 산업화를 위해 따따 자동차의 공장을 유치하려 했습니다. 따따 자동차의 초저가 자동차 '나노'의 생산 시설을 꼴까따(Kolkata)에서 북쪽으로 한 시간 거리에 있는 싱구르라는 곳에 세우는 계획이었습니다. 이를 위해 서벵갈 주 정부는 농지를 수용해 따따 자동차에 넘겼습니다. 하지만 토지 보상 가격에 만족하지 못한 토지 소유 농민이나 농지가 사라지면 생계가 막연해지는 소작농, 농업 노동자의 반발은 모두 필사적이었습니다. 결국 따따 자동차는 공장 설립을 포기하고 인도 중동부의 구자라뜨 주로 공장 부지를 옮깁니다.

난디그람에서도 같은 문제가 발생합니다. 공산당 정부는 인도네시아 살림(Salim) 그룹의 화학 공장을 유치하기 위해 난디그람에 경제특구를 만듭니다. 이번에도 이에 반대하는 농민들은 격렬한 폭력 시위를 벌였습니다. 주 정부는 4,000여명의 경찰 병력을 투입해서 항의하는 농민들을 해산하려 했고, 이 과정에서 농민 14명이 경찰의 총에 맞아 숨지고 수백 명이 부상했습니다. 명목상으로는 농민의 지지를 기반으로 하는 공산당 정부가 자본가의 편에 서서 공장 부지를 헐값에 조성해 주고 이 과정에서 피해를 본 농민의 항의를 무력 진압한 사건은 집권 공산당에게 도덕적·정치적 타격을 줄 수밖에 없었습니다. 게다가 주 정부가 대기업의 공장 건설을 위해 수용하기로 한 지역 중 일부가 무슬림 밀집 거주지였습니다. 무슬림은 이를 무슬림에 대한 주 정부의 박해라고 받아들이고 오랫동안 지지해 온 좌파 집권 세력에게 등을 돌렸습니다.

마지막으로 신자유주의가 본격화된 이후로 더욱더 세력을 키운 낙살 반군에 대해 공산당 정부가 제대로 대응하지 못했다는 점은 좌·우파 모두에게 불만이었습니다. 이 문제에 대해 새로 주 수상이 된 마마따 바네르지(Mamata Banerjee) 뜨리나물 회의당 대표는 "집권하면 세 달 안에 대화를 통해 문제를 해결하겠다"고 약속했습니다. 선거 과정에서 바네르지와 낙살 반군 사이에 관련이 있다는 의혹이 계속 제기되었다고 합니다. 아무튼 이런 이유로 좌파전선은 선거에서 참패합니다.

반면에 마마따 바네르지는 공산당 정부의 대기업 유치에 반대하는 투쟁을 주도하면서 지지를 확대했습니다. 그녀는 난디그람의 경제특구 건설을 위한 토지 수용에 반대하는 투쟁을 이끌었고 따따 자동차 싱구르 공장 정문 앞에서 수개월 동안 연좌 시위를 하기도 했습니다. 그녀는 원래 회의당 소속이었다가 독자 정당을 만들었습니다. 주 수상이 되기 전에는 회의당과의 정치적 타협을 통해 철도장관을 지내기도 한 인물입니다. 그녀는 정치적으로 성공했음에도 여전히 노모와 함께 꼴까따의 허름한 아파트에서 살고 500루피(약 1만 2,500원)가 넘는 옷을 입은 적이 없을 만큼 검소하기도 해서, 부패에 시달리는 인도인들의 지지를 얻을 수 있었습니다.

2011년의 정치적 패배는 인도 공산당의 장래에 심각한 문제를 제기했습니다. 그들은 전통적인 농촌 지지 계급과 새로운 도시 중간 계급의 지지 사

2011년 서벵갈의 주 수장이 된 마마따 바네르지 뜨리나물 회의당 대표는 공산당 정부의 대기업 유치에 반대하는 투쟁을 주도했다. 그녀는 검소한 생활을 실천하는 정치인으로서 부패에 시달리는 인도인들의 지지를 얻었다.

이의 모순을 극복해야 하는 과제를 안게 되었습니다. 즉 신자유주의적 발전 모델의 수용에서 이익을 얻는 도시 중간 계급의 욕구를 충족시키면서도 도시의 영세 자영업자들, 농민, 농업 노동자의 피해를 어떻게 줄일 것인가, 또 성장 정책의 부작용을 줄이면서 분배 정책을 유지할 정도의 경제 수준을 유지할 수 있겠는가의 문제에 직면해 있습니다.

노동운동

서구에서는 노동운동사와 공산주의 운동사가 거의 일치하는 경우가 많습니다. 노동운동은 대개 공산당이 주도하기 때문입니다. 하지만 인도의 경우는 다릅니다. 노동운동 자체가 그리 발전하지 못했고 현재로서는 공산당 이외의 정치 세력이 노동운동에 더 많은 영향을 미치고 있기 때문입니다. 그리고 공산당의 경우에도 노동자 계급보다는 농민 계급을 더 중요한 지지 기반으로 생각한다는 것도 이미 보았습니다. 그래서 공산주의자들이 노동운동에서 차지하고 있는 비중은 독립 직후에는 결정적이었지만, 현재로 올수록 축소되었습니다. 조합원 수로만 보자면 BJP의 산하단체인 BMS(Bharatiya Mazdoor Sangh)라는 노동조합 총연맹이 가장 많습니다. 물론 이 단체는 노동운동 단체라기 보다는 힌두 극우 민족주의를 선전하는 정치 단체이지만 말입니다. 제대로 된 노동운동 조직으로는 INTUC(Indian National Trade Union Congress)라는 회의당 부속 노동조합 총연맹과 CPI 산하의 AITUC(All India Trade Union Congress), CPI-M 산하의 CITU(Centre of Indian Trade Unions), 그리고 정당에 소속되어 있지 않은 비정치적 노동운동 조직인 HMS(Hind Mazdoor Sangh)와 같은 큰 규모의 노동조합 총연맹이 있고, 그 외에도 3개 정도의 군소 노동조합 총연맹이 있습니다. 이상은 전국 단위의 조직이고 지역마다 별도의 노동조합 조직들이 존재합니다.

노동운동 조직의 난립만 보아도 인도 노동운동의 특징을 짐작할 수 있습니다. 우선 **인도의 노동운동은 오랜 세월 분열을 극복하지 못하고 있습니다.** 좌파 조직 사이에서의 통합 논의만도 30여 년째 진행되고 있다고 하는데 성과는 아직 없습니다. 두번째 특징은 **비공산주의적 성향의 우세**입니다. 그리고 **노동운동이 정당에 지나치게 종속되어 있다는 것**도 중요한 특징입니다. 전반적으로는 사회 전체에서 노동자 계급의 비중이 크지 않기 때문에 독자적인 노동운동의 영향력을 말하기는 힘듭니다.

인도 노동운동이 현재 가지고 있는 특징들은 운동이 시작될 무렵의 상황에서 유래한 것이 많습니다. 노동운동은 식민지 시절 산업화가 시작된 1885년부터 자생적인 저항의 방식으로 시작되었지만, 독자적 운동으로 발전하기보다는 식민지 민족해방운동의 일부로서 전개됩니다. 민족

〈표2〉 인도 각 노동운동 조직의 비중

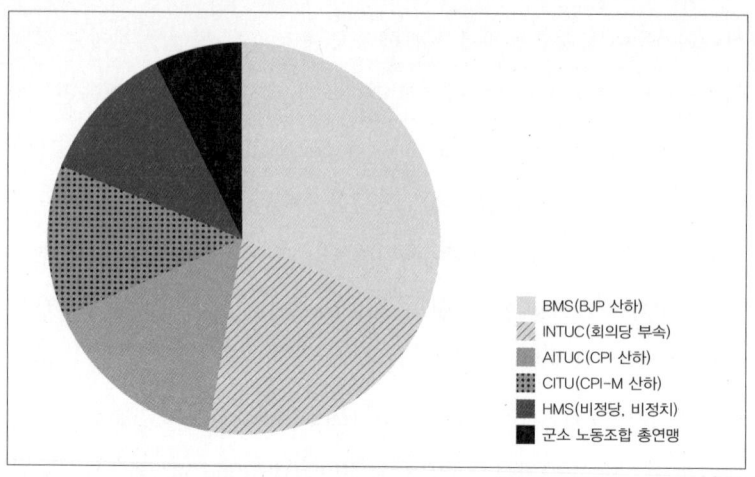

주의자들은 노동운동에는 별 관심이 없었습니다. 국민회의 지도부는 스스로가 대지주와 대자본가였기 때문에 오히려 노동운동이 독자적으로 성장하기를 바라지 않았습니다. 단지 민족주의 운동을 지지해 주는 역할만을 통제 가능한 범위 안에서 해주기를 바랐던 것이죠. 노동자들이 정치적으로 각성하게 된 계기는 1919년 영국 식민지 정부가 롤럿 법안(Rowlatt Acts)*을 시행한 것입니다. 이 법안은 인도 전역에서 강력한 저항에 부딪치고 이에 반대하는 노동자들의 쟁의도 활성화됩니다. 이를 계기로 최초의 노동조합 총연맹인 AITUC가 결성됩니다. 이때까지도 노동운동은 국민회의의 영향력 아래에 있었습니다.

1920년대 후반에 공산주의 운동이 시작되면서 공산주의자들이 노동운동을 주도하기 시작합니다. 이후 노동운동은 성장과 침체를 되풀이

* 법적 절차 없이 체포와 구금을 할 수 있는 법안.

하다가 2차 대전을 계기로 결정적으로 침체에 빠집니다. 1941년 초에 영국 식민지 정부가 당시만 해도 전쟁에 반대하는 입장이었던 공산주의자들을 대량으로 검거하면서 공산당이 지하화되고 노동운동도 침체에 빠진 것입니다. 그 직후 공산당은 전쟁 찬성으로 돌아서고 AITUC 역시 전쟁 찬성 입장으로 선회합니다. 이런 입장 선회는 노동운동을 보호해 주기는커녕 노동운동에 큰 타격을 줍니다. **인도공산당은 반파시즘 투쟁이 우선적 과제라는 이유에서 노동자 계급에게 무파업 정책을 요구합니다.** 애국주의가 계급투쟁을 몰아낸 꼴이라는 비난 속에 노동운동은 침묵하게 됩니다.

2차 대전이 끝나고 독립을 목전에 둔 시기에 가서야 노동자 계급은 스스로 목소리를 냅니다. 노동자들은 당시의 산업 중심지였던 봄베이와 꼴까따를 중심으로 총파업과 봉기를 일으키는데, 회의당 세력은 무력 진압으로 대응합니다. 이것이 '**꼴까따 학살**'로 불리는 사건입니다. **이때 노동운동 탄압을 주장했던 핵심 인물이 바로 따따**(J. R. D. Tata)입니다. 지금도 인도 최대의 재벌 중 하나인 따따 그룹의 설립자이자 간디와 네루 등 회의당 정치 지도자들의 후견인이었던 따따가 노동운동에 대한 강력한 진압을 주장하면서 학살이 일어난 것입니다. 그리고 회의당은 공산주의자들의 영향이 강해진 AITUC를 견제하기 위해서 1948년 자신들만의 노동운동 조직인 INTUC를 설립합니다. 꼴까따 학살로 급진적 노동운동은 쇠퇴하고 나머지도 국민회의의 통제 아래로 들어가면서 노동운동은 쇠퇴합니다. 1953년 이후 AITUC보다 INTUC가 더 많은 노동조합을 대표하면서 운동의 주도권이 회의당으로 넘어갑니다. 1954년 네루가 '사회주의적 유형의 사회 건설'을 인도 국가 건설의 목표로 제시하면서 제도 내에서의 노동운동에 대해서는 허용하겠다는 입장을 밝히고 법적인 명문화에 나섭니다. 하지만 이 약속 중에 제대로 실행된 것은 거의 없었습니다.

침체에서 벗어나지 못하던 인도의 노동자 계급은 **1963년 봄베이에서 자생적인 총파업을 일으키고 이를 계기로 다시 한 번 노동운동이 활성화**됩니다. 1966년 6월 경제위기에 처한 인도 정부에게 세계은행은 루피화 평가절하를 강요합니다. 이 조치는 노동자 계급에게는 경제적 재앙을 초래했습니다. 물가가 급등한 반면 노동자의 임금은 세계은행의 권고에 따라 동결됩니다. 그해와 그다음 해에 걸쳐 생활고에 항의하는 파업투쟁이 확산되었고, 1967년 3월에는 서벵갈과 께랄라에서 식량 위기로 인한 대중 시위와 파업투쟁이 발생하고 곧 다른 지역으로 확산됩니다. CPI-M이 주도하는 연합전선(United Front) 정부가 집권한 서벵갈은 전투적 운동의 중심지가 됩니다. 1969년 8월 가혹한 노동 조건으로 악명 높은 인도 동북부의 차(茶) 플랜테이션 노동자들이 총파업에 돌입합니다. 이 파업에는 AITUC, INTUC, HMS 등이 통일된 행동에 나서는 성과를 올립니다. 하지만 CPI와 CPI-M의 분열 때문에 1970년에는 AITUC도 분열되고 CPI-M은 계급투쟁을 강조하는 새로운 노동조합 조직인 CITU를 결성합니다. 이런 상황 때문에 1971~1972년 잠시 소강기를 거친 노동운동은 1973~1974년 다시 한 번 전투적 분위기로 고조됩니다.

1975년 비상통치령이 내려지고 CPI와 그 영향 아래의 AITUC는 비상통치 체제를 지지합니다. 그러나 **인디라 간디 정부는 강력한 경찰력을 동원해 노조를 파괴합니다.** 상황이 이런데도 **AITUC는 노동자 계급에게 분쟁 자제를 요구함으로써 운동의 파괴를 방관**합니다. 기존 노동운동 조직들은 정부의 파괴 공세에 대항해서 의미 있는 노동운동을 펼치지 못합니다. 이후 인도 노동운동은 장기간 심각한 침체기에 빠져서 더 이상 독자적인 운동으로서 존립할 수 없다는 평가를 받게 됩니다. 공산당 지도부의 정치적 결정이 노동자 대중의 운동을 질식시켜 버린 것입니다. 노동운동이 정치운동에 종속될 때 나타날 수 있는 최악의 상황이 일어난 것이지요.

노동자 계급의 열악한 상황에 맞서는 자생적 저항은 지속되지만 수년에 걸친 탄압 속에서 조직적 운동을 펼치지는 못합니다. 이러던 중인 1982년, 섬유 산업의 붕괴로 길거리로 내몰린 봄베이 섬유 노동자들의 파업이 일어나는데, 참여자가 약 30여만 명에 이르는 대규모의 파업이었습니다. 하지만 이 파업은 기존의 제도화된 노동운동 조직이 이끈 것이 아닙니다. 두따 사만뜨(Dutta Samant)라는 지도자가 이끈 자생적인 '독립 노조'가 1년 동안이나 파업을 지속합니다. 이 파업은 정부의 탄압 및 섬유 자본의 철수와 타지역으로의 이전 등으로 인해 실패로 끝납니다. 그러나 **봄베이 섬유 파업 이후 독립노조 운동이 새로운 흐름으로 부상합니다. 독립노조 운동은 기존 노동운동 조직들과는 달리 정당들에 종속되어 있지도 않았고 요구 조건들도 정치적인 것과 거리를 둡니다.** 제도적 노동조합들이 정치적 도구로 전락한 상황에서는 정치적인 의제를 요구해서는 노동자 계급의 독자적 이해를 실현할 수 없기 때문이었습니다. 흔히 경제적 요구를 내세우는 투쟁보다 정치적 요구를 주장하는 노동운동이 더 급진적이라고 생각합니다. 하지만 이때의 인도 상황에서는 오히려 경제주의적 요구가 더 급진적인 의미를 가집니다. 제도 내 정당에 종속되지 않는 노동자 계급의 자생적 요구를 대변하기 때문입니다. 인도 경제에서 자유화가 추진되면서 고용 악화가 심화된 것도, 고용 안정 같은 경제주의적 요구를 내세운 독립노조 운동이 1980년대 이후 인도 노동운동의 새로운 경향으로 자리잡게 된 배경이 되었습니다. 봄베이 파업을 주도했던 두따 사만뜨는 계속 다른 지역의 노동운동에 헌신하던 중 1997년에 청부살인 업자에게 살해당합니다.

제도 내에서 정치에 종속된 전통적 노동운동 조직과 달리 자생적으로 발생한 독립노조들은 분산된 방식으로 저항했고 상당한 성과를 거두기도 했지만, 조직 형태와 고용 구조가 매우 열악했기 때문에 지속적인 노동운동으로 성장하기에는 한계가 있었습니다. 이런 조건에서 1991년 이후 본격화된 **신자유주의 정책에 노동운동은 거의 대응을 하지 못했고, 노동운동이 사회운동의 의미 있는 부문이 되기 힘들다는 평가**를 받았습니다.

하지만 2008년 경제위기 이후로 대량 해고 사태가 이어지면서 노동운동이 다시 활성화되고 있습니다. 2010년에는 인도 전 산업 분야에서 임금 인상을 요구하는 파업이 있었습니다. **노사 갈등의 이슈는 '임금 인상 요구'**로 비교적 뚜렷합니다. 2009년 말부터 2010년 말까지 소비자물가 인상률이 10%를 넘으면서 생활고에 내몰린 노동자들이 임금 인상 파업을 벌입니다. 2010년 노사 분규의 상당수는 자동차업계에서 발생했습니다. 서벵갈 주에서는 파견·계약직 철폐와 처우 개선을 요구하는 비정규직의 대규모 파업이 있었고 인도 주요 항만과 광산에서 일하는 비정규직 노동자들도 임금 인상을 요구하며 무기한 파업을 벌였습니다.

인도의 비정규직은 파견·계약 근로자를 의미하며, 고용 기간에 따라 일용직과 계약직(2개월 이상 고용)으로도 불립니다. 비정규직의 월임금은 3,500~6,000루피 정도로 정규직 임금의 절반에서 1/6 수준입니다. 이렇게 **임금이 싸다 보니 파견·계약 근로자가 정규직보다 많은 기업이 오히려 다수**입니다. 어느 일본-인도 합작 자동차 부품 업체는 생산직 800여 명 전원을 비정규직으로 채용한 사례도 있습니다. 기업들이 정규직보다 낮은 비용으로 노동력을 유연하게 활용할 수 있다는 이점을 악용하면서 비정규직 문제가 노사 갈등의 원인이 되고 있습니다. 최근 노동 법원 소송의 다수가 파견·계약 근로자의 고용 및 재고용 관련 분쟁이라고 합니다. 2010년 따따 스틸(Tata Steel)에서 비정규직의 임금 인상 파업이 일어나

2008년 경제위기 이후로 대량 해고 사태가 이어지면서 노동운동이 다시 활성화되고 있다. 2010년에는 인도 전 산업 분야에서 임금 인상을 요구하는 파업이 있었다. 사진은 2012년 총파업의 한 장면이다.

따따 그룹의 다른 계열사로 확산된 사례도 있고, 같은 해에 광산 공기업 NLC(Neyveli Lignite Corporation Ltd.)에서 1만 3천 명의 비정규직이 참여한 대규모 임금 인상 파업으로 인근 지역 산업이 마비되기도 했습니다.

비정규직 문제의 심각성은 인도 사회에서도 누구나 인식하고 있습니다. 그런데 이 문제를 더 나쁜 방식으로 피해가는 경향이 확산되고 있어 또 다른 사회 문제가 되고 있습니다. 최근 인도 정부는 산업 인력 양성이라는 명분으로 기업에 수련생 제도 도입을 권장하고 있습니다. 수련생은 법적으로 노동자가 아니기 때문에 근무 시간에 제약을 받으며, 임금이 아닌 수당을 받습니다. 수련생에 대한 규정은 주마다 달라서 최저 수당과 수련 기간 규정에 약간씩 차이가 있습니다. 문제는 **기업들 대부분이 수련생을 정규직의 대체 인력으로 활용**한다는 점입니다. 비정규직 문제가 불거지면서 법적 보호가 강화되자 비정규직보다 더 열악한 노동 조건으로 수련생을 고용하는 것입니다. 이들은 법적으로 노동자가 아니어서 정규직·비정규직 노동자가 받는 보호를 거의 받지 못합니다. 노조에 가입할 수도 없습니다. 전 세계 노키아(Nokia) 공장 중 생산성이 가장 높다고 자랑하는 인도 노키아 공장은 정규직 3,500명에 수련생 2천 명이 있는데 수련생의 수가 파견·계약 근로자보다 더 많습니다. 노키아의 높은 생산성은 수련생에 대한 착취를 기반으로 한 것입니다.

더 생각해 볼 문제 #1
인도에서 공산당과 노동운동은 과연 실패했는가?

인도에서 공산당이 첫 출발을 한 것은 1920년대 초반의 일이다. 영국이 1934년 공산당을 불법으로 규정하여 초기에는 그 당세가 매우 미약했지만 1943년 합법화를 한 이후로 당세가 크게 성장하였다. 1947년 인도가 독립을 한 후 인도공산당은 러시아식 혁명 노선을 택하여 전국 총파업을 통한 정부 전복을 꾀했으나 실패하였다. 그리고 1950년대에 들어와서는 중국의 마오주의 혁명 방식인 게릴라 무장투쟁 방식을 택했으나 마찬가지로 호응을 받지 못했다. 그리고 당세가 크게 위축되었다. 과거 영국 식민 지배 당시에는 주로 농민과 노동자를 위한 저항운동에 몰두하면서 세를 점진적으로 확보하였으나, 독립 후 러시아와 중국의 체제 전복 혁명 방식을 전개하면서는 대중들의 지지를 전혀 받지 못하였던 것이다.

그 이유는 다양할 수 있다. 간디의 비폭력에 기반한 민족주의나 네루의 국가 중심의 사회주의에 인민이 속거나 큰 영향을 받았기 때문일 수도 있고, 1930년대 이후로 종교공동체주의가 급격하게 성장하면서 힌두교도와 무슬림 사이에 갈등이 확산되고 그것이 블랙홀처럼 계급이나 사회 변혁에 관한 문제를 모두 빨아들여 버렸기 때문일 수도 있으며, 카스트 중심의 봉건적 구조가 워낙에 강고하여서 인민 유혈 혁명이 불가하였을 수도 있다. 그 다양한 이유 위에서 인민들은 무장투쟁을 통한 체제 전복을 꾀한 공산당을 지지하지 않았다. 결국 1951년 인도공산당은 소련과 중국의 무장혁명 방식을 폐기하고, 인민민주주의(People's Democracy)를 당의 새로운 노선으로 천명한다. 이는 당을 민주주의 체제 안에서 권력을 잡는 제도권 정당으로 위치시킨다는 의미이다. 이를 더 구체적으로 말하자면, 당은 의회민주주의의 기반 위에서 선거를 통해 지역 수준이든 연방 수준이든 다른 보수 정당과 연정을 통해 정부를 구성하고, 권력을 획득한 후 사회 변혁에 나서겠다는 것을 당의 제1강령으로 채택했다는 것이다.

께랄라에서 공산당의 집권

그리고 우리는 드디어 1957년 께랄라에서 공산당이 세계 최초로 선거를 통해 공산당 정권을 수립한 획기적인 일대 사건을 접한다. 인도공산당이 께랄라에서 공산당 정부를 수립할 수 있었던 것은 1930년대부터 이곳의 공산주의자들이 문맹퇴치 교육운동에 헌신한 결과, 께랄라가 다른 곳보다 주민들의 문자해독률이 높아 특정 교육에 대한 수용 토대가 잘 마련되어 있었기 때문일 것이다. 그래서 초대 수상 남부디리빠드를 중심으로 한 공산당은 주민교육운동을 토대로 하여 카스트 개혁 운동, 농민운동, 노동운동, 여성운동 등에서 상당한 성과를 거둘 수 있었고, 이와 더불어 향후 토지 개혁과 같은 사회 변혁에 더 강고한 주민 조직을 이룰 수 있었다. 하지만 모든 선거가 그렇듯 1957년 선거 지형이 께랄라에서 공산당에게 유리하게 작용하였던 것 또한 분명한 사실이다. 중요한 것은 공산당이 그 기회를 놓치지 않고 전략적으로 활용할 수 있었다는 사실이다.

1956년 께랄라 주가 기존에 속해 있던 안드라 주로부터 독립하여 같은 언어를 중심으로 하여 하나의 독립된 주를 형성하였다.* 이 과정에서 공산주의자들의 역할이 컸고, 그래서 그들은 자연스럽게 이곳 주민들의 언어민족주의의 지지를 크게 받았다. 이때까지 공산당은 사회주의적 국가자본주의를 당의 강령으로 삼은 회의당과 우호적 관계를 유지하고 있었기 때문에 그 전국적인 강력한 힘을 간접적으로 지원받을 수 있었다. 그런데 1957년 선거가 올 무렵 이 지역에서 회의당은 지역 당원들의 부패 독직(瀆職) 사건이 잇달아 터지고, 농촌으로 돌아간 간디식 사회주의자들이 친공산당의 입장을 표명하면서 인도공산당에게 매우 우호적인 상황으로 발전하였다. 그리고 반회의당이면서 반공산당인 다른 야당은 주로 종교공동체에 의존하는 힌두나 무슬림 정당들이었기 때문에 그런 종교공동체 갈등이 심각하지 않은 이곳에서는 그 영향력이 크지 않았다. 그런 상황에서 1957년 4월 5일 세계 최초의 투표를 통한 공산당 정부가 께랄라에서 탄생하였다.

께랄라에서의 공산당 정권 수립은 연방 정부를 이끌고 있던 네루와 회의당에게 큰 충격을 주었다. 충격에 휩싸인 네루는 공산당 정부 수립 2년 뒤인 1959년에 께랄라 의회를 해산하여 공산당 정권을 무너뜨려버렸다. 헌법이 허용하는 바에 따라서 한 것이긴 하나 졸렬한 정치 행위로 해석할 수밖에 없다. 인도는 연방제를 택한 나라이지만 각 주가 주의 헌법을 지닌 미국과 같은 순수 연방제는 아니고, 연방 정부의 권한이 절대적으로 주 정부에 우위를 차지하는 체제이다. 그래서 연방 정부 집권당의 대표인 수상이 임명하는 대통령은 각 주에 주지사를 임명할 수 있고 그

---

* 그리하여 께랄라는 38,863km², 즉 남한의 1/3보다 조금 더 큰 면적을 가진 주가 되었다. 2011년 기준으로 인구는 3천 3백만 명 정도이다.

주지사는 주 의회를 해산할 수 있다.

공산당 정부가 외부의 힘에 의해 해산된 후 1960년대에 인도공산당은 큰 위기를 맞게 된다. 독립 후 인도공산당은 전통적으로 회의당에 우호적이었으나 당내 일부에서 네루의 공산당에 대한 태도 때문에 그에 대해 반감이 생기면서 회의당에 대한 입장 차이가 생겨 분열의 씨가 싹텄다. 당내 보수파는 회의당과 협력 관계를 유지하면서 종교공동체주의를 주장하는 힌두 근본주의 세력과 같은 극우 파시스트 세력을 막는 데 집중해야 한다고 주장했으나, 일부에서는 더 선명한 계급정당으로서의 길을 천명하면서 회의당과 단절하기를 주장했다. 일부에서는 친소와 친중 노선 간의 반목 때문에 나뉘었다고 하나 전적으로 맞는 것은 아니다. 여기에 또 하나의 변수가 발생했다. 중국이 인도의 국경을 넘어 전쟁을 벌인 것이다. 이에 대해 많은 공산당 지도자들은 국제공산주의 입장에서 공산주의 국가 중국의 입장을 지지하였다. 하지만 일부에서는 그러한 행위를 국가에 대한 모독이라고 비판하였다. 양자 간의 갈등은 상당한 수준으로 커졌으나 이것이 원인이 되어 CPI-M이 갈라져 나온 것은 아니다. CPI-M에는 국제주의자와 민족주의자 모두가 들어가 있기 때문이다.

분당은 회의당에 대한 태도의 차이 즉 우파의 입장과 좌파의 입장으로 발생하였다. 1964년에 당내 좌파가 회의당과의 연정을 반대하고, 또 일부에서는 당의 친러 노선에 반대하면서 탈당하여 CPI-M을 창당하였다. 그리고 1964년 네루가 갑자기 죽고 난 후 치러진 1967년 총선에서 CPI-M은 께랄라에서 압도적 승리를 거두어 재집권에 성공하여 남부디리빠드를 수상으로 하는 두번째의 공산당 정권을 이루어냈다. 그 후 연방 정부 수준에서는 네루의 딸 인디라 간디가 수상이 되었다. 인디라 간디는 1975년에 자신의 지역구 선거에서 선거 부정 행위가 빌미가 되어 의원직을 상실할 위기에 처하게 되자 비상계엄을 선포하여 인도 현대사에서 유일하게 독재정치를 하였는데, 인도공산당은 이 비상사태 시기에조차도 께랄라에서 회의당과 연정을 하는 등의 정치를 하다가 주민들의 매서운 비판을 받아 지지자를 많이 잃었다. 하지만 CPI-M은 반회의당 노선을 취하면서 지지자를 확보하고 이것이 대중정당으로서 입지 구축에 큰 역할을 하였다.

확고한 지지 기반을 다진 CPI-M과 그 정부는 토지 개혁을 본격적으로 전개하여 괄목할 만한 성과를 냈다. 이제 지주제는 상당 부분 철폐되고 소작인들이 토지를 소유하게 되었으나 농업 생산량은 크게 늘어나지 않았다. 이에 공산당 정부는 자신들과 동지적 관계에 있는 시민사회 세력과 함께 효율적 토지 이용과 과학적 영농을 위한 교육을 현장에 들어가서 주민들과 함께 전개하였다. 이와 동시에 그 바탕이 되는 문맹자 퇴치 운동을 적극적으로 벌인 것은 두말할 필요도 없다. 이러한 시민운동 방식은 그 효과가 나타나기에 다소 시간이 걸린다는 한계가 있긴 하나, 기본적으로 시민공동체의 신뢰를 높여 사회적 자본 형성이 쉽고 그 위에서 지방 분권화가 잘 이루어질 수 있다는 큰 장점이 있다. 소위 께랄라식 발전 모델은 바로 이 시민 참여를 통한 사회적 자본 축적 위에서 이루어진 것이다. 이후 께랄라에서 CPI-M은 1980~1981년과 1987~1991년 그리고 1996년과 2004년에 연정을 통해 집권을 한다.

께랄라에서는 CPI-M이 주도하는 좌파민주전선(LDF)이 이전 1999년 8석에서 15석으로 7석을 늘려 전체 20석의 3/4을 차지하였다. 그리고 이어진 2006년 께랄라 주 의회 선거에서도 전체 140석 중 99석을 차지하면서 이전에 비해 56석을 늘려 명실상부한 지역의 집권 여당이 되었다. 이렇게 좌익 정당이 께랄라에서 좋은 성과를 거둔 것은 무엇보다도 인도

국민당 정권이 밀어붙인 신자유주의 경제 개혁 정책에 대해 5년 내내 꾸준히 반대의 목소리를 냈고, 선거 과정에서도 이 부분에 대해서 집중적으로 공세를 취한 전략 덕분이라고 할 수 있을 것이다. 께랄라가 아닌 주, 즉 공산당 세력이 강하게 뿌리내리지 못한 곳에서는 회의당이 그 신자유주의 반대 목소리의 주인공이었고, 그래서 반신자유주의의 성과를 그들이 취해 갔다. CPI-M이 선거가 끝난 후 바로 신자유주의에 기초한 경제 운용을 주도하는 사영화 추진 관계 부처를 모두 폐지하도록 할 것이라고 선언한 것은 그들의 성공이 얼마나 신자유주의 반대와 깊은 관련이 있는지 알 수 있게 해준다.

서벵갈, 공산당 34년간 통치하다

서벵갈은 인도 아대륙의 동북부에 위치하면서 갠지스 강 하류를 통해 벵갈 해와 닿는 곳이다. 갠지스 강 하류에 삼각주가 발달하여 예로부터 쌀과 황마 생산이 많은 인도의 대표적 곡창 지대이면서 브라흐마뿌뜨라(Brahmaputra) 강이 또 이곳에서 만나 물이 풍부하고 인구가 조밀한 지역이다. 그래서 그랬겠지만, 영국의 동인도회사가 처음 인도를 침략한 것도 이곳이기 때문에 초기 수탈이 심하게 이루어져 농촌이 다른 어느 곳보다도 심하게 황폐해졌다. 영국의 문물을 일찍이 받아들여 소위 벵갈 르네상스라 불리우는 근대화가 인도 아대륙에서 가장 먼저 일어난 곳이다. 중산층과 지식인의 층이 두터운 곳이면서 가난한 농민이 매우 많은 곳이기도 하다. 인도가 독립했을 당시 공업화가 두번째로 많이 된 곳인 동시에 지주의 수탈이 가장 극심한 대표적인 곳 가운데 하나이기도 했다.

하지만 서벵갈이 우리의 관심을 끄는 것은 1977년 총선에서 CPI-M

이 주 의회 선거에서 전체 294석에서 178석을 차지하는 압승을 거두면서 처음으로 공산당 정부를 세웠고 그 이후 2011년까지 34년 동안 5번을 연달아 집권하였다는 사실 때문일 것이다. 인도에서는 께랄라 다음으로 공산당 정부를 세웠지만 께랄라와는 달리 30년이 넘는 동안 끊임없이 집권을 하였다. 이를 다른 말로 하면 인민들이 그들로 하여금 근본적인 사회·경제의 구조 개혁을 수행할 수 있을 만큼의 충분한 기회를 주었다는 사실이다. 그런데 그들은 집권 후 34년 뒤에 모래성 허물어지듯 주저앉아 버린다. 무엇 때문일까?

서벵갈에서 공산당이 집권한 1977년은 인도 현대사에서 매우 획기적인 해다. 1975년 총선에서 인디라 간디 수상이 자신의 지역구에서 부정 선거 문제가 불거지자 인도 역사상 처음으로 비상계엄을 선포하여 독재 체제로 돌입하였다. 모든 언론을 통제하고 정치인을 구속하는 등 독재를 하다 국민들의 저항에 부딪혀 2년 뒤인 1977년 총선을 다시 실시하게 된다. 이 선거에서 야당인 국민당은 단독으로 과반을 차지해 일약 집권 여당의 위치에 오르고 CPI-M은 서벵갈에서 22석을 차지해 독립 후 처음으로 야당이 회의당을 누르고 집권당이 되는 것에 기여를 하였다. 그런데 흥미로운 것은 분당이 되어 버린 과거의 동지 CPI는 독재를 하는 여당인 회의당 편에 섰고, 서벵갈 정부를 장악하게 되는 CPI-M은 여러 공산당 계열이 아닌 야당을 연합하여 새로 만든 국민당과 함께 연합전선을 구축해 집권당의 일부가 되었다는 사실이다.

사실 1977년 CPI-M이 주 의회 선거에서 압승을 거둔 것은 인디라 간디 정권의 독재와 더불어 이 시기에 서벵갈 주에서 극심한 농민 수탈이 일어난 것과 관련이 깊다. 1967년 서벵갈의 북부, 네팔 산악 지역과 인접한 낙살바리라는 곳에서 지주들의 수탈을 못 이긴 농민들이 "토지를 경작자에게로"라는 구호를 외치면서 무장봉기를 일으켰다. 그리고 그 3년 뒤인 1969년에는 마오주의를 내건 일련의 무장봉기주의자들이 CPI-M을 탈당, CPI-ML을 결성하여 본격적인 무장 게릴라 운동을 벌였다. 이 마오주의자들은 그 뒤 분열을 거듭해 일부는 정당 조직으로 활동하기도 하고 일부는 현재까지 인도의 동부와 동북부 그리고 남부의 산간 지역을 중심으로 많은 해방구를 확보하여 무장 활동을 하고 있는 중이다. 최근 네팔에서 무장혁명에 성공한 후 의회 선거를 통해 집권당이 된 세력도 넓게 보면 이 마오주의자 반군 계열에 속한다. 1967년 낙살바리에서 일어난 공산주의 무장 반군은 서벵갈 주에 점차 퍼졌다. 하지만 얼마 되지 않아 그들은 정부의 경찰에 의해 잔혹하게 짓밟혔다. 농민들은 이를 목격하거나 그 소문을 들은 후 크게 자극을 받았고, 이 사건이 서벵갈 전역의 농민을 공산주의 정당 아래에서 대오 각성하는 데 충분한 역할을 하였다.

1947년 독립 후 서벵갈 주는 무슬림이 대거 빠져 나간 상황에서 종교공동체 갈등도 한풀 꺾여 있었다. 계급 분포 차원에서 보더라도 벵갈인 소수 지주를 제외하고는 일찍부터 상업화가 된 바람에 비(非)벵갈인 상인들이 기득권을 형성하고 있었고, 1950년대부터 본격적으로 전개된 공업화에 필요한 인력을 충당하기 위해 비하르를 비롯한 이웃의 주와 방글라데시에서 건너 온 기술 노동자와 전문인이 상당한 세력을 형성하고 있었을 뿐, 공산주의자들의 주장을 억누를 수 있는 중간 세력의 힘이 매우 약했다는 사실 또한 공산당이 세를 형성하기에 우호적인 조건이 되었다. 하지만 CPI-M은 이 억압받은 농민들을 규합하여 혁명으로 일으킬 힘을 갖추지 못한 상태에 놓여 있었다. 더 정확하게 말하자면 힘이 없어서가 아니고 힘을 어떻게 사용할지를 몰라서 권력을 잡지 못하고 있었던 것이다. 그때 CPI-M 안에서 참혹한 농민의 상태를 두고 치열한 노선 갈등이 터져 나왔다. 마오쩌둥을 따르는 일련의 무리들은 농민 봉기를 통한 계급혁명을 부르짖었고, 이에 반해 주류는 계급 간의 연대와 상황의 정치적 활용을 통한 점진적 개량을 주장하였던 것이다.

노선 갈등 끝에 승리는 개량주의에게로 돌아갔다. 승리의 중심에는 집권을 한 1977년 이후 2000년까지 주 수상을 지낸 조띠 바수라는 이데올로그가 있었다. 조띠 바수는 공산당이 집권하면 헐벗고 굶주린 농민들의 삶이 훨씬 나아질 것이라는 설득을 집요하게 펼쳐 나갔다. 조띠 바수는 자본주의와 봉건 사회라는 조건을 대전제로서 받아들여야 한다고 설득했다. 중앙정부의 권력이 그렇게 강대한 상황에서는 농민들이 유혈 폭력으로 사회혁명을 일으킬 수 없음을 설명하면서 개량주의가 유일한 길임을 택하도록 설득하였다. 바수의 노선에 반대한 마오주의자들은 분당 후 지금까지 산 속에 해방구를 확보하면서 게릴라 유혈 혁명을 시도하고 있고, 개량주의자들은 34년간 집권 여당으로서 통치를 하다가 2011년에 권좌에서 물러났다. 마오주의자의 노선에는 정치란 부르주아의 놀음에 기생하는 것일 뿐이어서 그 자리가 없었고, 개량주의 노선에는 하층 계급과 농촌 및 도시의 빈민이 주체로 설 자리가 없었다.

권력을 잡은 서벵갈의 공산당은 맨 먼저 토지 개혁 문제에 뛰어들었다. 그곳의 악화된 상황의 뿌리에 농촌 문제가 있었고, 그 농민이 그들의 향후 가장 든든한 지원군이기 때문이었다. 토지 개혁 문제는 비록 법적 소송 문제가 걸려 있고, 새로운 입법을 한다는 것이 연방제 국가 아래에서 대통령의 승인을 받아야 했지만 그 권한이 주 정부에 부여되어 있었기 때문에 전적으로 서벵갈 의회 정부가 해결할 수 있는 것이었다. 하지만 과거 연방 정부가 헌법에 따라 께랄라 공산당 정부를 해산시킨 적이 있어 서벵갈 공산당 정부는 그러한 사태를 미연에 방지하기 위해서라도 급진적으로 혁명적인 방식은 취할 수가 없었다. 그래서 서벵갈 공산당 정부는 토지 보유 한도를 낮추는 것과 소지주와 대지주를 없애는 것에 역점을 두었다. 중소 규모의 자작농의 토지를 급진적으로 몰수하는 것은 역효과를 불러일으켜 많은 농민들의 지지를 상실할 것으로 판단해 시행하지 않기로 했으니 모든 농민이 균등하게 소유하도록 하는 방향의 개혁은 애초부터 계획하지도 않았다. 그렇게 되기에는 아직은 공산당을 지지하는 하층 농민 조직이 형성되어 있지 않았다고 판단했기 때문이었다. 그들은 무엇보다도 공산당이 우선 연착륙을 한 후 오랫동안 기반을 다지고 그 위에서 점진적인 사회 변혁을 이루고자 하였던 것이다.

공산당이 모든 지주의 토지를 몰수하지 않은 것은 이런 배경에서 나온 것이다. 그들은 다만 10에이커 이상 소유한 지주의 토지만 몰수하고 그 토지를 농업 노동자와 소작인 가구당 1.5에이커씩 분배하기로 정했다. 이에 따르면 전체 가구의 4.2%만이 10에이커 이상을 소유하였고, 그 결과 공산당 정부는 주 전체 토지의 33.3%, 즉 453만 에이커의 땅을 통제하게 되었다. 그 이외, 즉 10에이커 이하를 소유한 지주의 토지는 그 한도액만큼만 보유하도록 허용하였다. 그들이 내세운 목표는 봉건 지주와 자본가가 보유한 토지는 보상 없이 몰수하고 그것을 무토지 농민들에게 무상으로 분배하는 것이었다.

같은 맥락에서 그들은 소련이나 중국에서 행한 집단농장 건설을 고려하지 않은 것은 아니었으나 최종적으로 자신들의 정치 권력의 밖에 있음을 깨닫고 시행하지 않기로 했다. 보유 한도액을 낮추는 것 또한 마찬가지였다. 그들은 자작농이나 중농과 불편한 관계를 만들려 하지 않았다. 그들은 소작농이나 무토지 임금 농업 노동자와 중소 규모의 자작농과의 계급 연대를 원하는 것이었지, 그들 간의 계급투쟁을 유발하고자 하는 것은 아니었다. 이 전술이 그들의 향후 정치에 우호적으로 작용할지 악영향을 끼칠지 그들은 판단할 수 없었다. 다만 정치적 기반이 아직 튼튼하지 않은 입장에서는 양자를 포괄하는 연대 전략을 세울 수밖에 없었던 것이다. 어쨌든 서벵갈은 이로서 인도에서 유일하게 지주의 토지를 몰수하여 무상으로 농업 노동자에게 나눠 준 주로 우뚝 서게 되었다.

공산당의 중농과 빈농의 연대 전술은 장기적으로 볼 때 지지 기반을 이반시키는 결과를 초래했다. 그 전술은 서벵갈이 아닌 께랄라에서는 어느 정도 효과적인 정책으로 판명되었는데, 서벵갈에서 농민은 께랄라에서와 달리 농민의 사회적 지위와 경제적 빈곤이 매우 심하여서 하층 농민에게 사회적·정치적으로 권력을 부여해 주지 않는 한 그들이 중간층 농민에 대해 독립적 위치를 차지하기가 어려웠기 때문이었다. 결국 서벵갈에서 공산당은 중농과 빈농의 연대 전술을 택할 수밖에 없었지만, 결국 연대 전술의 혜택은 중간층 농민에게로만 돌아갔다. 가난한 농민들로부터 비판적 지지를 받은 중간층 농민은 그 권력이 더욱 탄탄해졌고, 상대적으로 하층 농민은 아무 권력도 확보할 수 없었으니 가난한 농민들의 사회적·경제적 위치는 그 이전과 비교해 볼 때 개선되는 것이 거의 없었다. 공산당이 집권하기 시작한 서벵갈 주가 본격적으로 해야 할 일로 삼은 것은 사회복지의 향상과 잉여생산을 하는 농민들의 소득을 재분배하는 것이었지만, 상호 의존적 관계를 극복하지 못하면서 실패하고 말게 된 것이다. 결국 지지층 동원에 실패하면서 공산당이 세운 애초의 목표는 이루기 어렵게 되어 버렸다.

서벵갈의 공산당이 농촌 개혁 다음으로 중요하게 고려했던 부분은 교육이었다. 서벵갈은 영국의 동인도회사가 인도를 침략할 때 처음 들어온 곳이다. 그들이 이곳을 통해 인도의 부(富)를 유출하여 농민들이 다른 곳에 비해 수탈의 고통을 훨씬 많이 받았지만, 근대화도 이곳을 통해 전국으로 보급되다 보니 다른 곳보다 근대화의 긍정적 영향을 많이 받은 곳이 되기도 하였다. 그래서 인도의 근대화가 다른 곳보다 일찍부터 일어났고, 소위 벵갈 르네상스라 할 수 있는 문학과 예술의 큰 진전이 있었다. 따라서 처음에는 교육이 다른 어느 곳보다 널리 보급될 수 있는 토양을 가지고 있었으나 그들이 집권을 한 당시 이 지역은 그러한 전통이 거의 사라진 교육의 불모지와 다름없었다. 그것은 독립 후 회의당이 이 지역을 독점 지배해 왔기 때문이었다.

대학을 비롯한 각급 학교의 책임자는 회의당의 간부가 차지했고 그들 주변에는 온갖 비리가 들끓으면서 교육의 독립적 운영이 전혀 이루어지지 않았다. 이 위기를 극복하기 위하여 공산당은 교사·교수 노조를 적극 활용, 그들이 교육 현장에 들어가 정치로부터 독립하여 교육을 운영하도록 전폭 지지했다. 공산당은 하층민들에게 교육을 무상으로 받을 수 있도록 체계를 갖추었고, 비용이 많이 드는 영어 교육을 초등학교에서는 하지 않도록 했다. 물론 부유층은 자녀들을 사립학교에 보냈기 때문에 이러한 정책에 반대하지는 않았다. 그러다 보니 교육 체제는 이중 구조를 갖추게 되었고, 그 안에서 상대적으로 부유층 자녀들 사이에서는 사교육을 비롯한 비공식 교육이 성행하여 계급 간 교육의 격차는 줄어들지 않았다.

교육 또한 농민 문제와 마찬가지로 분명한 계급 문제를 해소하는 기반 위에 시행되지 않고 어정쩡한 두 계급의 연대 차원에서 이루어졌다. 결국 하층민의 물질 구조가 개선되지 않는 상황에서 대중 교육은 계획했던 것보다 성과가 작을 수밖에 없었고, 상층 계급은 교육을 통해 더 나은 사회적 지위를 획득하기가 더 쉬워졌다. 당연히 문자해독률 같은 것은 줄어들지 않았고 그 결과 공산당이 세운 애초의 교육 목표는 갈수록 달성하기 어려워져 갔다. 당연히 교육을 통한 사회개혁을 하려는 공산당의 목표는 실패하고 말았다. 새로 등장한 진보 세력이 사회에 만연한 부패 구조를 뿌리 뽑을 수 있는 전략과 그것을 밀어붙일 수 있는 구체적 힘을 갖지 못하는 한 새로운 정치를 실현할 수는 없다. 서벵갈 공산당의 패인은 바로 여기에 있었다.

서벵갈 공산당의 변화와 패배

서벵갈은 권력을 내주기 직전인 2007~2008년대 후반 1인당 국민소득이 전체 28개 주에서 16위로 하위권에 속했다. 공산당 30년 통치 기간 동안 공업이 취약하고 농업이 중심이 되는 전통적 산업 구조는 거의 변하지 않았다. 토지 개혁이 상당한 진전을 보여 농촌과 연계가 강한 섬유 산업이 발전하면서 많은 일자리가 만들어졌으나, 그 대부분이 소규모의 일자리였을 뿐 대규모의 산업체들은 활성화되지 못했다. 사실 서벵갈 정부는 처음 정권을 잡은 이후 공업화에 매진하였다. 하지만 공산당 정부에 위기 의식을 느낀 회의당 연방 정부가 전력, 도로, 항만 등 사회간접자본에 투자를 허용하지 않고 주 정부와 사사건건 충돌하면서 서벵갈 지역의 주 산업인 엔지니어링 산업 등에 막대한 타격을 입혔다. 그리고 그것은 심각한 실업 문제와 직결되었다. 여기에는 연방 정부의 정책이 대규모 기업체에 대한 민간의 투자를 이끌어내지 못하게 하였다는 이유도 있었고, 이곳이 노조의 힘이 상대적으로 강해서 조직화된 대규모 기업이 기업 활동을 하기 힘들다는 판단 때문에 대규모의 산업이 들어서지 않았다는 이유도 있었으나, 공산당 정부가 가난한 농민과 비조직화 노동자의 지지에 취해 경제 발전에 관심을 갖지 않았다는 사실도 또 다른 주된 이유로

들 수 있다. 그러면서 경제는 계속해서 침체 일로에 놓이게 되었고 결국 1990년대 들어서면서 도시의 젊은 엘리트를 중심으로 지지표 이탈이 눈에 띄게 두드러지기 시작했다.

지지층의 이탈이 가시화 되자 공산당 정부는 기존의 경제 정책을 포기하고 새로운 경제 정책을 모색하기 시작한다. 1990년대 초반부터 인도 연방 정부는 국가의 총체적 경제위기를 타개하기 위해 인허가 제도를 폐지하는 등 국가자본주의 혹은 혼합형 경제의 원칙을 폐기하고, 신경제 정책이라 부르는 신자유주의 경제 정책을 본격적으로 도입하기 시작했다. 이때 서벵갈의 공산당 정부도 지지율을 만회하기 위해 신경제 정책에 입각한 공업화 정책으로 그 정책을 전환하게 된다. 그리하여 1994년 이후 서벵갈 정부는 외국인 기술 및 투자 유인, 경제 사회의 균형 성장을 위한 민간 부문의 성장 확대 등을 주요 골자로 하는 공업화 정책을 추진한다. 하지만 공산당 정부의 공업화 정책은 기대에 미치지 못하게 된다. 그 이유는 사회간접자본 확충의 실패를 비롯한 여러 가지가 있겠지만, 그 가운데 가장 치명적인 것 가운데 하나로 공산당 세력이 모든 관공서와 기관에 침투하여 모든 것을 장악하고, 그 위에서 부패하고, 폭압적으로 권력을 남용하며, 복지부동의 자세로 기회만 엿보면서 주(州)의 정책이 시행되는 혈관을 막고 있었다는 사실을 들 수 있다. 이러한 한계를 극복하기 위해 서벵갈의 공업화에 일찍부터 노력하여 정치적 입지를 확보하는데 성공한 붓다데브 밧따짜르지가 주 수상으로 취임하였다. 그는 이전의 바수 주 수상과는 달리 실용주의 노선을 주창하는 인물이었고, 청렴한 사람이었다. 하지만 연방 정부의 비협조와 30년 넘게 막힌 부패와 복지부동의 동맥경화를 뚫기에는 역부족이었다.

공업화의 실패와 관련하여 이 대목에서 짚고 넘어가야 하는 중요한 대목이 하나 있다. 서벵갈에서는 공장이 들어설 토지를 확보하는 일이 매우 어렵다는 사실이다. 공산당 정부가 토지 개혁을 시행하여 가난한 농민들에게 토지를 분배한 덕분에 농업 생산량은 전국에서 최고의 수준을 유지하였고 특히 그 가운데 소농과 주변부 농민의 생산량 증가가 두드러졌다. 하지만 가난한 농민들의 삶이 개선되었다고 해서 그것으로 만족할 수는 없었다. 미국이나 호주에서와 같이 농업이 상품 생산을 해서 재투자가 이루어지는 경우라면 농업이 전체 주 경제를 선도해 가겠지만, 서벵갈의 경우에는 농민이 간신히 먹고사는 수준인데 그것으로는 경제 발전을 이끌 수가 없기 때문이다.

그런데 이러한 괄목할 수준의 농촌 개혁은 제조업 사업 추진에 애로 사항으로 작용하였다. 성공적인 토지 개혁 덕분에 대부분의 토지의 지분이 아주 작게 쪼개져 있었고 그래서 넓은 공장 부지를 확보하려 각 농민들과 협상하는 일은 대단히 어려운 일이었다. 농민들 입장에서는 토지를 버리고 다른 데로 이주할 수 있는 대안도 마련되지 않은 상태여서 토지 수용에 완강히 버틸 수밖에 없었다. 게다가 산업체가 농민들로부터 토지를 낮은 가격으로 사들이거나 그나마도 제대로 보상을 하지 않아 농민들의 불만이 쌓였기 때문에 정부로서는 과감하게 토지 수용을 밀어붙일 수도 없다. 문제를 풀려면 공산당 정부가 직접 개입해야 하는데, 보수 야당과 연정을 하는 다른 여당의 반대도 만만치 않다. 토지를 둘러싼 공업화 문제가 서벵갈 공산당 정부의 생사를 다툴 첨예한 현안으로 떠오른 것은 2006년의 일이었다.

2006년 서벵갈의 공산당 정부는 침체된 주 경제를 살리기 위해 획기적인 프로젝트를 발표한다. 한국인에게도 잘 알려진 따따 자동차 공장을 서벵갈 주에 유치하여 250만 원짜리 자동차인 '나노'를 생산하겠다는 것이었다. 공산당 정부는 따따 자동차에 공장 부지를 제공하기 위하여 싱구르의 농지 약 1천 에이커를 강제로 수용하였다. 싱구르는 꼴까따에서 40km 떨어져 있는 교통의 요지이면서 비옥한 농지로 이루어진 작은 농업 도시이다.

공장 부지를 위한 토지 수용이 전개되면서 해당 농민들의 반대가 들끓기 시작했고, 야당인 뜨리나물 회의당이 마마따 바네르지를 선봉으로 가열차게 저항했다. 따따 측이 부지를 이곳으로 정한 것은 이곳이 철도와 항만에 대한 접근성이 좋아 수송비를 포함한 여러 간접비용을 줄일 수 있는데다가 공산당 정부가 유치를 위해 많은 특혜를 주면서 사업 성공을 위해 사활을 걸고 있었기 때문이다. 그런데 문제는 일자리였다. 인구의 대부분을 차지하는 1만 5천 명이 농업에 종사하는데, 따따 자동차가 일자리를 보전해 줄 수 있는 사람은 1천 명도 되지 않았다. 그래서 농민들은 목숨을 걸고 땅을 지키기 위해 싸움에 나선 것이다. 싸움은 날이 갈수록 과격해졌고, 그 과정에서 공산당 정부의 진압이 갈수록 폭력적으로 거세졌다. 그러면서 이와 똑같은 성격의 또 다른 사건이 2007년에 터진다. 꼴까따 남서부 외곽의 난디그람에 특별경제구역을 설치해 다국적 기업인 살림 그룹(Salim Group)이 허브 화학 공장을 세우는 것을 허가한다는 것에 대해 마찬가지로 농민들과 뜨리나물 회의당이 사생결단으로 저항하고 나선 것이다. 여기에서도 경찰은 폭력적으로 농민을 진압하였고 그 과정에서 농민이 14명이나 죽어 나갔다.

토지 개혁을 통해 그동안 가난한 농민의 벗으로 30년 가까이 집권해 온 공산당이 이제 신자유주의의 선봉에 서서 사회주의 이념에 따른 모든 규제를 철폐하여 대기업의 공장을 유치하기 위해 앞장선 형국이다. 그들은 농민을 폭력적으로 탄압하는 데 전혀 주저하지 않았다. 반면에 그동안 번갈아 가면서 신자유주의 정책을 앞장서서 끌어온 회의당과 인도국민당 연립정부에 기회만 되면 참여해 온 전형적인 기회주의 보수 정당인 뜨리나물 회의당과 그 당수 마마따 바네르지가 농민을 보호하기 위해 여당의 정책에 온몸을 던지면서 반대한다. 실로 웃지 못할 블랙코미디가 서벵갈에서 벌어진 것이다.

2006년 공산당 정부가 따따 자동차 유치 계획을 발표하자 뜨리나물 회의당 당수인 마마따 바네르지는 계획 철회를 외치며 25일간 단식농성을 하였고, 그 지지 세력이 꼴까따의 따따 자동차 전시장을 습격하는 사건이 발생한다. 그 이후 정부는 경찰력을 동원하여 데모를 진압하려 하였고 그 사이 폭력 충돌이 격화되면서 여러 형태의 협상을 벌였으나 중재가 이루어지 않았다. 그리고 결국 2008년 따따 자동차가 나노 공장의 철수를 공식적으로 발표하고 공장을 구자라뜨 주로 옮겼다.

이 과정에서 흥미로운 것은 공산당 정부 정책에 대한 지지와 반대 성명이 잇달아 나왔는데, 보수 진영의 기업인이나 유명인들은 공산당 정책을 지지하고, 진보 진영의 정당이나 시민단체 혹은 지식인은 모두 뜨리나물 회의당을 지지했다는 사실이이다. 공산당 계열인 사회주의통일센터(Socialist Unity Centre of India, SUCI)와 무장혁명을 주창하며 CPI-M에서 분당해 나간 마오주의자들의 정당인 CPI-ML이 보수 정당의 편에 서서 공산당의 정책을 비판하였다. 대부분의 시민운동가와 인권단체들은 정책을 기준으로 보수 정당의 편에 섰으나 당내 조직의 일원으로 활동해 온 교수와 여러 지식인들은 CPI-M 편에 서 진보 진영의 분열 또한 심각하게 벌어졌다. 한국인에게도 널리 알려진 노벨 경제학상 수상자인 좌파 경제학자 아마르띠야 센(Amartya Sen)은 공장 설립에는 찬성하나 토지 강제 수용에는 반대한다는 원칙만 되풀이하고 있었다.

CPI-M은 이 지역에서 30년 넘게 권력을 유지해 왔다. 조직의 영향력은 닿지 않는 곳이 없을 정도로 막강하게 퍼져 있었다. 지식인은 두말할 필요도 없고, 노조와 농민 단체를 비롯한 모든 기구들이 손아귀 안에 있을 정도로 막강하였다. 여기에 침체된 경제를 살리기 위해 공장 유치에 앞장서야 한다는 논리로 정책의 정당성도 충분히 확보할 수 있었다.

하지만 공산당은 한 가지를 간과했다. 그들은 자신들의 지지 기반인 농민들의 의사를 철저히 무시하였다. 진보 진영이 자주 저지르는 계몽주의의 오류에 함몰되어 있었기 때문이다. 자신들의 판단이 옳다고 생각하면서 결국 그 정책이 가난한 농민과 노동자를 위하는 정책이기 때문에 지지자들은 무조건 희생하고 자기들을 지지해야 한다는 착각에 빠져 있었다. 야당은 기회주의자이고, 그래서 그들은 절대로 농민과 노동자 편에 서지 않을 사람들이라고 말하면 그 진정성이 통하리라 생각했던 것이다. 그렇지만 정치는 진정성으로 하는 것이 아니다. 이미 그들은 몇 년 전부터 그 무능함이 드러났고, 그 결과 지지 기반의 이반은 눈에 띄게 두드러져 있었다. 이제 기회주의 보수 정당의 약삭빠른 정치 행각의 승리와 진보 진영의 무능함으로 인한 패배만이 기다리고 있었을 뿐이다.

2009년은 인도 좌파들에게 아주 잔혹한 해였다. 바로 직전인 2004년 총선에서 공산당이 서벵갈과 께랄라에서 일약 대성공을 거두면서 향후 제3정당으로 우뚝 서지 않을까 하는 속단을 할 정도로 성과를 보았고 2년 뒤에는 주 의회 선거를 통해 모두 공산당 정권을 세울 정도로 찬란한 역사를 만들고 있었다. 그런데 그로부터 불과 3년 뒤 CPI-M은 양쪽에서 동시에 무너져 버렸다. 께랄라에서는 회의당과 뺏고 빼앗기는 접전이 50년 넘게 진행되고 있었으니 그런 주기 가운데 있는 것으로 해석할 수도 있다지만, 서벵갈의 경우는 그렇게 단순하게 치부할 수 없는 문제다.

CPI-M의 의석은 전국적으로는 59개의 의석에서 22개로 줄었는데 특히 서벵갈에서 26석이 9석으로 줄어들었다. 그리고 2011년 주 의회 선거에서는 전체 294석 가운데 62석밖에 차지하지 못했다. 당수인 붓다데브 밧따짜르지마저도 의석을 잃었다. 직전 선거에서 차지한 233석에서 무려 171석을 잃은 대참패를 당했다. 무려 34년을 집권한 정당의 결과다.

노동조합과 노동자 투쟁

인도의 노동조합은 반영(反英) 민족운동을 이끈 조직으로부터 출발했다. 그래서 오랫동안 매우 정치적인 성향을 띠어 왔고, 민족주의에 영향을 많이 받았으며 민족운동을 이끌던 세력이 독립정부를 이끌었으므로 친정부의 입장을 취했다.

처음 노동조합이 만들어진 것은 신지협회(Theosophical Society)라고 하는 힌두교 민족주의 계열의 한 단체에서 1918년 첸나이(Chennai, 당시 마드라스Madras)에서 조직한 것이 최초다. 그것으로 기점을 삼으면 인도에서의 노동조합의 역사가 무려 200년이나 된 셈이다. 1920년에는 그때까지의 친영의 입장을 폐기하고 반영의 입장을 대중적으로 주창한 급진파 민족주주의자의 한 사람인 랄라 라즈빠뜨 라이(Lala Lajpat Rai)가 주도한 전인도노동조합회의(AITUC)가 결성되었다.* 영국 정부가 노동조합을 법적으로 인정한 것은 1926년의 일이다. 하지만 그렇다고 영국 정부가 노조를 파트너로 인정한 것은 아니다. 그들은 노조야말로 식민 지배

---

* 인도에서 민족주의 운동을 이끈 인도국민회의는 그 초기에는 철저히 친영의 입장이었다. 영국의 근대화를 수용하고, 건의 등을 통해 수탈을 줄이도록 하자는 주장이다. 한국의 경우에서와 같은 반식민-반제국의 경향은 영국이 인도를 떠나는 날까지 없었다고 봐도 과언이 아니다

를 전복시킬 가장 적대적인 세력으로 인식하였다.

그 후 노조의 파업을 통한 투쟁은 지속되었고, 노조 투쟁과 연계하여 투옥된 인사들이 수가 갈수록 늘어났고, 그들의 형기 또한 점차 장기로 바뀌었다. 라이를 비롯해 네루, 보스, 찟따란잔 다스(Chittaranjan Das) 등 당시 투옥된 민족주의 인사들 가운데 많은 사람들이 노조 운동과 연계되었다. 그 후 AITUC는 민족주의자, 사회주의자, 공산주의자들 사이에서 노선 갈등을 겪으면서 분열을 거듭하다가 1934년 적노조회의(Red Trade Union Congress), 1938년에 인도노동조합연맹(Indian Trade Union Federation)를 다시 통합하게 된다. 이후 1945년에 AITUC는 공산당의 산하 조직으로 연계되어 오늘에 이른다. 현재 전국 단위의 중앙 노동조합은 12개 있는데 그 가운데 대부분이 특정 정당과 밀접한 관련을 갖으면서 산하 조직으로서 활동한다.

현재 대표적인 중앙노조는 인도공산당 산하의 AITUC 외에, 독립 후 집권당이 된 회의당이 공산당 노조에 대항하여 조직한 인도민족노동조합회의(INTUC), 1990년대에 들어와 본격적으로 세를 불려 일약 회의당과 더불어 2대 정당이 된 힌두 근본주의 정당인 인도국민당 계열의 인도노동자단(BMS), CPI-M 계열의 인도노동자중심(CITU) 등이 있다. 이외에도 각 주에 있는 여러 주 정당과 연계된 상급 노조들도 있다. 정당이 파편화되어 있는 만큼 노조도 파편화되어 있고, 정당끼리 정쟁이 심해지는 만큼 노조 간의 갈등 또한 첨예해진다. 그러면서 노조는 노동자로부터 멀어지고 외면당하고 있는 실정이다.

정부가 주 정부이든 중앙정부이든 노조의 상급 정당이 집권 여당이 되는 경우, 당에서 노조에 대한 정책을 입안하는 경우 당과 연계된 노조에서 그 안을 거부하거나 반대하는 것을 찾아보기란 매우 어렵다. 1995

년 회의당이 집권하였을 때 당에서 입안한 노동자 연금안에 대해 INTUC는 반대 목소리를 내지 못한 채 당에 대해 수정을 기대하는 소극적 자세를 취할 뿐이었다. 그 안에 대해 반대를 했던 것은 다른 노조들이었고, 그러면서 자연스럽게 각 노조 간에 불협화음이 발생할 수밖에 없었다. 정치 지도자라는 사람들이 노조에 대해 바라는 것은 자신이나 당을 위한 지지를 확산시키는 것이었을 뿐이다. 그들이 노동자들의 권익을 위해 같이 투쟁한다거나 그것을 위해 사용자들의 권한을 흔드는 일에 앞장서는 것은 찾아보기 어려운 일이었다. 전적으로 노조가 당의 정치를 위해 앞장서 온 전통의 결과였다. 이러한 추세는 1980년대까지 지속되었는데, 1980년대 중반 이후 노조가 당의 정치적 입김으로부터 벗어나려는 움직임이 나타나기 시작했다.

독립 이후 인도는 국가 주도의 계획경제 정책을 실시했기 때문에 공기업이 산업의 대부분을 차지했고 이에 따라 노조도 공기업 중심으로 결성되었다. 그래서 노조 지도부의 절반을 외부 인사로 영입하는 일이 가능했고, 그 때문에 정치인들이 주요 공기업 노조 간부직을 맡는 경우가 많았다. 따라서 이들의 정치적 목적에 따라 노동조합이 움직이는 경향이 강했다. 여기에다 전통적으로 인도 사법부는 약자의 손을 들어 줬기 때문에 노조와 사용자가 충돌하여 재판으로 갈 경우 법원의 판결이 노동자에 유리하게 나는 경우가 많아서 노사 갈등이 조정되거나 중재되어 완만한 합의를 이루는 경우보다는 재판으로 해서 일방적 판결로 승패가 갈리는 경우가 많았다. 그러다 보니 자연히 인도의 노조는 강성 일변도가 되었다. 인도의 노조는 전통적으로 정당과의 연계가 강하고 강성이라는 사실이 오랫동안 인도의 노조의 성격을 규정하는 두 가지 기본 바탕이다.

노조가 정당과 깊게 연계된 것은 인도 전 지역에 해당하는 문제로서, 공산당이 처음으로 정권을 잡은 께랄라나 서벵갈 같은 곳에서도 상황이 크게 다르지는 않았다. 께랄라의 경우를 보면, 그곳은 다른 곳과는 달리 공업화가 많이 진전되지 않은 곳이고, 그래서 노조의 기반은 절대적으로 농업 노동자였다. 그들은 매우 잘 조직되어 있었으나 그 조직은 거의 공산당이라는 정치 집단의 영향력 아래에서 이루어진 것이라 어김없이 절대적으로 정당의 영향력에서 벗어날 수 없었다. 그래서 노동자나 노조의 이익 및 관심과 정당의 이익 및 관심을 따로 분리하는 것은 대단히 어려운 일이었다. 하지만 이러한 노조와 정당의 유착으로 인한 노조의 정치 집단화는 외부로부터의 투자를 봉쇄해 버리는 결과를 가져왔고, 결국 이것이 께랄라가 사회자본은 충실하게 잘 쌓았으나 경제 발전을 이루지 못한 원인으로 작용하였다.

하지만 노조-정당 연계의 전통은 1982년 봄베이에서 일어난 노동자 총파업 이후 서서히 바뀌게 되었다. 총파업은 당시 봄베이 최대 산업인 섬유 산업 공장 노동자들에 의해 1월 18일부터 일어났는데 50여 개의 공장에서 25만 명의 노동자가 파업에 참여하였다. 총파업이 강경하게 전개되면서 사업장 80여 개가 폐쇄되었고, 약 15만 명의 노동자가 실업 상태에 빠져들었으며, 봄베이의 섬유 산업은 거대한 타격을 받아 크게 위축되었다. 집권 여당이 한 일은 노동자의 권익에는 아랑곳하지 않고 적자 경영을 하는 공장을 폐쇄하는 것뿐이었다. 그 과정에서 각 노조 지부를 총괄하는 상급 노총 지도부는 자신들의 정치적 입지만 강화시키려 하였을 뿐, 현장 노동자의 목소리를 전혀 반영하지 않았다. 처음에는 단순한 급여 인상으로부터 출발했으나 결국 상급 노총에 대한 반감이 훨씬 커졌고, 상급 노총과 결별하였으며 이후 정치적 독립을 외치는 목소리가 점차 크게 터져 나왔다.

이 사건은 노조 총파업에 의해 봄베이라는 거대 상업 도시가 폐허가 되는 결과를 가져왔다. 노조의 대응이 비록 정당한 것이었다고 주장할 수는 있으나, 경제 도시 봄베이가 폐허 지경에까지 이르게 된 것의 책임은 노조의 강경 대응에 있다는 사실을 부인할 사람은 거의 없다. 대부분의 노동운동사에 나타난 현상이지만, 노조의 급진적인 대응은 바로 노조 운동의 위축으로 이어진다. 시민들이 대거 등을 돌리기 때문이다. 하지만 그것만이 역사의 의미는 아니다.

노조의 힘이 크게 위축되고 도시도 크게 황폐화되었지만, 이 사건은 한 가지 의미 있는 결과를 낳기도 했다. 인도 노동운동사에 획기적인 계기로 작용했다. 우선 파업 후 사업주들의 노동자 착취가 크게 줄었다. 파업 참여 노동자는 피해를 막중하게 입었으나 이후의 노동자들은 그들의 희생 덕을 크게 보게 되었다. 하지만 이 사건의 가장 큰 의의는 인도 노동사에서 노조가 정당의 입김에서 벗어나 오로지 노동자의 경제적 문제를 위한 독자적 저항에 나서게 되었다는 사실일 것이다. 그러한 결과는 총파업이 진행되는 과정 속에서 나왔다. 파업이 심각하게 전개되면서 노조는 상급 정당의 정치 노선에 전혀 휘둘리지 않았고, 그 독자적인 움직임에 당시 집권당인 회의당을 비롯한 모든 정당은 거대한 충격을 받았다. 초기 충격파에 쌓인 정당 지도자들은 노조 총파업을 강압적으로 통제하려 하였으나, 파업 지도부는 노조 안에 정치국을 신설하여 그들 정치인들의 간섭에 적극적으로 대응하였다. 이 사건이 끝난 후 노조는 정당의 입김에서 벗어나는 경향이 점차 생겨났다. 그러면서 노조는 정치적 파업에서 벗어나 고용과 임금 등 실질적인 노동자의 문제에 집중하는 경향이 강해졌다.

노조의 탈정치적 독자 행보의 시도는 얼마 되지 않아 신자유주의라는 괴물 앞에서 좌절하고 만다. 인도는 1991년 외환위기를 맞아 IMF으로부터 구제금융을 받으면서 그동안 유지해 온 사회주의적 혼합경제 정책, 즉 보호주의 경제 정책을 버리고 시장 개방, 인허가 폐지 등을 골자로 하는 신자유주의 경제를 정부 운용의 기조로 삼기 시작했다. 그러면서 도처에서 공기업의 사영화가 급속하게 진행되었다. 신자유주의 경제 정책은 두 가지 차원에서 노조에 큰 변화를 가져다주었다. 우선 조합원 수가 급감했다. 조합원 수의 감소는 그동안 인도 노조의 큰 젖줄기인 공무원 부문에서부터 시작했다. 인도 정부는 신경제 정책을 운용하면서 공무원 인원을 60%나 감축했다. 이를 다른 말로 하면 노조 조합원의 주요 공급원이 크게 감소되었다는 말이 된다. 그로 인해 노조 활동이 크게 위축되었음은 두말할 필요도 없다.

두번째로 노조 성격의 변화를 들 수 있다. 이는 특히 민간 부문에서 두드러졌는데, 사영화된 기업은 경영 합리화를 구실로 구조조정과 대량 해고가 일상화되기 시작했다. 비정규직 특히 여성 인력을 대거 채용하였다. 노동의 유연화가 대세로 자리 잡은 것이다. 정규직을 줄이고, 협력업체나 파견근무 혹은 대체인력과 같은 다양한 비정규직 고용을 늘렸다. 그러면서 공장들이 임금이 낮거나 노조가 조직되지 않은 다른 주(州)로 공장 설비를 이전하는 일이 많아졌다. 이러한 현상은 자연스럽게 노조 활동을 크게 위축시켰다. 노조들은 조직화된 부문의 조합원이 감소하자 비조직화된 부문에 고용된 노동자를 통해 조직율을 높이고자 하였다. 그러나 비조직화 부문 노동자로 조합원을 충당하는 데는 한계가 있었다. 상황이 노조에 불리하게 작용하면서, 노조 내부에서는 조합의 편파성을 줄이고 조합 내부 민주성을 확보하자는 목소리가 높아졌다. 이들은 개별 산업체에 단일 노조를 권장했으며, 단일 사업장에 하나 이상의 노동조합이 있는 경우 단합을 통해 교섭력을 강화하는 방안을 모색했다.

그러나 이러한 노력에도 인도 노동조합의 쇠퇴를 막을 수는 없었다. 기업들은 비용 절감을 위해 아웃소싱을 늘려 갔고, 통상적으로 100명 이상 규모의 사업장에 적용되는 노동법을 피하기 위해 아웃소싱이나 계약직 혹은 파견 노동자 고용을 더욱 늘렸다. 그 결과 비정규직의 비율만 갈수록 치솟았다. 계약직 노동자들이 노조에 가입하지 않으려는 것은 당연한 일이다. 노조 가입이 재계약시 불리한 요소로 작용할 것이 불을 보듯 뻔하기 때문에 모두 노조 가입을 꺼린 것이다.

이렇게 상황이 불리하게 전개되면서 노조는 강경한 대응을 고수하였다. 일단 신분이 유리한 공기업 노조를 중심으로 사영화와 공기업 직원 감축에 대해 조합원들은 더욱 과감한 파업을 일으켰다. 하지만 경기 침체와 일자리 축소에 대한 두려움 때문에 조합원들의 참여도는 과거에 비해 현저하게 낮아져만 갔고, 지금까지 진행되어 온 강경 일변도의 파업에 시민 여론도 등을 돌렸다. 신자유주의 속에서 모두들 겪는 경제난에 그동안 약자에 대해 상대적으로 관대한 인도의 시민들도 등을 돌리기 시작한 것이다. 이에 관리자들이 더욱 강하게 노조를 압박하기 시작했다. 그들은 온갖 폭력과 공작 정치를 동원해 노조 와해를 시도했고, 이에 새로운 투쟁 방법을 찾지 못한 노동운동은 급격하게 활기를 잃어갔다.

노조 운동이 얼마나 크게 감소했는지를 공산당이 집권한 께랄라의 경우를 통해 살펴보자. 노조 파업은 1983년에 104건이었는데, 2000년에 10건으로 줄어들었다. 반면 직장 폐쇄는 1990년에 15건이었는 데 반해 2000년에는 30건으로 늘어났다. 1983년부터 2000년 사이에 일어난 파업의 절반 이상이 1990년 이전에 발생하였고, 직장 폐쇄의 72%가 1991년 이후에 발생하였다. 이를 통해 우리는 1991년 신자유주의 경제 정책이 시작되면서 노동자 운동이 얼마나 크게 위축되었고, 사용자의 탄압이 얼마나 거세졌는지를 알 수 있다.

침체된 노동계에 새로운 바람을 불러온 것은 2008년 금융위기였다. 2008년 미국 금융위기로 촉발된 금융위기로 비정규직 노동자들이 대량 해고되거나 위기를 겪자 노동자들도 노조의 필요성을 절감하였고, 노조 인정을 강하게 요구하기 시작했다. 2008년의 경우를 보면 분명히 파업 횟수와 파업으로 인한 손실 일수는 줄었지만 파업 참가자 수는 늘어났다. 실로 오랜만에 일어난 이례적인 일이었다. 인도 노동부 보고서에 따르면 2007년 공식적으로 57만 명이 파업에 참가했던 것이 2008년에는 93만 명으로 파업 참가자 수가 두 배 가까이 늘었다. 민간 연구기관에서는 이러한 경향이 2009~2010년에도 계속되고 있는 것으로 파악하고 있다. 하지만 이런 경향은 과거 노동계가 큰 힘을 발휘할 때처럼 크게 성장하지는 못했다. 지금은 사용자의 강경 대응과 노동계의 위축 사이에서 팽팽한 대치가 진행되고 있는 상황이다.

현재 인도 노동조합법에 의하면 단일 사업체 노동자의 10% 이상 혹은 100명 이상의 노동자가 조합을 구성하여 신고하면 합법 단체로 인정받을 수 있다. 단일 사업장 내에서 복수노조 구성이 가능하며, 노동조합 결성을 사용자에 알릴 의무는 없다. 2009년 기준으로 등록된 노동조합은 70,000개이며, 비공식 노동조합까지 합치면 100,000개 정도로 추정될 뿐, 조합과 조합원들의 수는 정확하게 알지 못한다. 인도는 한국과 달리 임금을 받고 농업 노동을 하는 사람들이 있어서 그들을 농민이 아닌 노동자로 분류한다. 그래서 가난한 무토지 임금노동자들이 노동조합에 가입하는 경우도 많다. 정부에서는 전체 노동력의 2% 정도가 노조원으로 조직된 것으로 보고, 노동 전문가는 대개 6~7% 정도 될 것으로 본다.

3장
반카스트 운동

3장_반카스트 운동

카스트 개념 정리

이 장에서는 반카스트 운동을 살펴보겠습니다. 인도 사회운동 중에서 다른 부문 운동들은 전 세계 거의 모든 곳에 공통적으로 존재하는 운동입니다. 노동운동이나 농민운동, 여성운동, 환경운동 등은 세계 다른 지역에서도 있지만 반카스트 운동은 인도에 고유한 운동입니다. 부족민 운동의 경우는 성격은 조금 다르지만 라틴아메리카에서의 원주민 운동과 유사성이 있죠. 카스트라는 인도의 특이한 사회 문제는 다른 보편적인 문제들과 겹쳐 있는 부분도 있어서 문제를 분명하게 이해하고 대안을 제시하는 것이 어렵습니다. 예를 들면 카스트 차별은 경제적 의미에서의 계급 차별과도 겹쳐지고 인권 문제와도 겹쳐지기 때문에 어떤 측면을 중심으로 이 문제를 이해해야 하는가에 대해서 논란의 여지가 많습니다. 그리고 다른 부문의 운동보다 운동의 규모나 역사도 크고 긴데 비해서 현실적 성과는 두드러지지 않는 운동이기도 하죠. 카스트 제도가 인도 사회에서 워낙 뿌리 깊게 박혀 있는 것이기도 하고, 다른 모순들과 겹쳐서 존재하기 때문에 해결이 힘든 것입니다.

반카스트 운동을 소개하기 전에 카스트라는 용어에 대해서 먼저 정리를 하겠습니다. 우리에게도 익숙한 카스트라는 말은 계급을 보편적으로 지칭하는 말일 뿐이고 실제로 각각의 계급 집단을 지칭하는 말은 아닙니다. **카스트 제도 안의 각 집단은 바르나(Varna)와 자띠(Jāti)라는 두 가지 범주로 분류합니다.** 우리가 잘 아는 네 개의 카스트, 즉 브라만, 끄샤뜨리아, 바이샤(Vaiśya), 슈드라(Shudra) 이 넷이 바르나에 따른 분류입니다. 그런데 이 바르나는 사람들이 일상적으로 사용하는 범주가 아니에요. **바르나는 큰 틀에서의 포괄적이고 관념적인 분류법이고, 실제로 일상생활에 있어서 어떤 사람이 어떤 카스트에 속해 있느냐를 말할 때는 자띠라는 기준을 적용합니다.**

자띠는 정확하게 집계가 안 될 정도로 복잡합니다. 3,000개 이상의 자띠가 있다고 보기도 하는데 주로 직업과 관련됩니다. 예를 들어서 우리나라로 치자면 백정, 갓바치 등등의 세습적인 직업과 연관된 계급 분류입니다. 그렇다고 해서 이게 꼭 직업과 일치하지도 않아요. 또 하나의 중요한 기준은 의례입니다. 일상생활에서 어떤 행위를 함께 할 수 있는 집단이 카스트에서 같은 집단입니다. 식사를 같이 하는가, 혼인 관계를 맺을 수 있느냐, 마을의 사원이나 공동 우물을 함께 사용할 수 있느냐, 심지어 마을의 길을 같이 이용할 수 있느냐 등등 일상생활의 의례적 부분에서 아주 엄격하게 구분되는 집단들을 자띠라 부릅니다. 그런데 이 자띠 간에 위계라든지 구분이 복잡하고 외연이 불분명한데다가 자띠 간의 이동도 있어서 상당히 복잡한 양상을 보입니다. 그리고 특히 바르나와 자띠의 관계는 더 복잡해서 예를 들어 슈드라에 속하는 자띠가 어디에서 어디까지라고 명확히 확정하지 못하는 거예요.

또 같은 바르나 안에 있는 사람들끼리는 평등할 거라고 생각할 수 있지만 그렇지 않거든요. 같은 바르나 안의 자띠 간에도 아주 엄격한 위계가 있어요. 네 개의 바르나 외에도 불가촉천민이 있습니다. 이들은 바르나의 위계 바깥에 있는 사람들입니다. 심지어 **불가촉천민에 해당되는 사람들 안에서도 자띠 간에 상위 바르나와의 관계보다 훨씬 엄격한 위계질서가 있어서 차별이 자행됩니다.** '해외 토픽'에 자주 나오는 '명예살인'이란 게 있잖아요? 자기 출신보다 하층 자띠나 바르나의 자식하고 결혼을 하게 되면 부모들이 자식을 살해하는 경우도 적지 않게 있습니다. 불가촉천민 안에서도 이런 명예살인 사건이 많을 정도로 위계가 아주 엄격하죠. 이런 복잡한 현상이 근대화의 영향으로 많은 변화를 겪으면서 더욱 더 이해하기 힘들고 해결하기도 어려운 상황으로 전개되고 있습니다.

불가촉천민, 지정 카스트, 하리잔 그리고 달리뜨

그러면 반카스트 운동은 누가 주로 하는 것일까요? 브라만이나 끄샤뜨리아 카스트의 사람들은 잘 안 하겠죠. **카스트에 반대하는 운동을 하는 주체는 대체로 카스트 체계 바깥에 배치되어 있는 불가촉천민들입니다.** 인도에는 다섯 개의 바르나가 아니고 네 개의 바르나가 있는 거예요. 네 개의 바르나만 있다는 말은 불가촉천민은 힌두 세계라고 불리는 세계 바깥에 존재하는, 공식적인 위계 속에 편입되지도 못하는 집단이라는 의미입니다. 이 사람들은 지위 향상을 위해 카스트 질서 속으로 편입되기를 원하기도 하지만 그렇더라도 여전히 낮은 지위에 머물 수밖에 없겠죠. 또 다른 길은 위계질서의 틀 자체를 깨는 것입니다. 위계질서의 낮은 지위로 편입되기보다는 카스트 제도 자체를 부정하는 길을 추구하는 운동이 반카스트 운동에서 중요한 노선이 됩니다. 또 하나의 주체는 70년대 이후로 반카스트 운동에 합류하게 되는 슈드라 집단입니다. 슈드라의 운동은 불가촉천민의 운동과는 조금 다른 양상을 띠게 됩니다. 그래서 우리가 다루게 되는 반카스트 운동은 주로 불가촉천민의 해방운동을 다루고, 후반부에서 슈드라 계급의 계급 상승 운동을 조금 다루겠습니다.

불가촉천민을 가리키는 용어도 상당히 복잡해요. 주로 많이 쓰이는 용어가 언터처블(Untouchable)입니다. 왜 언터처블이라고 부를까요? 카스트를 나누는 의례적 구분은 깨끗한 것과 깨끗하지 못한 것 사이의 구분이라는 상징적 의미를 가지고 있습니다. 최하층의 천민은 오염된 존재이고 이들과 접촉을 하게 되면 상층의 사람들도 오염된다는 관념을 갖고 있는 거죠. 그래서 오염되지 않기 위해서 어떠한 방식의 접촉도 피해야 되는 겁니다. 마을의 공동 저수지나 우물, 심지어 식기도 함께 사용하지 않습니다. 예를 들어서 어떤 불가촉천민이 그 마을의 공동 우물을 사용하면 그 우물물은 상층 카스트는 아무도 못 먹는 겁니다. 브라만 사제가 다시 정화하는 의례를 거쳐야 사용할 수 있게 됩니다. 그래서 반카스트 운동의 사례 중에 불가촉천민들이 마을 저수지나 우물을 이용하게 해달라고 요구하면서 고의로 오염시키는 경우도 있습니다. 저수지에 들어가서 목욕을 해버리는 겁니다. 그러면 상층 카스트들은 못 쓰게 되는 거죠. 물론 상층 카스트들도 보복을 합니다. 그 우물이나 저수지에 죽은 동물 시체를 던지거나 분뇨를 넣거나 해서 불가촉천민도 아예 사용하지 못하게 해버리기도 합니다. 그런 배타적이고 잔인한 대립이 지금도 일어나고 있습니다.

도시화가 되면서 의례적 구분이 불가능해지는 경우가 생깁니다. 다른 카스트끼리는 식사를 같이 못하는 게 중요한 구분인데 대도시 식당에 들어가면 누가 누군지 모르잖아요. 이렇게 근대화와 도시화가 진행되면서 사라져 가는 차별도 있지만 카스트 차별은 여전히 강력합니다. 대도시의 사무실에서는 다양한 카스트들이 같은 옷을 입고 함께 일을 하기도 하지만 집으로 돌아가면 전통 의상을 입고 종교적 의례를 빠트리지 않는 상층 카스트들이 여전히 다수입니다. 지금도 제일 엄격한 구분은 혼인에서 지켜집니다. 대도시의 교육을 많이 받은 인도인이나 심지어 미국에 이민 가 있는 인도 사람들도 자기 카스트 바깥에 있는 사람과는 거의 혼인하지 못합니다. 왜냐하면 그렇게 하면 자기 집단에서 완전히 쫓겨나기 때문입니다. 그래서 **최하층의 천민을 지칭하는 첫번째 용어가 접촉해서는 안 되는 더러운 존재라는 의미의 불가촉천민(Untouchable)**입니다.

또 하나는 인도 정부가 공식적으로 쓰는 용어로 지정 카스트라는 용어입니다. 영국 식민지 시대인 1931년에 식민정부는 전 인도를 대상으로 인구 조사를 해서 불가촉천민 집단을 기록으로 남겨요. 1935년에 이것에 입각해서 인도 정부법의 부칙, 즉 스케줄 안에 불가촉천민에 해당되는 자띠 집단의 명칭을 기록했습니다. 그래서 **스케줄에 명기된 불가촉천민 집단이라는 의미에서 지정 카스트라는 용어를 사용했고**, 독립 이후에도 정부 공식 문서에서는 불가촉천민을 지정 카스트라고 부릅니다.

1920~1930년대부터 불가촉천민의 해방운동이 자생적으로 일어납니다. 이 운동들을 자기편으로 삼으려는 정치 세력도 생겨나는데 대표적인 것이 민족해방운동을 이끌었던 국민회의입니다. 그런데 국민회의는 상층 계급 사람들이 주도하는 운동이었습니다. 카스트상으로 거의 브라만이나 끄샤뜨리아 출신에 경제적 계급으로는 대부르주아와 대지주들이 주도했습니다. 그래서 처음에는 불가촉천민 문제에 아예 관심이 없었어요. 하지만 자생적 저항운동이 무시할 수 없게 세력이 커지면서 이들을 자기편으로 끌어들이려 했습니다. 이 역할을 했던 사람이 바로 간디

입니다. 간디는 불가촉천민을 지칭하기 위해 하리잔(Harijan)이라는 용어를 사용합니다. 하리잔이란 말은 힌두어로 신의 아들, 신의 자식이라는 뜻입니다. 그러니까 신이 보살피는 이 사람들이 배제되어야 할 더러운 존재가 아니라 사랑스러운 신의 자식이라는 것입니다.

간디는 불가촉천민을 하리잔(신의 아들)이라고 부르며 여러 가지 권익 향상을 위한 운동들을 전개한다. 그러나 간디의 생각은 하리잔을 카스트 질서 속으로 편입시키는 것이었기 때문에, 불가촉천민을 달리뜨(억압받는 자)라고 부르며 카스트 철폐를 추구한 암베드까르 노선에서는 받아들이기 힘든 것이었다.

간디는 실제로 하리잔의 권익을 향상하기 위한 여러 가지 운동들을 전개합니다. 하지만 카스트 제도 자체는 인정하는 한계를 보입니다. **간디의 생각은 하리잔을 다섯번째 카스트로 편입시키는 것이었습니다.** 카스트라는 공식적인 틀이 있다면 그 틀 바깥으로 배제되었던 이들을 힌두 사회 내로 편입시키는 방식으로 문제를 해결하는 노선이 그의 노선이에요. 그래서 하리잔들을 위한 시혜적인 조치들을 취하기는 하지만 기본적으로 카스트 제도를 가치 있는 제도로 보고 인도 사회의 근본적인 질서인 카스트 질서를 폐지하는 것에는 강력하게 반대합니다. 간디 입장에서는 이런 노선이 현실적으로 필요했습니다. 인구의 16%를 차지하는 하리잔들을 배제하고 인도 사회를 통일된 국가, 사회로 만들어 나가는 것은 불가능했습니다. 간디는 하리잔들이 인도 사회에서 떨어져 나가는 걸 원치 않았던 것입니다. 통일된 인도 사회를 건설하는 게 간디의 주요한 비전이었고 **무슬림의 파키스탄 독립을 반대했던 것과 똑같은 이유에서 하리잔의 분리를 반대했던 것입니다.**

그러나 간디의 노선은 당시에 불가촉천민 해방운동을 주도하던 사람들, 특히 암베드까르(Bhimrao Ramji Ambedkar)의 노선에서는 받아들이기 힘든 것이었습니다. 그 자신이 불가촉천민 출신인 암베드까르의 입장에서는 간디의 생각은 기존의 억압적인 질서를 조금 완화시켜서 기만적으로 존속시키려 하는 것이지 불가촉천민의 해방을 기본적으로 전제하는 게 아니라고 보았습니다. 그래서 **암베드까르는 카스트 제도 자체를 철폐하고 힌두 사회 속에 불가촉천민들이 편입되지 않는 노선**을 취하게 됩니다. 간디와 암베드까르의 두 입장이 대립하면서 운동이 전개됩니다. 암베르카르 같은 불가촉천민 스스로 해방운동을 하는 집단 내에서는 자기들을 달리뜨(Dalit)라고 불렀습니다. **달리뜨라는 말은 '억압받는 자'라는 뜻입니다.** 억압받기 때문에 동시에 해방을 지향한다는 뜻을 가집니다. 그래서 이 말은 정치적으로는 불가촉천민의 독자적인 세력화, 해방을 지향한다는 의미를 내포하고 있습니다.

하리잔이란 용어를 쓰는 사람들은 간디 노선을 따르는 사람들이고, 지정 카스트라는 용어는 공식 문서에서 쓰는 것이고, 달리뜨라는 말을 쓰는 사람은 처음부터 불가촉천민 해방운동을 지지하기 때문에 그 용어를 쓰는 것입니다. 단순하게 용어가 여러 가지인 것이 아니라 반카스트 운동에 대해 어떤 입장을 취하느냐에 따라서 각기 다른 용어를 쓰고 있습니다.

암베드까르의 달리뜨 해방운동

이제 반카스트 운동이 어떻게 전개되었느냐를 역사적인 순서대로 정리하겠습니다. 지금부터는 불가촉천민을 가리키는 말로 달리뜨라는 용어를 사용하겠습니다. 최초의 달리뜨 해방운동은 1920년대 정도부터 자생적으로 시작되었습니다. 암베트카르는 초기부터 이 운동을 지도합니다. 암베드까르는 달리뜨 출신인데 뛰어난 그의 지적 능력을 인정한 그 지역 군주의 후원으로 당대 최고의 교육을 받았어요. 하지만 그런 그도 달리뜨로서의 억압을 고스란히 겪어야 했습니다. 그는 국민회의 틀 내에서 달리뜨의 해방운동은 불가능하다는 생각을 하게 되요. 그래서 힌두 사회 바깥에서 독립된 정치세력화를 해야 된다고 분명하게 주장했습니다.

반카스트 운동에서 중요한 역사적 의미를 가지는 사건은 1931년의 인구 조사입니다. 그 이전에는 달리뜨들이 자기들이 하나의 동질적인 집단이라는 인식을 하지 못했습니다. 자신이 특정한 자띠에 귀속되어 있다고 생각하지 자기들을 다 묶는 큰 의미로서의 달리뜨가 존재한다는 생각은 없었습니다. **식민지 정부가 공식적으로 달리뜨들을 묶으면서 달리뜨들이 하나의 정체성을 가졌다는 의식을 갖게 된 것입니다.**

달리뜨들이 억압받는 상황을 벗어나려는 운동을 처음부터 적극적이고 체제에 저항적인 방식으로 했던 것은 아닙니다. 달리뜨들은 처음에는 자신들의 처지를 개선하기 위해 상층 카스트들을 따라 가려고 했습니다. 상층 카스트의 관습도 받아들이고, 옷도 그 사람들처럼 입고, 말도 그 사람들처럼 하고, 나중에는 조선 말기에 양반이 되기 위해 족보를 샀던 것처럼 신분을 속이고 살기도 했습니다. 어떤 자띠들은 그 자띠 집단 자체가 더 상위의 바르나에 속한다고 주장하거나 청원을 했습니다. 결국 **지배질서 자체를 거부하는 것이 아니라 지배질서 속에서 자기들보다 더 상층의 사람들과 동질화하려는 노력들을 기울이게 되는데, 이런 현상들을 통칭해서 산스크리트화라고 부릅니다.**

최근에 이르기까지도 이런 양상을 보이는 경우가 많습니다. 특히 도시화가 되면서 모르는 사람들 틈에 들어가서 자기가 상층 카스트 출신인 것처럼 생활하는 경우가 있습니다. 산스크리트화의 원인 중 하나는 일부 달리뜨가 부를 축적한 것입니다. 전통적으로 카스트의 위계는 경제적 위계와 거의 일치합니다. 상층 카스트가 대체로 잘살고 하층 카스트가 못살고 불가촉천민은 자기 땅은 손바닥만큼도 없는 제일 열악한 농업 노동자의 지위에 있는 경우가 많습니다. 하지만 예를 들어 우유를 다루거나 가죽을 다루는 것처럼 특정한 직종에 종사하는 달리뜨들은 상층 카스트보다 더 많은 부를 축적하는 경우도 발생합니다. 이 사람들이 부를 기반으로 신분 상승을 도모하기도 했죠. 우리나라 백정들이 근대 초기에 벌인 형평사(衡平社) 운동도 이 사람들이 축적한 부를 가지고 사회적 지위를 향상시키는 운동을 한 것이잖아요.

    1920년대가 되면 좀더 저항적인 방식으로 운동이 전개됩니다. 달리뜨들에게 힌두 사원에 출입할 수 있는 권리를 달라고 요구하거나 저수지나 우물을 같이 사용할 수 있게 해달라는 요구를 연좌 농성이나 집단 소송 등의 수단을 사용해 제기합니다. 이 시기에 암베드까르가 등장하면서 달리뜨들의 해방운동이 강력하게 조직되기 시작합니다. 암베드까르는 달리뜨 해방운동을 하는 과정 속에서 입장이 계속 조금씩 변해요. 상황이 바뀌기도 하고 자기 생각이 바뀌기도 했지만 **달리뜨들이 독자적으로 정치세력화해야 하고 카스트를 근본 질서로 하는 힌두 사회를 탈피해야 한다는 생각은 마지막까지 일관되게 유지했습니다.**

    암베드까르는 간디가 지도하는 국민회의 노선과 여러 면에서 충돌합니다. 최초의 충돌은 달리뜨들의 선거권과 관련된 것이었습니다. 암베드까르는 달리뜨가 독자적인 정치 세력이 되기 위해 달리뜨들의 분리선거구를 가져야 한다고 주장해요. 달리뜨들끼리만 투표하고 자기들만의 대표자를 뽑겠다는 것입니다. 분리선거구 안에서 피선거권을 가지는 사람도 달리뜨이고 투표를 하는 것도 달리뜨입니다. 영국 식민지 정부는 심각하게 이 안의 도입을 검토합니다. 그러나 간디가 이에 반대하는 단식투쟁에 들어갑니다. 이 문제를 관장했던 램지 맥도널드(Ramsay MacDonald)*는 처음에는 암베드까르의 안을 받아들이려고 하고 있었는데 간디가 갑자기 달리뜨의 분리선거 제도를 받아들이면 자기가 죽겠다는 선언을 해버린 거죠. 간디의 대안은 모든 카스트가 참여하는 통합선거구를 유지하고 달리뜨에게는 의석 할당을 해주는 방식이었습니다. 그러니까 카스트 구별 없이 출마하고 투표하되 의석의 일정 수를 달리뜨 후보에게 할당해 주겠다는 것입니다. 암베드까르는 이런 방식에 왜 반대했을까요? 인도의 인구 구성에서 16% 정도가 달리뜨입니다. 카스트 간의 인구 구성 비율이 모든 선거구마다 다 다르긴 하겠지만 비슷하다고 전제한다면 달리뜨 16%가 모두 달리뜨 출신 후보를 찍어도 다른 카스트가 반대하면 그 사람은 낙선해 버립니다. 결국 **상층 카스트가 용인해 주는 달리뜨 출신 후보만 당선될 수 있습니다.** 그렇게 되면 상층 카스트들의 달리뜨에 대한 통제권은 여전히 유지되어 달리뜨의 독자적인 정치세력화가 불가능해진다는 거죠. 이게 간디가 제안한 통합선거구하의 의석할당제가 가지는 근본적인 한계입니다.

　　이것은 할당을 통한 차별 철폐 조치의 공통적인 한계입니다. 미국의 어퍼머티브 액션(Affirmative Action)**이 대표적입니다. 예를 들어 흑인들을 어퍼머티브 액션을 통해서 직장이나 선출직이나 학교에 배당을 해주더

---

* 영국의 정치가이며 노동당 당수 및 총리를 역임했다.
** 1961년 케네디 대통령이 '동등고용기회 위원회'를 설립하라 행정명령을 내리면서 도입된 개념으로, 모든 종류의 차별을 금지하고 사회적 약자에게 쿼터를 인정하는 방식을 말한다.

라도 백인들이 받아들여 주는 사람만 들어갈 수 있게 되는 거예요. 다른 말로 하면 흑인 집단 안에서도 친백인 성향 또는 흑인 집단 안의 상층의 사람만 그 특혜를 누릴 수 있게 되는 거죠.

인도 사회에서는 미국의 어퍼머티브 액션을 유보 제도라는 이름으로 적극 수용합니다. 인도에서도 이 제도는 장단점을 가지고 있는데 **대표적인 부정적 효과가 소외된 집단 안에서 다시 특권층을 만들어 내는 거예요**. 즉 하층 집단 안에서 다시 위계질서가 생겨 버리는 것입니다. 하층 집단 내부의 특권 집단들을 인도에서는 **알짜배기층**(creamy layer)라고 부릅니다. 우유를 가공할 때 제일 영양가 있는 층을 가리키는 말에서 따온 말입니다. 암베드까르는 진정으로 달리뜨들을 대변하는 자신들만의 대표를 가지기를 원했습니다. 그래서 달리뜨들의 입장에서는 간디의 단식투쟁을 자기들의 해방을 가로막기 위한 폭력이라고 느낀 것입니다. 간디의 영향력이 너무 강했기 때문에 결국은 영국이 중재하는 푸나 협정(Poona Pact)을 통해 합의안을 도출하는데 간디의 안이 거의 그대로 받아들여집니다. 그래서 분리선거구제를 실시하지 못하고 통합선거구 안에서의 법정유보의석제가 제도화됩니다. 이 사건을 계기로 암베드까르 노선과 간디 노선이 결정적으로 갈라지게 되는 거죠.

우리가 생각하기에 간디가 상당히 도덕적인 사람이니까 달리뜨 문제에 관해서도 진보적인 관점에서 다뤘을 거 같지만 별로 그렇지 않아요. 정호영 씨가 쓴 『인도는 울퉁불퉁하다』나 최근에 번역된 간디 평전 『마하트마 간디, 불편한 진실』(E. M. S. 남부디리빠드) 같은 책을 보시면 아주 충격적인 어록들이 많습니다. 인도에서 청소와 세탁 등은 대표적인 천대받는 일로 달리뜨들의 몫이었습니다. 간디는 청소부는 대를 이어 청소하는 게 만물의 질서인데 이렇게 신성한 질서를 왜 거부하느냐는 말을 합니다. 간디는 자본가와 노동자에 대해서도 마찬가지 생각을 가졌습니다. 노동자들이 부자에게 재산을 신탁하고 부자, 자본가 계급은 그걸 대신 관리해 주는 사람이라는 식으로 자본가의 부를 정당화합니다. 실제로 간디는 당시 인도의 독점자본가들의 이해관계를 옹호하고 이들의 자금을 받아 활동합니다. 간디가 노동운동의 확산에 대응하기 위해 만든 독자적인 노조에서는 파업을 못하게 했습니다. 그리고 그 노조 설립 자금도 자본가들이 댄 것입니다. 대지주와 대자본가들이 지도하는 국민회의 중심의 민족운동에서 노동자 계급이 이탈할 것을 두려워해서 자본가 계급에게 출자를 받아 노동조합을 만들어 준 것이 간디의 노동조합입니다. 달리뜨 운동에 대해서도 비슷하게 대처한 것입니다.

간디와 암베드까르의 다음 충돌은 독립 이후의 인도 사회의 전망에 관련된 것입니다. 복고주의자 간디는 근대적 국가, 즉 통일적이고 중앙집중적인 국가를 건설하는 노선보다 촌락들의 연합으로서의 인도를 상상합니다. 그는 인도를 시골공화국 또는 마을공화국이라는 용어로 부른 자급자족적인 촌락들의 연합으로 만들고 싶어 했습니다. 그 촌락을 지배하는 정치 제도가 빤짜야뜨(Panchayat)라는 것입니다. 6장에서 빤짜야뜨에 대해서 따로 볼 건데, 간디는 빤짜야뜨라는 장로위원회 같은 기구를 통해서 촌락이 다스려지는 모델이 바람직한 정치 모델이라고 보거든요. 암베드까르는 이것을 거부합니다. 생태학이나 공동체주의, 협동조합, 이런 얘기가 유행하면서 작은 규모의 촌락은 대규모 사회보다 더 민주적이고 평등하고 생태적일 거라고 생각하지만, 전통 사회의 촌락의 실상은 그렇지 않았습니다. 상당히 폐쇄적이고 보수적이고 위계적인 경우가 많았습니다. 실제로 인도 촌락은 카스트 간의 차별이 가장 노골적으로 나타나는 곳입니다. 전통 촌락에서는 달리뜨들은 마을 안에 살지 못하고 마을 바깥에 따로 살면서 상층 카스트들의 착취와 차별을 받아야 했습니다. 암베드까르는 이 전통 촌락을 되살리는 방식으로 독립 후 인도를 건설하겠다는 이야기는 기존의 억압적 질서를 다시 되살리겠다는 이야기로 받아들였던 거죠. 암베드까르는 **촌락공동체를** "사회·경제적 후진성이 존재하는 시궁창이다", "시골공화국은 인도의 공적 생활을 망치는 장애물이다"라고 말하면서 거부합니다. 그래서 암베드까르는 서구적 의미에서의 근대 국가를 이상적인 정치 형태로 삼게 됩니다.

그는 1935년 무렵부터 새로운 방식의 달리뜨 해방운동으로 개종운동을 시작합니다. 힌두교와 그에 근거한 사회질서 자체가 달리뜨에 대한 차별의 원천이라고 보고, 이 힌두 사회로부터 벗어나는 길은 힌두교를 버리고 새로운 종교로 넘어감으로써 새로운 삶을 시작하는 것이라고 생각한 겁니다. 암베드까르는 특히 불교를 이상적인 대안으로 보았고, 죽기 직전에 그를 따르는 달리뜨들과 함께 집단으로 불교로 개종합니다.

1930년대 말이 되면 암베드까르는 정치적으로 급진화됩니다. 그는 이 무렵에 맑스주의와 달리뜨 해방운동을 연결시키려 했습니다. 당시에 인도 사회에서 좌익의 세력이 커진 것이 그 배경입니다. 식량난과 (소수이지만) 도시 노동자 계급에 대한 억압이 심화되면서 노동운동이나 농민운동이 공산주의자들의 주도로 활성화되었습니다. 이 운동들과 연계하기 위한 의도에서, 또 그것으로부터 영향을 받으면서 사상적으로 변모가 있었던 것입니다. 그는 몇 년 동안 맑스주의와 친화적인 입장에서 운동을 하게 되요.

1942년 암베드까르는 지정카스트연맹(Sikkim Scheduled Caste League)이라는 정당 조직을 만듭니다. 그는 정당을 조직해서 선거에 참여하는 방식으로 달리뜨의 정치세력화, 사회적 신분 상승을 이룩해야 한다는 노선을 천명하고 총선거에 참여했지만 선거에서 참패합니다. 이 경험을 통해 입헌적 질서 속에서 달리뜨의 정치세력화가 힘들다는 것을 깨닫게 되죠.

1947년 인도가 독립하자 그는 내각에 참여해 인도 헌법의 초안을 사실상 작성합니다. 그가 당시 인도 사회에서 가졌던 사회적 지위가 상당했음을 알 수 있습니다. 인도 헌법에 들어가 있는 복지와 산업화에 대한 지향 같은 것들이 암베드까르가 강조했던 것입니다. 죽기 직전인 1956년 무렵에 그는 다시 급속하게 불교로 기울게 됩니다. 『부처와 불법』(The Buddha and his Dhamma)이란 책을 쓰고 자기가 영향력을 행사하던 달리뜨 집단들을 이끌고 집단 개종운동을 하면서 힌두교 중심의 질서로부터 벗어나려는 노력을 계속 했습니다.

암베드까르의 실천적·이론적 입장은 여러 방향으로 변화를 거치기도 했지만 달리뜨의 독자적인 정치세력화가 해방의 본질적인 조건이라는 점에서는 일관되게 유지되었습니다. 그는 기존의 힌두 질서, 상층 카스트들이 지배하는 힌두 사회에 편입되어서 부분적인 혜택을 받는 방식으로 달리뜨의 사회적 권익을 신장시키는 것은 달리뜨 해방의 길이 아니라고 생각했습니다. **달리뜨가 스스로 해방의 주체가 되어서 기존 질서 바깥에서 자기들의 정치적 공간을 만들어 내는 것이 달리뜨 해방의 본질적인 길이라는 그의 생각은 지금도 계승되고 있습니다.**

반카스트 운동의 재활성화

① 달리뜨 팬더 운동

암베드까르가 1957년에 심장마비로 사망한 후, 인도 사회 내에서 달리뜨 해방운동은 거의 소멸합니다. 달리뜨 운동이 다시 부활한 것은 1970년대 초중반에 와서입니다. 이 시기는 인도의 거의 모든 사회운동들이 다시 활기를 되찾는 시기입니다. 여기에는 서구의 영향이 큽니다. 인도는 다른 아시아 국가들에 비해서 서구 사회와의 연결이 상당히 강한 나라입니다. 영국의 식민지였던 탓도 있고, 지정학적으로도 중요한 위치에 있고, 또 상류층에서는 영어에 능숙한 사람들이 많았습니다. 그리고 많은 인도인들이 해외로 이주하면서 비거주 인도인(NRI)이라는 범주가 생겨나기도 합니다. 이런 이유로 사회 운동에서도 서구의 영향력이 중요한 역할을 합니다. 인도 사회에서 1970년대에 사회운동이 활성화된 것은 서구의 68 운동의 영향도 있었습니다. 서구에서 소위 68을 계기로 전통적인 사회주의 운동들이 쇠퇴하고 대신에 신사회운동이라 불리는 운동들이 등장했습니다. 68운동은 처음에는 아주 강력하게 전개가 되지만 불과 4~5년 만에 거의 사회적 영향을 잃어버립니다. 이 운동을 주도했던 이들 중 일부가 인도로 이주하기도 하고 신사회운동의 영향을 인도인들이 받아들이기도 합니다. 서구인들은 인도에 대해 많은 환상을 가지고 있는데 이 환상이 신사회운동의 중요한 특징 중 하나인 반근대적 분위기와 결합합니다. **서구 근대 문명에 대한 거부감을 오리엔탈리즘적으로 환상적인 인도 사회, 자기들 머릿속에 그리는 신비로운 인도 사회에 대한 전망으로 대체**한 것입니다. 비틀즈가 인도로 온 것도 이런 맥락에서입니다. 인도의 유명한 명상가들이 서구에서 성인 취급을 받으면서 부와 명예를 얻은 것도 이때 일어난 일입니다.

이런 식으로 **서구에서 발생한 신사회운동의 영향을 많이 받게 되면서 인도에서 새로운 여러 가지 부문 운동들이 활성화**됩니다. 침체되어 있던 달리뜨 해방운동도 1970년대 초에 다시 활성화되는데, 이때 달리뜨 운동을 주도한 것은 달리뜨 팬더(Dalit Panther)라는 집단입니다. 달리뜨 팬더라는 이름은 미국의 흑인민권운동 단체인 블랙 팬더(Black Panther)에서 따온 것입니다. 달리뜨라는 현상은 인도에만 있는 문제인데 이것을 해결하기 위한 운동을 하면서 미국 운동에서 이름을 빌렸어요. 명칭에서도 알 수 있듯이 운동을 주도한 사람은 당연히 미국 문화를

1970년대 초 달리뜨 해방운동을 주도한 집단이 달리뜨 팬더였다. '블랙 팬더'에서 따온 이름에서도 엿볼 수 있듯, 달리뜨 팬더의 주도자들은 높은 수준의 교육을 받아 미국 문화에 친숙하고 영어도 능숙하게 구사하는 도시 거주자들이었다.

잘 알고 교육을 많이 받은 영어를 잘하는 사람들이었겠죠. 하층 집단 출신이지만 높은 교육 수준을 자랑하는 도시 거주자들 중심의 운동이 달리뜨 팬더 운동입니다. 그들이 발표한 「달리뜨 팬더 선언문」도 달리뜨가 아니라 브라만 출신의 마오이스트가 쓴 것입니다.

이야기가 나온 김에 영어 문제를 좀 짚어 보겠습니다. 우리는 인도 사람들이 영어를 다 잘할 거라고 생각하죠? 하지만 실제로는 12억 인도 인구 중 1억 6천, 많이 잡아도 2억 명 정도만이 영어를 능숙하게 사용합니다. 영국의 식민지였으니까 인도인들이 다 영어를 쓸 것 같은데 전혀 그렇지 않아요. 한국 사회에서 영어가 신분 상승의 도구인 것처럼 인도에서도 영어 사용 가능 여부가 확실한 신분 상승의 사다리입니다. 인도에서는 영어를 못하면 공식적인 일은 아무것도 못해요. 그러니까 교육에 따른 사회적 위계화가 심하겠죠. 운동에서도 영어를 사용할 수 있는 이들이 주도하는 운동과 그렇지 못한 기층 민중들이 주도하는 운동 간의

위계가 존재합니다.

아무튼 달리뜨 팬더는 암베드까르 노선을 계승하고 여기에 맑스주의적 전통이 결합되어야 한다고 주장합니다. 맑스주의의 영향을 받은 사람들이 달리뜨 운동에 참여하게 된 계기는 낙살 반군 반란 때문입니다. 이 봉기에 참여한 최하층 농민들은 카스트상으로 대부분 달리뜨들이었습니다. 또 다른 집단이 지정 부족이었어요. 낙살 반군 봉기는 고통받는 당사자들이 공산당이나 회의당이라는 정치 질서, 정치적 제도 바깥에서 자기들 스스로 새로운 방식으로 해방을 위한 운동을 시작했다는 의미를 가집니다. 이 운동의 영향을 받으면서 달리뜨 운동에도 맑스주의적 경향이 들어오게 됩니다. 그 결과 **카스트로서의 달리뜨들의 해방만이 아니라 극빈층들, 도시 빈민들, 가장 최하층의 사람들을 다 달리뜨라고 보고 사회 최하층의 해방운동을 표방**하는 운동이 등장한 것입니다.

하지만 실제로는 도시의 높은 교육 수준을 가진 사람들이 주도하는 운동이다 보니 농촌에 거주하는 대부분의 달리뜨들과는 연계가 없었고, 암베드까르 이후로 그나마 남아 있던 자생적인 달리뜨 해방운동과도 거의 아무런 교류가 없었습니다. 그래서 기층에서의 토대는 취약한 상층 지식인 중심의 운동이 될 수밖에 없었습니다. 기층에서의 조직 기반이 약하다는 것은 운동의 특징을 좌우하는 조건이 됩니다. **기층 대중들과의 연결 고리가 없기 때문에 주로 미디어를 활용하는 운동에 의존합니다. 그래서 문화주의적인 운동에 치중하는 특징을 보이게 되죠.** 특히 힌두교의 종교적 상징물이나 노래와 춤과 같은 문화적인 상징물을 비판하고 달리뜨만의 독자적인 상징물을 만들어서 상징물 간의 싸움을 하는 방식으로 운동을 전개합니다. 물론 그 외에도 뭄바이의 슬럼에서 대중들을 조직해서 교육을 하는 등등의 활동도 하지만 기본적으로 이론 중심이고, 문화주의적 성격이 강한 운동이었습니다. 한국의 좌파 담론이 유통되는 상황과도 흡사합니다.

달리뜨 팬더는 설립된 지 2년 만에 소멸됩니다. 인도 사회운동은 분파주의가 심해서 이론 차이는 그냥 명분이고 사실 개인적 원한으로 파벌이 나누어지는 경우가 많습니다. 파벌이 나눠지거나 조직이 깨지거나 심지어 공산당이 분당되는 배경에는 지도자들 개인 간의 원한이 큰 이유라고 합니다. 달리뜨 팬더의 경우도 다르지 않았습니다. 암베드까르 노선을 대표하는 지도자와 맑스주의 경향을 대변하는 두 지도자 사이에 대립이 발생했는데 나중에는 거의 인신공격이 되었다고 합니다. 그 과정에서 한 파가 주도권을 잡고 한 파를 제거시켜 버리고 그 분파도 1년도 못 돼서 자진해서 해산해 버렸습니다. 분열의 가장 큰 원인은 대중적 기반의 약화입니다. 운동이 발전하려면 저항에 그치는 게 아니고 대안을 제시해야 하는데 **달리뜨 팬더는 문화적·사회적·종교적 대안들은 어느 정도 제시했지만 경제적 대안을 제시하는 데 실패했다고 평가**받습니다. 달리뜨가 해방되기 위해서는 어떻게 먹고 살지에 대한, 즉 경제적 자립을 위한 실천적인 대안을 제시해야 하지만 그렇게 하지 못하면서 대중적 호응을 얻지 못합니다. 운동의 기반이 약해지고 위축되면 항상 분파 싸움도 심해지잖아요.

1976년에 몇몇 소장 그룹들이 다시 조직을 재건하고 지금도 명맥은 유지하지만 거의 아무런 활동을 하지 못합니다. 사회운동의 성격을 잃게 되고 그냥 문화운동하는 몇몇 지식인들의 동호회 같은 식으로 운영됩니다. 제가 홈페이지에도 여러 번 들어가 봤는데, 거의 관리가 안 되더군요. 그런데 달리뜨 팬더의 초기 지도자들은 반카스트 운동을 아예 떠나서 출세의 길을 달려갑니다. 심지어 1975년 인디라 간디가 비상통치를 선언했을 때는 이 조치에 찬성합니다. 그중에는 장관이 된 사람도 있습니다. 급진 운동 경력을 출세의 수단으로 삼는 사람들은 어디에나 있나 봅니다.

달리뜨 팬더 운동의 역사적 성과 두 가지 중 첫번째는 침체되었던 달리뜨 해방운동을 다시 활성화한 것입니다. 두번째는 달리뜨 문제와 맑스주의적 관점에서의 계급 문제를 결합해 이해하려 노력했다는 것입니다. 또 최근에는 달리뜨 팬더 운동의 일부 유산이 다시 계승되고 있습니다. 1990년대 이후 인도에서 BJP로 대표되는 극우 힌두 민족주의가 부상한 상황 때문입니다. 이 극우 힌두 민족주의가 대중을 동원하는 방식은 종교적 상징물을 사용하는 경우가 많습니다. 극우 힌두 민족주의에 반대하는 대안적 상징을 개발하기 위해 달리뜨 팬더 운동의 유산이 활용되고 있습니다.

② 달리뜨 국제화 운동

1980년대 중후반이 되면 달리뜨 해방운동의 또 다른 노선이 등장하는데 이 노선을 달리뜨 국제화 운동이라고 부릅니다. 여기에 대해 조금 길게 설명을 드려야 될 것 같아요. 이 노선은 **달리뜨 문제를 국제적인 이슈로 만들고 국제 사회의 압력을 통해서 인도 정부가 달리뜨들의 처지를 개선하는 정책적 조치를 취하게 하는 전술을 채택**했습니다. 이게 가능하려면 먼저 국제적인 호응을 얻어야 합니다. 국제적 호응을 얻기 위해서는 전 세계 사람들이 보편적으로 받아들일 수 있는 언어나 개념을 사용해야 하겠죠. 그래서 **달리뜨에 대한 차별 문제를 인권 문제로 보편화시킵니다. "달리뜨 문제는 인권 문제다"라는 구호**를 내세워서요.

이 노선 역시 긍정적인 측면과 부정적 측면이 동시에 존재합니다. 긍정적인 측면은 전 세계 사람들의 호응을 받은 겁니다. 1980년대 이후는 국제적으로 인권 문제가 상당히 중요한 이슈가 되어 있던 상황이기 때문에 이들의 호소가 쉽게 받아들여질 수 있었습니다. 부정적인 측면은

이 노선이 받은 국제적 관심이 세계 모든 나라 모든 사람들이 아니라 주로 서구의 선진 국가들, 특히 미국의 관심이기 때문에 발생합니다. 미국과 서구 사회의 관심을 받으려면 어떻게 해야 될까요? 미국이 지배적인 권위를 차지하는 지금의 세계 질서라든지 미국의 대외 정책 등등에 대해서 싫은 소리를 하면 안 되겠죠.

이 문제는 신자유주의적 세계화와도 관련됩니다. 달리뜨 국제화 운동은 신자유주의적 세계화가 인도 사회에 밀어닥치던 상황을 배경으로 합니다. 신자유주의적 세계화로 인도의 농민과 도시의 빈민들은 엄청난 고통을 받지만 이 노선은 신자유주의에 반대하지 않습니다. **신자유주의적 지배 질서 안에서 용인될 수 있는 한도 내에서만 운동을 하는 노선. 이게 국제화 운동의 가장 근본적인 문제인** 거죠. 그래서 비판적으로 보는 사람들은 신자유주의에 대해서 비판을 못할 뿐만 아니라, 결국은 인도 사회에 신자유주의를 확산시키는 앞잡이 노릇을 하게 됐다고 비판합니다.

국제화 운동을 주도했던 사람들이 인도 정부에 압박을 가하기 위해서 청원을 한 단체는 우선 국제적 인권단체들입니다. 달리뜨 국제화 운동에 적극적으로 관여한 휴먼라이트워치(Human Rights Watch)와 앰네스티 인터내셔날(Amnesty International)을 후원했던 곳이 포드 재단(Ford Foundation)이에요. 그리고 이 운동에 참여한 상당수의 활동가들이 포드 재단에서 자금을 받아서 활동하거나 트레이닝을 받아요. 포드 재단이 미국의 정치적 이해관계를 관철시키기 위한 활동을 주변부에서 해왔다는 점을 고려하면 달리뜨 국제화 운동에 대한 비판을 이해할 수 있습니다. 달리뜨 국제화 운동은 다음으로는 유엔에 청원을 해서 유엔이 인도 내부의 달리뜨 문제에 개입하도록 만들려 했습니다. 2001년에 남아프리카공화국 더반(Durban)에서 유엔 세계 회의가 열리는데, 여기에서 달리뜨에 대한 문제를 의제로 채택하도록 로비하는 것이 이 운동의 주된 활동이었습니다. 더반 회의에서 서구 선진국들의 지지를 받아서 달리뜨라는 용어가 국제적인 공식 용어로 채택되고 달리뜨에 대한 차별을 인권 문제로 인정받습니다.

달리뜨 문제를 인권 문제로 보편화시키는 것은 전술적으로도 중요했습니다. 달리뜨 문제는 인도에만 고유한 문제입니다. 만약에 인도 정부가 달리뜨에 대한 차별을 시정하지 않고 부추기거나 방관하더라도, 국제 사회가 압력을 가할 방법은 비난밖에 없습니다. 실효성 있는 압력을 가하려면 국제조약을 가지고 강제해야 합니다. 인도 정부가 가입한 국제조약은 인도 사회에 국내법에 준하는 효력을 미칠 수도 있습니다. 인권이란 보편적 개념을 쓰게 되면 국제적인 인권 규약에 의거해 인도 국내 문제에 합법적으로 관여할 수 있는 길을 열어 주게 됩니다. 인도 정부는 이런 관여를 내정간섭이라고 여겨서 달리뜨 문제는 인도의 고유한 문제라고 주장합니다. 하지만 결국 유엔에서 공식적인 결의가 이루어지고 달리뜨 차별 문제는 국제 사회의 관심사가 됩니다. 유엔의 개입이 인도 사회에서 달리뜨 차별을 줄일 수 있다면 그것 자체로는 긍정적인 성과라고 볼 수 있을 것입니다. 하지만 이를 위해 치러야 하는 대가도 만만치 않았습니다.

달리뜨 국제화 운동 세력들은 국제적 인권단체와 유엔뿐만 아니라 세계은행과 IMF에도 청원을 합니다. 그들은 **달리뜨 문제 개선을 IMF와 세계은행이 인도에 차관을 주는 조건으로 내걸기를 요구**합니다. 달리뜨 차별 문제에 대해서 개선이 없으면 차관을 못 주게 하거나, 차관의 일부가 달리뜨들에게 혜택을 주는 데 사용되도록 하자는 것입니다. 그런데 IMF와 세계은행이 차관을 그냥 주는 것이 아니잖아요. 이 두 기관이 어떤 곳입니까? 바로 신자유주의적 경제질서를 전 세계에 강요하는 역할을 하는 곳입니다. 신자유주의적 경제 정책 패키지를 실행하는 조건으로 차관을 주는 기관입니다. 1997년의 IMF 사태 당시에 이들이 우리나라의 경제 주권을 가져가 신자유주의를 이식한 일을 기억하실 겁니다. 결국 **세계은행과 IMF는 신자유주의적 경제 정책을 인도 정부가 받아들이게 하는 압력 수단으로 달리뜨 운동을 사용**했던 것입니다. 그래서 달리뜨 국제화 운동을 부정적으로 보는 사람들 중에서는 이 노선이 처음부터 신자유주의를 인도 사회에 이식하려 달리뜨 문제를 악용한 것이라고 보기도 합니다.

달리뜨 국제화 운동은 인도 내에서 대중적 기반을 거의 가지고 있지 않다는 것도 문제입니다. 이 운동은 인도 내에 존재하는 달리뜨들을 제일 많이 동원하는 대중사회당(BSP) 등과도 거의 교류가 없고 심지어 그것에 대해 적대적입니다. 그래서 이 운동의 관심이 정말 달리뜨의 해방에 있느냐는 의심이 많이 일었습니다. 그 의심의 근거가 된 사례 몇 가지가 있습니다. 하나는 국제화 운동을 하는 인도 NGO들이 국제기구들로부터 엄청난 자금 지원을 받는데, 그중 상당액이 횡령되고 하층 달리뜨들에게 거의 전달이 안 된 것입니다. 또 이 운동가들은 국제달리뜨연대망(International Dalit Solidarity Network, IDSN)을 만드는데, 유럽에 있는 그 단체 본부의 상근자 중에 달리뜨는 한 명도 없다고 합니다. 그리고 달리뜨 문제가 인권 문제로 유엔에서 채택된 이후에 유엔에서 평가 회의를 했는데 정작 평가 회의에는 아무도 참가하지 않습니다. 일단 관철시켜 놓고 그다음에는 관심이 없었습니다.

인도 국내의 활동 상황도 변화됩니다. 달리뜨 국제화 운동의 주도권이 회의당으로 넘어가 버립니다. 회의당이 달리뜨 해방운동을 흡수한 것입니다. 2003년도에 보팔에서 달리뜨의 권익 향상에 대한 여러 가지 정책적 대안을 논의하는 회의가 열립니다. 여기서 달리뜨 국제화 운동을 이끌어 왔던 세력과 회의당이 핵심적인 의제로 삼았던 것은 달리뜨에 대한 유보 제도입니다. 기존에 공공 부문에서 시행되던 달리뜨 의무 고용을 민간 기업에서 고용을 할 때도 적용해 달라고 요구합니다. 그리고 공급 다양화를 요구합니다. 이 제도는 정부가 발주하는 납품 계약에서 달리뜨가 운영하는 회사로부터 일정한 비율을 항상 공급받도록 하는 것입니다.

BSP는 이 제도가 달리뜨 문제의 초점을 흐리게 된다고 비판을 하는데 **크리미 레이어(알짜배기층) 문제 때문**입니다. 민간 부문에서 고용 유보 제도는 달리뜨의 고용 확대에 실효성이 없습니다. 인도에서 정규직의 좋은 일자리는 대부분 공공 부문에 있고 민간 부문은 거의 비정규직에다가 고용의 70%가 농촌의 농업 노동자입니다. 종업원 수로 봐서도 15인 이하 고용이 전체의 85%정도 입니다. 나머지 15%인 큰 고용 규모 직장 중에서 민간 기업은 30% 정도에 불과합니다. 그러니까 많아 봤자 전체 일자리의 5%가 안 되는 민간의 조직 부문에서 다시 일부의 일자리에 달리뜨를 의무적으로 고용해도 일자리가 거의 늘어나지 않습니다. 나머지 85%인 비조직 부분에서는 법을 만들어도 강제할 수 있는 방법이 전혀 없습니다. 그래서 공공 부문 고용 유보 제도는 공공 부문의 고소득 일자리 몇 개를 나눠 달라는 이야기입니다. 그렇게 되면 누가 거기 취직할 수 있을까요? 달리뜨 중에서도 영어를 잘하고 컴퓨터를 할 수 있고, 대학을 졸업한 사람만 들어가는 거예요. 결국은 달리뜨 상층부만 혜택을 받는 거죠. 두번째 공급 다양화 요구도 마찬가지입니다. 달리뜨 중에 자기 사업을 할 정도의 자본가들만 혜택을 보는 제도입니다. **달리뜨 국제화를 추진했던 세력 대부분이 달리뜨 중에서도 최상층의 사람들이기 때문에 이 두 요구를 내세웠다는 비판**이 나오게 됩니다.

인도 달리뜨 운동뿐만 아니라 전 세계 사회운동이 직면한 문제 중 하나가 **선진국의 거대 NGO들과 유엔이나 국제 금융기구들이 주변부의 사회운동을 결국 지배하는 현상**입니다. TANs(Transnational Advocacy Network) 문제가 1990년대 말부터 국제정치학에서 많이 논의되는 것도 이런 맥락에서입니다. TANs는 국제적인 NGO들의 네트워크를 가리키는 명칭입니다. 지금 우리가 다루는 문제는 **주변부 지역의 운동들이 TANs의 하위 파트너 역할에 머물게 되면서 의제 설정을 주도하지 못하는 상황**에 관한 것입니다. 쉽게 말해서 선진국의 운동에서 중요한 문제가 후진국에서도 중요한 의제가 됩니다. 그렇게 되면 실제로 문제가 있는 후진국에서 고통을 받는 당사자들의 목소리는 들리지 않을 수도 있습니다. 당사자들 대신 **선진국의 운동이 억압받는 사람들의 목소리를 대변해 버리는 과잉 대표성의 문제**가 발생할 수도 있습니다. 인도 내의 달리뜨들의 고통을 선진국의 운동가들이나 인도의 엘리트 출신 운동가들이 대변하면서 실제로는 달리뜨 당사자들의 목소리는 사라지게 되는 현상이 바로 이 문제를 잘 보여 줍니다.

국제기구나 국제 금융 기관들에 의해서 자금 지원을 받고 인력을 지원받고 통제당하면서 결국은 신자유주의적 세계화를 앞장서서 관철시키는 역할을 하는 운동으로는 기만적인 인권운동이 대표적입니다. 인권운동에도 여러 부류가 있습니다. 가장 알기 쉬운 예는 미국이 아프카니스탄이나 이라크를 침략할 때도 인권을 중요한 명분으로 사용한 것입니다. 2011년 말에도 미국의 클린턴(Hillary Clinton) 국무장관이 미얀마를 방문해서 아웅산 수치와 만난 것이 크게 보도되었는데, 여기서도 미얀마의 인권 문제를 언급했습니다. 주류 언론도 이 인권 언급이 중국을 견제하기 위한 미국의 외교적 수사라고 일제히 분석했잖아요. 이런 거짓 인권운동들이 진정으로 인간의 기본적 권리를 위해 싸우는 운동의 성과를 도둑질하고 있다는 것이 문제입니다. 우리나라도 이런 운동이 중요한 문제가 되었습니다. 실제로 기층 민중이 아닌 사람들이 기층 민중을 대변한다고 말하면서 그 사람들의 몫을 차지하는 거죠. **노동자, 농민, 도시 빈민······.** 요즘은 청년 세대의 문제를 당사자가 아닌 지식인 엘리트들이 대변하고 정작 당사자의 목소리를 직접 듣기는 힘듭니다. 이런 문제는 주변부 사회운동에서 아주 널리 퍼져 있는 보편적인 한계입니다.

③ 달리뜨의 정치세력화 : BSP

1970년대 말부터 주로 북부 인도를 중심으로 달리뜨들의 자생적인 운동이 부상합니다. 이 운동은 달리뜨 팬더나 달리뜨 국제화 운동과는 다르게 달리뜨들이 스스로 참여하는 강력한 대중적 기반을 가지고 있었습니다. 소수 지식인 중심의 운동이 아니라 **달리뜨 대중들이 대규모로 참여하는 운동으로 출발한 이 운동은 암베드까르 노선을 이어받아서 독자적인 정치세력화를 중요한 과제**로 삼습니다. 또 부분적인 사회적 지위 상승을 목표로 하는 것이 아니라 체제 자체를 공격하거나 **스스로 정치세력화하기 위해 당을 건설**합니다. 그 당이 대중사회당(BSP)입니다. BSP는 의회 전술을 기본적인 노선으로 설정합니다. 또한 식민지 시대부터 이어져 온 투쟁을 이어받아, 공공시설을 같이 사용할 수 있는 권리, 교육 차별 철폐 같은 일상생활에서 직접 부딪히는 문제들을 해결하는 운동을 통해 세력을 키워, 웃따르쁘라데시 주에서 최근까지도 집권했습니다. 1993년에서 2002년 10년 동안 집권했고 한 번 실권했다가 2007년 다시 단독으로 집권하고 2012년 선거에서 권력을 내놓았지만 여전히 의회 내에서 강력한 세력을 유지하고 있습니다. 웃따르쁘라데시는 인도에서 제일 큰 주이고 독립된 나라로 치더라도 전 세계에서 웃따르쁘라데시보다 큰 나라가 별로 없어요. **현재 달리뜨 해방운동 중에 가장 큰 세력은 이 BSP 운동**이라고 할 수 있습니다.

또 하나의 중요한 달리뜨 해방운동 세력은 낙살 반군입니다. 낙살 반군의 중요한 구성원이 바로 달리뜨들입니다. 그래서 달리뜨 해방의 의제가 낙살 반군의 의제 속에 들어가 있는 거예요. 국제화운동을 주도했던 세력과 낙살 반군은 서로를 격렬하게 비난합니다. 왜냐하면 기층 달리뜨들을 서로 자기편으로 끌어들이기 위한 경쟁 관계 속에 있기 때문입니다. 하지만 낙살 반군은 반카스트 운동으로만 보기 힘든 측면이 더 많기 때문에 농민운동에서 자세하게 다루도록 하겠습니다.

여타후진계급 운동

이제 달리뜨들의 해방운동과는 다른 하층 카스트 해방운동을 보겠습니다. 이 집단들을 부르는 명칭은 여러 가지가 있는데 정부의 공식적 명칭은 여타후진계급(Other Backward Class, OBC)입니다. 'Other'라는 말에서 알 수 있듯 이 집단은 외연이 불분명합니다. 상층 카스트도 아니고 달리뜨도 아닌 중간에 있는 사회·경제적으로 뒤처진 집단들이라는 의미입니다. 여기서 주의해야 할 것이 약자 'OBC'의 'C'가 카스트가 아니라 클래스의 머리글자라는 점입니다. 하지만 개인이 처한 경제적 조건에 따라 이 집단을 분류한 것이 아닙니다. 실제로는 카스트상의 분류입니다. 따라서 **개인의 개별적인 사회·경제적 조건에 상관없이 카스트 집단들을 단위로 유보 정책을 시행합니다.** 이것이 왜 문제인지는 조금 뒤에 보겠습니다.

유보 제도는 인도 독립 때부터 시행된 제도입니다. 처음에 유보 제도는 지정 카스트와 지정 부족민에게만 적용됐습니다. 한동안은 별 문제 없이 시행되다가 1970년대 중반을 넘어가고 1980년대 초가 되면서부터 유보 제도의 혜택을 받지 못하는 집단들의 불만의 목소리가 커집니다. 그런데 흥미로운 것은 **이 집단들의 처지가 더 열악해졌기 때문이 아니라 사회적·경제적 조건이 향상되면서 더 많은 것을 요구하는 목소리를 내게 된다는 점**입니다. 첫번째 계기는 녹색혁명입니다. 인도에서 1970년대 초반부터 녹색혁명이 실시되고 급속히 늘어난 농업 생산 덕에 일부 농민들의 소득이 향상됩니다. 이 늘어난 소득은 지주 계급에게만 돌아갑니다. 이전에는 영세했던 중소 지주들이 갑자기 부를 축적하게 되면서 농촌의 새로운 지배 계급으로 등장합니다. 이들은 카스트상으로는 대부분 슈드라입니다. 카스트상으로도 경제적 조건으로도 인도 사회의 하층에 속하던 집단이다가 이제 경제적 부에 상응하는 정치적 목소리를 내길 원하는 거죠. 구체적으로는 자신들에게도 유보 제도를 적용해 주기를 요구합니다.

이 요구는 인구 구성상으로 상당히 곤란한 문제를 낳습니다. 달리뜨가 인도 인구의 16%이고 지정 부족이 약 7~8%입니다. 합치면 23~24% 정도 되고, 이 사람들 상황이 워낙에 열악한 걸 누구나 인정하니까 유보 제도를 적용해도 큰 무리가 없었습니다. 하지만 여타후진계급은 범위 자체가 모호해서 제일 적게는 전체 인구의 33%에서 많으면 53%로 추산됩니다. 기존에 유보 제도를 적용받던 사람들을 합치면 최대 전체 인구의 75% 이상이 유보 제도의 대상이 된다는 말입니다. 취약한 소수를 보호하는 것이 아니라 압도적인 다수가 유보를 받게 되면 제도의 의미가 없어지겠죠. 범위가 모호하다는 것도 문제입니다. 인도 인구 가운데 거의 2억이 포함되었다 안 되었다 하는 분류 방식은 사실상 무의미합니다. **어디까지가 여타후진계급인지 모호하기 때문에 유보 대상에 포함되기 위한 카스트**

집단들 간의 경쟁이 치열해집니다. 인도 같이 못사는 나라에서 유보 제도의 혜택을 받게 되면 상당한 이익을 얻습니다. 어떤 집단이든지 이 안에 편입되기 위해서 로비, 시위, 심지어 테러를 서슴지 않습니다. 이 제도가 더욱 논란이 된

유보 제도의 적용 범위를 둘러싼 문제는 1980년 회의당이 만든 만달위원회로 인해 더욱 심각해졌다. 당시 시행되지 못한 위원회의 보고서는 1990년대에 출범한 인민당 정권에 의해 시행이 선언된다. 그러나 여타후진계급을 포섭하려는 정치공학적 고려에서 취한 이 행동은 더 큰 갈등을 낳는다.

것은 정치공학적인 이유 때문입니다. 여타후진계급의 지지를 얻어서 정권을 잡으려 하는 사람들에 의해서 이 문제가 커진 것입니다. 그런 이유에서 여타후진계급에 속하는 집단들이 자꾸 늘어납니다.

이 논란은 1980년에 집권당인 회의당에서 '만달위원회'라는 걸 만들면서 시작됩니다. 만달위원회의 공식 명칭은 '2차 후진계급위원회'입니다. 위원회는 달리뜨보다 조금 더 높은 계급들이 받는 불평등한 대우를 해소하기 위한 대안을 마련하는 것을 목표로 합니다. 1980년 12월 30일 최종 보고서가 제출되는데 내용을 실행에 옮기지는 않습니다. 1990년대에 와서 회의당이 실권하고 인민당 정권이라는 소수 정권 연합이 집권했는데, 정권 기반이 취약했던 이들은 다음 선거에서 집권하기 위한 선거공학적 고려에서 10년 전에 만들어 놓은 '만달 보고서'를 갑자기 시행하겠다고 선언합니다. 그러면 여타후진계급에 속한 사람들이 자신들을 지지할 줄 알았던 거죠. 하지만 실제로는 **달리뜨와 상층 카스트의 엄청난 반발에 직면합니다.** 그리고 여타후진계급 안에서도 갈등이 폭발합니다. 특

히 상층 카스트 출신의 대학생들 같은 경우 25%에게만 떼어 주던 특권을 75%에게 양보하는 것을 받아들이기 힘들었습니다. 대도시에서 소위 명문대 대학생들이 분신하는 일까지 일어나고 결국 정권이 무너져 버립니다. 이 사건을 계기로 현재까지도 인도는 카스트 간의 분열이 정치의 중요한 동력이 되는 카스트 정치가 지배하는 나라가 됩니다.

'만달위원회 보고서'는 처음부터 터무니없는 보고서라는 비판을 많이 받았습니다. 우선 실제 조사를 통해 통계를 낸 것이 아닙니다. 특히 역점을 둔 사회 교육 조사에서도 아주 소수의 표본조사만 했습니다. 또 후진 계급에 속하는 자띠의 기준도 지방정부에서 보고한 것을 그대로 사용합니다. 이들이 실제로 어떤 조건에 처해 있는지를 고려하지 않았다는 것입니다. 이것은 처음부터 정치적 계산을 염두에 두고 정권의 의도에 맞춰서 결론을 내린 보고서였기 때문입니다. 1955년에 처음으로 여타후진계급을 산정했을 때에는 전체 인구의 32%로 파악되었는데 1980년도 만달 보고서에는 54%로 늘어난 것은 고의로 범위를 확장시켰기 때문입니다. 만달위원회 보고서는 여타후진계급은 집단의 말단에까지 실질적인 혜택이 돌아가지 않는다고 할지라도 권력 핵심부에 자기 사람을 심어 놓았다는 생각만으로도 사기와 자존심이 높아질 것이라고 말하고 있습니다. 즉 **여타후진계급 출신 몇 명에게 특혜를 주면 그들 모두의 지지를 얻을 수 있다는 정치적 의도를 가지고 있었습니다.**

다음으로는 여타후진계급이 정말로 후진적인 처지에 있느냐에 대한 논란도 있습니다. 인도가 워낙 불평등이 심하고 상류층은 극소수이기 때문에 최상층에 비교하면 당연히 후진적이고 열악한 상황에 있습니다. 여타후진계급도 달리뜨와 마찬가지로 열악한 상황에 있다고 말하지만 실제로 달리뜨와 여타후진계급 사이에는 큰 격차가 있습니다. 대도시보다 농촌 지역에서 이 문제가 집중적으로 나타나서 농촌에서의 계급 갈등은 대도시보다 훨씬 심각합니다. **적어도 농촌 사회 안에서 여타후진계급은 착취당하거나 억압당하는 사람이 아니라 착취자이자 억압자 역할**을 하고 있습니다.

'소달구지 자본가', 이런 말 혹시 들어보셨나요? 이게 바로 여타후진계급들의 경제적 지위를 좀 우스꽝스럽게 표현한 말입니다. 자동차는 없지만 소달구지만 끌고 다녀도 인도 농촌 사회에서는 자본가로서 지배적 역할을 하는 거죠. 소달구지 자본가 또는 독립 농업 생산자, 중농, 여타후진계급, 후진 카스트, 중간층……. 이 말들은 모두 OBC를 가리키는 용어들입니다. 이들은 카스트적으로는 슈드라에 속하고 경제적으로는 중간 규모의 토지와 생산수단을 소유하고 녹색혁명의 성과를 독점한 집단입니다. 이들은 토지 제도 개혁이나 농업 노동자 임금 인상 시도를 적극적으로 저지하고, 대신 농업 생산물을 정부가 높은 가격으로 수매하고 화학 비료나 신품종 종자, 농업용 전략 관개 시설, 농업 생산요소들을 낮은 가격에 공급할 것을 요구합니다. 이들의 사회적 지위 상승 요구가 표현된 것이 여타후진계급 운동입니다. 따라서 여타후진계급에게 달리뜨와 같은 혜택을 주면 농촌 지역에서 지배 계급으로 자리 잡은 집단의 특권이나 지위를 강화시켜 주는 역할을 할 수밖에 없게 되고, 상대적으로 달리뜨들은 훨씬 더 열악한 처지에 처하게 되는 거죠.

이 두 집단의 이해관계가 충돌하는 지점이 농업 문제입니다. 농민운동에서 다시 말씀드리겠지만 여타후진계급은 농업 보조금 제도와 농산물 가격 지지 정책을 원합니다. **농업 생산에 드는 비용을 정부가 보전해 주고 농산물에 대해 정부 고시가격을 설정해서 생산비를 초과하는 가격으로 농산물을 팔 수 있게 보장해 주는 정책이 여타후진계급이 주로 요구하는 정책**

입니다. 반면에 주로 **달리뜨로 이루어진 농업 노동자 집단은 농촌에서의 최저임금 인상을 원합니다.** 농업 노동자 최저임금을 높이면 그들을 고용한 여타후진계급 지주들의 경제적 이익이 침해당합니다. 그래서 **여타후진계급은 최저임금 인상을 결사 반대**합니다. 지금의 농촌의 현실이 유지되는 한 두 집단은 한편이 될 수 없습니다. 두 집단이 한편이 되기 위해서는 지주 계급들이 농업 보조금이나 가격 유지 정책을 통해서 얻은 이윤을 농업 노동자들한테 이전하려는 의지가 있어야 합니다만 현재로서는 기대하기가 힘듭니다. 농촌 사회의 계급 갈등 문제를 덮어 버리면 결국은 최하층의 사람들이 더 열악한 상황에 빠지게 되는 문제가 발생합니다.

더 생각해 볼 문제 #2
반카스트 운동은 계급운동인가?

불가촉천민 투쟁은 왜 좌파 진영에서 배제되었는가?

인도 현대사에서 인민을 논하고 좌파의 역사를 논하면서 빠질 수 없는 것이 카스트 체계에서 최하층에 위치하는 불가촉천민에 관한 것이다. 불가촉천민은 그 자체가 오염된 존재이기 때문에 접촉 자체를 해서는 안 된다는 의미에서 사회학적으로 붙여진 이름이다. 한국에서의 백정이나 일본의 부라쿠민(部落民)과 비슷한 위치이나 그 정도가 훨씬 심했다. 그런데 영국 지배와 함께 근대화가 시작되면서 불가촉천민과 그 바로 위의 위치를 차지한 슈드라가 카스트 상승 운동을 벌인다. 자본주의 시장경제 속에서 경제력을 확보한 일부 집단을 중심으로 일어난 현상인데, 그들은 카스트 체계를 깨는 데 전력을 다하지 않고, 그 안에서 더 높은 카스트로 이동하는 데 전력을 다하였다. 그런데 그 신분 이동이라는 것의 최종 결정은 브라만에게 달려 있기 때문에—인도의 카스트는 조선 시대의 반상제도와는 달리 정부가 규제하는 행정 체계의 일환이 아니다. 그래서 정부의 행정 행위에 의해 없어질 수 있는 그런 제도가 아니다—절대적으로 브라만과 적대적 관계를 유지할 수는 없다.

그런데 그 가운데 상당수의 불가촉천민들은 그 다수가 걸었던 길과 다른 길을 간다. 브라만과 적대적 관계를 표방하며 카스트 해방을 부르 짖은 것이다. 그렇지만 좌파 진영의 대부분은 그들의 카스트 해방에 그 다지 큰 호응을 하지 않았다. 공산당 일부에서 그들과 연대를 하는 경우 가 있긴 하였으나 그 운동의 중심은 어디까지나 그들 스스로였다. 좌파 는 왜 불가촉천민의 해방투쟁에 냉담하였을까?

불가촉천민 해방투쟁 중 가장 두드러진 것이 달리뜨(문자대로 해석 하면, '짓밟힌 자') 운동이다. 달리뜨 운동은 1920년대 후반부터 나중에 독 립된 인도 공화국의 초대 법무장관이 된 암베드까르의 기치 아래 인도의 서부를 중심으로 전개되었으나 적극적인 운동은 독립 이후 본격적으로 이루어졌다. 암베드까르는 불가촉천민제 철폐 운동에 적극적으로 나섰 으나, 카스트 힌두의 강한 저항 때문에 실패하고 결국 자신을 추종하는 불가촉천민 세력을 이끌고 1956년에 불교로 집단 개종하고 만다. 암베드 까르가 정치적 운동은 펼치지 않았으나 그의 이런 저항은 훗날 불가촉천 민들에게 정치운동을 하는 모태가 되었다. 암베드까르는 독립 후 회의당 의 정부에 들어가 여당의 법무부 장관을 지내기까지 할 정도로 거물이었 으나 그조차도 카스트 차별의 그 엄청난 벽을 뚫을 수는 없었던 것이다.

하지만 암베드까르의 저항은 첫 정부 여당의 정책에 크게 반영되었 다. 정부는 그들을 차별적으로 우대하는 정책을 만들었으니, 바로 '보호 를 위한 차별' 정책이 헌법에서 채택된 것이다. 이에 따라 불가촉천민들 은 공공 부문에 유보된 일정한 비율의 범위 내에서 자신들끼리 경쟁하여 직업과 교육의 기회를 가질 수 있게 되었다. 소위 말하는 쿼터(quota)제 이다. 이후로 미리 지정해 놓은 카스트라 해서 그들을 지정 카스트라고 부른다. 그들은 이제 법적으로 주 의회 및 연방 의회, 주 행정부 및 중앙

행정부의 고위 관직에 진출할 수 있게 되었다. 이들 하층 카스트들은 정부의 공직과 교육기관에서 일정한 비율의 좌석을 할당받는 지정 제도를 최대한 활용하면서 목표를 향해 매진하였다. 그들은 자신들의 집단 이익을 위해 카스트 체계를 폐기시키려 한 것이 아니고 그 체계를 활용하려 하였다. 그래서 자신들이 과거 억압받았던 위치에 있었다고 주장하면서 정치적·경제적인 이익을 극대화하려 했다.

불가촉천민의 정치세력화는 1957년에 세운 인도공화당(Republican Party of India)부터 본격적으로 전개된다. 그런데 인도공화당은 그 힘이 점점 커지면서 내부에 분열이 생기면서 당이 붕괴되었다. 그들은 1990년대부터 큰 세력화가 된 여타후진계급이 나타나기 전에는 인도에서 가장 많은 유권자를 가진 집단이었다. 따라서 만년 집권 여당은 그들의 도움을 절실하게 필요로 하였고, 그에 상응하여 많은 지도자와 그 지지자들이 회의당에 합류하였다. 그러자 젊은 세대와 호전적인 성향의 불가촉천민들은 그 합당을 거부하면서 달리뜨 팬더이라는 이름 아래 이전보다 더 투쟁적인 성격의 사회 운동을 전개해 갔다. 그러면서 다시 대중정치의 필요성이 제기되었고, 1984년에는 대중사회당(BSP)이 창당되었다. 본격적으로 몰표를 통해 더 큰 정치력을 확보하려 하는 것이었으니 그 세력은 갈수록 커졌다. 급기야 1995년에는 대중사회당이 종교 근본주의 정당인 인도국민당과 연합하여 인도 최대의 인구를 가진 주(州)인 웃따르쁘라데쉬 주 수상직을 차지하는 기염을 토하기까지 했다.

여타후진계급의 부상

불가촉천민에 대한 의석 유보 정책은 비(非)불가촉천민, 특히 카스트 체계에서 불가촉천민 바로 위에 위치한 슈드라의 불만을 유도하는 결과를 낳았다. 1978년 잠시 권력을 잡은 국민당 정부는 불가촉천민은 아니지만 여전히 사회에서 후진적 위치로 억압당하고 있는 여러 계급들에 대한 조사와 정책을 실시하였고, 그것이 1980년 만달위원회의 보고서로 나타났다. 만달위원회란 인도 헌법 제 340조에 의거하여 역사적으로 불평등한 차별 대우를 받아 온 하층 집단의 상황을 개선하는 방책을 마련하기 위해 1978년 당시 국민당 정부의 수상이었던 모라르지 데사이(Morarji Desai)가 추천하여 대통령이 구성한 5인 위원회를 말하는데 위원장인 만달(B. P. Mandal)의 이름을 따라 보통 만달위원회라 부른다. 이 보고서는 정부가 '여타후진계급'(OBC), 즉 불가촉천민은 아닌 나머지 후진 계급에게도 마찬가지로 공공기관과 교육기관의 취업자 수의 일정 비율을 유보할 것을 권고했다.

　이 정책의 본질인 '보상적 차별'이라는 것은 불가촉천민과 부족을 제외한 여타 후진 '계급' 혹은 '카스트'에게 특별한 우대 혜택을 주자는 것이었다. 여타후진계급에 속하는 카스트들은 그 구성 및 지역적·경제적 차이 등이 극히 다양하고 잡다하지만 대체적으로 카스트 체계의 슈드라에 해당하는 범주로 이루어져 있다. 따라서 그들은 카스트로는 낮게 위치해 있지만 그렇다고 해서 근대화된 사회에서 반드시 최하층 계급이나 빈곤층을 형성하는 것은 아니었다. 일부는 상당한 권력과 부를 확보하였다는 의미다. 결국 여타후진계급의 지정을 두고 각 정당과 주 정부와 중앙정부 사이에 이견은 끊임없이 충돌하면서 지루한 소모전을 벌였다. 하지만 이 보고서가 발표되면서 소위 '여타', 즉 그 나머지의 후진 계급을 어떻게 정해야 할지, 카스트를 기준으로 정할 것인지 경제적으로 가난한 자로 정할 것인지에 대한 논란이 증폭되면서 10년 동안 방치되었다.

만달 보고서의 내적인 결함과 더불어 여러 가지 정치적인 고려로 인해 1980년 12월 31일에 최종 보고서가 제출된 후 10년간 회의당 정부는 아무런 조치도 취하지 않았다.

하지만 1989년 국민당이 정권을 획득하면서 이 보고서의 내용을 실행에 옮기기로 했다. 그러자 일부 상층 카스트가 극렬하게 반대하였다. 자신들이 상층 카스트이긴 하지만 그렇다고 더 잘사는 것도 아니니 정부에서 보상을 해주려면 경제적으로 가난한 사람에게 해야 한다는 논리였다. 그리하여 상층 카스트와 하층 카스트 간의 분쟁은 갈수록 심각하게 전개되었다. 그 소용돌이 속에서 일부 상층 카스트의 대학생들이 항의의 분신 자살을 하기까지 하였다. 이에 연립정부를 구성하던 인도국민당이 정부 지지를 철회하면서 연립정부가 붕괴되고 말았다. 만달위원회 권고에 반대한 인도국민당의 주장은 소수에 대한 우대는 사회를 더욱더 분열시키고 우대로 인한 혜택은 소수, 즉 여타후진계급의 일부 유복한 계층에게만 돌아간다는 것이었다. 만달위원회의 권고는 1992년 인도 대법원에 의해 합법으로 판정이 났고, 이후 인도 정부는 그것을 실시하고 있다.

여타후진계급에 대한 보상을 위한 정책은 인도 사회에서 그들이 당해 온 불이익을 고려하고 인도 정부가 갖는 사회주의적 성격을 감안한다면 충분히 국민들이 받아들일 수 있는 정책이었다고 본다. 그런데 그 출발이 국민당에 의해 더 많은 표를 확보하기 위한, 즉 정치적 이해관계에서 만들어졌다는 점이 이 정책을 만신창이로 만들어 버렸다. 카스트 차별을 약화시키기 위해 도입한다는 '만달 정책'이 카스트 구분을 오히려 강화했다는 점이 매우 아이러니하다. 만달위원회는 인도 사회를 카스트로 다시 분할하고 정부가 앞장서서 카스트 구조를 존속시켰을 뿐만 아니라 새로운 기준으로 카스트를 범주화하고 있다는 비판을 받고 있다.

급격한 토지 개혁을 기치로 걸면서 불가촉천민의 계급성을 주장하던 인도공화당은 왜 분열하고 결국 퇴조했을까? 여러 이유가 있겠지만, 아주 의미 있는 사실 가운데 하나는, 회의당이 간디의 하리잔 운동을 무기로 그들의 보호자임을 자처하고 나섰다는 사실이다. 간디는 그들을 하리잔, 즉 '신의 사람'으로 부르자며 온정주의를 펼쳤다. 사회·경제의 측면에서는 정책적으로 아무런 변화가 없는 레토릭뿐이었다. 그렇지만 가난하고 배제되면서 살아 온 그들에게 간디의 위로는 엄청난 힘이 되었다.

반면 인도공화당은 토지 개혁과 같은 이성적이고 합리적인 정책으로 다가섰다. 하지만 뚜렷한 성과를 내지 못한 채 그 주도권을 인도공산당에게 넘겨주었다. 그들이 내걸 수 있었던 것은 오로지 불가촉천민 자신들에 대한 혜택밖에 없었다. 그러자 회의당이 집요하게 불가촉천민의 지도부를 공략하였다. 힘 있는 여당만이 불가촉천민의 사회적 위치 개선을 할 수 있다는 논리다. 이러한 상태에서 불가촉천민들은 자신의 처지를 공감해 주면서 자신을 보호해 준다는 기득권자 회의당을 선택했다.

영국 시대 때부터 보상 정책의 일환으로 일정한 쿼터를 받은 불가촉천민은 암베드까르 같은 지식인과 사회적으로 출세한 인물을 상당수 배출하였다. 이런 상황에서 그들에게 주어진 15%의 보상할당제는 불가촉천민 출신이지만 보상 정책 덕으로 교육을 받고 재산도 모아 출세한 일부 엘리트에게 돌아갔다. 그러한 가운데 회의당의 인물 끌어들이기는 집요하게 진행되었고, 그 결과 인도공화당의 지도부가 대거 회의당으로 들어가 버렸다. 그 후 그들은 회의당의 논리를 설파하는 데 앞장섰다. 그들은 일신의 영달과 출세를 위해 힘 있는 정부 여당으로 붙었고, 불가촉천민 대중은 그들을 자신의 지도자로 삼아 추종했다. 그 추종이라는 것의 열매는 절대로 그들에게 떨어지지 않는다는 사실을 깨닫지 못했다.

암베드까르의 저항운동에 기반을 둔 달리뜨 정당 인도공화당은 암베드까르가 그랬듯이 위로부터의 저항이었기 때문에 그 정당의 기반이 허약하였다. 그래서 전국적으로 지지 세력을 확보하지 못하였을 뿐만 아니라 그 근거지인 마하라슈뜨라에서도 모든 불가촉천민을 규합하지 못한 채 주로 암베드까르의 카스트인 마하르(Mahar)를 중심으로 정당이 조직되었다. 따라서 그 조직이나 체계가 전국 정당으로 발전하기에는 큰 한계가 있었다. 이러한 상황에서 외부로부터 인물 빼가기에 봉착하면서 당이 분열하는 것은 시간 문제였다.

달리뜨 팬더

인도공화당이 분열된 상황에서 맞이한 1970년대에는 새롭게 20대에 접어든 일부 청년 세대의 불만이 크게 축적되었다. 일부 지도자급 인사들은 고위 관직으로 출세를 하지만 그들은 일신의 영달을 위해 인민들을 속이는 데 혈안이 될 뿐, 아무런 변화가 없는 자신들의 처지를 변혁시키려는 노력을 전혀 기울이지 않은 데 대한 불만이었다. 그들의 주장은 급진적인 것이었다. 그들은 미국에서 1960년대부터 1970년대까지 블랙 팬더라는 이름으로 흑인의 인권 향상과 경제적 지위 개선을 위해 싸운 운동권의 역사에서 힌트를 얻어 달리뜨 팬더라는 이름으로 급진적인 저항 운동을 펴기 시작했다.

　　달리뜨 팬더는 달리뜨의 범주를 전통적인 불가촉천민뿐만 아니라 토지를 갖지 못한 농업 노동자, 빈농, 부족민 등으로 규정한다. 그리고 지주, 자본가, 대금업자, 관료 등을 적으로 규정한다. 뿐만 아니라 종교공동체주의와 카스트주의를 비호하는 세력을 적으로 간주한다. 특히 회의당은 힌두 봉건주의를 옹호함으로써 근본 원인으로서의 토지와 물질 문제를 호도한다고 주장한다. 그런데 흥미로운 것 가운데 하나가 그들이 공산당을 비롯한 좌파 정당에 대해 심하게 비판을 한다는 사실이다.

이러한 기치 아래 혁명 노선을 내걸었던 달리뜨 팬더는 자신들의 지지 기반이 강한 마하라슈뜨라 지역에서 선거를 보이콧하는 데 집중하였다. 다당제 상황에서 대부분의 주요 정당들은 그들의 표가 절실히 필요하였지만, 달리뜨 팬더는 자신의 표 가치를 최대한 올리기 위해 선거를 보이콧하기로 결정한 것이다. 그들은 특히 혁명을 포기하고 일신의 영달과 개인의 출세를 위해 회의당과 연합하여 의석 차지에 혈안이 된 인도 공화당을 극렬하게 비판하였다. 하지만 그들의 비판이 아무리 거세더라도 권력에 혈안이 된 정치인은 그 표를 온전히 포기할 수 없다. 회의당 지도부는 달리뜨 팬더 지도부를 줄기차게 회유하였다. 약한 고리는 투쟁 과정에서 발생한 많은 조직원들이 처한 법적 문제와 바닥을 드러낸 재정 문제였다. 이에 대규모의 폭력 사태가 발생하고 대부분의 조직원들이 심리적 공황에 빠지면서 지도부 간의 갈등이 발생했다. 이념과 전략을 둘러싼 노선 갈등이었다.

한쪽은 달리뜨 팬더를 카스트와 계급을 묶어 달리뜨를 하나의 착취당하는 노동 계급으로 확대하고자 했다. 투쟁 방식도 급진적이어서 유혈 투쟁을 포함한 총체적 투쟁을 통한 무산 계급의 해방을 주장하였다. 반면 다른 쪽은 초기 지도자였던 암베드까르가 걸었던 불교로의 개종에 기울었다. 그들은 암베드까르의 유지를 이어 받아 공산주의자를 불순 세력으로 규정하면서 유혈 투쟁을 선호하지 않았고 의회민주주의를 전개할 것을 주장하였다. 달리뜨의 해방을 놓고, 한쪽에서는 사회혁명을 주장한 반면 다른 쪽에서는 자기 혁명을 주장한 것이다. 보통 이런 경우 온건파가 다수를 차지하는 경우가 많다. 사람들은 항상 자기 탓을 우선으로 하는 것이 도덕적이라는 교육을 오랫동안 받아 온 사실과 관계가 깊다. 이로서 달리뜨 팬더는 심각한 내홍을 겪기 시작했고, 여러 차례의 분열을 거치면서 조직은 와해되고 결국 그 존재 자체가 큰 타격을 받게 된다. 그러나 1970년대까지 서부에서 일어난 이러한 투쟁은 1980년대 북부 인도로 옮아가면서 또 다른 양상을 맞게 된다.

대중사회당의 정치세력화

대중사회당(BSP)은 달리뜨 즉 불가촉천민이 주축이 되어 만들어진 정당이지만 여타후진계급, 부족, 무슬림과 같은 소수 종교도들도 함께 아우르는 것을 표방하였다. 인도공화당과 마찬가지로 암베드까르의 사상에 영향을 받았다. 인도공화당이 만들어진 지 거의 30년 만에 불가촉천민 정당이 만들어진 것이고, 달리뜨 팬더의 급진적 운동이 사라진 지 10년 만에 정당이 세워진 것이며, 그동안의 서부 인도를 기반으로 한 달리뜨 운동이 인도의 가장 중심이라 할 수 있는 웃따르쁘라데시, 뻰잡, 마디야쁘라데시 등 북부 인도에서 세를 결집시킨 것에 큰 의미를 둘 수 있다.

정당이라는 것이 대부분 그렇듯 이 대중사회당도 강력한 카리스마를 지닌 깐시 람(Kanshi Ram)이라는 한 정치인의 끈질긴 노력에 의해 크게 성장했다. 깐시 람은 암베드까르를 존경하고 그의 사상을 기반으로 하여 활동하였지만 개종 같은 방법은 애초부터 고려하지 않았다. 그는 처음에는 뻰잡을 중심으로 사회운동을 하였지만, 권력을 쟁취하지 못하면 자신들에 대한 핍박과 착취를 바꿀 수 없음을 깨달은 후 정당을 조직하기로 결정했다. 그는 최대한 지지자를 넓히기 위해 불가촉천민 외에 지정 부족, 여타후진계급, 무슬림, 기독교도 같은 소수 종교도들을 규합하였다. 하지만 인도에서 '바후잔', 즉 대중이라는 범주는 결코 하나의 공동체가 될 수 없다. 카스트나 종교 등은 하나의 단일적 정체성을 지니고 있기 때문에 공동체가 될 수 있지만, 불가촉천민만 해도 그 안에는 너무나 많은 카스트가 있고 그들끼리의 관계가 결코 우호적이지 못해 그들을 하나의 지지 집단으로 구성하는 것은 매우 어려운 일이다.

그렇지만 그들을 하나의 집단으로 만들지 못한다면 달리뜨 정당의 힘은 전혀 발휘될 수도 없다고 판단했기 때문에 깐시 람은 1년 동안 인도 전역을 돌아다니면서 각 지역의 불가촉천민, 지정 부족, 여타후진계급, 무슬림, 기독교도 등을 구성하는 각 집단 내지는 정파의 지도자들을 만나 설득하면서 세를 규합해 나갔다. 그가 주로 역설했던 것은 자신들의 자녀들이 교육을 받게 해야 한다는 사실과 조직을 단단하게 만들어야 권력을 잡고 그래야 자신들이 착취의 굴레에서 벗어날 수 있다는 사실이었다. 그는 불가촉천민 이외의 지지자들이 소외감을 느끼거나 정파로 분리될 것을 미연에 막기 위해 그 사람들에게 항상 더 많은 사회적 혜택을 주어야 함을 역설하였다.

깐시 람은 주로 대부분이 무학자인 지지자를 위해 최대한 쉬운 언어로 연설을 했고, 자전거와 같은 상징을 활용한 퍼포먼스와 대중집회 같은 것을 잘 조직한 타고난 정치인이었다. 상징물을 앞세우고 전국을 돌면서 지지자를 결집시키는 방법은 지금까지는 주로 힌두 근본주의자들이 세를 과시하고 지지자를 선동하기 위해 사용한 동원의 방식이었는데, 깐시 람에 의해 사회의 최하층이 용기를 얻어 '감히' 캠페인을 벌이기 시작하였다. 그는 인구수를 대비하여 지지자들에게 용기를 불러일으켰으니 전체 인구의 85%를 차지하는 자신들이 뭉치면 15%를 차지하는 상층 카스트의 지배를 전복시킬 수 있음을 호소하였다. 그 외 특별히 언급할 만한 사회적·경제적 개혁을 위한 이념은 내세우지 않았다. 오로지 권력을 획득하기 위해서는 그 어떠한 전략과 전술도 마다하지 않는다는 태도였던 것이다. 그에게 필요한 것은 세상을 바꾸기 위해 필요한 절대다수의 열렬한 지지뿐이었다.

창당을 앞두고 전국에서 자전거를 타고 일제히 출발해 델리에서 집결한 지지자들은 1984년 4월 14일 암베드까르 탄신일을 맞아 대중사회당을 창당하고 바로 총선에 돌입하여 100만 표를 획득하였다. 그리고 5년 뒤 총선에서는 600만 표가 넘는 표를 확보하면서 유효 득표율 2.07%를 기록해 하원 의원을 세 명이나 배출하는 기염을 토했다. 그리고 1996년 총선에서는 득표율은 3.64%, 의석은 11석으로 늘어났다.

깐시 람은 처음에는 지지층 분산을 우려해 선거 연대를 고려하지 않았다. 그런데 의회제 아래에서 선거 연대를 하지 않는다는 것은 절대적으로 고립을 자초하는 일이다. 그래서 그는 처음의 태도를 바꿔 1993년부터 적극적으로 선거 연대를 하기로 했다. 선거 연대의 대상은 여타후진계급을 대표하는 정당으로 부상하면서 대중사회당을 크게 위협하는 사회주의당(SP)였다. 연대는 철저한 전술적 차원에서 하는 것일 뿐, 이념 공유 같은 것은 아예 고려하지 않았다. 여타후진계급과 연대를 하는 것이 유리하였던 것은, 앞에서 말한 바 있던 만달 정책의 시행 때문에 전국적으로 여타후진계급이 정치적으로 단합하였고, 그로 인해 카스트 정치가 기승을 벌이는 상황이 전개되었기 때문이다. 그렇지만 이념의 공유 없이 오로지 상황에 따라 하는 선거 연대 전술은 이후의 상황을 아주 난감하게 만들어 버렸다. 이념적 존립 근거가 없는 정당이 오랫동안 영향력을 행사할 수 없다는 것은 역사에서 자주 볼 수 있는 일이다.

대중사회당이 세력 확장과 권력 쟁취를 위해 지지 세력이 겹치는 사회주의당과 연정을 하는 것은 한 번의 시도였고, 길게 가지 않은 시도였으나 그 후유증은 상당히 컸다. 그것은 정당의 목표를 정체성 확립이라는 본질에 두지 않고 오로지 연정이라는 방편에 둠으로써 나중에 최소한의 강령이나 지지 세력의 공유도 하지 않은 정당과 더 큰 연정을 하게 되는 길을 터준 것이다. 대중사회당의 '묻지마 연정'은 깐시 람이 사망하고 그 후계자로 지목받은 마야와띠(Mayawati Kumari)라는 여성 정치인에 의해 1995년 6월 웃따르쁘라데시 주 의회 선거를 두고 이루어졌다.

그 대상은 인도국민당이었으니, 이미 아요디야(Ayodhya) 사태를 일으켜 힌두 종교공동체주의를 가장 큰 무기로 삼은 극우 정당이다. 이는 단순히 우파 정당과의 연정으로서 문제가 아니고 자신들의 정체성인 불가촉천민 착취와 핍박을 공공연하게 내세우는 힌두교를 앞세운 정당과 연정을 한다는 문제였던 것이다. 대중사회당은 처음 출발할 무렵 여러 가지의 퍼포먼스를 하면서 지지자를 모았는데 그 가운데에는 힌두교도들이 최고의 경전으로 치켜세우는 『마누법전』이나 『바가와드 기따』를 불태우는 것도 있었다. 그런데 연정 파트너라 하는 인도국민당은 노골적으로 『바가와드 기따』를 찬양하고 카스트 질서를 옹호하는 정당이다. 그럼에도 대중사회당은 권력을 잡기 위해 그들과 연정을 단행했다. 그들이 바라던 바는 지지자가 라이벌 정당, 그렇지만 대중사회당이 첫 연정을 한 바 있던 당시의 파트너 여타후진계급 주축의 사회주의당과의 반목과 그에 대한 견제를 하기 위함뿐이었다.

그것은 대중사회당의 의사결정권이 당 대표에게 주어진 비민주적인 체제이기 때문에 가능하기도 했지만, 당원 모두가 정당 구조 안에서 권력을 사유화하여 더 큰 권력을 지향하는 엘리트에 대한 비판을 하지 않은 채 무조건적 지지를 보냈기 때문에 가능하였다. 그들은 오로지 정치공학에만 함몰되어서 라이벌을 죽여야 우리가 산다는 제로섬 게임에만 몰두하였을 뿐이다. 결국 불가촉천민이 동지 관계에 있었던 여타후진 계급을 죽이기 위해 본래적 적대 관계에 있어야 하는 상층 카스트와 손을 잡는 블랙코미디가 벌어진 것이다. 그들은 연정의 조건으로 당 대표 마야와띠가 웃따르쁘라데시 주 수상의 자리를 차지하는 것에 만족하였다. 그들은 불가촉천민이 인도 역사상 최초로 하나의 정부를 이끄는 수장이 되었다는 데에 대단한 자부심을 느꼈고 그것이 향후 선거에 커다란 자부심으로 작용하기도 했다.

마야와띠는 주 수상이 된 후 달리뜨 마을에 길을 닦아 주고, 손 펌프를 달아 주고, 집을 수리하는 등 주거환경을 대폭 개선하는 데 매우 열중했다. 달리뜨 아이들이 학업을 마칠 수 있도록 장학금도 대폭 주었다. 특히 불가촉천민 가운데서도 전통적으로 인도국민당 지지자인 청소부 카스트 방기(Bhangi)에게는—마야와띠는 가죽 무두질을 업으로 하는 짜마르(Chamar) 출신이다—장학 혜택을 두 배로 늘리고 마을에 학교를 세우고 도로를 닦아 주는 등 전폭적으로 혜택을 퍼부었다. 이것이 젊은 이들로부터의 엄청난 지지로 이어졌고, 그러면서 가족 내에서 자식과 부모 사이에 투표를 놓고 세대 간 갈등이 벌어지는 양상이 발생했다. 부모는 전통적으로 회의당 지지자였는데 자식들은 대중사회당을 전폭적으로 지지하는 것이다.

대중사회당의 선거공학을 어떻게 이해할 수 있을까? 오로지 표를 모으는 데만 혈안이 되었을 뿐 본질적인 사회 구조 개혁은 아무것도 이루지 못했다고 평가하는 것이 옳을까, 아니면 기본적으로 모든 사회적 여건에서 무조건적인 착취 대상인 그들에게 교육, 취업, 복지 등의 부문에서 전폭적인 혜택을 주는 것보다 더 실질적인 좌파 정책은 없는 것으로 봐야 할까? 애초에 결심했던 불가촉천민 외 여러 하층민을 규합하는 정당을 만들겠다는 각오는 물거품처럼 사라졌지만, 그것은 여러 카스트 정당이 난무하는 데서 피할 수 없이 발생한 일로 봐야 하는 것일까 아니면 권력욕에 빠져 집단 간의 갈등을 부추기고 그 위에서 정권의 달콤함을 누리는 속셈으로 봐야 할 것인가? 해석은 분분하되 대중사회당은 여전히 북부 인도에서는 막강한 정당의 위치를 차지하고 있다. 그것이 카스트 집단주의든 최하층의 계급의 철저한 계급주의이든 그들의 힘은 결코 무시할 수 없다.

4장
농민운동

4장_농민운동

농민운동의 두 흐름

전 세계적으로 보아 지난 수십 년간 제일 쇠퇴한 운동 중 하나가 농민운동입니다. 산업 구조의 변화로 농업이 전체 생산에서 차지하는 비중도 줄어들었고 농민의 수는 그보다 더 많이 줄었습니다. 농업이 기계화되고 산업화되면서 농업에 종사하는 농민이 인구 구성에서 차지하는 비중이 줄었기 때문입니다. 하지만 농민의 수가 여전히 인구의 절반 이상을 차지하는 나라가 인도입니다. 지금도 인도 전체 인구의 60~70% 정도가 농민입니다. 농민과 농민이 아닌 사람의 경계에 겹쳐 있는 사람들도 상당히 많이 존재합니다. 농촌에 거주하고 농번기에는 농사를 짓지만 농한기 때는 도시로 나가서 다른 노동을 하는 사람들이 많습니다. 중국에도 '농민공'(農民工)*이라 불리는 그런 집단들이 있죠. 산업이 발전한 대도시 주변 지역의 농민들은, 농민과 도시 하층노동자 사이에 겹쳐 있는 집단입니다. 경제 규모나 산업 발전의 정도로 비추어 봤을 때, 인도 정도 되는 경

---

* 낙후한 농촌을 떠나 도시화된 해안이나 지역에서 일하는 하급 이주 노동자

제 규모인데도 농민의 비중이 이렇게 높은 나라는 아마 전 세계적으로 없을 거예요. 흔히 브릭스(BRICs)라고 묶어서 말하는 세계적으로 중요한 경제 주체 중의 하나인데도 농민의 비중이 여전히 높은 독특한 나라입니다. 그래서 **인도에서의 농민운동은 선진국에서의 농민운동과는 달리 지금도 가장 중요한 저항운동의 축입니다**. 또한 신자유주의적 세계화에 맞서는 창의적인 대안들을 활발하게 실험하고 있는, 오래됐지만 새로운 내용으로 채워 가고 있는 운동이기도 합니다.

인도 농민운동은 식민지 시대부터 지속적으로 존재했습니다. 농민들에 대한 착취가 워낙 심하니까 자생적인 농민 반란이 계속 이어져 왔는데 이런 전통이 역사학자들에 의해서는 거의 무시되었다고 합니다. 영국 식민주의자들이나 거기에 동화된 체제 내의 역사학자들은 농민 반란을 미개한 형태의 반란으로 치부해 버렸습니다. 공산주의자들도 노동자 중심성을 강조하다 보니 농민 반란에는 별로 관심이 없었습니다. 서벵갈의 공산당 출신인 라나지뜨 구하(Ranajit Guha)[**]가 농민 반란이 인도 역사에서 갖는 의미를 깊이 있게 재조명하고서야 여기에 대한 논의가 활성화되기 시작했습니다. 서구에서 한참 유행했던 서발턴(subaltern) 연구가 이런 논의의 하나입니다.

농민 반란은 크게 보면 중간 계급에 대한 반대운동이라는 성격이 강했다고 볼 수 있습니다. 식민지 시대의 중간 계급은 대지주와 실제로 경작을 하는 소작농이나 농업 노동자 중간에서 지대를 거두어서 대지주나 국가에게 주는 역할을 하던 집단을 말합니다. 인도에서는 '자민다르'라

[**] 1923년 인도에서 태어나 꼴까따대학에서 역사학을 전공했다. 청년 시절 맑스주의자로서 인도 공산당에 참여하였다. 1959년 영국으로 건너가 역사 연구에 몰두한 끝에 1982년에 학술지 『서발턴 연구』를 창간하고 '서발턴 연구 그룹'을 이끌어 왔다.

고 불리던 이 집단은 농민저항운동의 주요 공격 대상이었습니다. 자민다르는 식민지 시대 말기로 갈수록 스스로가 지주 계급으로 성장해서 인도 농촌 사회의 지배 계급이 됩니다.

독립 이후에 인도 농민운동은 두 가지 흐름으로 크게 나누어집니다. 하나는 빈농, 농업 노동자, 소작농, 그리고 자영농 중에서도 자기가 경작하고 있는 땅이 아주 좁은 소농들의 운동입니다. 이 운동의 가장 중요한 요구 조건은 농업 노동자의 임금을 인상하라는 것이고 두번째는 노동 조건을 개선하라는 요구입니다. 인도 농업 노동자들의 노동 조건은 식민지 시대부터 너무 열악했습니다. 홍차로 유명한 아삼(Assam) 주의 다즐링(Darjeeling) 지역의 차 플랜테이션에서는 8만 6천 명 정도의 농업 노동자들 가운데에서 1/3이 3년 만에 사망한 사례도 있었습니다. 전쟁이나 자연재해가 아니라 가혹한 노동만으로 그 많은 사람이 죽은 것입니다. 해방 이후에도 농업 노동자들의 노동 조건은 크게 나아지지 않았습니다. 그래서 노동 조건 개선 요구가 중요한 것입니다.

또 하나의 흐름은 녹색혁명 이후에 성장합니다. 녹색혁명은 자본 투하를 통해서 농업 생산성을 인위적으로 높이는 방식인데, 그 결과 농업 생산성이 높아지고 부를 축적한 집단이 생겨났습니다. **중간 규모 이상의 자영농들인 이 집단이 녹색혁명의 성과를 독점하고 농촌의 지배 계급으로 확고하게 자리를 잡게 되면서 자신들의 이익을 관철시키기 위한 운동**을 조직적으로 전개합니다. 농민운동을 지칭하는 영어 명칭은 여러 가지가 있는데, 포괄적으로 농업운동·농민운동을 의미하는 어그레리언 무브먼트(Agrarian Movement), 농업 노동자들이나 소작농, 빈농의 운동인 페전트 무브먼트(Peasant Movement)가 주로 사용되는 용어입니다. 인도에서는 자영농들의 운동을 이것과 구별하기 위해 파머스 무브먼트(Farmer's

Movement)라고 부릅니다. 이 명칭을 쓰는 이유는 파머스 무브먼트가 페전트 무브먼트까지를 포괄한다고 주장을 하기 위해서입니다. 즉 인도 농촌 사회에서는 계급 분화가 없다고 주장하는 것입니다. 농민들은 다 이해관계가 일치하므로 묶어서 파머스 무브먼트 안에 포괄시켜야 된다는 의미입니다. 하지만 실제로 인도 농촌 사회 안에서 계급 분화는 분명합니다. 그래서 **파머스 무브먼트는 실제로는 상대적으로 부유한 자영농 운동**을 의미합니다. 현재 인도에서는 파머스 무브먼트가 농민운동을 대변하는 것처럼 보입니다. 빈농들의 운동은 대부분 낙살 반군 운동 속으로 편입되어 있고 정부에서 합법적으로 인정하는 시민운동의 형태로 전개되는 농민운동은 주로 파머스 무브먼트이기 때문입니다.

농민운동의 전개 : 페전트 무브먼트

식민지 시대부터 파머스 무브먼트가 활성화되기 이전까지의 농민운동은 주로 국민회의와 공산당 두 집단이 주도합니다. 두 집단 바깥에 있던 독자적인 농민운동이 규모 있고 지속적인 조직으로 성장하기는 힘들었습니다. 국민회의가 19세기 중반에 성립되고 인도 공산당이 20세기 초반에 결성된 이후부터 농민운동은 대부분 두 집단과 연결됩니다. 이런 현상은 장점도 있지만 단점도 있습니다. 장점은 안정된 조직을 가지고 다른 집단들로부터 후원과 지지를 받으면서 운동을 전개할 수 있다는 것입니다. 단점은 상위 집단의 목적과 활동에 종속되기 쉽다는 것이겠죠. **농민운동은 국민회의당과 공산당이라는 두 정치 집단의 정치운동의 한 부분으로 편입되고 종속되는 한계도** 가지고 있었습니다.

1947년 독립 전후의 국민회의는 기본적으로 대지주와 대자본가 계급의 연합 세력입니다. 그래서 이들이 주도하는 농민운동에서는 지배 계급에 대항하는 급진적 경향을 억제하려 노력합니다. 간디와 국민회의의 농민운동 노선은 계급 화해 노선입니다. 농촌 사회 내에서 계급 대립이 존재한다는 사실을 부정하려 했고 계급이 조화를 이룬 전통 농촌 사회의 부활을 인도의 미래로 설정한 사람이 바로 간디입니다. 국민회의보다 좀 뒤에 농민운동과 결합한 공산당은 전인도농민협회(끼산사바Kisan Sabha)를 만듭니다. 이것이 인도 최초의 전국적 규모의 농민운동 조직입니다. 인도 공산당은 초기에는 농촌에서 풀뿌리 차원의 하층 농업 노동자, 빈농 중심의 조직을 건설했습니다. 그러다가 통일전선 전술을 채택하면서 다계급 조직 노선으로 전환합니다. 부농과 중농들까지도 운동 조직에 포함시킨다는 것입니다. 그 결과 **공산당이 주도하던 전인도농민협회 안에서도 부농들의 목소리가 점점 커지게 되고 결국 독립 이후에도 중상층 농민들이 협회를 지배**하게 됩니다. 인도공산당(CPI) 스스로도 독립 이후에는 농촌의 중간 계급 이상의 지지 기반에 근거한 정치 세력이 됩니다. 그 이유는 선거에서 표를 동원할 수 있는 능력을 농촌의 중간 계급들이 갖고 있기 때문입니다. 선거에서 이기려면 이 사람들의 지지를 구할 수밖에 없었습니다. 인도의 빈농들은 중간 계급에 의해서 착취당하고 계급 대립을 첨예하게 느끼더라도, 실제로 투표를 할 때 독자적으로 표를 행사하는 경우가 지금도 거의 없습니다.

떼바가 봉기와 뗄랑가나 봉기

전반적인 우경화 속에서도 1944년~1945년 사이에 CPI와 전인도농민협회는 일시적으로 좌경화됩니다. 좌경화의 영향으로 인도 농민운동사에서 제일 중요한 두 개의 봉기가 발생합니다. 하나는 떼바가(Tebhaga) 지역에서 일어난 떼바가 농민 봉기이고 또 하나는 뗄랑가나(Telangana) 지역에서 일어난 뗄랑가나 무장봉기 운동입니다. 둘 다 인도 독립 전 해인 1946년에 일어납니다. 떼바가는 벵갈 지역에 있고 뗄랑가나는 이때 아직 인도가 아니라 '하이드라바드'(Hyderabad)라는 왕국에 속해 있었습니다.

1946년, 지주 계급의 가혹한 수탈을 견디다 못한 떼바가 농민들이 봉기를 일으켰다. 당시 이 지역의 지대는 수확량의 절반에 달했고, 소작농들은 매해 지주와 재계약을 맺어야 하는 불안정한 소작 관계였다.

떼바가 봉기는 지주 계급이 빼앗아 가는 지대가 너무 높아서 견디지 못한 농민들이 일으킵니다. 당시 이 지역의 지대는 수확량의 절반에 달했습니다. 수확량의 절반을 지주한테 주고 나면 농민들은 굶어죽게 되니 이것을 수확량의 1/3로 줄여달라는 요구에서 출발합니다. 봉기 농민들의 두번째 요구는 소작 관계의 안정화입니다. 소작농들은 해마다 지주와 재계약을 맺어야 했습니다. 이 불안정한 계약 관계 때문에 농민들은 지주에게 종속될 수밖에 없었습니다. 1년 뒤에 재계약을 못하게 되면 굶어죽어야 하니까 어떤 부당한 대우도 참을 수밖에 없었습니다. 오늘날의 비정규직 노동자의 처지와 유사하지요. 그래서 영구적으로 소작을 할 수 있게 해달라는 요구가 인도 농민에게 중요한 것이 됩니다. **이 봉기는 이전까지 압도적인 영향력을 행사했던 국민회의와 간디 노선으로부터 완전히 벗어난 대규모 농민 봉기**라는 점에서 의미가 있습니다. 이때 공산당이 지도했던 전인도농민협회가 운동을 주도합니다.

떼바가 봉기가 1946년에 발생한 것은 1943~1945년에 걸쳐서 벵갈 지방에 대기근이 왔기 때문입니다. 영국 식민 지배 정부가 추산한 아사자만 350만 명이 넘습니다. 1929년의 세계 대공황을 'Great Depression'이라고 대문자로 쓰는 것처럼 인도 역사에서는 'Great Bengal Famine'이라고 대문자로 쓸 정도로 엄청난 기근이었습니다. 봉기는 처음에는 기근에 타격을 받은 중농 중심으로 시작되지만 곧 소작농들이 합류하면서 활성화되었고 세금·소작료를 내야 하는 수확기에 최고로 확대됩니다. 농민의 자생적 봉기와 전인도농민협회의 지도가 결합되어서 봉기는 2년 정도 지속됩니다. 이렇게 오래 지속될 수 있었던 것은 안정적인 조직을 만들 수 있었기 때문입니다. 각 지역마다 농민위원회가 건설됩니다. 이 농민위원회가 농민들을 지도하고 농촌 마을의 행정적인 권력도 실제로 행사하는 곳이 늘어났습니다. 농민위원회를 기반으로 떼바가 봉기는 대규모로 확산되고 지속될 수 있었습니다. 하지만 영국 식민정부가 무력으로 진압하고 무슬림연맹과 국민회의가 지주 계급의 편에서 봉기 진압에 참여하면서 봉기는 1947년에 공식적으로 종식됩니다.

텔랑가나 무장봉기는 같은 해인 1946년에 시작되어서 1951년 말까지 오랫동안 지속되었습니다. 오래 지속되기도 했지만 **인도의 농민운동 중에 성격에 있어서나 정치적 목표에 있어서 가장 혁명적이라고 평가받는 운동이 바로 이 텔랑가나 봉기**입니다. 이 봉기 역시 끼산사바가 조직적으로 운동을 주도합니다. 봉기가 일어난 하이드라바드는 봉건 영주가 지배하던 지역으로 영국 식민지 지역보다 착취가 더 심했습니다. 봉건 영주로서의 특권이나 부(富)도 다 누리면서 독립을 유지하기 위해, 영국 식민정부에게도 농민으로부터 착취한 부의 일부를 떼 줘야 했기 때문에 일반 백성들은 두 배의 억압을 받을 수밖에 없었습니다. 당시 텔랑가나 지역의 농민들은 인도 전체에서 가장 억압적인 착취 체계에 시달리던 사람들이었습니다. 이 **봉기의 첫번째 목적은 농촌 봉건 귀족들의 불법적이고 과도**

한 착취에 대항하는 것이었습니다. 그래서 농민 전체를 포괄하는 운동이 될 수 있었습니다. 이 목표를 위해 우선 농민 부채 탕감을 요구합니다.

농민 부채 탕감이 왜 제1의 요구 조건이었는지를 이해하려면 **인도 농촌에서 착취가 이루어진 방식**을 알아야 하는데, 이 방식은 지금도 거의 변치 않고 작동하고 있습니다. **첫번째는 과도한 소작료를 부과하는 것입니다. 두번째는 저임(低賃)으로 농업 노동자를 착취하는 것입니다. 세번째는 고리대금입니다.** 소작농이든 농업 노동자든 수확을 하기 전까지는 먹을 수 있는 식량이 없습니다. 그동안은 빚을 내서 먹고 살 수밖에 없죠. 이 고리대를 누가 빌려 주겠어요? 지주들입니다. 지주들은 소작농에게서 받은 소작료를 다시 소작인과 농업 노동자에게 고리로 빌려 줍니다. 그래서 가난한 농민들은 이중의 착취 구조에 시달립니다. 거기다가 대개의 인도 농촌은 지리적으로 고립되어 있기 때문에 중요한 생활필수품들이 부족해요. 필요한 생필품들을 그 마을에 하나 정도만 있는 가게에서 사야 되는데, 이 가게를 또 지주가 운영합니다. 지주들은 엄청난 폭리로 생필품을 파는데다가 가난한 농민들은 돈이 없기 때문에 외상으로 물건을 살 수밖에 없어요. 그런데 이 외상에 다시 높은 이자가 붙습니다. 이게 끝이 아닙니다. 수확기가 되어서 소작료로 생산물을 빼앗기고 그나마 남은 곡식도 현금이 필요하면 시장에 내다 팔아야 합니다. 이때 곡식 거래를 중개하는 상인의 역할도 지주들이 합니다. 현금이 급한 농민들은 지주 곡물상에게 헐값에 곡식을 넘겨야만 합니다. 이런 다층적인 착취 구조가 인도 농촌 사회에 지금도 존재해요. 농민들을 짓누르는 과도한 부채는 이런 가혹한 착취가 낳은 종합적 결과입니다. 그래서 뗄랑가나 봉기에서도 농민 부채 탕감을 요구한 것입니다.

뗄랑가나 봉기는 처음에는 농민 부채 탕감 요구로 시작했지만 곧 본격적

인 무장봉기를 일으키고 정치적인 투쟁으로 발전합니다. 떼바가 봉기와 마찬가지로 마을마다 인민위원회를 건설해 지주들의 토지를 빼앗습니다. 토지 점거는 인도 농민 반란에서 중요한 행위입니다. 토지를 점거하고 자체 군사력을 만들고 다음으로 행정망을 지배하게 됩니다. 뗄랑가나의 상당히 넓은 지역에서 농민들로 구성된 인민위원회가 통제하는 마을들이 1951년까지 유지됩니다. 하지만 결국 1951년에 인도 군대가 무력 진압에 나서면서 많은 수의 농민이 학살당하고 봉기는 종결됩니다. **떼바가와 뗄랑가나의 봉기는 인도 농민운동에 급진적이고 혁명적인 전통을 세운 기념비적인 사건이었고 독립 후 인도 농민운동을 공산당을 중심으로 한 좌파들이 주도하는 계기**가 됩니다.

독립 이후 농민운동의 주된 이슈는 농업 노동자들의 임금 인상과 토지 개혁입니다. 토지 개혁은 두 가지 방식으로 진행됩니다. 하나는 토지 보유의 상한선을 정하고 이 이상을 보유한 사람으로부터 국가가 토지를 빼앗아서 소작농이나 빈농들한테 나누어 주는 방식이고, 또 하나는 소작을 안정적으로 할 수 있게끔 제도화시켜 주는 것입니다. 하지만 둘 다 제대로 시행되지 않습니다. 소작권을 보장하려면 공식적인 문서로 입증을 해야 하는데, 대부분 문맹인 농민들은 계약서를 쓰고 소작을 하지 않았기 때문에 계약서가 없다는 이유로 법적 보장을 받지 못합니다. 그래서 독립 후에도 농민운동은 농촌의 부유한 지주 계급들을 대상으로 토지 개혁을 요구하는 운동으로 발전합니다. 그러나 이들이 떼바가와 뗄랑가나의 농민 봉기로부터 계승하지 않은 것도 있습니다. 특히 공산당 주도의 농민운동은 무장봉기 노선을 폐기합니다. 인도공산당은 의회 노선을 받아들이고 선거에 참여했기 때문에 제도 바깥에서의 불법적인 무장봉기 노선을 폐기한 것입니다. **무장봉기의 전통이 되살아나는 것은 1967년의 낙살**

반군 반란에서입니다.

파머스 무브먼트

다음으로 파머스 무브먼트에 대해서 정리합시다. 말씀드린 것처럼 파머스 무브먼트는 1970년대 중반 이후에 녹색혁명의 성과를 독점한 농촌 상층 계급 중심의 운동이었습니다. 페전트 무브먼트의 주공격 대상은 지주 계급인 반면에 **파머스 무브먼트는 국가와 관료 기구를 공격 대상으로 삼습니다**. 부유한 자영농에게는 농산물 가격의 인상이 중요합니다. 인도에서 농산물 가격은 시장에서 자유롭게 결정되는 것이 아니라 일종의 가격 하한선인 정부 고시가에 의존합니다. 정부가 농산물의 고시가를 높게 책정해 주어야 이윤을 남길 수가 있겠죠. 또 자영농들은 농업 생산비용을 정부가 보조해 주는 것에 경제적으로 의존합니다. 녹색혁명 이후 산업화된 농업으로 전환하려면 투입되어야 하는 돈이 만만치 않습니다. 비료, 농약, 종자를 구매해야 하고 관개 시설을 마련하고 농기계를 써야 하니까 기름값, 전기세, 물세도 내야 합니다. 신자유주의가 공식화되기 전까지는 이런 비용의 상당 부분을 정부가 보조금으로 보전해 주었습니다. 결국은 **자영농들의 이익을 보장해 줄 수 있는 주체는 국가입니다**. 그래서 국가 대 농민이라는 대립 구도를 만들어서 국가로부터 더 많은 이윤을 보장받으려는 운동을 합니다. 그런데 문제는 이렇게 보장된 이익이 농업 노동자나 소작농에게 잘 내려가지 않는다는 것입니다. 자영농들이 정부의 도움으로 이윤을 보장받더라도 이 이윤으로 농업 노동자의 임금을 올려 주지는 않으려 합니다. 그래서 농촌의 계급 갈등이 심화됩니다. 거기다가 신자유주의 이후로 자영농들이 붕괴되면서 자기들이 받는 경제적 고통을 가능하다면 누구에게든 떠넘기려 했고, 그 고통은 농업 노동자들이 떠안게 됩니다. 이것이 지금 인도 농촌 사회의 현실입니다.

파머스 무브먼트는 국가와 농민을 대립 구도로 보는 것과 비슷하게 도시와 농촌의 대립 구도를 강조합니다. "바라뜨가 인디아에 의해서 착취당하고 있다."――이런 구호가 있습니다. 인디아(India)는 인도 국가의 공식 명칭이고 바라뜨(Bharat)는 힌두 고어로 인도를 지칭하는 이름입니다. 이 구호가 의미하는 것은 전통 인도 사회의 주인인 농민들이 도시에 근거를 두고 있는 근대화된 인도 국가에 의해서 착취당하고 있다는 것입니다. 도시와 농촌의 대립, 근대와 전통 사회의 대립을 강조하는 이데올로기적인 구호인 것입니다. 이 구호는 파머스 무브먼트가 서구의 신사회운동의 영향을 받았음을 보여 줍니다. 이 영향으로 국가와의 대립, 공산당과 회의당이라는 정치 조직으로부터 독립된 농민 조직을 강조한 것입니다. 뭔가 앞뒤가 안 맞는다는 것을 느끼셨나요? 파머스 무브먼트는 주로 국가의 재정 보조나 행정적인 조직으로부터 원하는 것을 얻어 내려고 했습니다. 정치와 국가로부터 자유로운 자생적인 운동을 하려면 국가에게 뭔가를 요구하면 안 되잖아요. 의외로 급진적 주장은 개량적 실천과 한 쌍인 경우가 많습니다. 아무튼 국민회의와 공산당이 주도하던 농민운동은 1970년대의 녹색혁명 이후부터는 파머스 무브먼트가 주도합니다.

이 운동을 주도했던 단체 두 곳을 소개하겠습니다. 하나가 BKU라고 불리우는 '바라뜨 끼산 유니언'(Bharat Kisan Union)입니다. 바라뜨는 아까 말한 것처럼 인도를 지칭하는 힌두어이고, 자기 땅을 가진 자영농을 끼산이라고 불러요. 이 단체는 주로 인도 북서부 지역에서 활동해 왔습니다. 또 하나가 '셰뜨까리 상가탄'(Shetkari Sanghatana), 약자로 SS라고 부릅니다. 이 두 단체가 대표적인 파머스 무브먼트 단체입니다. 두 단체가 성장한 배경은 여러 번 말한 것처럼 녹색혁명입니다. 대량 자본 투입에 의한 잉여 생산이 가능하게 되면서 토지 소유 계급이 상업 작물을 재배하는 자본주의적 농민으로 일부 전환하기도 하고 또 여전히 곡물 재배만 하는 사람들도 상당한 부를 축적합니다. 단순하게 수입만 늘어난 것이 아니라 산업화된 농업을 운영하기 위해서 중요한 생산수단들을 소유하게 됩니다. 이걸 소유했느냐 소유하지 않았느냐가 농촌에서 의미를 지닙니다. 트랙터나, 물을 끌어오는 펌프 같은 자본재를 소유한 사람들은 인력이나 기껏해야 가축으로 농사짓는 사람들에 비해 훨씬 더 넓은 토지에 농사를 짓고 더 많은 농업 노동자를 고용합니다. 이렇게 농촌의 계급 분화가 발생합니다.

BKU는 1978년에 결성되는데 그 계기가 바로 전력세 인하와 전기의 안정적인 공급을 요구하는 투쟁이었습니다. 인도에서는 지금도 일상적으로 정전이 일어난다고 합니다. 한참 물이 부족한 시기에 펌프로 물 대고 있는데 갑자기 전기가 끊어져 버리면 큰일이겠죠. 당시 농민들은 '다르나'(Dharna)라는 운동 방식을 사용했습니다. 다르나는 우리말로 옮기자면 연좌농성, 점거농성 같은 것입니다. 요구 조건을 들어줄 때까지 정부 기관 같은 곳을 점거하고 앉아 있는 것입니다. 이런 방식으로 상당히 많은 것을 얻어냈는데, 전기 요금이 거의 1/6까지 내려가는 성과를 거두자 토지를 소유한 농민들이 앞다투어 가입하면서 세력이 커지게 됩니다. 그래서 그다음 해에 델리와 메르투라는 두 지역에서 다시 한 번 이 다르나 투쟁을 벌입니다. 특히 메르투 다르나는 25일간이나 계속되었어요. 이 투쟁에서 인도 농촌 부농들의 요구 전반을 수용해서 대변하면서 전국적으로 성장합니다. 요구 조건을 구체적으로 보면 첫번째는 전기세 인하, 두번째는 농산물에 대한 정부 수매가 인상, 세번째는 정부 보조금을 통한 생산비용 절

감, 마지막으로 가장 중요한 농산물 고시가격을 결정하는 위원회에 BKU 대표가 참가하는 것입니다. 마지막 요구 조건이 관철되면서 BKU는 큰 힘을 갖게 됩니다. BKU는 지주들을 대변해서 농산물 가격을 결정하는 데 상당한 영향력을 행사할 수 있게 된 거죠.

BKU의 한계도 몇 가지 지적이 됩니다. 처음에는 인도 북부 지역 부농 전체의 조직으로 출발했지만 이 안에서 또 카스트끼리 싸움이 일어납니다. 경제적 이해관계는 일치하지만 종교적이거나 의례적인 문제로 충돌해서 대부분의 카스트가 탈퇴하고 결국 '자킬'이라는 카스트 출신의 부농들만 남게 됩니다. 그래서 상층 농민 전체를 대변한다는 성격은 상당히 약화됩니다. 다음으로 이 운동은 처음부터 비정치적 운동만 하겠다고 선을 긋습니다. 예를 들어서 국회의원을 배출한다든지 농민위원회를 건설한다든지 좀더 과격한 무장봉기를 일으키는 방식으로 나아가지 않겠다고 테두리를 정하게 되면서 스스로 운동의 발전 방향을 제한했습니다. 이렇게 제한을 두면 운동이 발전해 나가는 과정에서 상황에 따라서 대응하지 못하는 문제가 발생합니다. 처음부터 어떤 테두리를 명확하게 그어 버리면 상황이 바뀌어도 유연하게 대응하기가 힘들어지겠죠. **BKU는 비정치적 성격을 너무 강하게 고수하다 보니 조직의 성격이나 운동의 방향이 제한되는 결과를 가져왔다는 것이 일반적인 평가입니다.** BKU가 다시 활성화되는 것은 신자유주의적인 폐해가 본격화되는 1990년대 중반 이후입니다.

다음으로는 셰뜨까리 상가탄(SS)에 대해 알아보겠습니다. **SS는 마하라슈뜨라 주의 면화나 양파, 담배, 포도 같은 환금작물을 재배하는 농민들의 이익을 대변하는 운동으로 1979년에 시작되었습니다.** SS가 유명해지게 된 계기는 1980년에 이들이 재배하는 작물의 가격 인상을 요구하는 대규모

운동을 벌이면서부터입니다. 환금작물의 경우에는 가격 인상 요구가 더 중요합니다. 시장에서의 가격 변동이 곡물에 비해 훨씬 심하기 때문에 정부가 인위적으로 가격을 보전해 주는 것이 농민들의 경제적 안정을 위해 필요했습니다. 이때 '로스타 로코'(Rosta Roco), 즉 도로를 봉쇄하는 방식을 사용합니다. 도로 봉쇄는 다음 순서로 보게 될 부족민 환경운동에서 사용한 방식입니다.

1980년대 초부터는 구자라뜨 주로 활동 근거지를 옮기게 되는데 이때부터 샤라드 조쉬(Sharad Joshi)라는 카리스마적 지도자가 운동을 이끌게 됩니다. 그는 부유한 환금작물 재배 농민들만의 운동은 한계가 뚜렷하다고 인식하고 빈농이나 농업 노동자의 연대 없이는 농민운동이 성공할 수 없음을 강조합니다. 그리고 이를 위해 파머스 무브먼트의 외연을 확대하려는 노력을 기울입니다. **이런 목적에서 1985년 이후부터는 운동의 외연을 넓히기 위해 집권당인 회의당에 반대하는 야당들과 연대하기 시작합**니다. 정치 정당들과 연대하면서 정당들의 조직 기반을 얻을 수 있으니까 지지 기반은 당연히 늘어나겠죠. 이것이 비정치 노선을 고수한 BKU와의 차이입니다.

그렇지만 1990년대 신자유주의 시대가 되면서 BKU와는 다르게 SS는 중요한 투쟁의 의제를 거의 제기하지 못합니다. 그 이유는 두 가지인데, 하나는 운동의 주력인 환금작물 재배 농민들이 붕괴되어 버린 것입니다. 그러나 그보다 더 큰 문제는 이 운동을 지도했던 조쉬가 신자유주의를 지지한 것입니다. 그렇게 되면서 운동이 흐지부지되어 버린 거죠. 조쉬의 노선은 처음부터 국가와 농민을 대립적인 것으로 보았습니다. 그래서 **SS는 국가를 농민의 적으로 보고 국가의 역할 축소를 주장**했습니다. 조쉬가 신자유주의를 받아들이게 되는 것은 갑자기 입장을 바꾼 것이 아닙니다. 국가와 농민이라는 대립 구도에서 논리적으로 연장된 것이라고 할 수 있어요. 국가의 역할 축소는 바로 신자유주의의 주장입니다. 신사회운동이 신자유주의로 수렴되는 경우가 적지 않은데 SS도 마찬가지라고 할 수 있어요. 신자유주의에 대한 반대에는 여러 가지 노선이 있겠지만 국가가 신자유주의의 폐해로부터 취약 계층들을 주도적으로 방어하는 역할을 할 필요도 있습니다. **조쉬는 국가를 적으로 삼고 국가의 역할 축소를 주장했고, 신자유주의가 국가의 역할을 축소시키는 노선이기 때문에 자기들 노선하고 비슷하다고 생각한 거예요.** 신자유주의를 수용한 게 생각이 바뀌고 변절한 게 아니라 어떻게 보면 자기들 나름대로 논리적 일관성을 갖고 있었던 거죠. **국가의 역할 강화를 무조건 부정적으로 보고 억압의 근원, 심지어 파시즘으로 확대해석하는 경향이 우리나라에서도 적지 않은데 신자유주의 시대의 국가의 역할에 대해 좀더 깊은 생각이 필요**할 것입니다.

조쉬의 신자유주의 지지는 던켈 초안 반대투쟁 과정에서 본격화됩니다. 던켈 초안은 WTO의 전신인 GATT 사무총장이던 던켈(Arthur Dunkel)이라는 사람이 무역 자유화 중 특히 농업 부문의 무역 자유화를 관철시키기 위해 작성한 안입니다. 이 던켈 초안 이후에 농산품의 무역 자유화가 본격화됩니다. 그래서 이 던켈 초안에 대한 반대가 주변부의 농민운동에서 상당히 중요한 의제였습니다. **조쉬가 이끄는 SS는 신자유주의를 수용하고 던켈 초안 반대운동을 포기합니다.**

BKU와 SS의 차이를 간단하게 비교해 보면, BKU가 특정 자띠 중심의 지역적 기반이 강한 부농 운동이었다면, SS는 부농들에다가 빈농들까지 포괄시키려는 노력을 했습니다. 그러나 SS는 대부분의 인도 신사회운동들처럼 소수의 지식인들이 주도하는 운동이었어요. 반면에 BKU는 비공식적인, 자생적 조직들이 토대를 구성한 조직이었습니다.

농민운동의 대안적 실천들

너무 우울한 얘기만 했는데 이제 좀 희망적인 이야기를 해봅시다. 이렇게 힘든 상황 속에서도 인도 농촌에서는 농업의 근본적인 대안을 모색하는 자생적인 운동들이 계속해서 생겨나고 있습니다. 아직까지는 미약하고 실험 단계에 머무는 경우도 많지만, 신자유주의의 대안을 모색하는 입장에서 참조할 것이 적지 않은 창의적인 운동 사례를 알아보도록 하겠습니다.

① 까르나따까 농업연맹

까르나따까 농업연맹(Karnataka State Farmers' Association, KRRS)은 1980년에 만들어졌고 현재 구성원은 1천만 명 이상으로 추정됩니다. 까르나따까 주 전체 인구가 5천만 명이니까 그 규모를 짐작할 수 있습니다. **KRRS은 부분적인 운동이 아니라 사회 전반적인 변화를 목표로 하되 마을의 자치와 자유가 보장되어야 한다고 주장합니다.** 이는 이 운동의 최종 목표가 간디가 꿈꾸었던 '마을 공화국'의 실현임을 알 수 있게 합니다. 조직의 기본 단위는 마을로서 각 마을은 조직과 재정을 스스로 결정하고 프로그램과 행동 방침도 스스로 결정합니다. 이 운동은 또한 문화적 변화를 중요한 과제로 설정합니다. 특히 카스트 제도의 제거가 사회정의의 실현에 필수적이라고 봅니다.

먼저 KRRS가 진행한 문화적 변화 운동은 **여성의 지위 향상을 강조합**니다. '간단한, 자기 존경 결혼식'(simple, self-respect wedding)이라는 것이 있습니다. 인도 농민들은 빚을 내어서라도 결혼식은 거창하게 치르는데 이것을 소박한 방식의 결혼식으로 대체하는 운동을 벌인 것입니다.

또한 KRRS는 가부장적 구조에 도전합니다. KRRS 내에서 여성들은 독자적인 조직과 프로그램들을 가지고 있습니다. 미스 인도 대회 개최 반대 시위를 조직한 것은 해외토픽으로 한국에서도 소개되었습니다. 또 오랫동안 여성 선거구를 요구해 왔습니다. 그 결과 까르나까따 주의 빤짜야뜨는 인도에서 최초로 여성 선거구를 만들어서 의석의 33%를 여성에게 할당했습니다.

KRRS는 생태적 문제를 중요한 활동 영역으로 삼습니다. **화학 비료와 생명공학을 거부하고 대신 전통적인 농업을 발전시키려 노력합니다**. '지속 가능한 발전을 위한 국제센터'(Global Centre for Sustainable Development)는 이런 목적으로 설립되었습니다. 이곳은 전통적인 다양한 종자 개발, 전통적인 기술센터, 전통적인 의료센터, 환경학교 등으로 구성되어 있습니다. 전통적인 기술과 지식을 강조하면 흔히 새로운 기술을 거부하는 것으로 생각하기 쉽지만 그렇지 않습니다. KRRS는 기술이 옛것인지 새것인지라는 기준이 아니라 사용하는 사람들이 직접 작동하고 관리할 수 있는 기술인지, 또 노동 집약적인지 자본 집약적인지와 같은 기준으로 평가해서 선별적으로 수용합니다. 이들이 녹색혁명을 부정적으로 보는 것도 그것이 거대 산업에서 생산한 화학 비료와 농약을 사용하고 자본 집약적인 농법에 의존하고 있다는 이유 때문입니다.

다음으로 KRRS는 **농산물의 무역 자유화에 대항**해서 싸워 왔습니다. KRRS가 주목을 받은 것은 GATT에 대항해 50만 명 이상이 동원된 시위를 조직하면서입니다. KRRS는 시민 불복종과 직접행동이라는 수단을 사용했습니다. 초국적 곡물 메이저인 카길(Cargill) 사의 인도 사무실을 1,000명의 활동가들이 점거하고 모든 가구들을 창밖으로 던져서 불사르기도 했고 카길 사 종자연구소의 시설을 철거하기도 했습니다. 몬산토(Monsanto)에 대항하는 여러 가지 직접 행동들과 KFC 판매점 점거도 그들의 활동 중 일부입니다.

그들은 국제적인 농민운동의 네트워크의 일원으로도 중요한 역할을 하고 있습니다. JAFIP(WTO 반대 인도 시민연합 포럼), PGA 과정(자유 무역과 WTO에 대항한 시민의

KRRS는 생태적 문제를 중요한 활동 영역으로 삼아 화학 비료와 생명공학을 거부하고 전통 농업을 발전시키려 한다. 전통 농업이라고 해서 새로운 기술을 거부하는 것은 아니다. 사용하는 사람들이 직접 작동하고 관리할 수 있는 기술인지, 또 노동 집약적인지 자본 집약적인지와 같은 기준으로 평가해서 선별적으로 기술을 수용하려 한 것이다.

국제활동), 세계적인 농민운동 네트워크인 비아 캄페시나(Via Campesina) 등이 그들이 참여하는 운동입니다.

② 데칸발전협회

데칸발전협회(Deccan Development Society, DDS)는 만들어진지 20년이 넘는 단체로 안드라쁘라데시 주(Andhra Pradesh) 메닥 군(Medak District)에 있는 자히라바드(Zaheerabad) 주변 75개 마을을 근거지로 하고 있습니다. 이 단체의 특징은 달리뜨 여성들로 이루어진 '상함'(Sanghams)[*]이 기층 조직을 이루고 있다는 점입니다. 이들은 **달리뜨들을 자기 통치의 주체로 형성하는 것을 중요한 목표로 삼고 여성, 빈민, 달리뜨들을 위한 활동들**을 펼치고 있습니다. 구체적으로 상함 구성원들의 생계, 식량 안보, 자연

[*] 가난한 사람들의 자발적인 마을 단위의 결합체.

자원 가치 상승, 교육, 지역의 건강 문제 등을 다룹니다. 이 과제들을 수행하는 과정에서 공동체 내 여성의 지위 향상과 자원 접근권 회복을 이루려고 합니다. 특히 신자유주의적 세계화로 지역공동체가 해체되는 위기를 맞아 지역 주민들이 모든 영역에서 자치권을 가지는 것이 중요하다고 봅니다. 식량 생산, 자연 자원, 시장, 미디어, 종자, 생태계 보호에 대해 주민들이 스스로 결정할 수 있는 힘과 조건을 만드는 것이 DDS 운동의 중요한 부분입니다.

DDS의 활동 중에 가장 주목할 만한 것은 대안적 공공분배체계(Alternative Public Distribution System, APDS)입니다. 이것은 앞서 보았던 정부가 운영하는 PDS의 한계를 극복한 새로운 식량분배체계를 건설하려는 시도입니다. **식량이 공동체에 의해서 지역적으로 생산되고 접근 가능한가, 접근되는 식량이 영양 안보를 제공하는가, 지역공동체가 식량 제도를 제어할 수 있는가**라는 세 가지 기준에 부합한 제도를 만들려고 합니다. 그 이유는 식량 안보라는 목표를 공동체 수준에서 실현하기 위해서입니다.

대안적인 공공분배체계는 환경 고용, 토지 대여 프로그램, 공동체 유전자 펀드 프로그램으로 구성됩니다. 특히 흥미로운 것이 공동체 유전자 펀드 프로그램입니다. 우리는 앞에서 몬산토 같은 곡물 메이저들이 종자를 독점하면서 인도 농업을 착취한다는 것을 보았습니다. 또한 이런 기업들이 판매하는 종자들은 다량의 화학 비료와 농약을 필요로 합니다. 그래서 대기업에 이윤을 넘겨주지 않기 위해서는 토착 종자를 보존하고 개량해서, 전통적이고 생태적인 농법으로 재배하는 것이 필수적입니다. 이 프로그램에서는 달리뜨 여성들이 주체가 되어 전통 종자의 풀(pool)을 만들고 있습니다. 이를 통해 종자에 대한 통제권을 되찾고 생물학적 다양성을 보존하며 천연자원 관리, 식량 안보에 요구되는 토착 지식의 보존을 주체적으로 수행하게 됩니다.

토착 종자로 재배되는 대부분의 전통적인 작물은 수확 시기가 분산되어 있기 때문에 1년 내내 영양이 많은 여러 종류의 식량을 제공하고, 가축에게 먹일 여러 종류의 사료도 확보할 수 있게 해줍니다. 산업화된 농업이 퍼트린 단일 작물 재배(mono culture)는 토지의 지력을 고갈시키고 기후와 환경적·시장적 조건의 변화에 유연하게 대처할 수 없는 반면, 다양한 토착 종자 재배는 이런 위험을 피할 수 있게 해줍니다. 이 프로그램은 멸종되어 가던 80여 가지의 곡물, 콩과 식물의 지방 종자를 되살렸습니다. 여러 가지 작물을 경작하게 되면서 한 작물이 흉작이 되더라도 다른 작물에 의존할 수 있게 되었고 전반적인 소득도 증가했습니다. 또 각 가정은 추가의 곡물을 얻어서 식량 섭취량 자체도 늘어났고 다양한 곡물을 통해 균형 잡힌 영양섭취가 가능해졌습니다.

APDS의 전체 과정에서는 분산적 의사결정과 구성원 전체의 참여가 강조됩니다. 프로그램에 포함되는 토지를 신청하고 배급 대상자를 결정하는 일은 모두 달리뜨 여성들이 이끄는 마을 공동체의 권한입니다. 달리뜨 여성들은 인도 사회에서 항상 천대받아 왔고 기껏해야 동정과 보호의 대상이었습니다. 하지만 이 프로그램을 통해 자신들이 속한 공동체의 다른 구성원들에게 식량을 주는 능동적 역할을 수행하게 된 것은 이 프로그램의 정치적 성과이고 이 운동이 단순히 과거의 촌락 공동체로 돌아가는 것과는 다른 운동임을 보여 주는 것이라고 DDS는 주장합니다.

APDS 프로그램의 또 다른 성과는 농업 붕괴로 고향을 떠나야 하는 농민들의 수를 줄인 것입니다. 생존을 위해 농촌을 떠나 도시의 하층 노동자가 되는 농민의 수가 늘고 있습니다. 하지만 도시로부터 멀리 떨어진 마을에 사는 농민들 중에는 이주 비용조차 감당할 수 없어서 아무런 대책 없이 농촌에 그냥 남겨진 이들도 있습니다. APDS 프로그램은 농촌의 미개간지를 경작하는 데 이런 인력을 고용하는 사업을 벌이고 있습니다. 이 프로그램은 농촌의 장인들에게도 일거리를 제공합니다. 곡물 펀드를 저장하기 위한 대나무 바구니를 만드는 일과 지역에서 필요한 유기농 퇴비를 생산하는 일을 지역의 장인들에게 맡김으로써 일거리를 만들어 냅니다. 이런 식으로 불가피한 이주를 줄이려고 합니다.

여기서 살펴본 두 사례는 지역공동체들이 주류의 발전 개념을 뒤집어 생태적으로 건전하고, 경제적으로 가능하며, 정치적으로 평등하고 민주적인 모델을 만들기 위한 시도로서 우리에게도 많은 것을 참조하게 합니다. 하지만 아직 인도 내에서도 전국적인 규모로 성장하지 못했으므로 더 많은 시간이 지난 다음에야 성공과 실패를 판가름할 수 있을 것입니다. 그래서 흔히 말하는 '**실험의 섬**'에 머무르지 않기 위해서는 **더 오래 지속될 수 있어야 하고 동시에 프로그램의 규모를 확대하고 다른 지역에도 이식할 수 있는 방안을 찾아야 합니다.**

결국 큰 틀에서 보면 인도에는 페전트 무브먼트와 파머스 무브먼트 두 노선의 농민운동이 존재하지만, 사회운동 영역에서는 부농 운동이 주류를 이루게 됩니다. 사회운동에서도 주도권을 가지지 못한 농촌의 극빈층은 자신들을 지키기 위해서는 무장봉기에 의존할 수밖에 없게 됩니다.

낙살 반군

이제 합법적 영역 밖에 존재하는 가난한 농민들의 저항운동인 낙살 반군 반란을 살펴보겠습니다. 낙살 반군 반란은 1967년에 서뱅갈의 낙살바리라는 마을에서 CPI-M의 지역 조직가들이 중심이 되어 시작됐습니다. 이들은 처음부터 마오이즘 노선에 따라 농민을 중심으로 한 공산주의 혁명을 목표로 했습니다. 낙살 반군 봉기에 참여한 집단은 부농이나 중농이 아니라 농업 노동자들입니다. 많은 농업 노동자들은 동시에 지정 부족민이었습니다. 인도에서 달리뜨만큼이나 착취받고 억압당하고 홀대받던 집단이 지정 부족민입니다(부족민에 대해서는 5장에서 상세히 설명하겠습니다). 지정 카스트처럼 헌법 부칙에 지정된 부족들을 지정 부족민이라고 부릅니다. 부족민들은 대부분 채취에 의존하거나 농업 노동자들입니다. 낙살나이트 봉기의 주역은 농업 노동자이면서 부족민인 사람들이었습니다.

낙살 반군 봉기는 특히 보통 세 단계로 나뉘는데요, 1967년에서 1969년은 봉기가 일어나고 자기들의 정치적 노선을 선전하고 모색하는 시기입니다. 낙살 반군은 반란 초기부터 마을을 점거해서, 지주 계급의 창고에서 곡식을 빼앗아가고, 빚문서를 태워 버리거나 지주의 토지를 농민들에게 나누어 주는 활동을 합니다. **낙살 반군 봉기는 토지 개혁 요구로 시작했지만 곧 권력 장악을 위한 혁명으로 봉기의 성격을 변화시킵니다.** 지방에서 권력을 탈취해서 농업 노동자가 주도하는 해방구를 건설하고, 이 **해방구를 기반으로 민중민주주의 혁명을 이룩하겠다는 것이 그들의 목표**였습니다. 이 목표를 위해서 떼바가와 뗄랑가나 봉기에서 계승한 농민위원회를 이용합니다. 점령한 마을에 농민위원회를 조직하고 무장한 농민 군대를 건설하고 지주의 토지를 몰수해서 토지 개혁을 하는 것이 낙살 반군의 전술입니다. 낙살 반군 반란이 무장봉기 노선을 성공적으로 유지할 수 있었던 중요한 이유 중의 하나가 부족민들이 거주하고 있는 지역에 근거를 둔 것입니다. 부족민의 문화적 전통에서는 무장봉기에 대한 거부감이 상대적으로 적었다고 합니다.

낙살 반군 반란은 1967년 서벵갈의 낙살바리에서 CPI-M의 지역 조직가들을 중심으로 해 시작됐다. 이들은 마오이즘 노선에 따라 농민을 중심으로 한 공산주의·민중민주주의 혁명을 이룩하는 것을 목표로 했다.

다음 단계에서는 독자적인 당을 건설합니다. 낙살 반군을 주도한 이들은 처음에는 CPI-M의 당원들이었지만 곧 탈당하거나 출당당합니다. 그리고 1969년에 자기들끼리 따로 당을 만드는데 이게 인도공산당 맑스-레닌주의당(Communist Party of India-Marxist-Leninist, CPI-ML)입니다. 이름은 맑스-레닌주의당이지만 당의 입장은 마오이즘을 표방합니다. 낙살 반군들은 중국공산당의 지지와 후원을 받습니다. 봉기가 일어나자 바로 북경방송은 이 봉기가 마오이즘에 입각한 봉기이며 지지를 보낸다는 방송을 내보내기도 했습니다. 이 당은 지금도 있습니다. 하지만 지금은 합법 정당으로 의회 노선을 받아들여 선거에 참여하고 주 의회 의원도 배출했습니다. 처음에 무장봉기가 확산될 수 있었던 것은 서벵갈 주 정부가 무력 진압을 하지 않고 묵인했기 때문입니다. 왜냐하면 반란이 일어나기 직전에 서벵갈의 집권당이 CPI-M이었기 때문입니다. CPI-M 지도부는 자기들과 노선은 다르지만 자기 당 소속의 당원들이 주도했던 낙살 반군 반란을 어떻게 하든지 자기들 세력 기반하에 묶어 두고 싶어 했습니다. 그래서 2년간 방조하면서 타협을 시도 합니다. 하지만 결국 반란이 더 급진화·과격화 하면서 중앙정부군의 무장 개입을 요청합니다.

1969~1970년이 되면 중앙정부군의 개입으로 무력 진압이 이루어집니다. 반란을 주도했던 사람들은 인도 전역으로 반란이 확산 될 거라고 생각했지만 지나친 낙관이었습니다. 정부군의 진압과정에서 봉기의 지도자인 짜루 마줌다르(Charu Majumdar)가 경찰에게 살해당하면서 봉기는 끝을 맺습니다. **군사 조직은 다 붕괴되고 점거하고 있던 지역도 빼앗기면서 남은 소수는 더 과격한 투쟁수단을 사용**합니다. 정부군이나 경찰들을 공격하기에는 무장력이 떨어지니까 서너 명 단위로 조직된 게릴라 집단을 운영하면서 지주 계급이나 주요 공무원들을 암살하는 테러 노선으로 전환합니다. 이 노선을 인민의 적을 처단하는 **계급 철폐 투쟁 노선**이라고 부릅니다. 이런 투쟁 방식은 지배 계급들을 겁먹게 하는 효과는 있었지만 지지 기반은 현저히 축소됩니다.

1972년 무렵이 되면 농촌에서의 운동은 거의 쇠퇴하고 마지막 남은 사람들이 도시로 들어가서 도시 게릴라 운동을 하거나 대학생들을 의식화합니다. 그들이 도시로 이주한 또 다른 이유도 있었습니다. 그나마 자기들에게 우호적이었던 서벵갈의 공산당 정권이 중앙정부의 개입으로 붕괴되었기 때문입니다. 그 과정에서 우파의 백색테러가 자행되고 공산당원들은 살던 곳을 떠나야 했습니다. 농촌에 주로 기반을 갖고 있던 공산주의자들은 도시로 숨어듭니다. 중국 문화혁명의 영향을 받은 이들은 도시의 학생들을 조직해서 인도의 문화혁명을 전개하려 했습니다. 조직되었던 학생들이 다시 농촌으로 가서 봉기를 일으킵니다. 하지만 결국 운동은 쇠퇴하고 분열이 극심해집니다. 낙살 반군들은 몇 개인지도 모를 정도로 많은 분파로 나누어지는데 그 당시에 중앙정부 경찰에서 작성한 보고서에는 27개 주요 분파가 기록되어 있다고 합니다.

그러나 낙살 반군의 반란은 그것으로 끝이 아니었습니다. 불과 2~3년 동안 존속되었던 이 반란은 사후에 엄청나게 큰 영향을 인도의 운동 전반에 미칩니다. 인도 농촌의 민중들은 회의당도 공산당도 더 이상 자신들의 편이 아님을 깨닫게 되었습니다. 인도공산당의 주요 지지 기반은 농촌에서의 중상 계급이고 거기에서 배제된 하층 계급의 입장에서는 자기들을 대변하는 정치 세력이 없다는 인식을 가지게 되었습니다. 이제 **농업 노동자나 달리트, 부족민들은 자기들의 문제를 자기들의 손으로 기존의 방식과는 다르게 해결해야 한다고** 생각하게 되었습니다.

이제 낙살 반군들이 주장했던 것이 무엇인지를 살펴보도록 하겠습니다. 낙살 반군은 기존의 공산당과는 다른 이데올로기적 특징들을 가지고 있습니다. **국가권력이 만든 제도 안으로 들어가 권력을 획득하려 한 기존 공산당과는 달리, 낙살 반군은 국가권력 자체를 적으로 간주합니다.** 공산당이라 하더라도 의회 전술을 받아들여서 선거에 참여하는 사람들은 결국 국가 제도 자체는 인정하는 거잖아요. 낙살 반군들이 무장봉기 노선을 택한 것도 국가권력 자체를 거부하기 때문입니다. 국가권력을 부정하는 대표적인 정치 이념은 아나키즘입니다. 인도 신사회운동이 국가와 농민의 대립 구도를 설정한 것도 아나키즘의 영향 때문입니다.

그러나 낙살 반군은 다른 이유에서 국가권력을 거부합니다. 낙살 반군와 기존 공산당은 인도 사회를 어떤 사회로 보느냐에 대한 관점이 달랐기 때문에 인도 국가권력에 대해서도 다른 태도를 취하는 것입니다. 코민테른과 그 영향을 받은 CPI와 CPI-M의 입장에서 인도 사회의 역사적 과제는 부르주아 민주주의, 자본주의를 건설하는 것이었습니다. 그 과제를 위해서는 인도의 자생적인 대자본가 계급도 중요한 역할을 할 수 있죠. 그래서 민족자본가 계급이라는 개념이 생긴 것입니다. 그리고 공산당과 노동자·농민은 민족자본가 계급과 연합해야 합니다. 그러나 **낙살 반군은 인도의 지배 계급인 자본가, 지주 계급과 민중이 한편이 될 수 없다는 입장입니다.** 인도 자본가 계급은 민족자본가가 아니라 제국주의자의 앞잡이에 불과하다고 봅니다. 그래서 그들과 통일전선을 형성해서 국가권력을 통해 목적을 이루려는 노선을 완전히 거부합니다. **CPI나 CPI-M 같은 제도 내에 들어간 공산당도 다 제국주의의 앞잡이라고 보고 공격합니다.** 실제로 서벵갈에서 낙살 반군들이 회의당 당원보다 CPI-M의 당 관료들을 더 많이 암살합니다.

다음으로는 제국주의에 대한 입장도 기존 공산당과는 다릅니다. **낙살 반군은 미국뿐만 아니라 사회주의 국가인 소련도 제국주의라고 봅니다.** 이것이 CPI, CPI-M과 낙살 반군의 결정적인 차이입니다. 그들은 소련을 제국주의의 앞잡이이자 미국 제국주의의 친구라고 규정합니다. 이런 입장에는 나름의 이유가 있었어요. 하나는 중-소 분쟁이라는 역사적 상황입니다. 낙살 반군은 중국을 추종했으므로 소련을 따르는 제도 내의 공산당과 대립한 것입니다. 또 다른 이유도 있습니다. 소련에서 인도로 많은 경제 원조가 이루어졌는데 회의당이나 공산당이 원조의 상당 부분을 횡령해서 실제 민중들에게는 거의 돌아가지 않는 일이 발생합니다. 그 결과 소련이 인도에 원조를 하는 것도 인도의 지배 계급들을 뒷받침해 주기 위한 것이지 노동자·농민들을 위한 것이 아니라는 인식이 민중들 사이에 널리 퍼지게 됩니다. 소련을 제국주의로 보는 관점은 이런 배경에서 나온 것입니다. **국가권력에 기반한 의회주의는 제국주의의 앞잡이인 매판 자본가들의 기만적인 정치적 속임수에 불과하다는 것이 낙살 반군의**

정치적 입장입니다. 그들은 대신에 **인민전쟁(people's war)*** 노선을 채택하고 **무장투쟁을 계속**합니다. 여기에도 중국 공산주의의 영향이 강하게 작용했습니다.

낙살 반군 초기의 입장을 가장 잘 보여 주는 것은 짜루 마줌다르의 '8개의 역사적 문서들'입니다. 그 내용을 간단히 정리해 보겠습니다. 서벵갈 식량 위기가 있던 1965년에 나온 5개의 문서는 반식민지 반봉건 사회인 인도의 농업혁명을 위해 중국식 무장봉기를 선언했고, 선거를 한 해 앞두고 있던 1966년에 나온 3개의 문서는 제도 정치에 빠진 CPI-M을 비판하고 청년 학생들을 혁명에 참여시킬 것을 요구합니다. 문서들을 요약해 보면 다음과 같습니다.

① 현재 상황에서 우리의 과업(1965. 1. 28): 식량 위기 해결을 위해 미국의 원조를 받는 것은 미제에 예속되는 길이다. 농업혁명 달성을 위해 비밀 결사 무장 조직을 농촌 지역에 건설해야 한다.

② 수정주의와의 투쟁을 통해 민중민주혁명 완수(1965. 4. 9): 식민지 시절 숱한 봉기, 수백만이 참가했던 떼바가 농민 봉기 등의 전통을 계승해 해방구를 건설하기 위해 일사불란한 지휘 체계를 따라야 한다.

③ 인도에서 자발적인 혁명적 봉기가 일어나는 이유는 무엇인가(1965): 께랄라의 사례(선거로 집권한 공산당이 중앙정부에 의해 실권한 사건)를 보듯이 제도를 통한 권력 장악은 실현될 수 없다. 뗄랑가나 농민 봉기처럼 무장해야 한다. 경찰로부터 무기를 빼앗아 좀더 많은 지역을 해방시켜야 한다.

---

* 인민의 기본 이익, 권리, 명예 및 자유와 독립을 위한 전쟁

④ 현대 수정주의와의 투쟁(1965): 소련의 지원을 받는 것도 예속의 길이며 무장투쟁을 통해 효율적인 지하 조직이 건설되어야 한다. 민족자결주의의 원칙에 따라 카슈미르 등의 분리를 원하는 지역은 독립되어야 한다.

⑤ 1965년의 가능성은 무엇을 가리키는가 : 흐루쇼프의 수정주의를 따르는 CPI로부터 CPI-M이 분리되었지만 CPI-M 또한 수정주의에 매몰되어 있다. 무장봉기가 유일한 답임을 강조하며 대중을 각성시킬 것을 요구한다.

⑥ 오늘날의 주 과업은 수정주의와의 비타협적 투쟁을 통해 혁명 정당을 건설하는 것이다(1966. 12. 8) : 제도에 함몰된 좌파들이 혁명이 아닌 관습적 파업을 하는 것 등에 반대했다.

⑦ 이 기회를 잡아야 한다(1966. 12. 8) : 청년 학생들을 혁명에 끌어들일 것을 요구한다. 선거에 참여하는 것은 우리의 정책을 알리기 위한 것일 뿐, '비국민회의 민주정권 설립'이라는 잘못된 구호의 혼돈에 빠져서는 안 된다.

⑧ 전투적 혁명사상에 의한 농민 봉기의 진행(1966) : CPI-M은 선거 정치에 빠진 수정주의이며 그들의 토지 개혁은 철저하지 못하다. 마오쩌둥 의장의 뜻을 받들어 수정주의와 단호하게 투쟁해야 한다.

마줌다르의 글은 유려한 이론적 전개이나 복잡한 개념 따위는 사용하지 않고 선동적인 문구로 가득 차 있습니다.

시간이 지나면서 투쟁 노선도 변화합니다. 지금도 활동하는 낙살 반군의 다양한 세력들은 크게 두 가지 노선으로 나누어지는데, 하나는 의회주의 전술을 받아들여서 선거에 참여하는 CPI-ML이 대표하는 노선입니다. 또 여전히 무장투쟁 노선을 고수하는 집단들도 있습니다. 인민전쟁 노선에 입각해 무장투쟁을 수행하는 대표적인 집단이 'CPI-마오이스트(Maoist)'라는 당입니다. 이 당은 2004년 안드라쁘라데시 주의 인민전쟁그룹(People's War Group)과 비하르 주의 마오공산주의센터(Maoist Communist Centre)가 통합한 것으로 이제 전국적인 체계를 갖추려고 하고 있습니다.

신자유주의 도입 이후로 낙살 반군은 완전히 부활했습니다. 현재 인도 전체 국토의 40% 정도가 이들의 영향권 안에 있습니다. 이곳에서는 중앙정부의 행정권력이 사실상 마비돼 있습니다. 낙살 반군들이 독자적인 행정망을 가지고 세금을 징수하는 곳도 있습니다. 또 어떤 지역에서는 정부 공무원들이 봉급의 일부를 낙살 반군에게 세금으로 내고 영수증을 발급받는다고 합니다. 우리가 생각하기에 이제는 낡은 무장봉기 노선이 21세기에 들어와 오히려 강력해지고 인도 정부가 통제하지 못하는 상황까지 간 이유가 어디에 있을까요? 좌파든 우파든 인도 농촌 사회의 모순이 심화되어 인도 농민들의 상황이 너무나 열악하기 때문이라는 점에 동의합니다. 이런 상황을 낳은 주원인은 1991년부터 본격화된 신자유주의 정책입니다. 이제 신자유주의가 인도 농촌을 어떻게 변화시켰는지를 보도록 합시다.

신자유주의 이후의 인도 농촌과 농민

신자유주의 이후로 인도 농업에 일어난 첫번째 변화는 농업 부문 자체가 축소된 것입니다. 인도 지배층은 농업은 기본적으로 사양 산업이라고 생각합니다. 심하게 말하자면 농업은 결국은 없어져야 한다는 관점입니다.

이런 생각을 가장 잘 보여주는 것이 토지 정책의 변화입니다. 인도에서는 독립 이후에 토지 개혁이 제대로 이루어지지 못하면서 농촌의 모순을 심화시켰습니다. 그런데 토지 개혁에 대한 법안을 1991년 이후에 개정합니다. 개정의 핵심은 **농지를 다른 용도로 자유롭게 전환**하게 해주는 것입니다. 그래서 농지에다가 공장이나 아파트를 지을 수 있게 됩니다. 또 **개인이 소유할 수 있는 토지의 상한선을 없애버립니다.** 결국 농사짓는 사람이 아니라 공장을 짓거나 아파트를 짓거나 백화점을 짓는 사람들이 자유롭게 사업을 할 수 있게끔 토지 제도를 바꿔 버린 거예요.

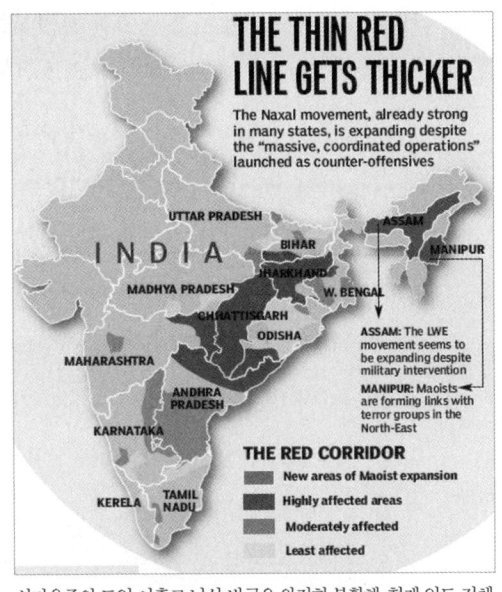

신자유주의 도입 이후로 낙살 반군은 완전히 부활해, 현재 인도 전체 국토의 40% 정도가 이들의 영향권 안에 있다. 낙살 반군의 영향 아래 놓인 인도 동부 지역을 가리켜 '붉은 회랑'이라고 부르기도 한다.

그리고 중앙정부나 주 정부들은 외국 투자 자본과 국내 대기업들을 유치하는 것만이 살 길이라고 생각해서 이들에게 유리한 조건으로 부지를 제공하는 데 앞장서고 있습니다. 문제는 대부분의 토지가 비어 있는 땅이 아니라는 것입니다. 사람이 살고 있거나 농사짓는 땅을 매입해야 되는데, 기업이 일일이 매입하면 비용도 많이 들고 저항도 심하니까 정부가 그 역할을 대신합니다. 이때 정부가 중립적인 입장에서 '산업 유치도 중요하지만 농민들도 다 국민이니까 둘 다 손해를 안 보는 선에서 타협하자' 이런 태도를 갖고 일을 하는 것이 아닙니다. 농민들을 속이고 압박해서 헐값으로 농지를 매입한 뒤에 대기업에게는 턱없이 낮은 가격에 넘겨주는 일들이 계속 일어나고 있습니다. 농업의 파탄으로 자살로 내몰리는 농민들이 땅마저 빼앗기고 있는 것입니다. 이 문제가 현재 인도 농촌에서 가장 큰 저항의 원인입니다.

또 농지의 절대 규모가 줄어들면서 식량 생산도 급속하게 줄어들고 있어요. 인도는 녹색혁명 이후에 일시적으로 달성했던 식량 자급이 다시 불가능해진 상황입니다. 인구는 계속 늘어나는데 식량 자급이 안 되니까 식량 안보가 위협받고 있습니다. 게다가 전체 노동자의 2/3 이상이 농업 노동자인 인도에서 **농업의 쇠퇴는 실업 문제를 더욱 악화시키고 있습니다**. 농업 노동자들은 대체로 교육 수준이 낮기 때문에 도시로 가서도 제대로 된 일자리를 구할 수가 없습니다.

공공분배체계(PDS)의 축소는 또 다른 방식으로 농민의 삶을 파괴시키고 있습니다. PDS는 정부가 식량을 수매해서 보관하다가 가격과 생산량이 불안정할 때 배급해 주는 체계입니다. 신자유주의 이후에 이 제도는 비효율적이라는 이유로 지속적으로 축소되고 있습니다. 재고량의 증가로 썩어서 버려지는 식량의 양이 엄청나다는 사실을 근거로 이 제도를 없애려는 것이 정부의 방침입니다. 그러나 재고량의 증가는 제도 자체의 문제가 아니라 시행 방식에서 비효율을 고의로 조장하는 조치가 취해지기 때문이라는 비판이 많습니다. 재고가 늘어난 첫번째 원인은 정부가 일반 국민들에게 파는 곡물가격을 인상했기 때문입니다. 인상된 곡물가는 인도 빈민들의 소득 수준으로는 도저히 살 수 없는 가격이 되어 버렸습니다. 이 제도의 주요 수혜자였던 사람들이 돈이 없어 식량을 살 수 없게 되면서 재고가 늘어난 것입니다. 그래서 한편에서는 굶주리는 빈민들이 늘어나고 한편에서는 창고 안의 식량이 썩어가는 현상이 일어납니다.

게다가 PDS는 한 번에 판매하는 식량의 양이 많습니다. 적은 금액으로 필요한 만큼 살 수 없는 것도 재고 증가의 큰 원인입니다. 그런데도 재고 증가를 이유로 이 체계 자체를 축소하거나 폐지하려는 것은 빈곤층의 생존에 치명적인 위협이 되고 있습니다.

식량 생산 위주에서 상업적 환금작물 재배로 급격히 전환되는 것도 인도 농촌의 큰 변화 중 하나입니다. 농민들이 쌀, 밀 등만 재배해서는 살아남을 수 없게 되면서 그나마 돈을 만질 수 있는 면화, 사료용 콩, 사탕수수, 또 양식업 등으로 전환하고 있습니다. 바다에서만 양식업을 하는 게 아니라 논을 갈아엎고 새우 양식을 합니다. 한국에 수입되는 양식 새우 중에도 논을 양식장으로 바꾼 곳에서 양식되는 것이 많다고 합니다. 이런 환금작물들은 식량용 곡물보다 시장가격의 변동 위험에 더 크게 노출됩니다. 경기가 나빠진다고 밥을 안 먹을 수는 없지만 기호 식품들의 소비는 줄이잖아요. 가격 변동이 심한 상품은 투기적 거래의 대상이 되기 때문에 더 위험이 커집니다. 그래서 상당수 농가가 급변하는 시장 상황에 대처하지 못하고 파산하고 있습니다.

농민들이 파산하는 또 다른 원인은 선진국들이 자국 농업에 제공하는 엄청난 규모의 보조금입니다. WTO 체제가 자유무역을 강조하면서 농업 보조금을 금지했는데, 이것은 사실 후진국에 불리하게 적용됩니다. 후진국 농민들에게는 보조금을 못 주게 강요하면서 선진국은 여전히 엄청난 액수의 보조금을 자국 농가에 지원해 줍니다. 그 결과 선진국의 농업 생산품은 낮은 가격을 유지할 수 있고 세계시장에서 가격경쟁력이 없어진 인도의 농업은 망하게 됩니다. 또 환금작물의 종자도 카길이나 몬산토 같은 초국적 독점자본들이 독점하고서 터무니없이 비싼 가격에 판매합니다. 농산품 재배 원가의 상당 부분이 종자 가격입니다. 이 곡물 메이저들은 화학 비료와 농약 산업도 일관적으로 지배합니다. 따라서 **인도 농민들이 재배하는 농산품에서 발생하는 이익은 고스란히 곡물 메이저들에게 다시 돌아가는 구조입니다.** 이렇게 농민들이 극한의 상황에 내몰리면서 자살, 인신매매, 장기 판매 등이 횡행하고 있습니다. 인도는 세계 1위의 장기 수출 국가입니다. 서구 선진국에서 이식되는 장기의 상당량은 인도와 같은 후진국 빈민들에게서 적출된 것입니다.

그런데 인도 농촌이 이렇게 붕괴한다고 해서 모든 농민들에게 똑같이 그 고통이 가해지는 것은 아닙니다. 여전히 인도 농촌에 남아 있는 계급 간 분할은 가난한 농민들을 더욱 고통스럽게 합니다. **인도 농촌의 상층 계급은 신자유주의 정책의 결과로 위협받는 자신들의 이익을 지키기 위해 국가 관료와 결탁**합니다. 자신들을 대변할 수 있는 정치인들이나 관료들을 정부에 진출시키기 위해 애씁니다. 실제로 관료가 되기 위한 교육은 지주 계급이 아니면 받기 힘들기 때문에 관료들은 대부분 지주의 자식들입니다. 앞 장에서 본 여타후진계급 운동도 이런 맥락에서 격화되었습니다.

이런 공식적인 연계 외에도 부패 고리를 통해 농촌 지배층과 관료가 결탁하기도 합니다. 농촌에서 지주들이 공무원들에게 뇌물을 주는 이유는 자신의 경제적 이익을 유지하기 위한 것입니다. 인도 농촌에서 지주 계급의 이윤의 원천은 정부 보조금과 농업 노동자의 임금을 줄이는 것, 두 가지입니다. 부패를 통해 정부의 보조금을 부당하게 지급받는 사례는 너무나 일반화되어 있다고 합니다. 또 법적으로 보장된 농업 노동자의 최저임금을 주지 않기 위해서도 공무원들의 비호가 필요합니다. 지주들이 임금을 적게 주거나 아예 떼어먹더라도 그것을 감독할 공무원들이 모두 지주의 편이기 때문에 부당 노동 행위를 막기는 현실적으로 힘듭니다. 인도 농촌의 지배 계급은 부패라는 연결망을 통해서 관료 집단과 사실상 일체화되어 있습니다. 관료들과 지주 계급이 인적·제도적·경제적으로 일체화되는 구조를 만드는 것은 오래된 일이긴 하지만 신자유주의 이후로는 이 구조가 가난한 농민들에게 떠넘기는 고통이 더욱 가혹해지고 있습니다. 이런 점을 고려한다면 파머스 무브먼트의 이론가들이 국가와 농민을 대립된 구도로 보는 건 별로 설득력 없는 주장입니다. 대표적인 서구 출신 신사회운동가인 게일 옴베트(Gail Omvedt)는 국가와 농민이 적대적 대립 관계에 있고 국가가 농민들을 착취하는 수단이 부패라고 봅니다. 하지만 농촌의 지주 계급과 관료 사이의 실질적 동맹 관계가 아주 강력하고 그 고리가 부패라는 점을 본다면 이 주장은 타당하지 않은 것 같습니다. **국가가 농민 전체를 부패라는 수단으로 착취하는 것이 아니라 지주와 관료들이 부패 동맹을 맺고 하층 농민들을 착취**한다고 보아야 할 것입니다.

낙살 반군 반란이 다시 확산되고 있는 것은 농촌 내에서의 계급 갈등이 폭력화하는 데서도 원인을 찾을 수 있습니다. 농촌에서 계급 간의 갈등은 아주 폭력적인 양상으로 전개되고 있습니다. 지금도 상층 카스트나 지주 계급이 달리뜨나 농업 노동자에게 신체적 폭력을 행사하고 인격을 모독하는 비인간적 대우가 만연해 있습니다. 특히 상층 카스트나 지주 계급이 농업 노동자나 하층 카스트 같이 자기가 직접 지배하고 있는 이들을 대상으로 성적 폭력을 가하는 것이 큰 사회 문제입니다. 촌락 안에서는 지주가 강간을 하더라도 소작농이나 농업 노동자 여성이 저항하거나 거부하지 못할 거라고 믿기 때문에 강간을 마음대로 자행합니다. 또 저항하는 하층민에게는 코를 베거나 귀를 자르는 개인적인 린치를 가하는 일도 빈번합니다. 이런 짓을 해도 공무원, 경찰과 지주 계급이 한통속인 상황에서 지주가 처벌받는 경우는 드뭅니다. 전국 규모 언론에 보도된 것만 아니라면 어떤 살인 사건도 뇌물로 무마될 수 있는 곳이 인도 농촌이라는 말도 있을 정도입니다.

농촌의 지배 계급이 가하는 폭력이 개인적인 수준에서만 일어나는 것은 아닙니다. 더 큰 규모의 폭력이 조직적이고 체계적으로 가해집니다. 지주 계급은 무장한 사병 조직을 거느린 경우가 많습니다. '세나'(Sena)라고 불리는 이 조직은 저항하는 달리뜨와 농업 노동자들에게 가혹한 보복을 가합니다. 농촌의 달리뜨들은 거의 집단으로 거주하는데, 지주 계급에게 저항하는 달리뜨 마을이 있으면 세나가 와서 마을을 통째로 불태워 버리기도 합니다. 부녀자나 아이들까지도 죽입니다. 이런 집단학살이 현재도 끊임없이 일어납니다. 안드라쁘라데시 주 한 곳에서만도 2010년 한 해 동안 2천 5백에서 3천 명이 이런 집단학살로 사망했습니다. 이 주의 지주 계급 무장 세력 중에 제일 큰 게 '란비르 세나'(Ranvir Sena)라는 조직인데 회원이 10만 명이고 무장 행동대원이 5천 명 이상 됩니다. 유사한 조직들이 수백 개가 넘는다고 합니다. **달리뜨나 하층 농민들이 이런 폭력으로부터 자신들의 목숨을 지키는 방법은 스스로 무장하는 방법밖에 없습니다. 그래서 낙살 반군의 무장봉기가 확산된** 것이고 이제 어느 정도 세력이 커지면서 하층민들을 보호할 수 있는 힘이 생겼습니다. 낙살 반군의 힘은 더 커지고 있습니다. 달리뜨들이나 하층 농업 노동자들이 자기들을 보호해 주는 유일한 세력이 낙살 반군의 무장 조직이라는 것을 알게 되면서 여기에 가입하게 되는 것이죠.

그렇다면 인도 정부에 중간자적 입장에서 두 계급을 중재하고 이런 폭력을 종식시키려는 의지가 있느냐 하면 전혀 그렇지 않습니다. 농촌에서의 관료와 지주 계급의 동맹 관계가 워낙 강고하기 때문에 경찰은 일방적으로 낙살 반군만 처벌합니다. 인도에서는 마오이스트라고 하면 재

지주 계급은 사병 조직 '세나'를 거느리고 저항하는 달리뜨와 농업 노동자들에게 가혹하게 보복한다. 마을을 불태우고 집단학살을 벌이는 일이 현재에도 끊임없이 일어나고 있다. 사진은 안드라쁘라데시 주 최대의 세나인 '란비르 세나'에 의한 학살 후 남겨진 폐허이다.

판 없이 구금은 물론이고 처형까지 가능합니다. 또 무기 소지에 관한 법도 불평등해서 달리뜨들은 무기 소지가 금지돼 있고 상층 카스트에게는 허용됩니다. 그래서 두 편이 총을 갖고 싸우면 한쪽은 합법이기 때문에 사람을 죽여도 풀려나고 한쪽은 무기 소지 자체가 불법이니까 달리뜨들만 처벌을 받습니다. 인도 언론에서는 '카스트 잔혹 행위'라는 점잖은 명칭을 사용하지만 실상은 잔혹하기 그지 없습니다.

마지막으로 우리나라에도 도입된 소액금융 사업이 인도 농촌에서 어떻게 전개되는지를 살펴봅시다. 우리나라에서는 소액금융에 대한 기대가 예전만은 못해도 남아 있는데 인도의 현실은 결코 긍정적이지 않습니다. 처음 도입되었을 때의 기대와는 달리 최근에는 이 **소액금융이 농민들에게 더 큰 부담을 주는 사례가 속출**하고 있습니다. 2010년 인도 남부의 안드라쁘라데시에서는 소액금융 회사에서 대출을 받은 농민들이 대출금 상환을 하지 못하고 잇달아 자살을 하는 사건이 벌어졌습니다.

안드라쁘라데시에서만도 천만 명 정도의 주민들이 백만 개의 자조그룹(Self-Help Group)을 형성하여 소액금융에 참여하고 있습니다. 하지만 인도 소액금융 산업이 이윤을 낳을 것이라고 전망한 해외 사모펀드와 헤지펀드가 2005년부터 유입되기 시작하고, 게다가 소액금융을 실제 목적보다는 정치적인 선전으로 사용하려는 정치 세력들이 나타나, 결국 본래 취지보다는 상업적 이윤을 목적으로 운영되게 됩니다. 예를 들어 인도 최대 소액금융사인 'SKS 마이크로파이낸스(Microfinance)'는 금융 투기꾼인 조지 소로스(George Soros)의 투자를 받아 2010년 기업공개를 하기도 했습니다. 이렇게 되니 소액금융사들의 대출 이자율은 시중 은행들의 대출 이자율보다 높은 20~60%까지 상승했습니다. 그리고 대출금 회수에서도 강압적인 방식을 사용하면서 주민들의 반발이 커집니다. 최근 소액금융이 사회문제화되자 인도 정부는 '소액금융법안'(Microfinance Bill)을 발표하고 적극적인 개입을 천명한 상태입니다. 하지만 뚜렷한 해결책이 없다는 평가입니다.

더 생각해 볼 문제 #3
농민운동은 어디로 가는가?

농업 개혁과 농민저항운동

인도는 전형적인 농업 국가다. 브릭스(BRICs)라는 이름으로 세계의 대표적인 신흥 대국 가운데 하나이지만, 여름철 비가 오지 않아 농업 생산이 많이 나오지 않는 해에는 국내총생산이 크게 떨어지는 현상이 여전한 대표적인 농업 국가다. 그래서 농민이 국민의 가장 다수를 차지하며 그들의 주된 관심사인 토지 개혁 문제는 모든 정당의 주요 전략이다. 독립 후 공산당이 께랄라와 서벵갈 주에서 정권을 잡을 수 있었던 것도 바로 이 토지 개혁을 성공리에 수행했기 때문이고, 그들이 정권을 잃은 것도 이 토지 문제에 제대로 대처하지 못해서이다. 지금부터는 영국 식민 지배로부터 벗어나 국민국가 체제를 갖춘 1947년 이후 인도에서 농업 개혁이 어떻게 전개되었고, 그와 관련하여 자본주의가 어떻게 발전해 나갔으며 그 안에서 인민들과 좌파는 어떻게 저항하면서 버터 왔는지를 살펴보도록 하겠다.

독립 당시 인도 농촌은 비합리적이고 불평등한 토지 제도를 식민 유산으로 고스란히 안고 있었다. 지주-소작 제도는 철폐되지 않아 지주는 작은 왕의 권리를 누렸고, 토지를 소유하지 못한 소작인은 노예 상태에 있었다고 해도 과언이 아니었다. 또 그 사이에서 중개인(자민다리)의 존재와 권력의 남용은 농촌 사회의 가장 고질적인 문제의 뿌리로 작용하였다. 1951년 기준 전체 농업 인구의 2% 밖에 되지 않는 지주들이 차지하는 토지는 전체의 55~60%였고, 그 아래 자기 토지를 소유하는 자영농이 30% 정도 있었는데 전체 토지의 40~45%를 차지하고 있었다. 결국 토지 없는 소작인이나 임금노동자가 전체 인구의 70%를 차지하는 무시무시한 중세 봉건 사회의 전형이 고스란히 독립 이후에도 이어졌던 것이다. 지주 계급의 끝없는 착취는 농업 생산의 발전 저해, 농민의 극심한 빈곤과 불만 누적 등의 결과를 가져와 경제적으로나 사회적으로 신생 국가로서 반드시 풀어야 할 제1의 문제로 자리 잡았다.

이러한 상황에서 정권을 획득한 네루의 회의당은 '위로부터의 토지 개혁'이라는 부르주아 정당의 토지 정책을 추진하였고, 농민은 그 안에서 주도권을 잡지 못한 채 자본주의 발전의 단순 대상으로 전락할 수밖에 없었다. 정부는 향후 국가를 운영할 기본 방향을 국내 독점 자본의 인정과 개인의 경제 활동에 대한 국가의 개입을 인정하는 것으로 삼았다. 이를 구조적으로 보면, 민족주의 정당인 회의당 내에서 기간산업을 국유화하고 국가계획경제를 실시하여 사회적·경제적 목표를 신속히 이루어야 한다는 좌파의 주장과 대자본을 중심으로 광범위한 공업화를 통한 자본주의를 굳건히 해야 한다는 우파의 주장을 적당한 선에서 타협한 결과다. 독립 후 여당이 된 회의당이 근본적으로 사회주의를 지향하는 성격을 가졌으나, 하나의 국민국가 건설을 둘러싸고 너무나 많은 이질적 세력을 포용해야 하는 부담감 때문에 특히 강력한 힘을 가진 대자본가와의 타협을 하지 않을 수 없었기 때문이다.

민족자본주의자와 사회주의의 연합 세력으로 독립 후 정권을 담당한 회의당은 50년이 넘는 긴 시간 동안 든든한 지원군의 역할을 해준 농민들의 요구를 전적으로 들어줄 수 없었다. 그러자 독립을 전후로 도처에서 농민운동이 터졌고, 회의당은 그것들을 탄압하는 것 이외에 다른 방도를 찾지 못하였다. 그러다가 엄청난 규모의 농민저항운동을 겪게 된다. 동부 데칸 고원 지역의 안드라쁘라데시 주의 뗄랑가나에서 1946년부터 1951년까지 지속된 마오주의 공산주의자들이 일으킨 무장봉기다. 뗄랑가나 농민운동은 인도공산당이 주도하여 일으킨 저항으로 3,000개가 넘는 마을에서 10,000에이커가 넘는 광대한 토지를 농민들이 모두 몰수하여 토지가 없는 농민들에게 무상 배분한 농민저항운동이다. 농민들은 처음에는 봉건 지주의 과도한 착취에 저항하는 수준이었으나 점차 부채 탕감과 토지 몰수와 무상 배분을 요구하였다. 이 운동은 진압당할 때까지 4,000명이 넘는 농민들이 봉건 지주의 사병과 싸우다 죽은 독립 전후의 최대 농민 저항이다. 하지만 이보다 중요한 의미는 이 봉기는 인도에서 처음으로 일어난 마오주의를 기치로 내걸고 농민혁명을 부르짖은 무장혁명이었다는 사실과 결국 인도공산당이 게릴라전을 통한 무장혁명 노선을 포기하고, 의회민주주의를 받아들여 타협과 정치를 통한 사회 변혁 추구의 노선을 결정했고, 이것이 향후 인도공산당의 방향을 보여 준 시금석이 되었다는 사실이다.

이 사건을 접한 회의당 정부와 자본가로 구성된 권력자들은 이 사건을 겪은 뒤 그 태도를 바꾸게 되었다. 어쩔 수 없이 토지 개혁을 실시하기로 결정한 것이다. 회의당은 마침 중국에서 농민 세력에 의해 공산당 정권이 들어선 것을 익히 알고 있었기 때문에 공산화를 두려워하여 하루속히 농민들이 요구하는 토지 개혁을 시도해야만 했다. 그 가운데 자본가들은 비생산적 기생 지주 계급의 철폐를 통해 농업 생산량의 극대화를 신속하게 추진해야 하기도 했다. 이에 정부는 중개인 제도를 철폐하고, 소작 제도를 개혁하며, 토지 보유 상한을 설정하고, 보유 토지의 통합을 통해 농업 성장과 사회 정의를 실현하기로 하였다. 이는 토지 개혁의 근본인 "토지를 경작자에게"(Land to the Tiller) 정신을 전혀 충족시키지 않는 그야말로 무늬만의 토지 개혁이었다. 결국 토지 개혁은 농민들의 끈질긴 투쟁으로 쟁취한 것이었으나 그 시도의 칼자루는 정치·경제의 권력자들이 쥐었을 뿐, 농민은 철저히 소외당했으니 그 결과는 불을 보든 뻔한 상황이었다.

토지 개혁이 이렇게 형식적인 수준에 그친 것은 인도 공화국이 자본주의를 토대로 하는 법을 그 근간으로 삼고 있기 때문에 발생한 것이다. 널리 알다시피 자본주의 법의 기초는 사적 소유권의 인정이다. 따라서 인도의 연방헌법은 중개인과 지주의 토지를 보상 없이 몰수할 수 없음을 분명히 하고 있다. 한편 연방제를 채택한 인도 국가는 토지 개혁의 문제를 연방 차원의 문제가 아닌 주 정부 차원의 관할 사항으로 결정했다. 그 결과 누가 토지 경작자인지 규정하는 문제, 기존의 중개인과 지주들이 어느 한도로 토지를 보유할 수 있는지의 문제, 중개인과 지주에게 보상을 어떻게 얼마만큼 해줘야 하는지의 문제 그리고 토지 취득을 할 수 있는 자를 어떻게 규정할 것인가의 문제 등에 관한 여러 사항이 각 주에 따라 달리 정해졌다. 이러한 상황에서 중앙정부는 사회 정의 수립을 위한 더 큰 틀에서의 중개인제와 지주제 철폐 등을 포괄적으로 시행하려 했으나 각 주 정부에서는 처음부터 지주와 봉건 세력들의 힘에 밀려 아무런 변화를 이끌지 못했다. 그들은 지주가 현재 보유하고 있는 토지에 대해서는 아무런 시비를 걸지 못하게 하였고 다만 형식적인 지주제를 폐지하는 데 동의하였다. 더군다나 그 정도의 형식적인 변화를 위한 입법마저 기득권자들의 압력에 의해 무한정 연기되었다.

　토지 개혁의 가장 큰 이슈 가운데 하나는 중개인의 토지 보유 제한이다. 그들의 토지 보유 제한은 나중에 공산당 정부가 들어서게 되는 서벵갈, 께랄라와 공산당에 의해 극심한 농민 저항을 겪은 안드라쁘라데시의 뗄랑가나 지역 그리고 잠무-카시미르(Jammu-Kashmir) 주에서 상당 수준으로 이루어지면서 그들의 사회적·경제적 권한이 크게 약화되었다. 하지만 대부분의 주에서는 중개인 지주제가 형식적으로만 철폐되었을 뿐, 실질적으로는 아무런 변화가 일어나지 않았다. 그들은 여전히 토지의 대부분을 장악한 실제 경작자였으니 이전의 사실상 소유권이 이제는 법적 소유권으로 전환되었을 뿐이었다.

　소작권을 안정적으로 보장하고 소작료를 보호하기 위한 정부의 정책 또한 실패로 돌아갔다. 대부분의 지주들은 주 정부가 규정한 자경 토지를 악의적으로 해석하고 그 위에서 소작인들을 협박하여 그들의 모든 권리를 '합법적'으로 부인하였다. 특히 주 정부가 규정한 소작인의 소작권 '자발적 포기'는 소작인 축출에 널리 악용되는 좋은 도구로 이용되었다. 여기에 인도는 전통적으로 소작 계약을 구두로 하였기 때문에 대부분의 경우에 소작 기록이 없어서 그들에게 전적으로 불리하게 적용되는 경우가 많았다. 1977년 공산당이 집권한 지 1년 뒤인 1978년 서벵갈 정부가 실시한 '작전 바르가'(Operation Barga)라는 이름의 소작 기록 정비 작업은 많은 소작인들에게 소작권을 법적으로 보호받도록 해주었다. 하지만 서벵갈과 이미 토지 개혁을 강력하게 시행한 께랄라를 제외한 대부분의 지역의 소작인은 제대로 항거 한 번 하지 못한 채 축출되는 경우가 많았다.

인도 정부는 절반의 성공을 거둔 토지 개혁 외에도 농업과 관련된 많은 부문에서 개혁 조치를 단행한다. 농민에 대한 신용 제공, 농산물의 생산과 판매, 협동 농장의 운용, 주요 관개 시설의 운용 등이 그 골자다. 이는 식민 지배 종식 이후에도 농업의 봉건 체계가 여전함으로써 지주의 농민에 대한 수탈이 변함없이 지속되어 하루 속히 그 제도를 개혁해야 했기 때문이다. 이러한 여러 장치의 개혁 가운데 가장 시급하게 해결해야 할 문제는 지주의 고리대금업에 의한 착취였다. 고리대금업의 근절은 중개인(자민다리)의 철폐, 토지 보유 상한제와 더불어 정부가 심혈을 기울인 농업 개혁의 주요 목표였다. 고리대금업의 근절은 협동조합과 같은 공공기관을 설립하여 농민들에게 신용을 제공해 주는 방식을 통해 시도하였다. 특히 1969년에 공산당이 인디라 간디가 이끄는 회의당에 연립정부를 구성해 주는 조건으로, 국유화된 주요 상업은행을 통한 신용 제공이 크게 증가하면서 농민들의 고리대금업 사채 의존 비중이 상당히 감소하였다.

하지만 효율적인 경작을 보장하기 위해 정부가 야심차게 추진하려 한 소규모 비경제적인 토지 보유자들에 의한 협동농장의 도입은 지지부진을 면치 못하면서 실패로 돌아갔다. 그리하여 빈농의 경제적 조건이 향상되지 못하였다. 공공 관개 체제 또한 제대로 세워지지 못했다. 인도 농업은 불규칙한 강우량에 대한 의존도가 매우 높아, 정부는 관개 시설 개발에 투자를 시도했으나 이 또한 여러 가지 이유로 성공을 거두지 못한 채 인도 농촌은 극심한 빈곤의 상태를 벗어나지 못하고 있었다. 반면 협동조합이나 관개 시설의 운용은 대체로 기반 시설이 상당한 수준을 유지하고 있던 뻰잡이나 하리야나(Haryana) 주의 농민, 특히 그 가운데 부농층에게 큰 혜택을 줌으로써 빈곤한 농촌에서 빈부의 격차는 갈수록 심화되어 갔다. 결국 1960년대 말까지의 인도 농촌은 토지 개혁을 비롯한 여러 가지 농업 개혁을 시도하여 일정 부분 성공을 거두기도 하였으나 농업 생산량은 늘지 않고 농산물 생산 증대도 이루어지 않았다. 농산물 생산 증대가 이루어졌다면 그것은 단지 경작지가 확대되어서 일어난 결과일 뿐, 개혁이나 기술 개발 등이 가져온 것은 아니었다. 결국 식량 부족이 계속 이어지면서 외국으로부터의 식량 수입이 만성화되어 갔다. 1969년 식량 부족과 곡물가격 폭등은 나라 전체를 큰 혼란으로 빠뜨렸다.

토지 개혁을 비롯한 일련의 농업 개혁 정책이 큰 성과를 보이지 못하면서 농업은 무기력한 침체에 빠졌고, 정부는 그 만성화된 농업 문제의 해결을 위해 특단의 조치를 취해야 했다. 정부는 더 이상 지지부진한 제도 개혁에 미련을 두지 않고 새로운 전략을 취하게 되니, 바로 신기술 체계의 도입을 통한 생산력 증대의 도모였다. 보통 '녹색혁명'이라 부르는 신농업 전략으로의 전환이다.

'녹색혁명'은 미국의 지원 아래 인도와 같은 제3세계의 나라들이 곡물 생산의 증대를 목표로 새로운 농업 기술을 도입하면서 시작되었다. 이 새로운 기술 체계는 주로 밀과 쌀을 대상으로 하는 다수확 품종, 화학 비료와 살충제의 대량 사용, 광범위한 관개 시설 이용 등을 포함하는 것이다. 이러한 신기술의 개발은 미국이 2차 대전 직후 제3세계 국가에 대해 잉여 농산물을 무상으로 원조해 주던 방침을 기술과 자금 지원을 통한 농업 개발을 지원하는 것으로 바꾸는 것을 의미한다. 당시 미국 정부는 자국의 다국적 기업의 확장을 돕기 위해 새로운 투자 시장을 찾고 판매 시장을 창출하기 위해 노력하는 중이었다. 미국 자본의 인도 시장 진출과 인도의 사회 불안 요소 제거 및 자본주의의 확충을 꾀하는 제3세계 지배 전략의 일환이었던 것이다. 1965~1966년에 걸친 인도의 한발(투

魃)과 식량 부족으로 인한 기근 사태는 결국 인도 정부로 하여금 미국의 요청을 수용하게 만들었다. 결국 인도의 녹색혁명은 '위로부터의 혁명'이자 '밖으로부터의 혁명'이었던 셈이다.

녹색혁명을 실시하기로 한 인디라 간디의 회의당 정부는 멕시코와 필리핀에서 개발된 많은 품종의 종자를 보급시키고, 이와 동시에 화학 비료와 관개 시설을 대규모로 이용하도록 하였다. 그 결과 1967년부터 1968년까지 연간 농업 생산은 26%로 급상승했고, 국민소득은 9%로 상승했다. 이로써 인도는 연간 2%를 넘는 인구 증가가 일어났음에도 불구하고 식량 자급자족의 목표 달성에 바짝 다가서게 되었다. 하지만 이 녹색혁명에 문제가 없었던 것은 아니다. 예외적으로 단기적인 성장이 있었을 뿐 꾸준한 성과를 달성하지 못한 것이 문제 가운데 하나이다. 농업 생산량은 1970년에 1억 톤을 기록한 이래 한 번도 그 이상의 목표를 달성하지 못했다. 그렇게 되기에는 우선 인도의 농업이 여전히 불안정한 몬순 강우에 의존하고 있었다는 점을 들 수 있고, 나아가 그 효과는 농민에게 관개 시설이 갖추어졌는지 혹은 고수확 품종을 재배하는 기술을 갖추었는지에 따라 결정되기도 했지만 기본적으로는 지역에 따라 그 정책을 받아들일 수 있는 농업의 구조가 어떻게 서 있는지, 행정이나 금융의 제도가 얼마나 잘 받쳐 주었는지 등에 따라 달리 나왔다. 그래서 지역에 따른 편차는 물론이고, 개인에 따른 편차가 매우 컸다.

결국 녹색혁명은 한정된 지역에서만 효과를 볼 수밖에 없었다. 밀의 경우 새로운 종자를 관개 시설을 갖춘 규모가 큰 농장에서 재배했을 때는 쌀에 비해 훨씬 많은 생산의 증가를 보였지만, 새 품종 쌀은 인도의 토지에 적당하지 않아 대체로 작은 규모의 농지에서만 경작되었을 뿐이었다. 그 결과 밀 재배를 주로 하는 뻰잡 지역은 녹색혁명을 성공리에 완수하여 이후 대규모 밀 곡창 지대로 성공하였지만, 벼농사를 주로 하는 벵갈과 중부 지역 등은 관개 시설이 제대로 갖추어지지 않아 성공은커녕 도리어 농업이 크게 후퇴하였다. 그래서 녹색혁명은 국가 차원에서 볼 때 전체 생산량의 증가는 가져왔지만, 그 안에서 지역별 편차가 심해졌고, 각 지역마다 대규모의 농장을 경영하는 부농과 소농 및 농업 노동자 사이의 빈부 격차가 더욱 심화되었다.

'녹색혁명'은 토지 개혁과 함께 독립 후 인도 정부가 취한 가장 중요한 2대 농업 정책이었다. 그리고 그것은 일관되게 농업의 자본주의적 재편성을 향하는 것이었다. 녹색혁명은 토지 개혁이 이룬 두 가지의 주요 결과, 즉 식민 시기의 지주를 농업 노동자를 고용하는 기업농으로 전환시키고, 소작농을 대부분 농업 노동자로 전락시키는 것 위에 기초하여 진행되었다. 녹색혁명의 효과가 큰 지역에서는 부농과 중농의 생산 투자가 증가되고, 그 결과 그들이 고수익 계층으로 자리를 잡으면서 그들 부농과 중농의 기반을 강화하는 결과를 낳았고, 이로 인해 농민층의 분화가 촉진되었다.

인도 도시의 중산층과 부자가 샴페인을 터뜨리기 시작한 1990년대 초부터 인도 농촌 각지에서는 농민들의 연쇄 자살 사건이 터졌다. 지난 10년간 자살한 농민의 수는 15만 명에 달한다. 그 가운데 가장 심했던 2006년에는 한 해 동안만 1만 7,060명의 농민이 스스로 목숨을 끊었는데, 특히 인도 중서부 마하라슈뜨라 주에서는 인도 전체에서 자살한 농민의 4분의 1에 해당하는 4,453명이 자살했다. 이름하여 빈곤 자살. 그들이 자살을 결행할 만큼 그렇게 굶주리게 된 이유는 무엇인가? 세계적인 면화 재배지로 유명한 데칸 고원의 마하라슈뜨라 주 비다르바(Vidarbha) 지역으로 한번 가보자. 그들이 빈곤한 것은 감당할 수 없을 만큼 빚을 지게 되

인도 면화 시장이 개방되자 다국적 곡물 메이저 몬산토는 자극적인 광고를 쏟아 내어 농민들이 토종 면화 재배를 포기하도록 유혹했다. 결국 인도 농민들은 빚을 져가며 몬산토의 변형 면화 종자를 사들여 재배하게 되었고, 그 귀결은 농민들의 대량 자살이라는 비극이었다.

었기 때문이고, 그 빚은 잘못된 정책을 세운 정부와 그 소용돌이 속에서 기업의 이윤만을 위해 농민을 속인 다국적 기업 때문이다. 그러나 보다 근본적인 원인은 세계화의 그늘 때문이다.

1990년대 초 인도 정부는 WTO에 가입을 하고 그것을 계기로 농업 시장을 개방하고 값싼 수입 면화와 미국산 변형 종자를 들여왔다. 값싼 수입 면화가 물밀듯 들어오면서 면화값은 폭락하였고 그 손실을 만회하기 위해 정부는 미국산 변형 종자를 권장하였다. 여기에 다국적 기업 몬산토는 하루 100번 이상 텔레비전 광고를 내보냈다. "이 종자는 농약을 뿌릴 필요가 없습니다. 당신도 이제 백만장자가 될 수 있습니다." 그들은 비디오를 장착한 차로 자극적인 광고 영화를 틀어 주면서 농민들을 유혹했다. 그 광고에는 심지어 힌두교의 신과 여신도 등장하였다. 세계화 때문에 면화값이 폭락하는 위기 속에서 정부의 권고와 다국적 기업의 광고에 넘어가지 않을 수 있는 사람이 있을까? 농민들은 토종 면화를 버렸다. 심지어는 그동안 재배하던 검은콩, 녹두, 참깨 등을 포기하고 몬산토의 변형 면화 종자를 사들여 재배했다. 물론 모두 빚으로 사들였다.

문제는 세계화와 신자유주의의 구조 속에서 발생한 가격 경쟁력이었다. 인도 정부는 세계무역기구 등에 가입해 농업 보조금을 없앨 수밖에 없었지만, 완전한 기계화 기업농의 환경 속에서 재배된 미국산 면화와는 애초에 가격 경쟁을 한다는 것 자체가 불가능했다. 미국의 농민들은 뛰어난 기계화 영농 속에서 개인의 인건비가 거의 들지 않는데다가 농산물 가격에 직접 보조금을 받지 않는다 할지라도 소득 보험 지원, 재해 복구 및 구호 지원, 은퇴나 탈농 지원, 구조조정 지원, 환경 보전 지원, 낙후 지역 개발 지원, 공공 비축을 위한 지원 등 다양한 사회보장 시스템을 통해 실질적으로 국가가 지불하는 보조금을 받을 수 있기 때문에 매우 싼 가격을 책정하여 그 경쟁력을 유지할 수 있지만, 인도 농촌엔 그러한 사회 복지나 보장 제도가 전혀 없기 때문에 농사를 망치면 그 어떤 도움도 받을 수가 없다. 따라서 세계화 속에서 농촌 시장의 개방은 애초부터 상대가 되지 않는 싸움이었다.

결국 면화 시장을 개방한 후 얼마 지나지 않아 비극이 발생했다. 처음에는 새 종자를 심으면 정부 지원금도 나오고 비료와 농약도 보조를 받을 수 있었다. 그래서 농민들은 너도나도 변형 종자를 심었다. 그렇지만 광고와는 달리 새로운 변형 종자는 해충에 취약하기 때문에 더 많은 농약을 필요로 한다. 농민들은 종자와 농약 모두를 같은 회사에서 외상으로 구입한다. 그런데 결국 변형 종자를 심으면서 열매 안에 벌레가 파고들어 열매가 떨어져 버리는 헬리오티스라는 병이 돌았고, 점점 농약값이 많이 들어 농민들은 점점 더 큰 빚을 지게 되었다. 빚을 많이 지게 되면서 농민들은 은행 대출도 받을 수 없게 되고, 결국 가는 곳은 사채업자 밖에 없었다. 농민들은 빚을 내어 구입한 그 농약을 먹고 자살했다.

결국 수천 년 동안 이곳 농민들에게 큰 소득원이 되어준 '하얀 황금' 면화는 절망 속으로 사라져 버렸고, 남은 것은 이 지역 농민 340만 명 가운데 90% 이상이 지고 있는 빚과 사채업자의 잔인한 협박밖에 없었다. 농민들은 신장과 같은 장기를 팔아 돈을 마련하는 길까지 택했다. 그렇지만 그런다고 문제가 해결되는 것은 아니었다. 결국 농민들은 자살 이외에는 아무것도 할 수 없었다. 농민 자살이 심각한 사회 문제가 되자 정부는 놀란 시늉을 했다. 만모한 싱 인도 총리는 2006년 7월 비다르바 지역을 직접 방문해 면화 재배 농민에 대한 대규모 지원책을 발표했다. 그러나 그 후 정부 대책이 효과를 보인 결과는 아무 데서도 나오지 않았다. 농민들의 대량 자살 추세는 여전히 계속되었다.

인도 농민의 빈곤 자살은 데칸 고원의 면화 문제만은 아니다. 데칸 고원의 면화 재배지로부터 출발한 농민 자살은 안드라쁘라데시, 까르나따까, 마디야쁘라데시, 찻띠스가르 등 마디야쁘라데시와 이웃하고 있는 여러 주와 인도 최고의 곡창 뻰잡으로 번졌다. 그러면 여기서 뻰잡 주의 농촌으로 눈길을 돌려 보자. 뻰잡 주 정부의 보고서에 따르면 두 지구에서만 해도 최근 몇 년간 3,000여 명이 자살한 것으로 추정되고 있다. 뻰잡은 인도에서 생산되는 곡식의 3분의 2를 차지하는 인도의 곡창 중의 곡창이다. 1960년대 인디라 간디의 주도 아래 본격적으로 실시된 '녹색혁명'으로 농업 생산력은 획기적으로 증가했다. 그런데 녹색혁명은 전체 생산량의 증가는 가져 왔지만 그 안에서 대규모의 농장을 경영하는 부농과 소농 및 농업 노동자 사이의 빈부격차를 더욱 심화시킨 구조적 문제를 안고 있었다. 그렇지만 농업 시장이 개방되기 이전의 보호무역주의 아래에서는 정부가 실시한 공공분배제도 덕분에 곡창 지대 뻔잡은 인도 전역에 필요할 때에 적절한 가격으로 식량을 제공하는 역할을 톡톡히 해냈다. 뻔잡은 이를 통해 인도 전역의 농민 공동체를 세계 곡물가격의 급속한 등락으로부터 지켜낼 수 있었다.

그렇지만 1991년 시장 개방 때문에 인도 정부가 농업 보조 정책을 축소 조정하면서 보호무역주의는 중단되고 뻔잡의 역할은 큰 타격을 받게 되었다. 2000년 수확기가 끝날 무렵, 정부 보조가 점점 축소되면서 공공분배제도의 밀과 쌀을 구입할 수 없게 되어 수백만 명의 사람들이 인도 전역에 걸쳐 굶주리게 된 반면, 뻔잡의 곡물 창고는 팔리지 않은 쌀로 넘쳤다. 그렇지만 당시 미국을 비롯한 농업 선진 국가들은 자기 나라 농업에 대해 적극적으로 보조금을 지급하였고, 그 결과 전 세계 곡물 가격이 하락하였다. 이제 뻔잡의 농산물은 가격 경쟁력에서 완전히 밀려나 농업 붕괴만 기다릴 수밖에 없었다. 상황이 악화되면 될수록 농민들은 빚에 의존할 수밖에 없게 된다. 처음에는 은행 대출로 시작하지만 결국에는 사채로 가게 되고 결국 사채는 농민을 자살하게 만든다. 가장의 죽음은 가족의 해체로 이어지고 공동체의 붕괴로 이어진다. 이것이 뻔잡의 문제고, 인도 농촌의 문제며 세계화 속에서 미국과 유럽의 농업 선진국에게 시장을 내준 전 세계 농민들의 빈곤 문제다.

낙살 반군, 공산혁명으로 체제 전복을 꾀하다

인도에 그러한 정치 실천을 중시하는 '무늬만' 공산주의인 공산당만 있는 것은 아니다. 무장투쟁을 통해 유혈 혁명으로 체제를 전복시키고자 하는 공산당 세력도 엄연히 있다. 그 무장 폭력을 지향하는 '진정한' 공산주의자들의 투쟁은 한국의 진보 진영이 어떻게 평가할지 궁금하다. 자, 이제 무장혁명을 지향하는 소위 낙살 반군이라 불리는 인도와 네팔의 마오주의자들에 대해서 살펴보기로 하자.

낙살 반군은 의회민주주의를 부르주아 정치 체제라고 하면서 철저히 부정하는 세력이다. 그래서 그들은 선거 기간 중에 요인 암살을 비롯한 적극적 테러를 감행한다. 이 무장 세력을 낙살 반군이라 부르는 이유는 그 기원을 1967년 서벵갈의 낙살바리에서 일어난 무장봉기에 두기 때문이다. 사건은 이 지역의 뿌리 깊은 가난과 그 위에서 자행된 지주들의 착취에서 비롯된다. 그것은 연방 정부가 토지 개혁을 시도하였지만 제대로 시행되지 않아 토지 소유는 여전히 불평등하고 지주의 착취가 더욱 기승을 부리면서 농민이 더 가난해지고 말았기 때문이었다. 1967년 3월 3일, 이 지역의 농민 150여 명이 농기구와 무기를 들고 지주의 곡식 창고를 부수고 수백 가마의 식량을 탈취하였고, 그 사태는 3개월 가량 지속되었다.

그런데 이 사건은 다른 지역에서 흔히 볼 수 있는 단순한 농민저항 봉기와는 다른 성격을 띠었으니 CPI-M 내에서 줄기차게 무장투쟁 노선을 주창하던 세력이 조직적으로 벌인 것이라는 점이다. 낙살바리는 서벵갈의 가장 북쪽에 위치한 곳으로 인도, 동파키스탄(현재의 방글라데시) 그리고 네팔의 세 나라 국경이 만나는 곳이면서 산악 지대와 가까운 곳이라서 반군이 세력을 유지하기 좋은 조건을 가지고 있었다. 그들은 농촌 곳곳에 해방구를 건설하여 새로운 인민민주주의를 건설하는 것을 그 목표로 삼았다. 봉기는 처음 주 정부가 소극적으로 대처한 덕에 3개월 동안 지속될 수 있었다. 그렇지만 서벵갈 주 정부는 7월 5일 경찰을 동원하여 무력으로 그들을 진압하였고, 체포된 지도부는 투옥되었고, CPI-M에서도 출당되었다. 하지만 봉기 지도부는 진정한 공산혁명을 목표로 삼아 CPI-ML을 창당하였다.

그런데 CPI-ML은 창당하자마자 바로 노선 갈등과 파벌 싸움의 소용돌이에 휩싸이게 된다. 그 후 CPI-ML이 무장혁명을 추동하려 하지 않고, 정당 활동을 통해 세력 확장을 꾀하는 움직임을 보이자 일부 무장혁명 추동 세력이 탈당하여 유혈 혁명을 위한 무장봉기에 나서면서 그 세력이 크게 약화된다. 그런데 서벵갈에서 세력이 크게 약화된 것과는 달리 낙살과 마오쩌둥을 앞세운 농민의 무장봉기는 전국의 가난한 농촌과 산악 부족 지역에서 크게 일어나 오늘날까지 큰 영향력을 끼치고 있다. 그들은 서벵갈을 비롯하여 오디샤, 안드라쁘라데시, 비하르, 찻띠스가르, 자르깐드, 따밀나두 등 벵갈 만 연안의 동부 인도와 동남부 인도에 큰 영향력을 행사하고 있다. 그것은 이 지역이 인도 내에서는 가장 빈곤하고 낙후된 지역인데다 산악으로 연결되어 피신하면서 게릴라 무장혁명운동을 벌이기 좋은 환경을 갖추고 있기 때문이다. 또 이 운동이 농촌의 빈곤층뿐만 아니라 이 지역에 널리 분포되어 있는 소외당한 산간 부족들에게도 상당한 지지를 받기 때문에 이 지역에서 무장혁명 세력이 세력을 크게 유지할 수 있는 것이다. 그 세력은 현재 네팔까지 연결돼 그곳에서는 무장봉기 세력이 2008년 왕정을 무너뜨리고 집권 정당이 되기도 하였다.

낙살 반군이 큰 세력을 형성하고 있는 인도의 동부 지역은 '붉은 회랑'이라고 불리는데, 인도 연방 정부에게는 국가 안보에 대한 제1의 위협 요소로 간주되고 있다. 낙살 반군의 세력이 이렇게까지 성장하게 된 것은 전적으로 독립 후 인도 정부가 지주제 철폐와 토지 개혁을 제대로 이행하지 못했기 때문이다. 대충 얼버무린 토지 개혁의 결과는 대지주의 힘을 크게 약화시키는 데 일정 부분 성과를 거두었으나 그 혜택이 빈농에게 돌아간 것은 아니었으니 인도의 농촌은 식민 시기 혹은 그 이전과 거의 다를 바 없는 불평등 수탈 구조가 여전히 유지되었거나 더 악화되었다고 봐도 과언이 아닐 것이다. 새롭게 형성된 지주와 소작인의 관계에서는 과거 전통 사회에서 그나마 유지되던 사회안전망(경제적으로는 수탈당하지만, 사회적으로는 전통적으로 보호를 받는 체계)조차도 사라져 버려 전적으로 경제적 이해관계로 내몰리게 되면서 가난한 소작농들은 아무데서도 보호를 받을 수가 없게 되었고, 모든 사회·경제·정치적 이득은 중간층 농민이 독점하게 되었다.

이러한 상황에서 가난한 소작과 임금노동을 하는 빈농은 공산당의 깃발 아래 중농에 대해 저항하기 시작했다. 그렇지만 저항은 항상 더 큰 앙갚음으로 돌아오는 법. 지주들은 고분고분 말을 듣지 않는 사람들에게는 강간, 방화, 폭력 심지어는 살인 등의 범행을 거리낌 없이 자행하였다. 지주들은 하나같이 사병을 보유하고 있었고, 정치권과 결탁하여 경찰력을 마음대로 주무르고 법원을 무기력하게 만들 수 있는 관계를 유지하였다. 그들은 선거철만 되면 사병을 동원하여 자신의 정치적 후원자를 위해 선거함을 탈취하거나, 반대편에 선 농민들은 아예 선거를 할 수 없도록 폭력을 사용하여 투표함에 접근하지 못하도록 하거나, 아예 투표 공고를 하지 않아 버리거나 하는 무자비한 방법으로 정치인과 부패의 고리를 유지하였다. 이러한 상황에서 공산당의 대표 격인 CPI-M은 의회민주주의를 통해 권력을 장악하고자 하기만 할 뿐, 근본적인 구조 개혁에는 아무런 힘을 발휘하지 못하는 무능한 상태에 있었다. 민주주의란 언론에나 있고 이론에나 있을 뿐, 현지 농촌에는 전혀 존재하지 않았다. 이런 상태에서 가난한 농민들이 할 수 있는 일은 그 자리에서 죽든지, 아니면 새로운 공산당 깃발을 세워 무장투쟁을 하는 수밖에 없었다. 물론 현재로서는 둘 다 죽음으로 가는 길일 뿐이다.

1967년 봉기 세력이 세운 CPI-ML은 서벵갈에서 점차 남동부 산악 지역을 중심으로 인도에서 가장 가난한 농촌과 산악 지역을 중심으로 세력을 뻗쳤다. 그들은 의회민주주의를 철저히 부정하였으니 선거 시에 집중적으로 테러를 감행하는 전술을 사용하였다. 그 가운데 특히 종교공동체주의를 조장하는 힌두 근본주의 세력과 그에 연합전선의 관계에 있는 작은 정당 정치인을 주요 타깃으로 삼아 살해하였다. 물론 회의당과 CPI-M 또한 그 타깃이 되지 않는 것은 아니었다. 남부의 따밀나두 주에서는 주 수상을 암살하려다 미수에 그쳤고, 선거운동을 하는 조직원들을 납치하거나 살해하여 선거를 마비시키기도 했다. 2006년 인도 중앙정보국은 낙살 무장 반군 전체 조직원의 수는 7만 명, 그 가운데 무장 게릴라 활동을 하는 조직원의 수는 2만 명에 달한다고 보고 있다.

결국 2007년에는 연방 정부 수상 만모한 싱이 낙살 반군의 세력이 국가 안보를 위협하는 제1의 국내 요인이라고 선언하기에 이르렀다. 하지만 그렇게 큰 국가 존재에 대한 위협이라 할지라도 인도 정부가 그들을 완전 소탕하려는 시도를 하지는 않는다. 소탕하기 어려운 점도 있지만, 민주주의 정치를 운용하는 기본 정신이 한국과는 다르다. 일단 시간을 두고 본다. 그것이 인도 사람들의 정치를 임하는 태도다.

1967년 봉기가 일어난 지 40여 년이 지났다. 낙살 무장 반군 세력이 중앙정부에게는 가장 위협적인 세력이 됨에는 두말할 여지가 없는 것이 사실이지만, 그렇다고 그들이 성공을 향해 가는 것은 아니다. 수많은 곳에 해방구를 두고 게릴라 투쟁을 하고 있지만, 그들 내부에서나 그들 외부에서나 모두 그들의 운동이 실패한 것이라고 하는 데는 이견이 없다. 이 대목에서 우리는 처음 낙살바리 봉기에서 가장 중요한 지도자 2인 가운데 한 사람*인 산얄(Kanu Sanyal)의 목소리를 들어 보는 게 의미 있을 것으로 보인다. 산얄은 2007년 5월 어느 기자와의 인터뷰에서 이렇게 말했다.

"우리는 실패했습니다. 실패한 이유는 여러 가지가 있겠지만 가난한 농민들과 차밭 노동자를 묶을 수 있는 제대로 된 당을 만들어 내지 못했습니다. 초기에 마줌다르 동지가 주창한 '계급의 적, 반동 분자 처단' 노선은 잘못된 것이었습니다. 그는 농민 조직은 필요치 않고 오직 필요한 것은 소규모의 타격대가 적을 섬멸하는 것이라고 했으나 전투를 벌이기 이전에 농민들과 대화를 나누고 그들을 우리 전선에 끌어당기는 것이 더 중요했습니다."

인도에서의 낙살 공산혁명은 실패를 향해 가고 있는 중이다. 여전히 동부와 동남부의 산간 지역에 위협 세력으로 존재하고 상당수의 해방구를 차지하고 있지만, 그 세가 크게 위축된 지 벌써 몇 년째다. 그런데 이웃 나라 네팔에서는 마오주의자 공산당이 내전을 통해 세를 결집하고 그를 바탕으로 총선에서 일약 집권 정당이 되기까지 했으나 여전히 기득권자들의 두꺼운 방호벽을 뚫지 못하고 있다. 네팔에서는 인도보다는 상황이 낫지만, 제도권 정치계 안에서 그들이 얼마나 초심과 정체성을 유지하면서 헤매지 않을지 장담할 수 없다. 안타까운 실정이다.

네팔은 히말라야 산맥과 인도, 방글라데시 등에 둘러싸여 폐쇄되어 있는 전형적인 산악 국가로, 세계에서 가장 개발이 안 된 그래서 세계

---

* 다른 한 사람은 짜루 마줌다르인데, 봉기 후 1972년 은신처에서 체포되었고, 투옥 열흘 만에 감옥에서 죽었다

에서 1인당 국민소득이 가장 낮은 나라 중의 하나다. 그 위에서 100여 개의 카스트와 종족 집단이 있고, 100여 개의 서로 다른 언어가 있어 국민통합이 매우 어려운 상태다. 오랫동안 힌두 왕국이였지만, 1950년대부터 민주주의를 염원하던 세력과 국왕 사이의 각축이 벌어지기 시작했다. 그러다가 1960년에 당시 왕이던 마헨드라(Mahendra)가 민주적으로 선출된 정부를 전복한 후 모든 정당과 의회를 해산하고 그 위에 빤짜야뜨(Panchayat)라는 회의 기구를 도입하였다. 빤짜야뜨는 같은 이름으로 인도에서는 지방자치제의 최하 단위로서 전형적인 민주주의 의회 자치를 구성하는 기구인 데 반해, 이곳에서는 그 이름을 도용하여 '국왕의 지도에 의한 민주주의'를 이행하는 독재를 위한 첨병 역할이였다. 굳이 쉽게 이해하기 위해 말하자면, 박정희 정권 시절에 유신독재를 유지하기 위한 기구로 통일주체국민회의를 만들어 국민이 대통령을 직접 선출할 수 없도록 만든 것과 동일한 맥락의 산물이라 하겠다.

그러나 마헨드라 왕의 뒤를 이은 비렌드라(Birendra) 왕의 독재는 영원하지 못했다. 1990년에 네팔 역사상 처음으로 인민들의 봉기에 부닥쳐 권력이 무너진 것이다. 여러 공산주의자들이 주도하여 일으킨 이 인민봉기는 나중 2006년 다시 일어난 또 다른 인민봉기와 비교하여 제1차 인민봉기(Jana Andolan)라는 이름으로 부른다. 왕은 인민봉기에 굴복하여 빤짜야뜨를 폐지하고 의회 군주제를 도입하는 등 정치개혁을 단행하였고, 여러 분파로 나뉜 공산주의자들은 네팔공산당 맑스-레닌주의자(이하 '네팔공산당-ML')로 합당하였다. 그리고 네팔공산당은 숙의 끝에 무장혁명 노선을 폐기하고 의회민주주의에 참여하기로 결정했다. 그리고 이어 1991년에 치러진 총선에서 네팔공산당-ML은 기득권자들의 지지 정당인 네팔회의당과 함께 양강 체계를 구축하였다.

그러나 의회민주주의가 도입된 이후 계속해서 기득권자들의 방해로 인해 헌법 제정이 유보되면서 불만이 축적되었다. 그리하여 네팔공산당 마오주의자(이하 '네팔공산당-M')가 1994년에 창당되었다. 당수인 쁘라짠다(Prachanda)와 네팔공산당-M은 1996년 왕에게 인민전쟁을 선포하였다. 그 후 2008년까지 내전은 계속되었고, 네팔공산당은 전체 국토의 80% 정도를 차지하는 전과를 올린 상태에서 2008년 제헌의회 구성에 참여하기로 결정했다. 그리고 그 결과 다수당의 위치에 올라 다른 군소 세력과 연정을 통해 집권 정당이 되었다. 공산당이 유혈 무장 내전을 거쳤으나 협상 끝에 의회 선거에 참여하여 집권을 하는 세계사상 가장 특이한 공산당 정권이 탄생한 일대 사건이었다. 그러나 쁘라짠다 정권이 기득권자의 방해를 뚫지 못하고 2009년 5월 총리직을 사임하면서 공산당 정부는 아무런 개혁도 하지 못한 채 일단 막을 내렸다. 절반의 공산혁명을 이루었으나 정치적 능력을 갖지 못한 세력이 기득권을 당해 내지 못한 것은 자연스러운 결과였다. 정치는 이념이나 완력으로 혼자서 할 수 없는 짓이기 때문이다. 인민이 뒤를 받친다고는 하나 그 인민처럼 이해 불가하고 방향을 파악할 수 없는 존재도 없다.

네팔이 이렇게 오랫동안 내분을 겪는 것은 오랫동안 만연한 빈곤과 불평등이라는 사회·경제적 요인에서 비롯된다. 그 가운데 우선은 극심한 빈곤이고 동시에 힌두교 카스트 체계에 의한 사회·경제적 불평등이 만연하여 인민의 불만이 팽배해 있다. 대부분의 권력과 부는 종족과 카스트에 따라 소수에게 집중된다. 그런데 그 집중은 결정적으로 마헨드라 왕이 도입한 빤짜야뜨 체계에 의해 더욱 강화되었다. 빤짜야뜨는 '한 국왕, 한 나라, 한 언어, 한 의복'을 표방하는 전형적인 국가주의 독재의 정치 기구였다. 그런데 표리가 부동하게도 마헨드라 국왕은 카스트, 지역,

여성, 언어, 종교 등에서 소수자의 위치를 차지하는 집단에서 엘리트를 뽑아 관료로 임명하거나 우대하는 정책을 폈다. 전형적인 분리통치 기술이었다. 그런데 그 분리통치술이라는 것은 항상 시간이 지나면 그 집단의 대표로 뽑힌 엘리트들이 자각을 하게 되고 그것을 바탕으로 더 큰 저항을 하기 위해 더 큰 집단을 만들려고 한다는 게 역사적 사실이다. 마헨드라 국왕은 그것을 간과했고, 그 엘리트들은 그 위에서 저항하기 시작했다. 그것이 1990년의 일이고, 세력을 모으는 일을 한 사람들이 공산주의자였다.

네팔의 인민들은 1990년 봉기를 일으켜 빤짜야뜨 체제를 붕괴시키고 민주주의를 복원시키는 데 성공하였다. 그들은 새로운 헌법을 만들어 가면서 그동안 정치적·사회적으로 배제되어 온 여러 소수자 집단들을 적극적으로 고려했다. 크게 카스트, 종족, 성(性), 언어 등의 차원에서 억압받던 사람들의 요구가 봇물처럼 터져 나왔다. 그런데 선거를 통해 양대 정당으로 성장한 네팔회의당과 네팔공산당-ML은 그런 소수자 문제에 거의 관심을 두지 않았다. 네팔 사회가 갖는 근본 문제는 토지를 둘러싼 수탈과 빈곤의 문제와 소수자 배제의 문제인데, 네팔공산당-ML은 전자에 관심을 주로 두면서 점진적 개량을 주장한 반면 네팔공산당-M은 두 가지 측면 모두에서 일대 변혁을 기도했고, 그 방식으로 무장혁명을 주장했다.

마오주의 공산주의자들이 전개한 내전은 철저한 게릴라전으로 전개되었다. 그러자 정부는 2001년 그들을 진압하기 위해 기존의 경찰 대신 군대를 투입하였다. 그렇지만 마오주의자들의 게릴라전은 전혀 수그러들지 않은 채 정부군과 반군 사이의 교착 상태는 2005년까지 계속되었다. 그러자 갸넨드라 왕이 2005년 2월, 군부와 짜고 국회를 해산하고 국정을 장악하였다. 이에 민주화를 열망하던 시민사회 및 정당 세력들이 2006년 거리로 뛰쳐나오면서 2차 인민봉기가 터졌다. 그리고 2006년 양자 사이에 포괄적 평화협정이 체결됐고, 2008년 제헌국회 선거가 실시됐다. 마오주의자들은 선거에 참여하기로 결정했고, 그 결과 네팔공산당-M이 주도하는 연립 정당이 과반의 지지를 받아 정권을 장악했다. 이때 네팔공산당-M이 차지한 의석수는 전체 602석 중 229석이었다. 하지만 연립정부는 반군을 정규군으로 전환시키는 문제를 둘러싸고 갈등을 벌이다 분열되었고 결국 내각 총사퇴가 일어나 정권을 내주게 되었다.

이 대목에서 우리는 한 가지 의아한 점을 발견하게 된다. 2006년 평화협약이 체결되기 전까지 전 국토의 80% 정도를 점령했던 네팔공산당-M이 왜 무력으로 권력을 장악하지 않고 평화적으로 선거를 통해 권력을 잡았을까 하는 점이다. 네팔공산당-M은 그 이름이 내건 것과는 달리 자본주의를 옹호하는 정치 집단이다. 따라서 공산혁명을 통해 기존의 경제 권력을 쫓아내는 것에 대해서는 관심이 없다. 그것보다는 연방제 국가를 정상적으로 유지하기 위해 지역이나 카스트 등의 차원에서 소수자의 위치에 있던 사람들의 평등한 처우를 위한 싸움에 더 몰두하였다. 그것은 네팔의 마오주의 공산주의가 처음에는 동부 네팔을 통해 인도의 낙살 마오주의의 영향을 받아 강력한 토지 개혁 등 농민운동의 영향을 많이 받았지만, 시간이 가면서 서부 네팔을 중심으로 종족 운동 차원에서 평등성을 더 중시하는 집단이 세력을 확장시켰기 때문이다. 결국 네팔공산당-M이 선거를 통해 집권을 하는 전략을 택한 것은 바로 이러한 네팔의 다민족 사회의 성격 때문이었다. 마오주의 공산당이 사회·경제적 이념을 통해 만든 계급이라는 개념으로 서로 다른 모든 소외된 정체성 집단을 포용할 수는 없다.

2006년 이후 종족, 언어, 카스트, 종교 등에 기반을 둔 다양한 정체성 집단이 새로운 네팔을 건설하기 위해 갈등 중이다. 민주화와 사회적 포용은 이 과정에서 구심점으로 작용하고 있다. 일부 남부 지역은 민주화와 사회적 포용의 개념을 자신들의 자치권 확대 차원에서 해석할 정도다. 그들에게 계급의식은 매우 희박하다. 그래서 공산당 반군을 전폭적으로 지지한다는 것은 기대할 수 없다. 이런 상황은 대부분의 아시아 나라에 나타나는 현상이다. 과거 식민 지배를 벗어나기 위해 만든 민족/국민 차원의 민족주의나 농민, 노동자를 중심으로 하는 공산주의나 사회주의의 계급주의가 큰 영향을 끼치지 못하는 것이다. 이곳 네팔이 그렇고 아프가니스탄이 그렇고 버마(미얀마)가 그렇고 이라크가 그렇다. 그 외에도 많다. 그들 나라에서는 그 어떤 이념의 정체성보다 종족의 정체성이 강하다. 그 정체성은 인종, 언어, 종교, 카스트 등이 이질적으로 결합되면서 나타난다. 공산주의와 같은 사회·경제적 이념은 포스트 식민 시기에 아시아 곳곳에서 나타나는 다양한 정체성의 정치를 하나로 통합하거나 대체할 수 있는 능력을 갖추지 못했다. 불가촉천민이나 소수 부족, 혹은 여성이나 차별 지역의 입장에서 볼 때 공산주의가 자신의 차별을 풀어 줄 수 있는 이념이라고 생각하지 않기 때문이다.

5장
여성운동, 환경운동, 부족민 운동

5장_여성운동, 환경운동, 부족민 운동

여성운동

여성운동도 인도의 다른 사회운동들처럼 식민지 시대에 그 뿌리를 두고 있습니다. 그리고 국민회의와 공산당의 영향하에 있었습니다. 식민지 시대 여성운동은 영국의 영향으로 시작되었습니다. 이때는 유럽 중심적 시각이 강해서 인도의 야만적인 풍습을 서구적인, 문명화된 관습으로 바꾸는 운동의 일부로서 여성 교육과 여성의 사회적 지위 향상 문제를 다루었습니다. **여성의 지위 향상도 여성의 생활과 의식을 영국화하는 것을 의미**했습니다. 그 뒤 국민회의의 주도로 민족해방운동이 활발해지면서 **여성운동은 민족운동의 일부로 취급**됩니다. 국민회의는 민족해방운동을 주도하는 인도 남성들을 뒷받침해 주고 내조하는 여성상을 이상적인 여성상으로 설정합니다. **간디는 '사티'(Sati)라는 인도 여신을 상징물로 내세우면서 인도 여성의 전통적 미덕인 ── 물론 간디의 주장입니다만 ── 희생으로서의 여성성을 강조합니다.** 민족의 독립을 위해 희생하는 역할을 여성에게 요구한 것입니다. 1947년 해방 이후에는 여성들을 동원할 필요가 별로 없어집니다. 인도 사회의 주류는 경제 성장이나 빈곤 문제에 치중하게 되면서 여성 문제에는 거의 침묵합니다. 그러다가 **1970년대 초중반에 들어 신사회운동이 활성화되면서 독자적 운동으로서의 여성운동**이 생겨나게 된 거죠.

1970년대 이전의 여성운동은 여러 가지 한계를 안고 있었습니다. 독립투쟁 과정에서의 여성운동은 그 이전까지는 수동적 객체였던 여성을 변혁의 주체로(보조적이긴 하지만) 인정받게 했다는 점에서는 긍정적입니다. 하지만 관념적인 여성성을 지나치게 강조하는 운동이라는 한계를 가집니다. 독립 후 헌법에서는 여성의 권리를 보장하는 조항들이 이미 상당수 갖춰져 있었습니다. 하지만 현실에서는 거의 실행되지 않았습니다. 예를 들어 남녀평등에 대한 헌법상의 규정에도 불구하고 남녀동일임금법은 1975년에서야 제정됩니다. 여성 차별에 전혀 관심이 없다가 여성운동이 활성화되고 나서야 법제화가 된 것입니다. 하지만 이마저도 지금껏 제대로 시행되지는 않고 있습니다.

1970년대의 여성운동을 이끈 사람들은 지식인들입니다. 고등 교육을 받은 상층 여성들이 운동을 주도한 것은 인도 내에서 여성의 지위가 워낙 열악했기 때문입니다. 하층 여성들이 스스로 주체가 되어 자신들의 권익을 보장하기 위한 운동을 하는 게 여러 가지 여건상 힘들었습니다. 여성운동을 주도한 여성들은 서구에서 교육을 받았거나 서구와의 연계망을 가진 경우가 많았습니다. 또 서구의 여성운동가들이 인도로 이주하기도 했습니다. 이런 현상은 사라졌던 여성운동을 활성화시킨 이점도 있었지만, **인도의 여성운동이 농촌의 하층 여성들을 중심으로 한 자생적 운동과 도시의 교육받은 상층 여성들의 운동으로 이원화**되는 문제를 낳기도 했습니다.

새로운 여성운동은 공산당 주도의 여성운동과도 갈등을 빚었습니다. 인도 사회에서 그나마 여성들의 사회적 권익을 보장해 주는 역할을 한 것은 공산당의 여성 조직이었습니다. 공산주의 이데올로기 자체가 남녀평등을 당연시했으니까요. 인도공산당이 남녀 차별 문제에 대해 썩 진보적이지는 못했지만 국민회의당이나 다른 보수적인 인도인들에 비해서는 상대적으로 여성 문제에 관심을 기울였고 공산당 내에도 조직화된 여성 부문들이 있었습니다. 앞에서 보았듯이 인도공산당은 스탈린주의 정당입니다. 상당히 폐쇄적이고 이데올로기적으로도 소련 중심적인 사고를 하고 있었습니다. 하지만 새로운 여성운동은 서구의 신사회운동에서 출발한 것이었고 신사회운동은 반(反)스탈린주의를 중요한 특징으로 하고 있었습니다. **신사회운동을 하는 사람들은 스탈린주의에 대한 반감이 강했기 때문에 공산당이 주도한 여성운동과 함께하기를 거부**했습니다. 공산당도 마찬가지였습니다. 이런 원론적이고 정치적인 대립에도 불구하고 실제로 하는 활동은 누가 누군지 구별이 잘 안 됩니다. 실제로 여성들이 고통받는 현실은 분명하잖아요. 같은 여성 차별 문제에 대해 거의 같은 대안을 내세우면서도 인도의 여성운동들은 분열되어 활동하는 문제점이 있었습니다.

    1970년대에 여성운동이 활성화된 계기는 1971년에 UN이 실시한 인도 여성 실태조사입니다. 이 조사 결과가 『평등을 향하여』(*Towards Equality*)라는 제목으로 발간됩니다. 이 보고서의 영향으로 여성 문제가 본격적으로 제기되었습니다. 급진적 맑스주의자들이 주도한 '마고아'(Magowa)*, 진보적 여성운동가들이 조직한 '포우'(POW)와 같은 대표적인 조직들도 이때 생깁니다. 이 단체의 주요 구성원들은 지식인들이거

---

* 인도어로 '따르라, 그리고 비판적으로 탐색하라'라는 의미

나 대도시의 교육받은 여대생들입니다. 이들이 제기했던 문제들은 **여성에 대한 폭행, 슬럼가에서의 여성 차별, 지참금 문제, 가사노동 문제, 사티** 등입니다. 사티**는 오래 전에 불법화되었는데도 여전히 일부 지역에서는 남아 있다고 합니다. 이런 여러 가지 봉건적이고 남성 우월적인 사회적 관행에 대한 문제 제기가 이들의 주된 활동이었습니다. 이런 활동으로 여론이 들끓기 시작하자 인도 정부는 1974년에 여성위원회를 설립합니다. 여성위원회를 중심으로 합법적으로 여성의 권익을 신장하기 위한 여러 가지 프로그램들을 만듭니다. 이때 다뤘던 주제들은 성비 불균형, 여성의 기대 수명이 남성보다 훨씬 낮은 점, 높은 영유아 사망률, 높은 산모 사망률 등입니다. 또 여성의 노동 참여 감소, 남성보다 높은 여성의 문맹률들도 중요하게 다루었습니다. 도시 상층 여성들과 정부 주도의 여성운동 외에도 농촌 여성들이 스스로 여성운동적 관점에서 조직을 건설하고 운동에 나서면서 페미니즘의 하위주체(subaltern)들이 형성된 것도 이 무렵입니다.

 1975년 10월에 푸네(Pune)라는 곳에서 중요한 회의가 열립니다. 이 회의에는 정부부터 민간단체까지, 또 좌파, 우파할 것 없이 여성운동에 관계하는 모든 이들이 참석했습니다. 이 회의의 주요 의제는 식수나 화장실 같은 위생 문제, 데바다시스(Devadasis)***, 지참금 문제 등이 있었습니다. 지참금 문제는 전통 사회에서부터 계속 있던 것이지만 과거에는 그렇게 심각하진 않았다고 합니다. 지금은 지참금 살인이 인도에서 1년에 천 건 이상 발생합니다. 지참금을 적게 가져온 며느리에게 염산을 붓

** 예전에 인도에서 행해졌던 힌두교의 의식으로, 남편이 죽으면 남편의 시체·옷과 함께 그의 아내도 산 채로 화장하던 풍습.
*** 힌두교 사원에서 종교의례라는 허울을 쓰고 행해지던 성매매. 힌두교 전통에서 성매매를 종교적으로 미화시키는 장치이다.

거나 부엌에서 요리할 때를 노려 기름을 부어 불태워 죽이는 등 방법도 너무나 잔인합니다. 이렇게 폭력적인 양상을 띠게 된 것은 자본주의가 일반화되면서부터입니다. 배금 풍조가 널리 퍼지면서 일어난 현상이죠. 그 전에는 지참금을 적게 가져오면 시어머니가 동네 아줌마들한테 흉보는 정도의 문제였다고 합니다. 인도 사회가 급속하게 자본주의화되면서, 못사는 가정이나 중류층에서 시집 오는 며느리가 지참금을 가져오는 것을 '한몫 잡을 수 있는 기회'로 여기게 되면서 점점 더 문제가 된 거죠. 여성들의 가사노동 전담도 문제가 됩니다. 또 농업 노동자 간의 성별 위계 심화도 문제입니다. 인도 농촌이 근대화되는 과정에서 남자들은 도시로 떠나고 농촌에는 여성이 더 많이 남게 됩니다. **농촌에서 열악한 농업 노동은 대부분 여성 노동자의 몫**이 됩니다. 따라서 농업 노동자들의 빈곤화는 곧 여성 빈곤화를 의미합니다.

  이때 맑스주의 여성운동가들과 신사회운동에 속하는 여성운동가들 사이에 대립이 첨예화된 주제가 있었는데 가사노동 문제입니다. **가사노동 문제에 대한 좌파의 공식적인 해결책은 가사노동의 사회화**였습니다. 가사노동이 노동으로서 인정받지 못하고 여성들이 일터와 가정에서 이중으로 착취당하는 문제를 해결하기 위해서는 가사노동을 사회화해야 한다고 주장한 것입니다. 가사노동을 가정 내의 노동으로 남겨 두지 말고 사회로 가지고 나오자는 것입니다. 쉽게 말해서 가정에서 밥을 해먹는 행위는 사회적으로 인정받지 못하지만 회사 구내식당에서 밥을 짓는 행위는 노동으로 취급되고 임금을 받습니다. 이렇게 사회적으로 인정받는 노동의 형태로 전환시키자는 것입니다. 반면에 **신사회운동 측의 해결책은 남성이 가사노동을 분담하는 것**이었고 이 두 안이 대립했습니다. 어떻게 보면 두번째 안은 남편의 선의에만 의존하는 별로 실효성 없는 주장

인도의 성평등 수준은 독립 이후에도 매우 낮은 상태에 머물러 있다. 배금 풍조의 영향 아래서 구습은 더욱 폭력적인 양상을 띠게 되어 지참금 살인이 벌어지는가 하면, 남편의 구타나 강간 등 성폭력 문제도 극심하다(인도에서는 "모든 남성은 잠재적 강간범이다" 같은 구호가 빈말이 아니라고 한다).

같지만 인도 사회에서는 의미가 있었습니다. 단순히 여성들이 너무 힘드니까 같이 도와 가면서 살자는 의미 이상이었습니다. 가사노동이 여성의 것이라는 인식이 너무 강했기 때문에 가사노동 분담은 남성 우월적인 사회적 지위나 인식 자체를 바꾸기 위한 운동으로서의 의미를 가졌던 거죠. 또 가사노동을 사회적으로 인정받는 노동으로 전환해야 한다는 말은 동시에 여성이 주로 하는 가사노동은 인정받지 못하는 가치 없는 노동이라는 인식을 재생산한다는 문제를 가집니다. 가사노동을 사회화하자는 말은, 가정 안에서 여성이 전담해야 되는 노동은 사회적으로 가치 없는 노동임을 논리적으로 전제하고 있고, 사회화가 안 이루어지면 사회적으로 결국 인정받지 못합니다. 그래서 여성의 가사노동은 어떻게 보면 진정한 노동이 아닌 것처럼 보여질 수도 있습니다.

다음으로 문제가 된 것은 **토지 개혁 과정에서 여성의 배제 문제였습**

니다. 지주가 과도하게 소유한 토지를 가난한 농민들에게 분배하는 것이 토지 개혁의 한 방식임은 앞에서 보았습니다. 이때 토지를 분배받는 단위는 가구였습니다. 그런데 남녀 차별이 해소되지 않은 상태에서 가구당 토지를 나누어 주면 결국은 남성인 가장이 토지를 독점하게 됩니다. 토지 개혁을 해도 종속적인 상태의 여성의 입장에선 별로 좋아지는 게 없었습니다. 그리고 가구당 분배를 위한 실지조사 과정에서 여자 혼자 있는 가정들이 배제되는 문제가 발생했습니다. 남성이 가장으로 있는 소위 정상적인 가구가 아닌 여성 가장이나 소년·소녀 가장 가구에게는 토지가 분배되지 않았습니다. 여성들은 그럴 바엔 차라리 토지 분배를 하지 말자고까지 주장합니다. 땅까지 생기면 남편들이 아내를 더 많이 부려먹고 박대할 것이라는 것입니다. 그래서 여성가장들에게도 땅을 주거나 개인별 분배로 전환해야 된다고 주장했습니다.

그다음으로 여성들이 심각하게 제기한 문제는 **음주 문제**입니다. 지금도 남편들이 술에 취해 가족들을 폭행하거나 일은 하지 않고 술에 빠져 사는 문제가 심각합니다. 실제로 인도 농촌에서는 여성 농민들이 주류 판매소에 몰려가서 술을 쏟아 버리는 행동을 하기도 했습니다. 여성들이 제기한 음주 반대나 가사노동 분담 요구에 대해 주류 남성 사회는 아주 경멸적인 어조로 반응했습니다. 언론에서도 여성운동을 조롱하는 기사를 쏟아냈습니다.

1980년대에 접어들면서 중요한 이슈가 된 것은 **강간 문제**입니다. 특히 도시 여성운동에서 이 문제를 중요하게 제기합니다. "모든 남성은 잠재적 강간범이다"라는 구호는 1980년대 봄베이의 도시 여성운동을 중심으로 확산되었는데, 인도의 경우에는 상당히 설득력 있는 구호였다고 합니다.

강간 문제와 관련된 문제가 하나 더 있는데 여성 활동가의 성 문제입니다. 이것이 문제가 된 이유는 인도같이 여성 억압적인 사회적 분위기 속에서, 바깥에서 활동하는 여성은 성적으로 문란하다는 통념이 있기 때문입니다. 여성운동 활동가에 대해 성적으로 문란하다는 비난이 보수 진영으로부터 쏟아지기도 했지만, 실제로 더 문제가 되었던 것은 같이 사회운동을 하는 남성 활동가들의 태도였습니다. 남성 활동가들은 나름대로는 선진적인 의식을 갖고 있는데 결혼은 대부분 카스트 제도의 틀 안에서 합니다. 자기 배우자에 대해서는 봉건적인 성의식을 가진 경우가 많습니다. 이런 남성 활동가들 일부는 교육받고 이야기가 통하는 여성들과의 외도를 원합니다. 이들이 여성 활동가들에 대해 가지는 성적 시선이 여성 활동가들을 힘들게 만들었습니다.

1980년대나 1990년대에 와서 여성 차별이 오히려 심화되는 측면도 있는데 그 이유 중에 하나가 힌두 민족주의의 발흥입니다. 극우적 정치 이데올로기인 힌두 민족주의에서 상징물로 삼았던 게 라마(Rama) 신(神)인데, 라마 신은 또한 공격적이고 폭력적인 남성성을 상징하기도 합니다. 이 라마 신을 이데올로기적 상징물로 내세우는 힌두 민족주의는 동시에 남녀 차별을 더 심화시키는 결과를 가져왔어요. 대부분의 힌두 민족주의자들은 여성해방운동에 대해서 부정적이고 비판적인 입장을 취합니다.

국가 주도의 여성운동

이런 상황에서 여성운동이 그렇게 효과적인 대응을 하지 못하는데, 거기에는 운동 내부의 원인도 있었습니다. **도시의 지식인 중심 여성운동과 농촌의 하층민 중심 여성운동이 소원해지면서** 도시 지식인 이론가들이 만들어

낸 여성운동의 이데올로기는 점점 현실과 멀어지고 낭만화됩니다. 여성, 특히 농촌 여성을 인도 신화에 나오는 신성한 모성의 담지자로 이상화시키는 경향이 강화됩니다.

또 하나의 문제점은 체제 바깥에서 국가와 지주층을 상대로 하는 여성운동이 있다면, 이들과 괴리된 체제 내화된 여성운동이 존재하고 이들의 영향력이 더 크다는 점입니다. 1974년에 국가기구로서의 여성위원회가 설립되면서 여성운동은 국가로부터 재정이나 행정적 지원을 받을 수 있는 조직들이 주도할 수밖에 없었습니다. 우리나라도 마찬가지잖아요. 이런 **관변 여성단체들이 여성운동 의제를 거의 독점하게 되면서 '국가여성주의**'(state feminism)라는 용어가 공식적으로 사용됩니다. 국가가 긍정적이든 부정적이든 여성운동의 중요한 주체로 등장한 것입니다. 하층민 중심의 기층의 자율적인 여성운동과 국가여성주의 사이에서 갈등이 발생합니다.

자생적인 여성운동들은 주로 하층 여성들을 상대로 도시의 환경 개선, 그러니까 식수나 화장실 환경을 개선하는 보건 문제에 주력합니다. 또 문맹 퇴치도 중요한 과제였습니다. 여성에게 가장 큰 차별은 경제적 차별인데 경제적 격차는 고용에서의 차별로 인해 심화됩니다. 고용 기회의 확대는 여성의 교육 수준이 높아지지 않으면 해결될 수 없습니다. 아무리 일자리를 할당해 줘도 좋은 조건의 일을 할 수 없으니까요. 유보 제도에 의해 공무원으로 채용을 하더라도 국가기관에서 청소 등의 단순한 일만 하게 됩니다. 그래서 여성에 대한 교육이 강조됩니다. 반면에 보수적인 관변 여성조직들은 주로 자선 활동에 초점을 맞추죠. 이데올로기적으로도 남성과 차별화되는 여성성을 강조합니다. 이 논리는 사회적 노동에 여성이 참여하는 것을 가로막는 것을 정당화합니다. 결국 **상류층의 보**

수적 여성운동은 복지주의적 여성 조직으로 남아 있게 됩니다.

신자유주의 이후로 신사회운동에서 시작된 여성운동들도 변모합니다. 운동을 주도하던 이들은 대학이나 지식인 사회 안에 고립됩니다. 서구의 신사회운동을 인도에 전파한 대표적인 인물인 게일 옴베트는 이 고립의 원인을 다음과 같이 해석합니다. 독립적인 페미니스트들이 대학과 학문 영역에서 만들어진 유대 안에 고립되는 원인은 대학이 더 편안한 삶을 보장해 주기 때문이고, 이것이 가능해진 것은 외국 자금의 유입 덕분이라는 것입니다. 외국의 자금은 국제기구, 자선 재단, 서구 여성운동 단체 등에서 지원됩니다. 이 단체들은 자신들과 연계가 있는 지식인 중심의 상층 여성운동에 대해서 엄청난 규모의 자금 지원을 합니다. 수혜자들은 대부분 외국 출신이거나 외국 유학을 했던 사람들입니다. 그리고 외국 자금의 유입으로 운동을 대중화하는 방식도 달라졌습니다. 풀뿌리 여성운동 조직들은 현장의 대중들이 스스로 주체가 되거나 외부의 전업 활동가들도 현지인들과 함께 생활하고 발로 뛰면서 운동을 도와주었습니다. 이에 비해 도시의 지식인 여성운동은 자원봉사 단체나 개발 사업 등의 대규모 프로젝트를 외국의 자금 지원을 받아서 수행하고, 이 프로젝트에 참여한 여성들을 조직화하는 방식을 취합니다. 즉 자신들은 기획하고 자금을 배분하는 지휘부의 역할을 하고 실제 활동은 프로젝트의 하위 파트너들이 수행하는 것입니다. 지식인들이 운동하는 방식은 우리나라나 다를 바가 없는 것 같습니다. 이 운동이 돈을 가장 많이 쓰는 사업은 회의나 세미나입니다. 회의나 세미나가 어떻게 운영·진행 되는지를 아는 사람이라면 돈을 누가 어떻게 사용할지도 짐작할 수 있을 것입니다. 다시 한 번 게일 옴베트를 인용하자면 "(여성운동가들에게) 이렇게 돈을 쓸 수 있다는 것은 너무나 강력한 유혹이었"습니다. 이런 식으로 **여성운동은 대중으로부터 고립**

화되었고 여성운동 조직 내부에서 지식인과 대중 사이의 위계화가 굳어졌습니다. 대중 동원에 실패한 지식인 중심의 여성운동 내에서는 자기들끼리 분파 싸움이 심각해져서 인신공격이 난무하는 여러 해프닝들이 일어나기도 했습니다.

하지만 모든 여성운동이 부정적인 양상을 보인 것은 아닙니다. 사실 더 많은 대중이 참여하고 더 혁신적인 운동의 사례가 있습니다. 바로 이어서 소개할 환경운동, 부족민 운동 그리고 앞서 보았던 농업 노동자 운동은 모두 여성이 주도하는 운동들입니다. 여성운동으로 따로 묶지는 않았지만 인도 여성운동의 진면목은 이런 운동들에 있지 국가나 외국의 지원금으로 안락하게 살면서 관념적 이론이나 읊어대는 지식인들의 운동에 있지 않습니다.

환경운동

인도에서 환경운동이 본격화된 것은 역시 1970년대 신사회운동이 활성화되면서입니다. 그때까지 저개발 국가에서는 환경 문제가 심각하게 제기되지 않았습니다. 물론 생태적 위기가 없었던 것은 아니지만 이걸 중요한 사회적인 문제로 인식하지는 않았습니다. 인도의 환경운동과 서구의 환경운동의 성격이 다르다는 말을 많이 합니다. 가장 큰 이유는 선진국과 저개발국 사이의 사회적 조건의 차이입니다. 선진국에서는 이미 생산력 발전, 경제 성장이라는 과제는 달성되었다고 보기 때문에, 성장된 경제를 바탕으로 쾌적한 삶의 조건으로서 환경 문제를 생각합니다. 그래서 경제적 이용의 대상으로서 자연을 보는 것이 아니라 자연과 인간의 공존이라는 관점이 설득력을 얻습니다. 반면에 **저개발국가에서의 환경운**

동은 자연 자원의 이용권을 둘러싼 투쟁의 성격이 강합니다. 인도 환경운동이 사회운동으로 폭발적으로 발전한 것은, 이 운동이 자연 자원을 독점한 국가 및 거대 자본들과 그 땅에 살고 있었던 농민, 부족민들 사이의 생존이 걸린 싸움이기 때문입니다. 다음으로 인도 환경운동의 무대는 농촌이나 산림, 그것도 아주 오지라는 특징이 있습니다. 오지를 대규모로 개발하는 과정 속에서 환경 이슈가 발생합니다. 그래서 현지에서 농사를 짓는 농민들이나 숲에서 수렵·채취를 하는 부족민들이 환경운동의 주체가 됩니다.

전 세계적으로 유명해진 인도 환경운동의 사례 두 가지를 살펴보면서 인도의 환경운동을 정리하겠습니다. 하나는 칩코 운동(Chipko Movement)입니다. 인도어로 칩코는 '껴안다'라는 뜻입니다. 히말라야 산기슭에 있는 오지에서 산림 채벌을 둘러싸고 문제가 발생했습니다. 인도에서 산림 자원은 식민지 시대부터 국가가 통제하고 있었습니다. 산림 채벌도 엄격하게 제한했고요. 문제가 발생한 지역은 힌두인들이 아니라 부족민들이 주로 거주하는 곳이었습니다. 부족민들은 농사도 일부 짓지만 농지가 협소하기 때문에 부족한 자원을 산림에서 채취해서 보충했습니다. 그래서 이들에게 산림 자원의 이용은 사활이 걸린 문제인 거죠. 1970년대 초에 히말라야 기슭의 부족민들이 나무를 좀 베게 해달라고 정부 기관에 요청을 했는데 무슨 이유에서인지 거절당합니다. 그런데 배드민턴 라켓을 만드는 공장이 똑같은 숲의 대규모 벌채 허가를 받습니다. 부족민들이 생활에 필요한 나무 몇 그루 베겠다는 것은 불허하면서, 대기업이 산림 전체를 벌목하는 것은 허락하니 부족민들은 화가 났습니다. 불평등한 대우만이 문제가 아니었습니다. 대규모 벌목은 지역 전체를 황폐화시켜 버립니다. 그러면 부족민들에게는 삶의 기반인 숲 자체가 없어집니다. 결국 그 지역에서 더 이상 살 수 없게 된 부족민은 저항에 나섭니다. 처음에는 산림 자원의 불평등한 이용에 대한 불만에서 출발했지만 산림 자원에 대한 대규모 개발 행위 자체를 막는 운동으로 발전합니다.

부족민들은 벌채하는 인부들이 베지 못하게 나무를 껴안고 저항했다고 합니다. 여기서 칩코라는 명칭이 나온 것입니다. 그런데 실제로는 부족민들이 모두 나무를 껴안고 저항했던 것은 아니고 껴안고서라도 막겠다라고 의지를 다진 것이 와전된 것이라고 합니다. 언론은 항상 극적인 이야기를 좋아하니까 서방에는 과장되게 전달된 부분이 있습니다. 어쨌든 부족민들의 결사적인 저항은 결국 벌목을 막는 데 성공합니다. 이 운동은 인도 전역을 넘어서 서구의 주목을 받게 됩니다. 이때가 서구에서도 환경운동이 활성화될 무렵이어서 서구의 환경운동 단체들이 개입해 활동가 파견, 자금 지원, 언론 홍보, 운동의 이론화 등을 지원합니다. **서구 운동과 인도의 부족민 운동과의 만남은 운동의 외연을 확장시키고 세력이 미약하던 부족민들에게 힘을 보태 주었다는 긍정적 측면도 있지만, 운동이 실제와 다르게 유럽 중심적 관점에서 신비화되면서 부족민들이 오히려 주변으로 밀려나는 부작용이 나타나기도 합니다.**

칩코 운동으로부터 약 10년 뒤, 인도를 관통하는 나르마다(Narmada) 강 전체에 수십 개의 댐을 건설하는 프로젝트를 막기 위한 투쟁이 벌어집니다. 이 운동에는 **저개발 국가의 발전 모델에 대한 근본적인 입장 차이가 반영**되었습니다. 인도라는 저발전된 국가가 어떤 방향으로 변화해 나가야 하는가에 대해 다른 전망을 가진 두 집단이 댐 건설 문제를 둘러싸고 충돌한 것입니다.

이 프로젝트는 세계은행과 인도 정부가 함께 주도한 것이었습니다. 당시 세계은행은 주로 과거의 식민지였던 지역에 자본주의적 발전을 촉진시키는 역할을 하고 있었습니다. 세계은행과 인도 정부는 이론적으로는 발전주의 모델에 근거해서 인도 사회를 변화시키려는 입장이었습니다. 발전주의는 우리나라에서 박정희 시대 때 경제개발 5개년 계획에 입각해서 중화학 공업 위주로 급속하게 경제 발전을 했던 것을 생각하시면 쉽게 이해될 것입니다. 후발 공업국가들이 국가 주도로 급속한 산업화를 할 때 의존한 이론적 틀이 바로 발전주의 모델이었습니다. 세계은행이 보기에 인도의 자본주의 발전을 위해 가장 시급한 과제 하나가 안정적인 전력 공급이었습니다. 공장을 짓기 전에 발전소를 먼저 지어야 합니다. 댐 건설 사업

칩코 운동은 대규모 벌목에 대한 반대운동으로 시작되었다. 부족민들은 벌채를 못하도록 나무를 껴안고 저항했고, 이로부터 '껴안다'라는 뜻의 칩코라는 명칭이 나왔다.

은 지금도 전 세계적으로 추진되고 있습니다. **2000년 전후로 약 5년 동안 전 세계에서 1,700여 개의 댐이 건설되는데 그중 40%가 인도에서 건설되었습니다.** 인도에서 이 문제가 얼마나 큰 문제인지 짐작이 될 것입니다.

댐이나 발전소 건설 사업에 세계은행이나 선진국들이 힘을 쏟는 데에는 후진국의 경제 발전을 위한 것이라는 논란 많은 명분 외에 다른 이유가 있습니다. 수력·화력 발전소 건설 자체가 선진국의 자본가들에게는 엄청난 돈벌이입니다. **반면에 개발도상국들이 외채에 빠져드는 이유 중 하나가 산업 발전을 위한 발전소나 도로, 항만 같은 인프라 건설에 외채를 필요 이상으로 쓴 탓**입니다. 한국이나 몇 개 국가를 제외하고는 산업 발전 초기에 투하된 인프라 건설 비용을 갚은 나라는 거의 없습니다. 그런 식으로 후진국 경제는 채권국인 선진국 경제에 종속됩니다. 미국에서는 국가가 나서서 이 사업을 돕습니다. 『경제 저격수의 고백』(존 퍼킨스)이라는 책을

보시면 이 문제를 흥미롭게 다루고 있습니다. 필요한 것보다 부풀려서 전력 수요 예측을 하고 과도하게 많은 발전소를 건설하도록 만드는 전문가의 이야기입니다. 댐 건설이 이런 식으로 진행되니까 후진국 사람들의 거부감을 줄이기 위해서 **선진국 정부나 댐 건설 회사들이 직접 나서지 않고 세계은행이나 민간 원조 단체를 내세워서 댐 건설을 추진합니다.** 인도에서도 세계은행이 댐 건설에 필요한 차관을 제공합니다. 원조도 아니라 차관, 즉 빚입니다. 이 차관은 고스란히 댐을 건설하는 선진국의 회사들에게로 흘러갑니다. 서류상으로는 선진국에서 후진국으로 돈이 간 것으로 기록되지만 실제로 돈은 뉴욕의 한 은행 계좌에서 다른 은행 계좌로 이동합니다. 또 댐 건설로 산업이 발전해서 인도 경제가 좋아지더라도 그 이익은 도시의 자본가나 상층 노동자에게 돌아가지, 생존 기반인 땅을 잃어버린 농민에게 돌아가는 몫은 미미합니다.

  나르마다 강의 댐 건설 사업도 이런 맥락에서 진행됩니다. 처음 저항이 촉발된 것은 이주비 문제 때문이었습니다. 인도 정부가 제시한 이주 원칙은 수몰되는 땅 대신에 다른 땅으로 보상해 주겠다는 것인데 이는 거짓말이었습니다. 그만한 땅을 조성할 수가 없었습니다. 또 돈으로 보상해 준다는 말도 실행되지 않습니다. 필요한 재정을 마련하지 못한 것입니다. 정부가 거짓말을 하게 된 것은 수몰되는 지역과 사람 수를 처음부터 지나치게 축소해서 계산했기 때문입니다. 초기의 정부 예상은 30만 명이 이주하는 것이었습니다. 하지만 시민단체는 1,600만 명 이상이 이주한다고 추산했습니다. 상식적으로 이해할 수 있는 차이가 아닙니다. 이것은 인도 정부가 처음부터 수몰민 수를 계산도 하지 않았다는 의심을 하게 만듭니다. 거주자들에게 미칠 영향은 고려하지도 않고 댐 건설 계획부터 세운 것입니다. 그래서 정당한 보상을 받지 못한 주민들, 댐 건설

나르마다 댐 건설 반대운동의 시작은 이주비 문제였다. 대규모 개발 사업으로 인해 삶의 기반을 잃어버리게 되는 현지 농민들에게 정부는 기만적 보상책을 제시했고, 강과 유역의 농지라는 천연자원을 이용할 수 있는 권리를 국가나 대자본에 의해 빼앗긴 농민들은 생존 투쟁으로서 운동을 전개했다.

로 인해 삶의 기반을 완전히 잃어버린 사람들의 저항이 격렬하게 전개됩니다. 이 운동도 칩코 운동처럼 **자연을 있는 그대로 보존하자는 취지에서 출발했다기보다, 대규모 개발 사업으로 인해서 삶의 기반을 잃어버리게 되는 현지 농민들의 투쟁이란 성격이 강했습니다.** 즉 강과 강 유역의 농지라는 천연자원을 이용할 수 있는 권리를 국가나 대자본에 의해 빼앗긴 농민들의 생존 투쟁인 것입니다.

이 운동을 주도했던 사람들은 당연히 그 지역에 사는 거주민들입니다. 거주민들의 자생적인 운동으로 시작했지만 이들을 도와주는 시민사회단체들이 개입합니다. 이 단체를 인도에서는 '안돌란'(Andolan)이라고 부릅니다. 안돌란은 지식인 출신의 전업 활동가들이 주도합니다. 이들은 지역 주민들이 가진 능력의 한계를 넘어설 수 있게 도와줍니다. 대부분 문맹인 농민들이 발전주의나 세계은행과 정부의 거시경제 정책 같은 문제를 이해하기는 힘듭니다. 또 성명서 하나를 작성하더라도 글을 알아야 합니다. 그리고 특히 서구인들에게 호소력 있는 방식으로 말해야 지원을 받을 수 있습니다. 이런 문제를 해결해 주는 역할을 안돌란이 합니다. 반카스트 운동에서처럼 인도 정부에게 압력을 가하기 위해 국제 사회에 호소하는 전술을 채택할 경우에는 **외국의 거대한 NGO들과 연계를 맺고 있는 안돌란들이 운동을 주도하게 됩니다.** 이런 활동 방식은 운동이 힘을 얻기 위해서 필요하기도 하지만 문제를 낳기도 합니다.

우선 **외국 NGO들 및 국내 안돌란들과 지역 거주민들 사이에 이해관계가 조금씩 달라집니다. 또 현지 거주자들 사이에서도 이해관계가 일치하지 않는 문제가 발생합니다.** 이럴 경우에 안돌란이 주도하는 운동 방식은 거주자들의 다양한 목소리를 대변하기 힘들게 됩니다. 칩코 운동의 경우에도 식민지 시대 때부터 있던 힌두 농민들과 부족민들의 갈등이 재연됩니다. 최초의 문제 제기는 부족민들이 했지만 평지 출신 농민들이 점차 운동을 주도하면서 산악에 거주하는 부족민들은 운동의 주변으로 배제되었기 때문입니다. 나르마다 운동 같은 경우는 이런 식의 갈등이 더 심각했습니다. 보상 문제와 관련되었기 때문입니다. 우리나라 재개발에서 세입자하고 세대주의 이해관계가 다른 것을 생각하면 이해가 쉬울 것입니다. 합법적으로 농지를 갖고 있었던 토지 소유자들은 어쨌든 보상을 받을 수 있지만 농업 노동자나 서류상의 소작 계약서가 없는 소작농들의 경우는 아무런 법적 보호도 못 받게 됩니다. 대부분의 보상이 지주 계급들에게 집중되면서 지주 계급들이 목소리가 점점 커집니다.

또 다른 문제는 전문 활동가 단체의 운영비를 누가 대느냐는 것입니다. 가난한 농업 노동자들이나 소작농들은 보상도 못 받으니 지주들이 주로 자금원이 됩니다. 그러면서 **어떤 안돌란들은 점점 지주들의 목소리만**

을 대변하게 됩니다. 활동가들 사이에서도 하층민들을 대변하는 활동가들과 상층 지주들을 대변하는 활동가 사이의 갈등이 발생합니다. 정부나 자본가들은 당연히 이 분열을 부추깁니다. 주민들과 단체들 간의 분열로 해당 지역의 농민들은 추가적인 고통을 받게 됩니다. 결국 **개발로 인한 혜택은 대기업이나 도시인들이 가져가고, 평야 지대의 토지 소유 농민들은 보상금을 받아 가고, 가장 큰 피해는 부족민들이나 하층 농민들이 떠안습니다.** 인도 사회의 불평등한 사회 구조가 대규모 개발 사업에서도 나타나면서 인도 사회의 사회적 분열은 더욱 극심해집니다.

운동이 외부의 도움에 의존하면서 발생하는 문제는 또 있습니다. 서방 세계의 도움을 받으려면 미디어에 의존하는 운동을 할 수밖에 없습니다. 언론을 통해 대중적 영향력을 얻으려면 뭔가 임팩트 있는 포인트를 잡아 줘야 되잖아요? 그리고 서구인들의 구미에 맞는 얘기를 해야 합니다. 서구인들은 인도 사회 내의 계급 모순 같은 문제에는 관심이 없습니다. 안돌란들은 '고상한 야만인'(grace/noble savage)이라는 식민주의의 이데올로기를 다시 불러옵니다. 특히 **서구의 자본주의화에 반감을 가진 이들은 병적이고 퇴보한 서구 문명에 물들지 않은 원초적이고 순수한 고상한 야만인이라는 가상을 식민지 원주민에게 투사합니다.** 실제로 그 사람들이 어떻게 사는지는 별로 관심도 없으면서 부패하고 타락한 서구 문명의 대척점에 있는 원주민상을 만들어 낸 것입니다. 서구인들은 동양 문화, 특히 인도에 대해서 그런 환상이 많습니다. 68 이후 서구적 근대성에 대한 반발이 다시 한 번 오리엔탈리즘을 유행시키는데 서구의 운동가들도 예외가 아닙니다.

칩코와 나르마다 운동에서 주축이 되었던 부족민들이 서구인들의 이런 환상의 소재로 사용되었습니다. 안돌란들은 농경보다 더 이전 시대에서 걸어 나온 살아 있는 화석 같은 이미지로 치장한 원주민을 배경에 깔기 시작합니다. 티셔츠를 입고 있던 원주민들에게 원주민 전통 의상을 입히고 이미 총을 사용하던 이들에게 활을 들게 해서 사진을 찍습니다. 안돌란들은 살아 있는 화석 같은 원주민들이 지금 멸종할 위기에 처해 있다는 호소를 미디어 전략으로 삼은 것입니다. 여기까지는 그럴 수 있다고 봅니다. 역기능이 없는 운동은 사실 없으니까 힘을 얻기 위해서는 할 수 없었다고 이해할 수도 있습니다. 하지만 이게 지나치게 되면서 원주민들의 진짜 문제가 잊혀져 버립니다. 그리고 **원주민들의 실제 문제는 사라지고 서구인들의 시각에서 중요한 것이 원주민들의 진짜 문제처럼 되어 버립니다. 해결책도 서구의 관점에서 제시됩니다.** 그래서 부족민들이 자기들의 문화적 전통을 지키게 해줄 대안을 우선적으로 모색합니다. 이것이 미국의 인디언 보호구역과 뭐가 다를까요?

환경운동에 대한 서구인들의 환상 또 한 가지는 파괴되는 자연과 여성을 동일시하는 관점입니다. 가해자인 서양의 근대 문명을 남성과 동일시하고 피해자인 동양의 자연을 여성적인 것으로 이해하는 관점은 전적으로 관념의 산물일 뿐입니다. 이 운동이 지역 차원에서 전개될 때 부족민이나 하층의 농업 노동자 외에도 여성이 주도적인 역할을 합니다. 그 이유는 인도 사회의 최하층에서 가장 고통받는 이들이 여성이기 때문입니다. 농업 노동자 안에서도 여성의 비중이 상당히 높았고 실제로 생계의 위협을 더 심하게 받는 사람들도 남성보다는 여성입니다. 부족민의 경우에는 힌두 전통과는 달리 남녀가 상대적으로 평등했어요. 그래서 환경운동에 있어서도 여성들의 참여가 상대적으로 높았습니다. 다시 말해 **인도의 여성들이 자연 친화적인 신비로운 여성성의 담지자여서 환경운동의 주체가 된 것이 아니라 그들이 대규모 개발로부터 가장 큰 피해를 보는 위치**

에 있었기 때문에 저항에 앞장선 것입니다. 여성 중심의 인도 환경운동은 인도 농촌 사회의 중첩된 여러 모순들의 결과라고 보아야 할 것입니다.

인도 환경운동의 출발점은 생존권의 문제였습니다. 원주민들이 자기들의 삶의 경제적 조건을 어떻게 만들 것인가의 문제는 잊혀지고 자연과 조화롭게 살아가는 고상한 야만인으로서의 원주민 신화만 남게 되는 것이 문제입니다. 실제로 부족민들이 살아가는 방식이 생태적이지 않은 사례도 많이 있습니다. 그래서 '국가 대 원주민' 또는 '국가 대 농민' 같은 관념적인 틀 대신에 지역의 실제적 문제에 접근해야 되고, 지역 내에 존재하는 불평등 구조와 같은 사회적 모순을 인식하는 것이 필요합니다.

부족민 운동

부족민 문제는 식민지 시대 때부터 시작된 것입니다. 인도는 식민지 이전부터 하나의 독립된 나라로 존재했던 것이 아닙니다. 지금의 인도는 식민지 정부에 의해서 인위적으로 만들어진 국가입니다. 인도네시아처럼 원래는 복수의 독립된 정치 단위들이 공존하던 넓은 지역을 한 제국주의 세력이 점령하게 되면서 하나로 묶여진 지역이 되었고, 독립 과정에서 다시 여러 세력들의 이해관계를 반영한 흥정을 거치면서 단일한 국가가 된 것입니다. 부족민이 주로 거주하는 지역은 역사적으로나 지리적으로나 인도의 주류인 힌두 사회와는 공통점이 거의 없는 곳이었습니다. 부족민은 크게 동북부 지역에 사는 부족민과 인도의 나머지 지역의 산간 지방에 흩어져 사는 부족민, 즉 아디와시로 나누어집니다. 2001년 조사 기준으로 전자가 1천 6백만 명 정도, 아디와시가 7천만 명 정도입니다. 아디와시들은 수렵, 채취에 종사하는 경우가 많지만 상당수는 힌두 사회와 접촉하면서 농업 노동자가 되기도 했습니다. 두 집단이 처한 상황은 공통점도 있지만 차이도 적지 않습니다. 아디와시들은 낙살 반군의 중요한 주체 가운데 한 집단이기도 하고 환경 파괴의 최대 피해자로서 환경 운동의 주역이기도 합니다. 동북부의 부족민들은 고립된 지역에 살면서 독특한 문제와 직면해야 했습니다. 여기서는 동북부 부족민들의 저항을 주로 소개하겠습니다.

영국은 벵갈 지역부터 시작해서 거의 100년에 걸쳐서 인도 전역을 점령했습니다. 그리고 19세기 말부터는 세력을 동아시아 쪽으로 확장하려 했습니다. 버마를 거쳐 중국으로 넘어가는 길목이 지금 인도의 동북 지방이라고 불리는 곳입니다. 그래서 이 지역을 점령한 후 아삼 주라는 하나의 행정 구역을 만듭니다. (동북 지역은 현재는 '일곱 자매'라는 별명의 7개의 주로 나뉘어져 있습니다.) 이 지역이 인도 사회와는 워낙 이질적이어서 영국은 이 지역과 인도 사이의 교류를 제한합니다. 일종의 분할통치를 실시하기로 한 것입니다. 영국의 제국주의 이론가들은 아메리카나 아프리카에서의 식민 지배 경험을 바탕으로 동북 지역의 거주자들을 부족민(Tribe)이라고 부릅니다. 아프리카나 아메리카의 원주민들을 낙후된 집단으로 보면서 붙인 명칭을 인도 동북 지역에도 적용한 것입니다. **힌두인들과 다른 문화·정치·역사적 배경을 갖고 있던 집단들을 통칭해서 부족민이라고 부르고 따로 관리**하기 시작합니다.

식민지 정부가 부족민들을 통치하는 방식은 한편으로는 탄압하고 한편으로는 문명화하는 것이었습니다. 어떤 때에는 멸종 정책을 쓰면서 억압하다가도 기독교 선교사들을 대거 투입해서 자신들의 방식으로 문명화하려 하기도 했습니다. 그래서 지금도 기독교도의 비중이 인도 사회에서 제일 높은 지역이 동북 지역입니다. 지정학적 이유 외에 동북 지역은 경제적으로도 가치가 있었습니다. 19세기 말에 차(茶) 서식지와 석유 등의 천연자원이 이 지역에서 발견됩니다. 식민 지배 세력은 이 경제적 자원을 활용하기 위해서 동북 지역과 인접해 있고 자신들의 통제력이 강했던 벵갈의 힌두인들을 집단 이주시킵니다. 이로 인해 부족민들과 새로 이주한 평야 출신의 벵갈인들 사이의 갈등이 발생합니다. 이게 식민주의자들의 전형적인 통치술이죠. 두 집단을 대립시키고 어떤 때는 부족민들을 편들다가 어떤 때는 벵갈인들을 편들어 두 집단의 갈등을 부추기는 전술을 쓰면서 부족민들과 힌두인들 사이의 갈등은 더 심해집니다.

독립 후 인도 정부의 정책도 식민지 시대와 기본적으로 다르지 않았습니다. 동북 지역이 중국이나 버마와의 국경 지역이라는 지정학적 관점에서 인도 사회로부터 분리해서 관리합니다. 인도와 중국 사이의 완충 지대로 본 것입니다. 네루는 **동북 지역의 분리를 정당화하기 위해 이 지역 사람들이 근대화된 인도인들, 외지인들에 의해서 약탈당하고 착취당하지 않도록 보호해야 한다고 주장**합니다. 그래서 외지인과 부족민의 출입을 제한합니다. 그리고 유보 제도를 통해 당근을 줍니다. 이것이 **지정 부족이 만들어진 배경**입니다. 달리뜨처럼 정부가 법률상으로 유보 제도의 혜택을 받을 부족 집단들을 등록한 것입니다. 등록된 부족들에게는 교육이나 관직에 대한 특혜를 주는 거죠. 뭄바이나 델리의 대학교에는 우리가 흔히 아는 인도인들이 아닌 몽골 계통, 우리나라 사람들하고 얼굴이 비슷한 학생들이 많다고 하는데 이들이 대부분 지정 부족 유보 제도로 입학한 사람들입니다. 유보 제도로 약간의 특혜를 주지만 기본적으로는 고립시키고 배제하는 방식을 택한 것입니다. 지금도 인도 동북 지역으로는 여행이 자유롭지 못합니다. 외지인도 허가를 받아야 들어갈 수 있고 동북 지역에 사는 사람도 허가를 받아야 경계 밖으로 나올 수가 있어요. 사실상 고립되어 있습니다.

이런 정책에 대해서 부족민들이 대응하는 방식은 다양합니다. 어떤 사람들은 힌두 사회로 통합되지 못하고 차별받는다는 것에 불만을 가집니다. 그래서 힌두인들과의 동등한 대우를 요구합니다. 하지만 이런 대응은 양날의 칼입니다. **부족민들을 힌두인들과 동등하게 대해 주면 법적으로나 사회적으로 인정은 받을 수 있을지 모릅니다. 하지만 동북 지역의 경제적 낙후 문제는 해결이 안 됩니다.** 힌두인들과 똑같이 대우하면 유보 제도를 적용할 근거가 없어집니다. 경제적으로 낙후된 지역을 그나마 버티게 해 줬던 게 정부의 유보 정책입니다. 2000년대 초반에 동북 지역 거주자는 인도 인구 전체의 3.8% 입니다. 하지만 인도 전체 예산의 10%가 이 지역에 투입됐어요. 상당한 특혜를 준 것인데 동등한 대우를 받게 되면 이 특혜를 포기해야 합니다.

어떤 부족민은 특혜를 더 많이 달라고 투쟁합니다. 그 명분으로 부족민들의 고유성을 강조합니다. 이들은 **부족민으로서의 정체성을 유지하게 해주고 외지의 힌두인들이 정체성과 삶의 터전을 빼앗은 것에 대한 물질적 보상을 해달라고 요구합니다.** 일종의 정체성 운동이 시작된 것입니다. 전통문화 부흥운동이 대표적인 사례입니다. 이미 힌두화나 근대화가 진행된 많은 지역에서 갑자기 전통 옷을 입고 옛날 노래를 부르면서 잊혀졌던 고유 언어를 사용하기 시작합니다. 사실 **이 운동의 목표는 문화의 보존보다는 유보 제도의 특혜를 더 많이 받는 것**이라는 평가가 많습니다.

정체성 운동 중에 재미있는 사례가 하나 있습니다. 정체성 운동이라고 하면 근대화 이전의 문화 전통으로 돌아가려는 운동이라고 생각하기 쉽지만 나갈랜드(Nagaland)를 비롯한 몇 개 주에서의 정체성 운동은 기독교 국가 건설을 목표로 했습니다. 기독교 국가를 건설하고 전통 의상

대신 서구 의상을 입고 서구 문물을 받아들이고 영어를 공용어로 하자는 정체성 운동을 벌인 것입니다. 그러니까 힌두 정체성을 거부하는 대신에 서구적 정체성으로 갈아타는 정체성 운동입니다. 그래서 부족민의 정체성 운동을 근대화되기 이전 인도의 전통이나 부족민들의 고유한 삶을 보전하기 위한 운동으로만 보기는 무리가 있습니다. 서구인들의 환상과는 어울리지 않는 모습이죠.

정체성 운동은 다른 방향으로도 전개됩니다. 동북 지방이 아삼 주 하나에서 현재는 일곱 개의 주로 나누어졌다고 했습니다. 이렇게 된 것은 주요 부족들의 분리독립운동의 결과입니다. 이때 **분리독립은 인도로부터 독립된 국가를 만든다는 뜻이 아니라 인도 연방에 속한 독립적인 주를 구성하겠다는 운동**입니다. 제일 먼저 독립주가 된 것은 나갈랜드 주입니다. 아삼 주에 속해 있던 부족 중에 규모가 가장 큰 나가(Naga)족은 자신들이 아삼 주에 편입될 이유가 없다고 주장하며 분리된 주를 요구합니다. 독립된 국가를 요구하지 않은 것은 인도로부터 완전히 독립된 국가를 형성하면 생존이 힘들다는 것을 스스로도 알고 있기 때문입니다. **정치적으로는 자율권을 가지는 대신에 경제적 문제는 계속 중앙정부에 의존하겠다는 전략**입니다. 중앙정부도 지정학적으로 중요한 이 지역이 인도 연방에서 분리되는 걸 원치 않았기 때문에 나가족의 요구를 수용합니다.

나갈랜드 주의 수립 이후로 다른 큰 부족들도 같은 요구를 하며 무장투쟁을 불사합니다. 그래서 결국 7개의 주로까지 나눠진 것입니다. 그 과정에서 사용된 폭력은 상당한 정도였습니다. 더 많은 보상을 얻기 위해 무장투쟁을 사용합니다. 그 길이 더 많은 보상을 얻게 해준다는 것을 학습을 통해서 알게 됐기 때문입니다. 부족민들의 무장투쟁은 뒤로 갈수록 원래의 목적과는 멀어지기도 합니다. 현지 언론의 표현에 의하면 **동북**

지방 부족민들의 무장투쟁은 하나의 산업이 돼 버렸습니다. 어떤 경우에는 그 지역의 유력한 정치 지도자들이 전문적인 무장 조직에 돈을 주고 폭력을 교사합니다. 이 조직들이 더 폭력적이 될수록 인도 중앙정부는 그 지역에 더 많은 재정 지원을 해주기 때문입니다. 재정 지원을 독점한 지방 유력 정치 세력은 그 돈의 일부로 다시 무장투쟁을 부추깁니다. 동북 지역이 경제적으로 워낙 열악한 지역이어서 무장투쟁으로 정부 보조금을 받아내는 것이 주된 수입원이 되어 버린 것입니다.

그런데 7개 주의 독립으로 문제가 해결된 것이 아니었습니다. **독립된 주 안에는 다시 주 정부를 구성한 더 큰 부족과 그보다 더 작은 부족 사이의 갈등이 증폭**됩니다. 예를 들어 나갈랜드 안에서는 나가족이 다수 부족이 되어 다른 소수 부족을 억압합니다. 나갈랜드에서 나가족의 언어가 공식어로 지정되면서 다른 언어를 쓰는 소수 부족들은 다시 자신들의 정체성 유지를 내세워 독립을 요구합니다. 이들은 무장투쟁을 주저하지 않습니다. 나가족의 선례를 충분히 학습했기 때문입니다. 이런 정체성 요구와 폭력의 반복이 지금도 계속되고 있습니다. 초기에 무장투쟁이 격화되었던 이유 가운데 하나는 이웃한 중국이 무기와 군사 훈련을 제공해서 인도 정부를 흔들려 했기 때문입니다. 동북 지역의 여러 부족들이 중국과 인도 사이에서 줄타기를 하면서 이권을 챙기는 복잡한 상황이 온 것입니다.

동북 지역 바깥에 있는 부족민들의 운동과 동북지역에서의 부족민 운동은 또 다른 양상으로 전개되었습니다. 특히 동북 지역에서의 부족민 운동은 모순되는 여러 지향들이 공존하는 식으로 발전했기에 부족민 운동을 전통적인 삶의 방식을 유지하기 위한 원주민들의 요구로 단순하게 생각하면 이해하기 힘듭니다. 이렇듯 부족민들의 저항 안에는 두 가지

상충되는 동기가 섞여 있는 거예요. 주류 사회로 편입되고자 하는 욕망과 주류 사회로부터 떨어져 나오려고 하는 욕망, 이 갈등에 유보 제도라는 물질적 동기가 개입되면서 복잡해집니다. 물질적 특혜는 주류 사회가 나누어 주는 거잖아요. 그러니까 **주류 사회에 경제적으로 편입되기 위해서 정치적·문화적으로는 차별화하는 노선과 정치적·사회적으로 편입되기 위해 경제적으로 배제되는 노선이 갈등하는 것입니다.**

마지막으로 부족민의 정체성이 인도 내로 쉽게 통합되지 않는 중요한 이유가 있습니다. 인도 지배 계급이나 정부의 입장에서 보면 자기들과 이질적인 부족민이라는 타자를 설정함으로써 주류의 정체성(주로 힌두적 정체성)과 그에 수반되는 특권을 보장받으려 하기 때문입니다. 어느 학자가 말한 것처럼 '비난받는 자를 희생해 비난하는 자의 특권과 이득을 강화하는' 장치가 부족민의 이질적인 정체성입니다. 자기들이 누리는 특권을 정당화하려면 자기들과 다른 더 열등한 존재가 있어야 합니다.

신자유주의 이후의 부족민 운동

부족민 운동은 1990년대에 최고조에 달한 뒤에 조금 수그러들었다가 2000년대 들어와서 다시 격화됩니다. 이때의 대표적인 운동이 까나다가뜨 운동입니다. '까나다가뜨'라는 말은 부족민들 언어로 '근대라는 귀신을 몰아내자'라는 뜻이랍니다. 외지에서 들어온 근대화를 사악한 것으로 보고 배격하려는 의지를 표현한 것입니다. 원주민 문화 재생운동인 자르간드(Jharkhand) 운동도 이 시기에 활성화됩니다. 이런 운동이 부상한 배경이 있습니다. 동북 지역의 천연자원을 노린 외지인들의 **개발 압력이 높아지면서 부족민들이 삶의 터전을 잃어버리게 되고 이에 저항하는 운동이 정**

2005년, 오디샤 주 정부와 포스코 간에 제철소 건설을 위한 양해각서가 체결되었다. 그런데 이 양해각서는 공장 건설 외에도 부족민 거주 지역에 매장된 철광석 채굴권·수출권에 관한 조항까지 포함해, 현지의 격렬한 반대운동을 촉발했다.

체성 보존운동과 결합하면서 부족민 운동의 새로운 경향으로 발전한 것입니다.

2000년대에 지정된 **경제특구 중 많은 곳이 부족민 거주 지역과 겹쳐 있습니다.** 그래서 공장 부지 조성으로 쫓겨난 피해자 다수가 부족민입니다. 한국의 포스코도 이런 분쟁의 당사자 중 하나입니다. 오디샤 주 전체 인구의 22%가 부족민인데 부족민 집단거주 지역 안에 철광석 산지가 있습니다. 이 지역에 포스코 공장을 짓기로 했고 2005년에 오디샤 주 정부와 포스코 간에 제철소 건설을 위한 양해각서가 체결됩니다. 제철소 건설과 원료 공급을 한 곳에서 다 해결할 수 있는 위치여서 선정되었겠죠. 포스코는 5,100억 루피를 투자하기로 했는데 이 액수는 2005년까지 체결된 양해각서 중에 최대 규모의 외국인직접투자였습니다. 그런데 포스코와의 양해각서 내용이 문제가 됩니다. 공장을 짓는 것뿐만 아니라 30년간 6억 톤의 철광석을 채굴할 권리까지 포스코에 준 것입니다. 그리고 6억 톤 중에 2억 톤을 한국으로 수출할 수 있는 조항이 들어 있었습니다. 이 계약에 반대하는 저항운동이 거세서 지금까지도 공장을 못 짓고 있습니다. 2006년에도 오디샤 주에서 공장 부지 건설 때문에 충돌이 발생해서 유혈 사태가 일어납니다. 2011년에는 이명박이 공장 건설을 재촉하러 오디샤 주에 가기로 했는데 그게 현지에 알려졌고 현지 주민들이 강력하게 항의하는 바람에 방문이 무산되기도 했답니다.

이렇게 **21세기로 들어와서 다시 활성화된 부족민 운동은 외국 기업들의 불공정한 진출에 맞서기 위한 투쟁**의 성격을 가지고 있습니다. 그리고 **이 운동을 주도하는 정치 집단이 바로 낙살 반군**입니다. 그래서 오디샤 주 전체 30개 군(郡) 가운데(인도의 군은 인구가 100만 명 이상 되는 곳도 많아요) 2005년 통계로 15개 군에 낙살 반군 조직과 근거지가 있고 몇 년 안에 최대 25개 군이 낙살 반군의 근거지가 될 거라는 예측도 나왔습니다. 낙살 반군의 성장은 부족민들의 저항을 수용해 줄 수 있는 집단이 제도 내에는 없기 때문입니다.

6장
향후 대안 모델을 께랄라에서 찾아보다

6장_향후 대안 모델을 께랄라에서 찾아보다

전체적 개괄

서벵갈과 께랄라 두 주에서는 공산당이 오랫동안 집권하면서 성공적인 발전 모델을 만들어 냈습니다. 특히 께랄라에서의 성취는 세계적인 주목을 받아 왔습니다. 우리는 흔히 주민들의 삶의 수준이 향상되기 위해서는 상당 수준의 경제 발전이 전제되어야 한다고 생각합니다. 하지만 이런 통념과는 달리 **저성장에도 불구하고 높은 삶의 수준이 가능함을 보여 준 께랄라의 사례는 '께랄라 모델'이라는 새로운 발전 전망을 제시했습니다.**

노벨경제학상 수상자인 아마르띠야 센은 낮은 1인당 소득 수준에도 불구하고 더 오래, 더 잘사는 자유를 누리고 있는 께랄라의 사례를 연구 대상으로 삼았습니다. 그는 이를 근거로 GNP 성장이나 산업화 같은 경제적 측면만 중시하는 협소한 발전 개념 대신에 삶의 질과 정치적·사회적 자유까지도 포함하는 '자유로서의 발전'(development as freedom) 이라는 개념을 제안했습니다. 또한 그는 '퍼블릭 액션'(public action)이라는 개념으로도 께랄라 모델을 설명합니다. 그것은 발전은 인민을 위해 국가가 수행하는 것일 뿐만 아니라 인민 스스로에 의해 행해지는 것이기도

하다는 개념입니다. 즉 인민의 주체적 참여가 께랄라 모델에서 중요하다는 것입니다. 센 외에도 많은 연구자들이 께랄라 모델을 칭찬하고 연구의 대상으로 삼았습니다. 하지만 께랄라 모델의 한계를 지적하는 목소리도 적지 않습니다. 이 장에서는 께랄라의 대안적 발전 모델이 현재까지 실제로 밟아 온 과정을 살펴보며 그 성과와 한계를 생각해 보겠습니다.

께랄라 주의 전체 면적은 38,863km²로 남한의 1/3보다 조금 넓고 인구는 약 3,180만 명(2011년 기준)으로 세계에서 가장 높은 인구밀도를 가진 지역 중 하나입니다. 대도시는 별로 발달하지 않았고 소도시들과 농촌 지역이 공존하고 있습니다. 께랄라 지역은 오래 전부터 국제 무역 중심지로 외국과의 교류가 활발했습니다. 께랄라 주 출신의 인력이 대규모로 해외로 이주하게 된 것은 이런 배경과도 연관이 있습니다. 께랄라 주는 북부의 말라바(Malabar), 남부의 뜨라반꼬르(Travancore), 중부의 코치(Cochin) 지역으로 나누어져 있었습니다. 독립이후 공통의 언어를 가진 이 세 지역을 하나로 합치자는 통합 운동의 결과로 1956년 말라얄람(Malayalam)어를 공용어로 사용하는 께랄라 주가 만들어집니다.

다음 해인 1957년 선거에서 공산당이 주 정부를 장악합니다. 남부디리빠드가 이끄는 공산당 정부는 집권한 뒤 소작농의 축출을 방지하는 법안과 교육 부문에 대한 정부 개입을 시행했습니다. 그 정책은 기존 지배세력의 강력한 저항에 부딪칩니다. 중앙정부까지 개입해 공산당 정부를 해산시킵니다. 그러나 공산당은 1967년 두번째 집권에 성공하고 께랄라의 놀라운 변화를 주도합니다. 집권 후 채 10년도 지나지 않은 **1975년에 UN은 께랄라가 낮은 소득 수준에도 불구하고 기근을 해소하고 교육과 보건의 수준을 비약적으로 높여서 인도에서 가장 높은 기대 수명과 문자해독률을 가진 주가 되었다는 내용의 보고서를 발간합니다.**

경제학자 아마르띠야 센은 께랄라의 사례를 연구 대상으로 삼아, 경제적 측면만 중시하는 협소한 발전 개념을 대신에 삶의 질과 정치적·사회적 자유까지도 포함하는 '자유로서의 발전' 개념과 발전은 인민을 위해 국가가 수행하는 것일 뿐만 아니라 인민 스스로에 의해 행해지는 것이기도 하다는 '퍼블릭 액션' 개념을 제시했다.

단적인 예로 께랄라의 유아 사망률은 미국의 흑인보다 낮았고 어린이들은 인도 다른 어떤 지역보다도 키가 크고 몸무게가 더 많이 나갔습니다. 이런 삶의 수준의 상승은 불균등하게 나타나는 경향이 있습니다. 즉 도시가 농촌보다, 부자가 가난한 사람보다, 남성이 여성보다 더 좋은 조건을 누리는 것이 일반적입니다. 그러나 께랄라에서는 이런 불균등이 거의 나타나지 않았습니다. 게다가 여성 차별과 카스트 간의 차별도 현저하게 감소했습니다. 그래서 께랄라는 남녀 차별과 그에 따른 성비 불균형이 극심한 인도에서 남성 대비 여성 인구 비율이 가장 높은 주입니다. 께랄라 주는 신문 구독률이 인도에서 가장 높습니다. 께랄라의 공식 언어인 말라얄람어는 인도 인구의 3%만이 사용하지만 신문 발행 부수를 보면 영어, 힌두어 다음으로 많이 발행됩니다. 신자유주의가 본격화되기 전인 1991년에 께랄라는 90.6%의 문자해독률(인도 전체는 61%), 1,000

명당 13명의 유아 사망률(인도 전체는 62명), 73세의 기대 수명(인도 전체는 63세, 미국은 77세)을 자랑하고 있었습니다.

께랄라가 인도의 다른 주들은 물론 대부분의 개발도상국들보다 탁월한 사회적 성취를 할 수 있었던 원인은 무엇일까요? 많은 연구자들은 께랄라의 자연환경이 우호적이었다는 점, 일찍부터 대외 개방의 중심지였다는 점, 강력한 민중운동에 기반한 공산당이 집권했다는 점을 언급하고 있습니다. 특히 민중운동의 힘은 공산당이 집권하지 못했을 때에도 개혁 정책을 중단하지 못하게 했습니다. 노동자·농민 운동 외에도 반카스트 운동과 교육, 의료 등 기초적 공공 서비스 확대를 목표로 한 사회운동들이 다수의 대중을 동원하면서 강력한 힘을 발휘했습니다. **께랄라 모델에서 가장 훌륭한 점은 이 모든 성취가 도덕적이고 현명한 지배 집단이 제공한 것이 아니라 인민들이 스스로의 힘으로 자신들의 원하는 바를 싸워서 얻은 결과라는 점**입니다. 이것이 대중의 자발성을 강조하는 이들이라면 께랄라의 사례에 반드시 주목해야 하는 이유입니다.

께랄라 주민들이 누리는 높은 보건 수준은 처음부터 존재했던 것도 아니고 지배층의 시혜로 주어진 것도 아니었습니다. 께랄라 민중들이 어떻게 이것을 얻어낼 수 있었는지를 보여 주는 사례 하나가 있습니다. 1962년 께랄라의 한 보건소에 위급한 산모가 이송되었습니다. 그런데 보건소의 의사는 자리를 비우고 극장에서 놀고 있었답니다. 이를 알고 분노한 주민들은 극장으로 몰려가 의사를 보건소로 끌고 왔습니다. 민중들은 보건 서비스를 누리는 것이 자신들의 당연한 권리이지 민중들 위에 고압적으로 군림하는 전문직 지식인들이 마치 자비를 베풀 듯이 주는 것이 아니라는 인식을 가졌습니다. 그래서 주 정부에 자신들의 권리를 충족시켜 주기를 요구했고, 이 요구가 받아들여지지 않으면 집단적 행동도 불사했습니다. 우리는 지금도 전문 지식인들이 가진 지식, 능력이 그들만의 것이고 그것을 조금씩 나누어 주는 것에 대해 미안하고 고마운 느낌을 가집니다. 하지만 그들이 가진 전문 지식은 민중의 손으로 만들어 놓은 사회가 그들에게 가르쳐 준 것입니다. 우리는 당당하게 그것을 돌려받기를 요구할 권리가 있습니다. '세미나 네트워크 새움'에서 무료 강의를 고집하는 것도 이런 이유에서입니다. **지식인이 가진 지식은 그들만의 것이 아니고 원래부터 민중들의 것입니다. 그들은 민중에게 대가 없이 지식을 돌려줄 의무가 있고 민중은 요구할 권리가 있습니다.** 께랄라 민중들은 그것을 알고 실천한 것입니다.

께랄라 모델의 성립과 전개 : 께랄라 공산당의 역사를 중심으로

께랄라 주에는 영국 자본이 일찍부터 들어왔고 산업 노동자 집단도 일찍부터 형성되었습니다. 이 집단은 주로 하층 카스트 출신으로 식민지인으로서 겪어야 했던 억압, 하층 카스트로서 경험한 멸시, 노동자로서 당해야 했던 착취라는 삼중의 굴레를 벗기 위해 카스트 철폐운동과 노동운동 그리고 민족해방운동을 결합한 투쟁을 전개합니다. 이런 전통이 있었기에 1957년 선거에서 께랄라의 노동·사회 운동을 지지 기반으로 한 인도공산당이 세계 최초로 민주적 선거 절차에 의하여 집권할 수 있었습니다. 하지만 인도 중앙정부는 토지 개혁 등의 급진적 정책을 실행하는 께랄라 주 정부를 집권 2년 만인 1959년에 해산시키고 인도 중앙정부의 직접통치 체제로 전환합니다. 공산당은 다음 해에 치러진 선거에서는 국민회의당에게 권력을 내줍니다.

그다음 선거가 실시된 1967년이 되기 전에 인도공산당은 분열됩니다. 분열된 CPI와 CPI-M은 중앙당 차원과 께랄라 이외의 다른 지역에서는 극심하게 반목했지만 께랄라 주에서는 연합해서 1967년 선거를 통해 두번째로 집권합니다. 하지만 이 동거는 오래가지 못합니다. 1970년 선거에서 CPI는 우익 정당들과 연합해 권력에 참여합니다. 1980년부터는 CPI의 세력은 약화되고 CPI-M이 중심이 된 좌파민주전선(LDF)과 회의당이 중심이 된 연합민주전선(UDF)이 번갈아 가면서 집권하고 있습니다. 우리가 볼 께랄라의 변화는 좌파민주전선이 주도했지만 연합민주전선 집권 기간에도 어느 정도는 유지되었습니다. 께랄라의 회의당이 중앙 정치에서보다 상대적으로 진보적인 탓도 있지만, 께랄라 공산당이 민중운동에 강한 영향력을 유지한 것이 이런 일관성의 가장 큰 원인입니다. 그래서 께랄라 모델의 전개 과정은 께랄라 공산당의 역사를 축으로 정리하는 것이 유용합니다.

께랄라 공산당의 역사

께랄라 공산당은 1939년 고빨란(Ayillyath Kuttiari Gopalan)과 남부디리빠드의 주도로 만들어졌습니다. 께랄라 공산당은 인도공산당이라는 전국적 조직의 일부이지만 처음부터 상당한 정도의 자율권을 누렸습니다. 1930년대에 당 활동가들은 노동조합 운동을 통해 노동자와 농민을 조직하는 데 관심을 기울였습니다. 그들은 1938년 농민조합을 건설했고 1946년까지는 도시의 노동조합들을 조직하는 데 성공합니다. 공산당은 1946년 푸나프라 바얄라 반란(Punnapra-Vayalar uprising)*을 통해 주도적인

---

* 인도 서남부의 옛 토호국인 트레번코르에서 공산주의자들이 영국령 인도 총독에 대항하여 일으킨 반란

저항정치 세력으로 성장했습니다.

1940년대에서 1950년대 동안에 께랄라의 **인도공산당이 대중적 지지를 확대한 중요한 계기는 도서관 운동**에 몰두한 것입니다. 1947년까지는 대부분의 마을들에 도서관이 생겼고, 도서관을 지어서 그냥 책만 갖다 놓는 게 아니라 교육의 거점으로 삼았습니다. 도서관을 짓고 교재를 갖추고 교육 프로그램을 운영하는 방식이었습니다. 이를 통해 공산당 활동가들은 민중 속으로 들어가 민중들의 신임을 얻게 되었습니다. 공산당 활동가들의 인기는 그들이 정직하고 진실하게 사는 모습을 하층 계급들 속에서 직접 보여 주면서 얻은 것이었습니다. 공산주의자들은 민중 속에서 생활하면서 일상생활의 사회적·문화적 금기들을 없애기 위해 노력했습니다. 예를 들어, 상층 카스트 출신의 당원들도 하층 카스트의 마을 사람들과 함께 자고 먹으며 생활했습니다.

1957년에 께랄라 인도공산당은 「민주적이고 번영하는 께랄라 건설을 위한 공산당의 제안」이라는 결의안을 채택했습니다. 그것은 참여민주주의, 번영, 정치적 안정, 사회적 정의, 그리고 경제적 건설을 약속하는 내용으로, 민주적 정부를 통해 사회적 변화가 성취될 수 있다는 믿음을 반영한 것이었습니다. 1950년대 초만 해도 께랄라 인도공산당은 선거를 당을 선전하고 대중을 동원하기 위한 선전 수단으로만 사용했습니다. 그들은 국가를 평화로운 사회적 변화를 위한 수단으로 보지 않았습니다. 그러나 **1957년 이후에 인도공산당은 국가를 변화의 수단으로 보기 시작했습니다.** 이런 노선 변화의 결과로 께랄라 인도공산당은 세계에서 최초로 민주적으로 집권한 공산당이 되었습니다.

집권한 인도공산당은 남부디리빠드의 지도하에 하층 민중들에게 유리하게 권력 균형을 변화시키고 정치와 경제에서 민중들의 역할을 확장시키기 위한 많은 노력을 기울였습니다. 이를 위해 당은 언론, 학생, 청년, 여성 조직, 그리고 문화 클럽 같은 대중 단체들을 조직했습니다. 또 농촌 주민들이 지역 발전에 참여하게 함으로써 정치적으로 각성하게 만드는 데 많은 에너지를 썼습니다. 그리고 당의 하위 단위에 지역 조건에 맞는 자율권을 부여했습니다. 특히 **공산당은 토지 개혁과 교육 개혁을 실시했**습니다. 토지 개혁은 지주가 계약 기간 동안은 소작농민을 쫓아내지 못하게 하는 것을 중심으로 했습니다. 그리고 교육 개혁 법안은 교육을 개인의 손에서 빼앗아 국가에게 맡기는 조치였습니다. 당시 께랄라의 교육은 주로 기독교회가 장악하고 있었습니다. 공산당은 부유한 지주와 기독교 공동체라는 강력한 권력 집단에 도전한 것이었습니다. 이러한 조치에 위협을 느낀 중앙정부의 개입으로 공산당 정부는 1959년 12월 해산되었습니다.

도서관 운동을 기초로 과학 대중화 운동이 전개됩니다. 농업 생산 증대를 통해 인민들의 삶을 향상시키는 것이 급선무였기 때문에 우선 농업 기술을 보급하려 했습니다. 그러나 기본적 과학 지식이 없는 농민들에게 농업 기술 전수는 쉽지 않은 일이었습니다. 그래서 농업 기술의 기초가 되는 과학 상식을 대중화하는 운동을 먼저 시작한 것입니다. 1962년 창립된 KSSP(Kerala Sastra Sahitya Parishad)에서 주도한 '**께랄라 인민과학운동**'이 그것입니다. KSSP는 그 이후에도 지속적으로 문맹퇴치운동, 댐 건설 반대운동, 집단농업 지원운동, 지역 자원 지도화(resource-mapping)운동, 분권화를 위한 인민 캠페인 등 께랄라의 중요한 활동에 앞장서 왔습니다. 현재 KSSP는 약 200개 지부에 4만여 명의 회원을 가진 큰 단체입니다. 이 회원 중 상당수가 CPI-M 당원인 것에서도 알 수 있듯이 공산당 주도의 좌파 정부와 긴밀히 연결되어 있습니다. KSSP는 께랄라 좌익 연합 정부와 적극적으로 협력하여 개혁 프로그램의 아이디어를 제공하기도 하고 집행 과정에도 적극적으로 참여합니다. 하지만 KSSP의 조직 운영은 완전히 독립적입니다.

다음으로 **대규모의 문맹퇴치운동**도 벌입니다. 소규모의 자발적인 문맹퇴치운동은 예전부터 있었지만 대규모의 문맹퇴치운동이 좌파 정부 주도로 시작됩니다. "모두가 글을 읽을 수 있는 아름다운 께랄라"라는 구호를 내세우면서 많은 공산당 당원들과 자원봉사자들이 촌락 단위로 들어갑니다. 그들은 전(全) 께랄라 주에서 글자를 가르치는 5일간의 속성반을 운영했습니다. 외지인들이 계속 상주하기는 힘드니까 속성으로 글을 읽고 쓸 수 있는 사람을 양성하고 이 사람들이 다시 문맹자들을 가르치는 재생산이 가능한 모델을 만들었습니다. 이때 단순히 글자만 가르쳐 주는 게 아니라 생활에 필요한 많은 지식들을 보급하는 운동을 병행합니다. 문맹퇴치운동에 사용된 교재에 생활에 필수적인 내용들을 담아 글을 가르치는 방식으로요. 음식과 건강, 노동의 신성함, 전염병 예방, 우체국 이용법, 남녀평등, 공정한 거래, 인도 독립운동사, 빤짜야뜨 제도에 관한 정치 교육이 포함되어 있었습니다. 그래서 이 운동은 단순하게 문자해독률을 높이는 데 그치는 것이 아니라, 사회 문화 전반을 개량하는 운동의 성격을 띠고 있었습니다. 특히 전 세계의 주목을 받은 놀라운 성과는 보건 의료에 대한 지식을 확산시키면서 유아 사망률이 급속하게 떨어진 것입니다.

이런 **문맹퇴치 사업은 주민들의 지지를 이끌어 내고 주민들의 정치참여도 적극적으로 변모**시켰습니다. 그래도 여전히 글을 모르는 사람들을 위해서는 중국의 공산당이 초기에 했던 것처럼 노래나 연극공연 같은 문화 선전대를 조직해서 지역으로 파견합니다. 께랄라에만 있었던 것은 아니지만 좌파 영화인들이 영화 열차를 운영하기도 했습니다. 인도는 나라가 넓고 교통 인프라가 열악해서 가장 효율적인 교통수단이 철도거든요. 기차에 영사기를 싣고 전국을 순회하면서 마을 광장에서 영화를 틀어주고 주민들을 교육하는 사례가 있었습니다. 우리나라에서도 과학 실험 장비를 버스에 싣고 낙후 지역의 청소년들에게 찾아가 과학 교육을 하는 사업을 구상하는 분들도 있더군요. 아무튼 이런 노력들의 결과로 께랄라는 인도 전체에서 문맹률·유아 사망률은 제일 낮고 정치 의식은 제일 고양된 사회가 되었습니다.

1965년 선거에서 CPI-M은 20%대의 최다 득표를 했지만 정부 구성에는 실패합니다. CPI-M의 인기는 하층 계급들의 문제를 강조한 당의 노선이 성공했음을 보여 주는 것이었습니다. 결국 1967년 선거에서 CPI-M은 재집권에 성공했고 집권 후 다시 한 번 토지 개혁에 착수했습니다. 그러나 CPI가 국민회의당과 연합정부를 형성하면서 CPI-M 정부는 붕괴됩니다. **정권을 놓친 CPI-M은 의회 밖의 정치적 활동, 즉 파업, 토지 점거, 시위, 문자해독 캠페인, 대중교육 등의 활동에 치중**합니다. 1970년대에도 CPI-M은 토지 개혁 법안 실행을 촉구하는 운동을 펼칩니다. 임대료 지불 거부와 토지 점거 운동을 중심으로 한 이 투쟁은 대중의 참여를 이끌어 내었고, 결국 토지 개혁을 성공적으로 실행할 수 있게 됩니다. 그 결과 20만 명 이상의 농업 노동자가 토지를 통제할 수 있게 되었고 1983~1984년이 되면 농촌 노동자 가구의 93.3%가 토지를 소유하게 되는데, 1964~1965년에 이 비율은 66.8%에 불과했습니다. **토지 개혁은 토지를 하층 계급들에게 재분배했을 뿐만 아니라 농촌의 계급 구조를 재편해서 구질서를 약화시키는 결과도 가져왔습니다.** 또한 1970년대에 CPI-M이 주도한 농업 노동자 운동은 1974년 농업 노동자 보호입법을 낳았습니다.

또한 당은 **사회복지 체제를 도입**했고 교육과 보건에 **많은 투자를 함으로써 문자해독률, 기대 수명, 유아 사망률** 같은 인간적이고 사회적인 지표의 **상승**을 가져왔습니다. 그리고 공공분배체계를 통해 사실상 거의 모든 가구에 주요 식품을 공급하는 데 성공했습니다. 또한 아동노동을 감소시켰고 5학년 이상을 마친 아이들의 비율이 높아졌습니다. 가난한 가정에서 아이들을 일터보다 학교로 보낸 것은 초등학교 아이들에게 점심 식사를 무상으로 제공했기 때문이었습니다. 그 결과 인도 전역에서 5학년을 마친 아이들의 비율이 1991년 기준으로 26%인 데 비해 께랄라에서는 이 비율이 82%에 이릅니다. 또한 1980년에는 CPI-M 정부는 농업 노동자, 노인, 과부를 위한 연금을 도입했습니다. 이런 성과를 통해 CPI-M은 많은 지지자를 가진 강력한 정치 집단으로 성장했습니다.

당의 초기에는 전위당 방식의 당 운영이 선호되어서 주로 중간 계급 출신인 엘리트들이 당을 지배했습니다. 그러나 1978년에 당은 조직을 확대하려는 결정을 내립니다. 그래서 엄격한 당원 가입 조건을 완화시켜서 당원 자격을 연관 조직의 구성원들에게까지 확대했습니다. 그 결과 중간 계급 출신 당원들에 대한 하층 계급 출신 당원들의 비율이 높아지게 되었습니다. 그러나 2002년까지도 여전히 중간 계급 출신의 당원들이 가장 많은 수를 차지했습니다. 특히 당의 하위직에서는 하층 계급 출신들이 다수를 차지하게 되었지만, 최고위 지도자들은 여전히 상층 계급 출신들이었습니다. 하층 계급 출신 당원의 증가는 당 지도부에서 노조 분파가 상승하는 것과 동시에 일어났습니다.

현재 께랄라 CPI-M의 당원은 30만 명이 넘고, 산하 단체의 적극적 동조자들은 1,000만 명이 넘습니다. 이런 대중화에도 불구하고 여성 당원의 비중이 낮다는 문제는 여전히 해결되지 않고 있습니다. 께랄라

CPI-M이 가지고 있는 힘은 그들이 오랫동안 펼쳐 온 정치 교육의 전통에 있습니다. CPI-M은 신문, 잡지, 라디오, 극장 그리고 두 개의 TV채널을 가지고 대중들과 의사소통하고 있습니다. 특히 신문은 대중을 교육하고 중요 이슈를 대중화하는 결정적인 역할을 합니다.

CPI-M의 산하 단체들은 다음과 같습니다. 여성운동 단체인 전인 도민주여성연합(All India Democratic Women's Association, AIDWA), 인도민주청년동맹(Democratic Youth Federation of India, DYFI), 인도학생동맹(Students' Federation of India, SFI), 농민운동 단체인 끼산 무브먼트(Kisan Movement), 노동조합연맹인 CITU. 이 단체들과 당의 관계는 복잡하고 역동적입니다. 산하 조직들은 당의 노선과 직접적으로 충돌하지만 않는다면 상당한 정도의 자율권을 누립니다. 당과의 연계는 모든 당원들이 산하 단체에 참여하기 때문에 상당히 긴밀합니다. 당원의 책임 중 하나는 산하 단체에서 다양한 이슈들에 대해 당의 입장을 전달하는 것입니다. 산하 단체의 대부분의 구성원들이 공산당원인 것은 아니지만, 모든 당원들은 적어도 하나의 대중 조직의 구성원입니다.

이렇게 폭넓은 지지 기반을 근거로 성공적으로 발전해 온 께랄라 모델도 1980년대 경제위기로 흔들리는 상황이 옵니다. 고임금, 기계화에 대한 국가의 통제, 해고에 대한 엄격한 규제, 높은 수준의 사회적 소비가 자리 잡으면서 자본이 께랄라에서 이탈했고 1980년대 중반이 되면 께랄라는 경제위기에 직면합니다. 또한 재분배는 국가의 역할과 크기 그리고 관료제의 힘을 팽창시켰습니다. 이제 께랄라 발전 모델은 학자들과 정치인들로부터 더 이상 지속 가능하지 않다는 비판을 받게 됩니다. CPI-M조차도 께랄라의 낮은 경제 성장과 인도 경제에 대한 신자유주의적인 공격으로 께랄라 모델이 점점 더 지탱하기 힘들어졌다고 판단합니다. 그리고 새로운 경제 발전 모델을 만들어야 된다고 주장합니다. 당은 지속 가능한 경제 발전의 방식을 생각하기 시작했습니다. 즉 힘들게 얻은 재분배 성과를 위협하지 않으면서도 성장을 촉진시킬 수 있는 방식을 개발하려 했습니다. 이렇게 **1980년대 이후의 경제위기는 CPI-M의 노선 변화를 가져오는 배경으로 작용**합니다.

께랄라는 산업적 기반이 거의 없는 주로 농업 위주의 사회입니다. 1970년대의 토지 개혁과 녹색혁명의 결과로 곡물가격이 하락하면서 농업의 상황은 악화되었습니다. **곡물가격 하락에 대응해서 농민들은 쌀 재배로부터 수익이 높은 작물로 전환**했습니다. 1975년에서 1995년 사이에 쌀 생산은 46% 감소한 반면에 코코넛 생산은 42%, 고무 생산은 119% 증가했습니다. 논농사와는 달리 환금작물은 덜 노동 집약적이어서 농업 부문에서 노동 흡수 능력을 심각하게 떨어뜨렸습니다. 1964~1965년에 남성 농업 노동자는 1년에 평균 198일을, 여성 노동자는 164일을 일했지만 20년 뒤에는 남성은 평균 147일을, 여성은 112일만을 일하게 되었습니다. 그러나 고용의 감소에도 불구하고 환금작물에서의 고임금은 총소득에서는 증가를 가져와서 농촌의 빈곤 인구는 1973~1974년 사이의 1,020만 명에서 1987~1988년에는 550만 명으로 감소했습니다.

한편 께랄라의 성공적인 토지 개혁에도 불구하고 농업 생산은 거의 20년 동안 정체되었습니다. 께랄라는 농업 위주의 지역이지만 높은 인구밀도 때문에 농업 생산의 증대를 기대하기는 힘듭니다. 이러한 낮은 토지 생산성에 대응해서 당은 **집단 영농 프로그램**을 시작했습니다. 이것은 **토지에 대한 사적 소유는 유지하되 경작과 판매를 위한 농업 활동은 통합시키는 방식**입니다. 규모의 경제를 활용하기 위한 것입니다. 또 당은 농업 노동자를 위한 시장 규제도 도입했습니다. 농업 노동자들은 어느 정도의 기계화에 동의해 주는 조건으로 일정한 노동시간과 높은 임금을 보장받았습니다. 이 운동은 물 규제, 유기적 재활용, 농업 기계의 집단 사용, 품질 좋은 종자 생산, 통합된 해충 관리 등도 포함하고 있습니다.

하지만 **1980년대에는 농업 부문과 산업 부문 둘 다 침체**되었습니다. 특히 농업은 산업 부문이 연간 3.48%의 성장을 한 데 비해 마이너스 성장을 기록했습니다. **주 정부는 낮은 경제 성장과 교육과 의료 그리고 공공 부문 임금이라는 고정비용 때문에 재정 위기에 직면했습니다.** 또 께랄라는 많은 공기업을 가지고 있었지만 높은 비용과 낮은 서비스 질로 인해 불만이 고조되었습니다. CPI-M이 주도하는 발전 계획은 경제적 침체의 충격을 사회복지 프로그램을 통해 완화시켜 주었고, 많은 인구가 가난에서 벗어나게 도와주었습니다. 그러나 경제적 성장이 없이는 사회복지 프로그램이 지탱될 수 없었습니다. **이것이 정치적 위기를 낳았고 1990년대에 새로운 정치가 등장**하는 배경이 되었습니다.

께랄라 모델이 위기에 처하면서 가장 논란이 되는 것은 께랄라 모델의 지속 가능성입니다. 이 논쟁은 **께랄라의 낮은 경제 성장 수준을 근거로 한, 이 모델이 오래 지속되기 힘들다는 비판** 때문에 촉발되었습니다. 께랄라는 1970년대와 1980년대 중반까지 인도의 다른 주들에 비해 경제 성장이 정체되어 있었고 이로 인해 실업률이 상승했습니다. 고학력 젊은이들은 일자리를 찾아 다른 주나 국외로 이주하는 경우가 많았습니다. 구체적으로는 낮은 노동 생산성, 낮은 기술 수준, 산업의 전후방 효과의 취약 등이 주요 문제점으로 지적되는데, 이로 인해 높은 교육 수준을 가진 노동력과 발달된 금융자본을 발전을 위해 활용하지 못한다는 비판이 쏟아졌습니다. 우파 학자들은 께랄라 산업 구조가 저기술·저부가가치형 노동 집약적 가공산업에서 벗어나지 못한 원인을 께랄라의 분배 위주 정책과 과격한 노동운동 때문이라고 분석했습니다. 반면에 그 원인을 영국 식민지 시대의 저임금·저기술 산업 구조의 유산에서 찾는 시각도 있습니다. 또한 인도 중앙정부가 께랄라의 공산당 정부를 견제하기 위해 중앙의 재정 지원과 투자를 다른 주들에 비해 적게 배정하는 것도 께랄라 경제 성장 지체의 주요 원인으로 얘기됩니다.

당내에서는 께랄라 모델의 위기에 대응하는 두 가지 입장이 대립했습니다. 이 대립은 새로운 것은 아니었습니다. CPI-M 안에는 이전부터 두 개의 중요한 분파가 공존했습니다. **노동조합 분파는 조직노동자 계급(비공식 부문까지 포함)을 변화의 주된 주체로 보고, 산업화에 근거한 근대화 노선을 추구했습니다. 또한 국가권력을 강조하고 전위당 개념을 선호합니다. 반면에 풀뿌리 분파는 변화의 주체에 빈민, 실업자, 노동 계급을 모두 포함하고, 근대화에 대해서는 회의적인 접근을 합니다. 그리고 산업 발전은 대안적인 형태의 지역 수준 발전과 동반되어야 한다고 주장합니다. 또한 국가권력 외에도 복수의 권력들이 있다고 생각**합니다.

1970년대 내내 그리고 1980년대 초까지 노동조합 분파는 당권을 장악했습니다. 그들은 중앙집중화되고 국가 주도적인 근대화를 주장했습니다. 이를 위해 농업 노동자와 도시 노동자를 통일된 노동 계급으로 조직하는 데 노력을 기울였습니다. 노동조합 분파의 지도하에 CPI-M은 국가가 노동자를 시장으로부터 보호하고 자본가의 특권을 제한하도록 만들었습니다. 또한 CPI-M은 기계화, 실업급여, 최저임금, 연금 계획에 관한 노동자 보호 법률들을 만들었습니다. 1980년대까지 노동조합 분파는 께랄라 인민 대부분의 삶의 질을 성공적으로 향상시켰습니다. 그러나 경제 정체는 경제적 성장 없는 재분배 정책들이 지속 불가능하다는 문제를 제기했습니다. 그래서 1980년대에 노동조합 분파가 이끄는 정부는 경제적 성장을 위한 산업 발전에 초점을 맞추었습니다. 그러나 민간 투자를 유치하는 데 실패했고 토착 산업 기업은 충분히 성장하지 않았습니다. 그 결과 CPI-M 정부는 1987~1991년의 집권 기간 동안 께랄라의 산업 발전에 민간 자본이 투자하도록 하지 못했다는 비난을 받아 1991년 선거에서 패배합니다. 이에 노동조합 분파의 선거 패배 책임을 물으면서 풀뿌리 분파가 세력을 확대하게 되었어요.

1980년대 이래로 께랄라에서는 어떤 정당도 연정을 형성하지 않고서는 집권할 수 없었습니다. 1980년대 이후로 CPI-M이 주도하는 좌파민주전선(LDF)과 국민회의당이 주도하는 연합민주전선(UDF)이 번갈아 가며 집권하고 있습니다. 이런 상황에서 CPI-M은 시민사회와의 통합을 필요로 합니다. 즉 1980년대 이래로 정체된 CPI-M의 득표력을 증가시키기 위해, **풀뿌리 분파의 정책들은 중간 계급의 적극적인 지지를 얻는 것을 목표**로 했습니다. 이들은 실업자, 빈민, 여성들을 위한 활동도 지원했습니다. **풀뿌리 분파는 실험적 계획, 연구 조사, 교육, 지역 수준의 활동 등을 통해 다양한 대안들을 모색**했습니다. 특히 께랄라 인민들의 생활 수준의 저하를 줄이기 위한 대책을 개발하는 것이 시급했습니다. 1991년 당의 권위 있는 지도자인 남부디리빠드는 경제 발전에 대한 새로운 접근이 필요하고 당 정치가 아니라 공통의 전망을 가지고 인민을 결합시키는 것이 필요하다고 주장했습니다. 이것은 당내 권력의 균형이 풀뿌리 분파로 이동했음을 보여 주는 것이었습니다. 풀뿌리 분파의 대안적인 실천은 노동조합 분파가 실패했던 지지 기반 확대의 가능한 방법으로 제시되었습니다.

이 분파의 출발점은 오래 전으로 거슬러 올라갑니다. 앞에서도 언급했던 KSSP는 과학을 대중화하고 과학의 혁명적 잠재력을 사회적 혁명의 실현을 위해 결합하기를 원했던 과학자 집단이었는데 이들의 활동 방식을 통해 풀뿌리 분파의 노선이 생겨납니다. 그들은 맑스주의적, 간디적 관점에 입각해서 **생태적으로 예민하고 지속 가능한 지역 수준의 운동을 통한 사회혁명을 추구**했습니다. 또 자원봉사에 기반한 대중운동으로 기층 대중에게 생태학적 관점의 발전을 알려 주고 의식화시키는 데 중요한 역할을 했습니다. KSSP의 초기 멤버들 다수가 CPI-M 당원이기도 했지만, CPI-M과의 관계는 비상통치 기간 동안에 특히 강화되었습니다. CPI-M은 무자비하게 탄압받았지만, KSSP는 상대적으로 안전해서 많은 당원들이 KSSP에 소속되어 활동을 계속했기 때문입니다. 그 결과 많은 당원들은 인민들의 자발적 참여를 중요하게 여기게 되었습니다. 그들의 대안적 발전관은 지역의 자원, 능력, 필요에 근거해서 많은 인민들의 호응을 얻을 수 있었고 이것이 다시 그들의 당내 지위를 강화시켜 주었습니다.

이 두 분파 간의 투쟁은 아주 격렬했습니다. 1990년대에는 풀뿌리 분파가 노동조합 지도자들을 서기국에서 축출했고, 2004년에는 반대로 노동조합 분파가 핵심적인 풀뿌리 분파 지도자들을 축출하는 데 성공했습니다. 그러나 풀뿌리 분파는 여전히 당의 방향에 대한 영향력을 유지하고 있습니다.

새로운 께랄라 모델

풀뿌리 분파는 1987년 선거 승리에도 불구하고 경제적 성장에 대한 필요와 성장 없는 재분배의 한계를 문제 삼았습니다. 그 대안으로 대중적 참여를 강조하고 지역의 주도권과 자립을 권장하는 프로그램을 발전시키려 했습니다. 그리고 국가 주도 발전 모델로부터 참여적 조직화를 요구하는 사회 주도적 발전 모델로 당의 노선을 변화시키고자 했습니다. 소련의 붕괴도 이런 전환의 원인 중 하나였지만 무엇보다 인도 중앙정부가 신자유주의적 발전 전략을 받아들인 것이 압력을 증가시켰습니다.

CPI-M은 선거 패배 다음인 1992년 14차 당 대회에서 세계적 상황과 인도 정부의 경제 정책의 변화가 전 세계에서 인도의 역할을 약화시켰다고 결론 내렸습니다. 그리고 **정치와 경제 구조에서 참여민주주의적 메커니즘을 강조하면서 국가기구와 경제에 대한 시민사회의 지배를 주장**했습니다. CPI-M은 이것이 맑스주의적 전통과 각 사회의 구체적 현실에 대한 인식을 결합시키는 길이라고 보았습니다. 당은 이미 1990년 중앙위원회 보고서인 「몇몇 사회주의 국가들에서 발전에 관한 정치적 이데올로기적 문제들에 대해」라는 보고서와 「어떤 이데올로기적 문제들에 대한 결의」라는 1992년의 문건에서 보통 시민들이 사회의 모든 부문에서 결정적인 역할을 하도록 권한을 부여받는 **참여민주주의에 근거한 사회주의**라는 전망을 제출했습니다.

역설적이게도 신자유주의의 상승과 사회주의 경제 모델의 붕괴는 **정치적 영역에 있어서 대중 참여에 대한 강조를 낳았고, 이것은 경제 영역으로부터 대중들과 저항 세력의 관심을 멀어지게 하는 부정적인 효과를 낳았습니다.** 이런 정치적 환경에서 많은 정당들은 경제적이고 사회적인 이슈보다 정치적·이데올로기적·조직적 이슈들의 갱신에만 노력을 기울이는 경향이 있습니다. 형식적인 정치적 제도에 국한된 민주주의 논의는 사회적 위계들과 불평등이 삶의 모든 영역에서 그대로 남아 있게 합니다. 이것은 신자유주의를 민주주의와 인권의 문제로 보는, 우리나라에도 널리 퍼진 관점입니다. 그러나 CPI-M은 자신들의 참여민주주의에 대한 옹호는 사회의 하위 집단들이 정치적이고 경제적인 영역 둘 다에서 의사결정을 하고, 그 결정을 수행할 수 있는 힘을 가지는 것을 의미한다고 주장합니다. 이런 **참여의 의미**는 정치적·경제적·사회적 삶의 모든 영역에서 민주적 실천을 심화시키고 확장시킴으로서 시민들이 삶의 세 영역 모두에서 의사결정 과정에 참여하고 통제할 수 있게 만드는 것입니다. CPI-M은 지주 계급의 권력에 도전하지 않고서 민주적 제도를 지역 정치에 도입하는 것이 아무 의미도 없었다는 것을 스스로의 역사로부터 배웠습니다.

그래서 당은 정치적·경제적·사회적 영역을 민주화하기 위해 **분권화가 핵심적인 메커니즘**이라고 보았습니다. 1992년 중앙위원회 결의는 이렇게 말합니다. "어떤 나라에서든 **사회주의의 발전은 경제를 운영하는 것과 국가를 운영하는 것 둘 다에서 대중의 주도권 증가가 수반되어야만 한다. 모든 요리사는 통치하기를 배워야만 한다는 레닌의 명제는 점점 더 현실이 되어야만 한다.**" CPI-M은 일하는 사람들이 국가를 다스리고 법과 질서를 만드는 일을 쉽게 할 수 있는 방식들을 만들어야 한다고 주장했습니다. 이런 조건에서만 사회주의 혁명은 가능하기 때문입니다. "국가 운영과 행정 그리고 경제에 대한 인민의 더 광범위한 참여는 자치와 노동 공동체를 통해 가능하다. 사회주의의 발전은 국가의 정치적 구조와 제도를 개혁하기를 요구하고, 그것은 다시 사회주의적 민주주의를 풍요롭고 강하게 만들 것이다."

CPI-M은 자신들이 추구하는 이른바 **사회주의적 민주주의**에는 네 가지 테마가 있다고 말합니다. **새로운 발전국가, 사회주의와 자본주의의 공존, 사회적 필요에 지향된 경제, 참여민주주의**가 그것입니다. 이제부터 이것들을 차례대로 보겠습니다.

① **새로운 발전국가**

CPI-M은 역사적으로 소련의 국가주의에 의해 영향을 받아서 아래로부터의 요구에 대응하는 전능한 국가라는 개념을 고수했습니다. 그러나 1990년대에 당은 위계적인 명령 구조의 국가라는 개념을 버리고 **보조적인 역할**(affirmative role)**을 수행하는 국가관**을 채택합니다. 이 국가관에 따르면 **국가의 역할은 대중의 참여를 위한 제도를 만들어 내고 시민들의 참여를 보장하는 수단을 마련해 주는 것**입니다. 기존 께랄라 모델의 발전국가는 선택된 소수가 지배하는 관료적인 국가이고 헌신과 조직적 통일성에 의해 지배된다면, 이제는 더 포괄적이고 더 확장된 발전국가로 이를 대체하고자 했습니다.

1957년에서 1959년까지의 첫번째 집권 기간에 인도공산당(CPI)은 국가권력을 장악하는 것이 사회의 경제적이고 정치적인 권력 관계를 변화시킬 수 있게 한다고 믿었습니다. 그리고 당은 하층 계급들의 의지를 대행하는 변화의 주체라고 생각했습니다. 1967년 CPI-M 중앙위원회 결의안인 「새로운 상황과 새로운 전술」에 따르면, 자신들이 장악한 주 정부는 토지, 더 높은 임금, 민주적인 권리를 중앙정부의 정책에 대항해서 얻기 위한 인민의 투쟁을 강화해 주는 수단입니다. 그리고 정부 관직을 얻는 것은 반드시 실질적인 권력을 얻는 것으로 가지 않기 때문에 혁명적인 투쟁이 여전히 일차적인 목표였습니다. 하지만 1987년에 CPI-M은 새로운 국내적·국제적 조건에 적응하기 위해 국가기구를 통해 구체적인 변화를 가져와야 하고 이를 위해 참여민주적 제도가 중요한 역할을 할 수 있다고 생각하게 됩니다. 그리고 국가기구의 민주화는 민주적 분권화를 통해 가능하다는 전제에서 관료제와 행정 기구를 변화시켜 새로운 참여 제도를 만들었고 지역 정부 기관까지도 변화시켰습니다. 즉 보조적 국가의 역할과 참여적 제도의 역할을 결합시킨 모델을 만든 것입니다.

② 사회주의와 자본주의의 공존

CPI-M은 1990년대 초에 자본주의 체제로부터의 혁명적 단절이라는 전망을 버렸습니다. 그리고 **자본주의와 사회주의가 상당 기간 동안 공존하는 이행기**를 생각했습니다. 당은 이런 노선 변화를 자본주의와의 혁명적 단절이라는 전통적 관점과 자본주의 내에서 수용 가능한 개혁이라는 수정주의 사이의 길을 택한 것이라고 주장했습니다. 구체적으로는 경제적 성장을 뒷받침하기 위한 자본주의적 발전을 보장하고, 동시에 대안적 축적의 논리를 발전시킬 조건을 만들고자 합니다. **협동조합적 원칙에 근거한 소생산 단위를 확장**시킨 것이 대표적인 사례입니다. 공산당의 주장이 얼마나 진정성이 있는지는 알 수 없습니다. 하지만 이후의 전개 과정을 보면 **케인즈주의적 복지국가보다도 후퇴한 신자유주의적 정책이 눈에 띄게 늘어나고 있습니다**. 역사적으로 보면 제3의 길은 거의 예외 없이 기존 지배 질서로의 수렴으로 귀결되곤 했습니다. 께랄라 모델의 경우는 어땠을지 뒤에서 살펴보겠습니다.

③ 사회적 필요에 지향된 경제

CPI-M은 경제적 엘리트가 지배하는 경제로부터 시민사회가 지배하는 경제로의 변화를 추구했습니다. **당은 협동조합적 형식의 경제적 조직, 작업 협동체, 민주적 관리 그리고 생산에 있어서의 의사결정 구조를 만들고자 했습니다**. 그리고 국유화와 사유의 대립을 넘을 다양한 소유 방식을 모색했습니다. 당은 생산수단에 대한 사회적 소유와 사회화된 생산이라는 생각을 여전히 지지했습니다. 그러나 그것이 유일한 소유의 형식은 아니라고 주장하면서 전통적 입장으로부터 후퇴합니다. CPI-M은 사회주의하에서 국가 소유, 조합 소유, 합작 소유, 개인 소유가 모두 존재한다고 주장했습니다. 당은 국가가 경제적 활동을 결정하는 데 있어서 중요한 역할을 한다고 보았지만 시장 또한 대중의 요구에 봉사해야 한다고 말합니다. 그것은 의료와 교육 같은 서비스들이 탈상품화되고 협동조합이 증진되며 경제에 대해 국가가 어느 정도는 개입하는 것을 통해 보장될 수 있습니다. 즉 시장은 필요하지만 그것이 이윤 극대화만이 아니라 사회적 필요에 봉사하기 위해서는 규제될 필요가 있다는 것입니다.

CPI-M은 1992년의 결의안에서 당이 자본주의의 임박한 붕괴를 과대평가했고 기술혁명의 잠재력과 자본주의의 생명력을 과소평가했다고 인정했습니다. 또 인도 자본주의의 발전이 독립 이후로 상당한 경제적 성장을 이룩했다고도 인정했습니다. 당은 이런 현실 인식에 기반해 보통 사람들이 다양한 경제적 활동을 조직함으로써 **시민사회가 중심적 역할을 하는 사회주의적 경제**를 그렸습니다. 당은 시장을 중심에 놓지만, 사회적 수요를 충족시키고 사회적 목적을 위해 시장을 지도하는 국가경제의 관리를 위해 계획경제적 요소가 필요하다고 주장했습니다. 즉 **시장을 중심축으로 인정하고 그 부작용을 계획으로 보완**한다는 것입니다. "사회주의는 시민들의 상품과 복지를 증가시키기 위한 사회화된 생산력을 증대하는 것을 목적으로 한다. 이러한 틀 내에서 중앙의 계획과 시장관계는 대립하는 원칙으로 보여서는 안 된다. 계획은 시장관계를 활용해야만 하고, 발전의 단계에 부응하는 당면한 경제적 목표를 위해 시장을 규제해야 한다"(CPI-M, 1990). 이제 당은 경제의 모든 영역에 있어서 중앙집중화된 계획이라는 생각에 도전합니다. 그래서 당은 **국가와 시장 외에 시민사회라는 경제 주체를 설정**합니다. 즉 CPI-M은 시민사회가 사회적 필요를 위해 경제에 전략적으로 개입하고 국가의 경제 활동을 통제하는 데 있어서 더 큰 역할을 해야 한다고 생각했습니다.

④ **참여민주주의**

1990년대에 CPI-M은 사회의 모든 영역으로 민주주의를 확산시키기 위해 하위주체들을 교육하고 훈련하는 것을 강조했습니다. 그리고 국가는 시민사회가 국가의 자원을 더 민주적으로 배정할 수 있도록 시민사회를 재구성하는 것을 돕는 역할을 해야 한다고 보았습니다. 동시에 작은 규모의 생산 단위를 조직했고 그런 협동조합적 생산 형태들이 결국에는 대안적인 축적 논리가 되기를 기대합니다. 하지만 이런 움직임은 역사적으로도 새로운 것이 아닙니다. CPI-M은 처음부터 참여적 조직을 강조했고 대중들을 교육하고 의식화하는 데 많은 에너지를 썼습니다. 1987년에서 1991년 사이에 당은 전면적 문자해독 캠페인, 집단 영농, 인민 자원 지도화 프로그램, 그리고 제한된 민주화 분권 과정 등 일련의 새로운 운동들을 시작했습니다. 이러한 운동들은 1996년의 인민 캠페인의 토대가 되었습니다. 어떤 연구자들은 이 사건들을 서구의 사민주의 모델처럼 노동 계급이 자본 계급과 자본주의적 발전을 보장하기 위해 타협하는 과정으로 보기도 했습니다. 이 운동에서 주도적인 역할을 한 KSSP는 수천 시간의 문자해독 교육 시간에서 가르칠 35만 명의 자원교사들을 동원했습니다. 이런 전 주에 걸친 운동으로 1990년대 초가 되면 께랄라에는 거의 문맹이 사라지게 됩니다. 인민 자원 지도화 프로그램(People's Resource Mapping Program)은 모든 영역에 있어서 인간 자원과 자연 자원의 데이터베이스를 만드는 작업이었습니다. 그것은 자연환경에 대한 인민들의 자각을 고취시키고 공동체 내에서 사회적·경제적 발전의 가능성을 생각하도록 하는 운동이었습니다. 이 운동을 통해 당은 농민 교육과 농업 생산성 증대라는 성과를 가져오기를 기대했습니다. 하지만 **새로운 께랄라 모델이 경제적 위기를 참여민주주의 강화로 극복하려는 것은, 복지를 일부 포기하고 정치적 민주화**

를 강화시켜 경제적 문제를 회피하려 한 것이라는 비난도 제기됩니다.

빤짜야뜨 제도의 부활

이제 새로운 께랄라 모델의 중요한 구성 요소인 정치적 실험을 구체적으로 살펴보겠습니다. 그중에 가장 중요한 것은 빤짜야뜨 제도입니다. 빤짜야뜨는 인도 정치의 독특한 제도로서, 모든 주에서 독립 이전부터 존재했습니다. 이 제도는 근대적인 의회제를 보완하기 위한 직접 민주주의적 요소로 인도의 정치 전통에 그 뿌리가 있다고 말해집니다. 빤짜야뜨를 중시했던 최초의 중요 정치 지도자는 간디입니다. 그는 해방 이후 인도의 미래를 촌락 공동체의 연합으로 설정했습니다. 이때 개개의 촌락을 통치하는 정치 조직이 빤짜야뜨입니다. '빤짜'(Pancha)는 5라는 뜻입니다. 빤짜야뜨는 5인의 장로가 마을의 중요한 일을 결정하는 장로회 같은 모델입니다. 그리고 결정한 것을 행정적으로 집행하고 분쟁을 조정하는 사법적 기능까지를 모두 겸하기도 합니다. 간디와 간디 노선을 따르는 사람들은 빤짜야뜨가 수천 년 전부터 있었다고 주장하지만 인도 고대 문헌에는 빤짜야뜨라는 말이 없다고 합니다. 비슷한 점을 가진 사례들을 찾아내기는 했지만 간디가 생각했던 이상적인 빤짜야뜨 모델이 역사적으로 존재했던 건 아니고 관념적으로 이상화시킨 것입니다.

간디 노선은 독립 이후에 빤짜야뜨 제도의 실행을 요구했습니다. 하지만 네루는 별로 내켜 하지 않았습니다. 네루는 서구적으로 근대화된 중앙집권형 국가를 지향했던 사람이고 간디는 분권화된 연방제를 꿈꾸었기 때문에 서로 충돌하다가 결국 네루 노선이 정치적으로는 우세해집니다. 하지만 간디 노선을 완전히 배척할 수는 없으니까 빤짜야뜨를 명목상으로는 도입합니다. 그래서 1959년도에 '빤짜야뜨 라즈'(Panchayat Raj) 계획을 실행합니다. 하지만 실제로는 거의 유명무실해집니다. 또 제도 자체도 주마다 달라서 체계적이지 못했습니다. 그나마 빤짜야뜨 제도를 통해서 대의제의 한계를 극복한 성공적인 사례로 께랄라 주의 빤짜야뜨가 꼽힙니다.

명목상으로만 있던 빤짜야뜨가 실제로 본격화된 것은 1993년에 와서입니다. 그해에 빤짜야뜨 제도를 정비하기 위한 헌법 개정을 합니다. 이전엔 주법(州法)이나 하위법으로만 빤짜야뜨 제도가 존재했고 주마다 제도가 통일되어 있지 않았습니다. 또 대부분 경우에는 촌락의 힘 있는 지주 계급이 빤짜야뜨 의장을 차지했기 때문에 민주적이지도 않았습니다. 1993년의 헌법 개정으로 주 정부 아래에 디스트릭트(District) 빤짜야뜨-블록(Block) 빤짜야뜨-그람(Gram) 빤짜야뜨로 이어지는 3계층의 지방자치기구를 주민의 직접선거에 의해 구성하도록 의무화했습니다. 그리고 **연방 정부 권한의 상당 부분이 주 정부와 더 낮은 단위로 실제로 이양**되었습니다. 더 중요한 의미를 지니는 것은 **경제 개발과 분배를 위한 계획을 수립하고 실시할 수 있는 권한과 재정을 이 하위 단위에 부여**한 것입니다. 대표적인 예로 이전까지 5개년 계획은 중앙정부가 주도했는데, 1997년에 시작되는 제9차 5개년 계획부터는 각 주가 스스로 발전 계획을 세울 수 있도록 권한을 이양했습니다.

께랄라에서도 헌법 개정 다음 해인 1994년, 당시 집권당이었던 우익연합민주전선 정부가 관련법들을 제정했습니다. 이에 의거해서 1995년에 3계층 빤짜야뜨의 선출직 의원을 뽑는 선거가 시행되었고 주 정부 기능의 일부와 실무를 수행할 인력들이 빤짜야뜨로 배당되었습니다. 또 그때까지 지역 지배 계급이 독점하던 전체 빤짜야뜨 의석의 3분의 1 이상을 여성이나 지정 카스트에게 할당합니다. 이를 통해 주민 자치라는 의미를 살리려 했던 것입니다. 께랄라에는 14개의 디스트릭트 빤짜야뜨가 있고 300명의 대표자가 있습니다. 그리고 152개의 블록 빤짜야뜨와 1,543명의 대표자들, 그리고 990개의 그람 빤짜야뜨와 10,720명의 대표자들이 있습니다. 또 58개의 시 정부가 있습니다. 시 정부들과 그람 빤짜야뜨는 인구 10,000명에서 30,000명 까지의 가장 낮은 단계의 대의 기구입니다.

아까 말했듯이 **빤짜야뜨는 행정과 입법과 사법, 이 세 기능을 모두 수행한다는 점에서 독특합니다.** 행정 역할만 하게 되면 기존에 있는 국가기구의 기능과 차별성이 없잖아요. 주민들 스스로 중요한 의사결정을 하고 이를 집행하는 기능을 가지고 있어야 민주주의를 확장할 수 있습니다. 하지만 주민들 입장에서 가장 필요한 것은 분쟁 조정 기능입니다. 인도같이 땅덩어리가 넓고 행정망이나 사법 체계가 제대로 정비되지 않은 곳에서는 주민들 간의 분쟁을 법적 절차를 통해 해결하기가 힘듭니다. 대부분의 사람들은 재판 절차를 모를뿐더러 재판을 할 시간과 비용도 없습니다. 재판관들이 부패해서 제대로 된 판결을 기대하기도 힘듭니다. 그리고 작은 단위에서 작은 규모의 분쟁이 생겼을 때 법에 의존하는 것이 지나치게 번거로운 경우도 많습니다. 지방의 주민 간의 분쟁을 원활하게 조정해 줄 기관이 절실하게 필요했지만 그동안에 존재했던 빤짜야뜨에서는 분쟁 조정 기능과 사법 기능을 하지 못했습니다. 1993년 헌법 개정을 통해서 빤짜야뜨의 이 기능을 되살렸다는 점이 의미가 큽니다.

그런데 수십 년간 방치해 두었던 빤짜야뜨 개혁을 왜 1993년에 가서야 했을까요? **1991년부터 신자유주의가 전면도입된 것과 직접 연관**이 있다는 견해가 많습니다. 신자유주의 이데올로기 자체가 국가의 권한을 완화시키고 분산하는 것을 강조하니까 거기에 부응한 것입니다. 더 큰 동기는 신자유주의가 본격화되면서 사회적 갈등이 고조되었기 때문입니다. 중앙정부가 앞장서서 신자유주의를 시행하면서 중앙정부 대 고통받는 국민들이라는 대립 구도가 형성되었습니다. 분권화는 고통받는 대중들의 공격 대상을 분산시키는 효과가 있었습니다. 처음에는 공격 대상이 중앙정부 하나이다가 주 정부, 군청, 면사무소, 촌장까지 분산되는 것입니다. 또 대중들에게 더 많은 권한을 나누어 줌으로써 사회적인 갈등을 완화시키려는 의도도 있었기 때문에 서둘러서 빤짜야뜨 제도를 개정했습니다. 정부 스스로가 지방 분권화를 통해서 사회적인 압력과 긴장을 완화시키는 것이 목표였다고 공식적으로 말하기도 했습니다.

빤짜야뜨에 대한 평가

빤짜야뜨 제도가 개정된 지 10여 년이 지나자 평가를 위한 많은 연구가 진행되었습니다. 우리나라의 연구자들도 현지 조사를 한 경우가 있습니다. 그런데 연구 결과는 대체로 부정적인 평가가 많은 것 같습니다. 가장 많이 지적되는 한계는, 빤짜야뜨가 행정 조직으로부터 독립된 주민의 자치기구인데 실질적인 운영에 있어서는 행정 조직처럼 기능하게 됐다는 점입니다. **빤짜야뜨의 어떤 단위든 행정 기관화, 관료제화하는 경향이 나타나고 있습니다.** 빤짜야뜨는 주민들이 투표를 통해서 선출한 의원들이 주체가 되는 회의(이것은 디스트릭트-블록-그람의 세 단계 모두에 해당됩니다)와, 그람 단위에서는 마을 주민 모두가 참여하는 총회로 구성됩니다. 총회는 자주 열기 힘드니까 의원들의 활동이 중심이 됩니다. 그런데 **빤짜야뜨 의원들의 역할보다 이들을 보조하기 위해 정부 행정 기관에서 파견된 행**

빤짜야뜨는 주민들이 투표를 통해서 선출한 의원들이 주체가 되는 회의와, 그람 단위에서는 마을 주민 모두가 참여하는 총회로 구성된다. 하지만 의원의 전문적 역량 부족 등 실질적 조건의 미비함으로 인해, 본래 보조적 역할을 수행하기 위해 정부 행정 기관에서 파견된 행정 직원들의 영향이 점점 더 커지고 있다.

정 직원들의 영향력이 점점 더 커지고 있습니다.

    그 이유는 주로 의원들의 전문적 역량이 떨어지기 때문입니다. 디스트릭트 단위의 빤짜야뜨에서는 그나마 의원들의 교육 수준이 높지만 대체로는 아주 낮은 교육 수준을 가지고 있습니다. 주마다도 다르지만 뻔잡 주 통계를 보면 빤짜야뜨 의원의 50%가 문맹입니다. 따라서 행정 문서를 읽고 쓸 수 있는 행정 직원의 영향력이 클 수밖에 없습니다. 또 의원들은 회의를 할 때에만 모이지만 행정 직원은 상근을 합니다. 주민들이 빤짜야뜨 사무실에 민원을 제기하려고 해도 만날 수 있는 사람은 결국은 행정관입니다. 그래서 행정관이 현안을 더 잘 파악하고 있습니다. 다음으로 빤짜야뜨 의원들에게 너무 적은 보수만을 주기 때문에 제대로 활동하기가 힘듭니다. 빤짜야뜨에 지급되는 운영 경비의 대부분이 상근하는 공무원들의 인건비로 나갑니다. 빤짜야뜨 의원들을 상대로 한 현지 조사에서도 빤짜야뜨 행정관의 영향력이 자기들보다 더 크다는 응답이 많이 나옵니다. 재미있는 사례로 빤짜야뜨 사무실에 자동차가 대부분 한 대씩 배치되어 있는데 행정관이 그 차를 자가용처럼 쓰는 것에 대해 불만이 많았습니다.

또 높은 단위로 갈수록 그나마 역량이 있고 영향력 있는 빤짜야뜨 의원들은 대부분 지역 정치인들입니다. 빤짜야뜨 제도는 공식적으로는 정당이 개입할 수 없습니다. 정당 후보가 아니라 개인이 무소속으로 출마하도록 되어 있습니다. 그러나 실제로는 정당에서 후보를 정하고 지원합니다. 누구나 입후보자가 어느 정당에서 미는 사람인지를 알고 투표합니다. 이렇게 되면서 **정치권이 빤짜야뜨에 상당한 영향력을 행사하게 되고 그 주나 그 지역의 정부를 장악하고 있는 정당들의 의사가 빤짜야뜨를 좌지우지**합니다. 상위 단위로 갈수록 중앙정부나 정치인들의 입김이 강해지고 촌락 빤짜야뜨에서는 주민들의 참여도가 훨씬 높아지는 양상을 보이고 있습니다. 결국 빤짜야뜨는 하위 행정 조직이나 정당 조직 같은 역할에 머물게 됩니다. 특히 문제인 것은 예산을 편성하고 집행하는 과정에 빤짜야뜨 의원들이나 주민들은 거의 개입하지 못하고 상위 행정 단위에서 배정한 예산의 집행을 감독하는 역할만 하게 된 것입니다. 빤짜야뜨 의원들은 결재 서류에 서명만 합니다. 빤짜야뜨가 의회 역할 외에 행정적 역할과 사법적 기능까지도 하는 것이 중요한데, 이렇게 되면 잘해 봤자 의회의 기능만을 하고 잘못하면 말단 행정 기관으로 역할이 축소되는 것입니다. 영국 식민지 시대에 식민정부가 빤짜야뜨 제도를 시행했던 이유는 행정력이 구석구석 미치지 못해서 이 제도를 통해 말단 지배 기구의 역할을 지역 주민들에게 떠넘기기 위함이었습니다. 독립 이후의 빤짜야뜨 제도도 중앙 행정력이 못 미치는 지방에서 주민들에게 행정 기관의 역할을 떠넘긴 것입니다. 1993년에 헌법 개정을 한 이후에도 이런 실상은 크게 변하지 않았다는 것이 일반적인 평가입니다.

다음 문제는 빤짜야뜨 의장, 의원, 행정관이 서로 동맹 관계를 맺고 지역 정치의 실질적 지배 세력으로 자리 잡게 되는 것입니다. 경제적으로 이 사람들의 다수는 지주 계급입니다. 달리뜨와 여성에게 의석 할당을 해도 이 지배세력에게 밀려서 빤짜야뜨 내에서 힘을 발휘 못하는 경우가 대부분입니다. 과거에는 달리뜨들은 회의장 안에 들어가지도 못하는 경우도 있었습니다. 물론 시간이 지나면서 촌락 빤짜야뜨 같은 경우에는 차별이 많이 줄어들었지만 문제가 완전히 사라진 것은 아닙니다. 촌락 빤짜야뜨 의장도 세 번에 한 번은 여성이 되어야 하는데 이들은 대부분 전임 의장의 부인입니다. 그러니 실질적인 촌의 장은 그 남편이라고 누구나 생각합니다.

빤짜야뜨 내부의 파벌화도 심각한 문제입니다. 농촌에서의 대립과 갈등, 사회적 모순이 심화될수록 여러 다른 경제적·사회적 이해관계들을 반영하는 파벌들 간의 갈등이 빤짜야뜨 활동을 가로막는 중요한 요인이 되고 있습니다. 역설적으로 이런 상황 때문에 촌락 빤짜야뜨는 주민들의 신임을 더 많이 받기도 합니다. 농촌 사회에서 긴장과 갈등이 고조되면서 비공식 부문에서 일어나고 있던 충돌을 촌락 빤짜야뜨 차원에서 어느 정도는 조정했기 때문입니다. 이게 대중들의 빤짜야뜨에 대한 참여를 고양시켰습니다. 자신들의 억울한 처지를 도와줄 수 있을 거라는 믿음에서 촌락 빤짜야뜨에 참여하는 주민들이 늘어난다고 합니다.

위에서 언급한 여러 단점들도 있지만 빤짜야뜨를 실질적으로 활성화시키기 위한 여러 가지 대안들도 제시되었습니다. 그중에 제일 많이 얘기되는 것은 교육 수준의 향상입니다. 주민들의 전반적인 교육 수준이 향상되지 않으면 주민 자치가 힘들기 때문입니다. 주민들이 스스로 자기들의 문제를 결정하고 스스로 지배하기 위해서는 단순히 그렇게 하도록 허용하는 것만으로는 불가능합니다. 주민들의 능동적인 의지와 능력이 성장하지 않으면 주민들의 자치는 불가능하죠. **억압하고 지배하는 제도를 완전히 폐지해도 모든 민중들이 스스로 통제할 수 있는 능력을 향상시키지 못하면 직접민주주의, 인민의 자기 지배는 불가능**하죠. 그래서 엘리트 출신의 누군가가 민중들을 대신하는 상황이 되풀이됩니다. 아무리 민중의 이해관계를 대변한다고 해도 그 사람들은 엘리트의 일부이고 민중이 스스로 자기 목소리를 내지 못하는 구조가 고착됩니다. 이것을 넘어서야 민중의 자기 지배, 진정한 실질적 민주주의가 가능합니다.

인민계획 캠페인

새로운 께랄라 모델의 또 다른 핵심적 수단은 인민계획 캠페인(People's Plan Campaign)입니다. **이 캠페인의 핵심은 예산 편성과 집행에 주민이 직접 참여하는 것**입니다. 다른 많은 주민 자치 모델들이 대부분 행정망의 일부로 편입 혹은 종속되어 버리거나 관료제적으로 변질된 것은 예산 문제에서 주도권을 갖지 못했기 때문입니다. 상급 행정 기관이 예산을 집행하고 분배하는 권한을 독점하면 결국 예산권을 갖고 있는 관료들에게 이기기 힘듭니다. 그리고 자치 조직은 예산을 배정받기 위해 관료제에 종속됩니다. 그래서 주민 참여 운동은 바로 이 문제에 초점을 맞춥니다. 예산 편성과 집행을 주민이 주도적으로 하는 모델을 만들고자 했습니다. 브라질의 포르투 알레그리(Porto Alegre)의 사례[*]와 마찬가지로 **주민참여 예산제는 직접민주주의의 확산이나 주민참여의 증대에 있어서 핵심적인 고**

리이기 때문입니다. 또 주민들이 참여해야 하는 정부의 기능 중에서 능력 향상이 필요한 대표적인 분야도 예산 부문입니다. 예산 집행이나 편성에 참여하려면 일단 글자를 알고 장부라도 볼 수 있어야 합니다. 현대 사회같이 경제적인 문제가 복잡해진 사회에서는 이 정도로도 부족합니다. 더 숙련된 전문성을 갖추지 못하는 한 주민들이 전문 행정 관료들을 견제할 수 없습니다. 우리나라도 법적으로는 주민들이 예산 감사를 할 수 있습니다. 하지만 감사를 할 수 있는 회계 지식 등이 없다면 소용이 없습니다. 그래서 시민단체에서 회계 교육을 하는 것입니다. 인도의 경우에 제도적인 장치는 어느 정도 이루어졌지만 운영할 수 있는 주민들의 능력이 강화되지 못해서 실질적 운영이 잘 되지 않는 것입니다.

좌파민주전선은 1996년 선거에서 승리하여 께랄라 주 정부를 다시 장악합니다. 이들은 그동안의 분권화가 하향식 방식으로 추진되었다는 문제의식을 가지고 있었습니다. **빤짜야뜨에 권한을 이양하는 행정 분권화만으로는 실질적인 분권화를 보장할 수 없다고 보고 이른바 빅뱅(Big-Bang) 방식이라는 급진적 방식의 분권화를 추진하였습니다.**

좌파민주전선 정부는 '제9차 계획을 위한 인민 캠페인'(People's Campaign for the Nineth Plan) — 흔히 '인민계획 캠페인'으로 약칭 — 을 통해 지역 발전을 위한 계획 과정에 주민들이 능동적으로 참여하도록 유도합니다. 이를 위해 1996년 분권위원회(Committee on Decentralization of Powers)를 구성하여 분권화가 실질적으로 이루어지기 위한 연구와 지원 활동을 하게 했습니다. 이 위원회에서 **분권화의 기본 원리**가 정해졌는

---

* 포르투 알레그리는 1989년 세계 최초로 주민참여예산제를 실시했다. 주민참여예산제는 시 전체 예산의 20%를 주민들이 직접 결정하는 제도이며 포르투 알레그리는 16개 지구의 모든 주민이 참여할 수 있다.

데 자율성, 보충성, 역할 명확성, 상호 보완성, 균등성, 인민 참여, 책임성, 투명성 등이 그것입니다. 또 좌파민주전선 정부는 제9차 계획 수행 예산의 35~40%를 빤짜야뜨에 아무 조건 없이 배당했습니다. 이 예산의 사용을 위한 사업 발굴과 계획 수립, 사업 집행, 사후 모니터링 등에 주민들이 참여하도록 호소하는 것이 바로 인민계획 캠페인입니다. 그 전까지 주 정부 기술 관료들이 독점했던 계획 수립 및 자금 집행 권한이 주민들과 빤짜야뜨 의원들에게 이양되면서 **이 운동은 행정적·제도적 분권화 차원을 넘어서 주민의 직접 참여를 촉진하는 사회운동으로 발전합니다.**

이 캠페인의 두 가지 원칙은 다음과 같습니다.

- 지역 정부 기관은 위로부터 내려온 계획의 단순한 전달자가 아니라 재정적·기능적·행정적 자율권을 가진 통치 기관이 되어야 한다.
- 국가가 인민에게 더 많은 책임을 지게 하기 위해서는 대의민주주의와 참여민주주의 둘 다가 강화되어야 한다.

이제 인민계획 캠페인이 구체적으로 어떻게 진행되는지를 봅시다. CPI-M은 분권화를 수행할 행정 기관이나 인력을 먼저 만드는 것이 아니라 예산을 이양하는 것부터 시작했습니다. 이것이 오히려 행정 개혁을 촉진시킨다고 생각했기 때문입니다. 이런 시도는 분권화와 지역경제 발전을 결합시키고 인민들에게 정치적·경제적 제도에 참여하고 지도할 수 있는 힘을 주기 위한 것입니다. 특히 **발전 계획 수립에서 평가까지를 모두 할 수 있는 지역 수준의 능력을 형성하는 것이 필요**했습니다. 그래서 초기에 당 활동의 대부분이 시민 능력을 향상하는 것에 초점을 맞추었습니다. 많은 수의 워크샵, 정치 교육, 스터디 그룹이 조직되었습니다. 1997년에서 1998년 사이에만 다양한 기술을 교육하는 발전 세미나에 30만 명 이상이 참여했습니다. 그 외에도 많은 비공식적인 학습 모임이 만들어졌습니다. 예를 들어 마을에 있는 도서관에서는 아침마다 지역 신문을 함께 읽는 모임을 만들었는데, 이 모임에 참여한 경험이 마을총회(Grama Sabha)에 참여하는 것을 어려워하지 않도록 도와주었습니다.

인민계획 캠페인의 다음 단계는 주민들이 직접 참여하는 마을총회를 께랄라 전역에서 개최하는 것이었습니다. 마을총회는 주민들이 직접 계획 과정에 참여하여 토론한 후 자신들의 발전 계획안을 제안하고 최종적으로 승인하는 자리입니다. 따라서 주민들이 가장 직접적으로 참여하는 핵심적인 단계입니다. 발전 계획의 모든 단계에서 마을총회가 활용되고 있습니다. 그러나 마을총회는 규모가 너무 크고 1년에 몇 번밖에 모이지 않는다는 점에서 많은 한계가 있습니다.

이런 한계 때문에 '여성의 이웃 집단'(Women's Neighborhood Group)을 만들게 되었습니다. 캠페인은 발전 기금의 10%를 여성 관련 부문에 배정했고 그 결과 여성의 이웃 집단이 주 전역에서 생겨났습니다. 여성의 이웃 집단은 40~50가구로 이루어진 조직으로, 지역의 계획 사업에 있어서 가장 낮은 단위입니다. **여성의 이웃 집단은 여성들을 공동체의 정치적·경제적 구조에 직접 연결시켰고 여성이 공적 영역에 참여할 수 있는 토대를 제공했습니다.** 여성의 이웃 집단의 구성원 70%가 빈곤선 아래 출신인 것도 의미 있습니다. 당 활동가들은 여성의 이웃 집단이 정치 활동과 경제 활동 둘 다에 참여하도록 교육시키는 데 에너지를 쏟았습니다. 또한 지역 공무원들이 여성의 이웃 집단과 연계를 가지고 지원하도록 권장했습니다. 대부분의 여성의 이웃 집단들은 집단의 효과적 기능을 위해서는 교육이 중요하다고 보았습니다. 여성의 이웃 집단의 활동은 초기의 저축과 대출에서부터 시작해서 국제적·국내적 문제에 대한 정치 토론, 그리고 공동체의 발전 사업 우선순위, 소생산 기업 등에 대한 토론으로 확장되었습니다. 특히 집단에 참여함으로서 얻게 되는 자신감이 반복해서 강조되고 있습니다. 매주 있는 모임에 참여해서 정치, 경제 그리고 개인적 문제에 대해 토론함으로써 여성들은 공식적인 정치적 기구에 참여할 힘을 얻게 되었고 능동적인 시민이 될 수 있었습니다. 여성의 이웃 집단들은 농업, 야자섬유 제품 제조, 비누 제조, 양초 제조, 식품 가공 등의 사업에 종사하기도 했는데, 가난한 여성들은 이를 통해 수입을 보충할 수 있었습니다.

이웃 집단은 발전협회(Development Society)를 통해 발전 계획에 직접 참여했고 발전협회는 발전 과정에 가능한 많은 정치적·사회적 조직들이 포괄될 수 있도록 노력했습니다. 발전협회의 역할은 분권화된 과정을 통해 내려진 결정을 실행하도록 돕는 것입니다. 여기에는 모든 정당들과 KSSP 그리고 모든 이웃 집단으로부터 두 명(남녀 각각 한 명씩)이 참여했습니다. 참여자들은 빤짜야뜨와 인적으로 거의 겹쳐졌습니다. 예를 들어 발전협회 회장은 빤짜야뜨 의장인 경우가 많았습니다. 이들은 각각의 마을에서 주민들을 만나서 그곳에 실질적으로 필요한 게 뭔지에 대한 의견을 청취합니다. 특히 KSSP와 CPI-M 활동가들은 지역의 조건에 알맞은 발전 전략을 만들기 위해 많은 조사와 교육 사업을 함께 했습니다. 예를 들어, 어떤 지역 거주자들의 소비 습관에 대한 연구는 매달 2만 개의 달걀이 소비되지만 그 지역에서는 하나도 생산되지 않는다는 것을 보여주었습니다. 그래서 그 지역에 작은 규모의 양계장을 만드는 데 예산을 배정했습니다. 또 실업 상태의 여성을 중심으로 지역 시장을 대상으로 한 전통적 산업을 권장했습니다. 왜냐하면 농촌 여성들은 상당수가 실업 상태였고 사업 초기의 낮은 임금도 기꺼이 감수했기 때문입니다. 이러한 수입을 올리기 위한 단위들은 협동조합적 원칙에 의해 조직되었고 다양한 방식으로 지방정부에 의해 활용되었습니다.

다음으로는 주민들의 의견에 추가로 조사한 자료를 더해 마을이 보유한 자원과 당면한 문제 그리고 주민들이 제안한 사업 아이디어의 목록을 정리합니다. 이를 바탕으로 실행할 수 있는 사업 계획 초안을 만들고 다음으로 빤짜야뜨 의원들이 사업 계획의 우선순위를 정합니다. 이렇게 촌락 빤짜야뜨 수준에서 정리된 사업제안서를 군 빤짜야뜨로 올립니다. 군 빤짜야뜨에서는 올라온 제안서를 심의하고 군 단위의 계획을 수립하는데, 이 과정에는 예산 전문가들, NGO들, 행정 관료들이 공동으로 참여합니다. 심의한 내용은 공청회를 열어서 다시 한 번 의견을 수렴합니다. 결과물은 다음으로 마지막 단계인 주(州) 단위로 올립니다.

주 정부는 여러 군에서 올라온 제안들을 심의해서 결정합니다. 촌락과 군 빤짜야뜨에서 제안한 계획은 기술적 측면, 특히 재정적 분석이 취약한 경우가 많았습니다. 그래서 무보수로 활동하는 자원자들의 모임인 '자원봉사 기술지원단'(Voluntary Technical Corps)이 각 전문 분야별로 계획안을 기술적으로 평가하고 문제점을 보완하는 역할을 합니다. **계획안을 심의·결정하는 과정에서의 주 정부의 권한도 제약해서, 군 단위에서 올라온 예산 제안을 주 정부가 일방적으로 축소·폐지할 수 없게 했습니다.** 만약에 주 정부 차원에서 볼 때 도저히 집행을 할 수 없다면 그 이유를 군 빤짜야뜨에 보내야 합니다. 군 빤짜야뜨는 이 이유를 검토한 뒤 다시 주 정부로 예산안을 올립니다. 주 정부가 일방적으로 예산안을 조정하거나 통제할 수 없게 만들어 놓은 것입니다. 예산안이 최종적으로 확정되면 군 단위에서 예산을 지급합니다. 주 정부가 아니라 군 단위에서 집행하는 것이 중요한 특징입니다. 이는 빤짜야뜨들의 자율성을 최대한 보장하기 위한 것입니다. 결국 촌락 단위의 주민들이 제안한 아이디어가 주 단위까지 전달될 수 있는 공식적인 경로와 예산 집행에서의 낮은 단위의 권한을 보장하기 위한 제도를 만듦으로써 인민의 참여 의지를 고양시키려 한 것입니다.

분권화된 계획의 독특한 점은 계획적인 영역별 자금 배분보다는 프로젝트 형성에 초점을 맞춘 것입니다. 처음부터 도로 건설이나 사회 서비스의 확충보다는 생산 부문으로 투자를 전환하려 했습니다. 이 목표를 위해서 생산 부문들 사이에 자금 배정을 위한 가이드라인이 만들어졌습니다. 45~50%의 예산이 생산적 계획에 배정되었고 30~40%는 교육, 보건, 위생, 음용수, 주거에 배정되었습니다. 그리고 인프라 부문에는 10~25%가 배정되었습니다.

그리고 **CPI-M은 대안적인 축적 논리를 만들어 내기 위해, 소기업 건설을 통해 경제 발전과 분권화를 연결하려 했습니다.** 소규모 야채 생산, 비누와 양초 생산 등 소규모 경제 운동은 노동자들이 생산수단을 통제하게 한다는 점에서 반자본주의적 논리를 가진다는 것입니다. 생산 단위는 협동조합적 원칙에 근거해 있었고 대안적 사회 조직을 발전시키기 위한 첫 번째 단계로 여겨졌습니다. 개인의 소유권은 중요하게 인정되었지만 협동조합적 소유 형태에 근거한 발전이 권장되었습니다. 협동조합은 지역 시장을 주 대상으로 설정했는데 이는 외부적 힘에 대한 종속을 벗어나기 위한 것입니다. CPI-M은 생산수단에 대한 민주적 소유를 통해 하위 집단들에게 경제적 힘을 주려 한 것입니다. 그러나 **현실에서는 판로를 확보할 수가 없었기 때문에 생산 단위들의 많은 수가 생존할 수 없었습니다.**

혁신적 노동은행도 많이 언급되는 사례입니다. 농업 이윤의 감소로 농사 일을 그만두는 농민들이 늘어났습니다. 그래서 쿤나투깔 그람 빤짜야뜨(Kunatukal Gram Panchayat)라는 곳에서 노동은행이라는 아이디어를 제안했습니다. 농부들은 약간의 임금 삭감을 받아들이고 대신 노동일을 보장받습니다. 노동은행에 가입한 노동자들은 일이 없는 동안에는 지역 정부와 공동체가 마련한 공공 작업, 공동체 발전 계획 등에 참여합니다. 이 작업에서 노동자들은 약간 낮은 임금을 받지만, 연간 노동일을 보장받습니다. 노동은행은 비교적 성공적이어서 매년 확장되고 있습니다.

당은 자신들이 추구하는 분권화를 다음과 같이 정의합니다. 첫번째로 이 민주적 분권화는 지역의 기술, 지식, 그리고 자원을 가지고 지역 경제의 구조를 건설하는 과정이고 경제를 사회의 필요에 종속시키는 것입니다. CPI-M에게 지역 경제 발전의 목표는 궁극적으로는 대안적 축적 논리를 만드는 것입니다. 그러나 경제 활동만으로는 발전을 이루기에 충분하지 않고, 가장 열악한 공동체에 권한을 부여하는 새로운 사회적 경제적 관계가 더 정의롭고 평등한 발전의 추구에 필요하다고 봅니다. 당은 대안적 생산 형태를 발전시키기 위해 이양된 예산의 45%를 소규모 생산자 협동조합을 만드는 데 사용했습니다. 그리고 당은 **이 모델이 세계은행이 주도하는 사회적 경제의 협동조합 모델과는 다른 것이라고 강조합니다. 세계은행의 분권화는 국가의 힘을 약화시켜 국제기구의 영향력을 강화하기 위한 것이지만, 당의 전망은 사회가 주도하는 발전 국가를 건설하고 이 과정에서 대의제적 구조와 관료 정치의 한계에 도전하는 것이기 때문입니다.** 이제 이들의 주장이 정말인지 살펴보겠습니다. 특히 아시아개발은행(Asian Development Bank, ADB)이 께랄라 모델의 변화에 미친 영향은 많은 것을 시사합니다.

새로운 께랄라 모델 이후 께랄라의 현황

께랄라의 분권화는 공산당의 선전과는 달리 많은 문제점도 드러냈습니다. 예를 들자면 예산을 먼저 주고 주민들이 아이디어를 내서 사용하라고 하지만 없던 아이디어가 갑자기 쏟아질 수는 없었습니다. 당장 필요한 사업에 돈을 쓰기는 쉽지만 장기적으로 도움이 되는 재생산이 가능한 사업 구상과 실행은 쉬운 일이 아닙니다. 그래서 생산적인 사업보다 분배적인 사업에 돈이 낭비되는 경우가 많이 발생했습니다. 그래서 **생산성 향상이나 고용 증진에 예산이 투입되지 못했고, 이로 인해 께랄라의 구조적인 사회 문제를 해결하는 데 도움이 되지 못한 것이 문제로 지적됩니다.**

더 큰 문제는 **께랄라 주에 국한된 실험이 더 넓은 차원의 문제에 얼마나 효과적으로 대응할 수 있느냐**는 점입니다. 인민 캠페인이 진행되는 동안 신자유주의 세계화의 영향으로 곡물가격이 폭락했습니다. 이는 께랄라 농촌 경제에 큰 타격을 주었습니다. 경제 붕괴의 피해는 주민들 스스로 분권화를 통해 극복하기에는 벅찬 것이었습니다. 즉 분권화는 경제 침체 같은 외부의 적대적 환경을 완전히 극복할 수는 없었고 주민들에게 가해지는 피해를 줄여주는 완충 기능만을 제공했습니다. 신자유주의 세계화와 같이 강력한 힘을 가진 외부 환경 속에서 작은 지역 단위의 분권화나 새로운 발전 모델이 어떤 효과를 가질 수 있느냐하는 문제는 여전히 남겨진 숙제입니다. 이 문제를 좀더 자세히 살펴보겠습니다.

1980년대 들어서면서 침체에 빠졌던 께랄라 경제는 1980년대 후반부터는 산업 성장률은 인도 평균과 거의 비슷한 수준이 되었고 1인당 GDP 성장률은 인도 평균보다 더 높아졌습니다. **께랄라 경제가 부흥하게 된 가장 큰 원인은 해외에 나간 께랄라 노동자들이 보내는 송금**이었습니다.

께랄라 주는 인도의 다른 주보다도 월등히 많은 수의 노동자들이 해외 취업에 나서는 것으로 유명합니다. 높은 인구밀도, 농지 부족, 빈곤, 취약한 산업 구조로 인한 취업 기회의 부족과 이에 비해 상대적으로 높은 교육 수준 등이 께랄라 주의 해외 취업이 많은 이유입니다. 게다가 오일달러로 개발 붐이 일었던 중동 지역에서 높은 임금을 제시하면서 해외 취업 붐이 일어났습니다. 우리나라에도 잘 알려진 두바이의 고층 빌딩 건설 현장에는 께랄라를 비롯한 인도 출신 노동자들이 많이 일하고 있습니다. 중동 지방에서 낮은 임금 수준의 일자리들은 대체로 인도인들에게 돌아갑니다. 중동에서의 낮은 임금도 인도 현지에서는 상당한 액수입니다. 그래서 특히 하층 카스트 집단에게 해외 이주는 사회적·경제적 지위 상승의 기회가 되었습니다. 1998년 기준으로 약 136만 명 정도의 께랄라 출신 노동자들이 해외에서 일하고 있었고 이들이 고향으로 송금한 액수는 께랄라 주 정부가 그해 중앙정부로부터 받은 지원 금액보다 약 2.5배가 많았습니다. 1990년대 말의 이주자 송금은 주 내 생산의 22%에 달합니다. 이것은 1980년대 초반 11%의 두 배입니다.

그러나 **가처분 소득의 증가는 상품 생산을 위한 생산 부문의 성장이 아니라 소비 부문의 성장을 낳았습니다.** 막대한 액수의 해외 송금이 유입되면서 이 돈은 주로 소비에 사용됩니다. 그래서 내구 소비재 산업, 주택 등 건설업, 교통 및 금융업 같은 서비스 산업 부문들만이 성장합니다. 농업이나 제조업 같은 생산 부문은 여전히 침체를 벗어나지 못했습니다. 산업은 여전히 경제 전체의 상대적으로 적은 부분만을 차지하고 있습니다. 께랄라 인구가 인도 전체 인구의 3.86%인데 비해 께랄라의 산업 생산은 인도 전국 산업 생산의 2.5%만을 차지하고 있습니다. 께랄라에서는 전통적인 소생산 비중이 높아서 그 부문이 백만 명 이상을 고용하고 있습니다. 그러나 전통적인 산업은 높은 생산 비용과 낮은 품질, 다양한 제품의 부족으로 점점 더 국제적인 경쟁의 위협을 받고 있습니다. 게다가 기계화된 대규모 생산의 확장은 이런 산업을 위기로 몰아넣고 있습니다.

지난 30년간 1,500억 달러에 달하는 해외 송금의 지속적인 유입은 또 다른 사회 문제도 낳았습니다. 송금된 돈으로 차와 오토바이를 사는 사람들이 늘어났습니다. 원동기의 수는 1990년부터 10년 만에 3.6배나 증가했고 이로 인해 교통사고 사망자 수가 급증했습니다. 그리고 알코올 소비의 병적인 증가는 음주운전 사고와 신경 계통 질병을 증가시키고 있습니다. **께랄라 경제에 대한 가장 큰 위협은 지하경제입니다. 지하경제는 토지 마피아, 술 마피아, 모래 마피아**(소비 붐으로 가장 수혜를 입은 건설 산업에 강과 바다의 모래를 공급하는), **산림 마피아**(산림 자원의 유출에 관여), **그리고 최근에는 영적 산업(spiritual) 마피아 등에 의해 지배되고 있습니다.** 이들에 의한 범죄와 사회 불안이 증가하고 있습니다.

께랄라는 농업 위주 사회여서 2000년대 초반에도 인구의 절반 이상이 농업에 종사하고 있습니다. 께랄라의 농업 부문은 자본주의적이긴 하지만 규모에 있어서는 아주 영세합니다. 예를 들어 1990년대 초를 기준으로 농업 가구의 92%가 1헥타르 이하의 토지를 경작하고 있었습니다. 많은 농부들은 다른 수입원을 찾아야 했습니다. 그래서 께랄라에서는 파트 타임이나 계절 농업 노동자가 전업 농민보다 더 많습니다. 게다가 1990년대에 중앙정부의 신자유주의 도입의 영향으로 농업 부문에서의 소득이 위협받고 있고, 토지를 공장, 주택, 상업 시설 등 비농업 목적으로 사용하려는 압력이 높아지고 있습니다.

께랄라 경제는 인도 전체 경제의 작은 부분만을 차지하지만, 생산품 다수는 수출을 위해 생산되어서 세계경제에 상당히 편입되어 있습니다.

께랄라 주는 인도 최대의 천연고무, 코코넛, 후추 생산지이자 두번째로 큰 타피오카, 캐슈넛, 커피 생산지입니다. 이런 환금작물로의 전환 덕분에 적어도 1980년대 후반에서 1990년대 초반까지는 농업 부문에서 연간 3.6% 이상의 성장이 이루어졌습니다. 그렇지만 이런 성장은 결국은 국제적 상품가격 변동에 취약할 수밖에 없고 신자유주의적 개혁의 결과로 변동은 더욱 커졌습니다. 즉 식량 안보에는 부정적인 효과를 가져왔습니다. 1990년대 말이 되면 많은 농업 상품의 급격한 가격 하락은 께랄라 경제의 중요 영역에 타격을 주었습니다. 1990년대 중반 이후 국제 농산물 가격 급락으로 많은 농민들이 농촌을 떠나 도시로 이주합니다. 그 결과 농촌의 빈곤은 감소했지만 도시의 빈곤은 1990년대 내내 증가합니다.

1990년대 이후 께랄라 제조업은 소규모 제조업 및 비공식 부문의 성장만이 두드러지고 전체 제조업에서 이들 부문이 차지하는 비중이 매우 높았습니다. 께랄라에는 여전히 인도 자본이나 외국 자본의 대규모 투자가 거의 이루어지지 않았기 때문입니다. 이로 인해 고용 측면에서는 상당한 성과가 있었지만 제조업 산출과 관련해서는 상대적으로 낮은 성과를 거두었습니다. 또 송금액 증가로 인해 토지 가격과 임금이 급등했습니다. 토지 가격이 토지생산성보다, 임금이 노동 생산성보다 너무 높아지는 현상, 즉 경제 거품이 발생합니다. 께랄라 경제의 미래에 대해 여전히 회의적인 사람들은, 께랄라 경제 회복이 지역 내 생산의 활성화가 아니라 해외 송금에 의존한 것이기 때문에 구조적으로 취약하다고 비판했습니다.

이런 한계를 인식했기 때문에 1990년대 초부터 누가 집권하든 간에 주 정부는 상당한 수준의 개방 정책과 외부 자본 유치 정책을 펴고 있습니다. 2001년 선거에서 집권한 우익 정권은 좌익 정권이 추진했던 급진적 분권화의 많은 핵심 요소들을 제거했습니다. 이름도 께랄라 발전 계획(development plan)으로 바꾸었고 주민을 대규모로 동원하는 성격을 없애려 했습니다. 즉 주민 참여의 확대보다는 공무원들의 능력을 높이고 제도를 개선하는 것에 중점을 두었습니다. 하지만 2006년에 다시 집권한 좌파민주전선 정부는 자신들이 5년 전에 시행했던 인민계획을 부활시켰습니다. 그런데 이런 **정치적 변화에도 불구하고 경제 정책에서는 큰 차이가 없었습니다.** 좌익 정부 역시 이전의 우익 정부가 수행한 경제 개방 정책의 기조를 유지하면서 고급 인력을 고용하는 고부가가치 산업 육성을 중요 과제로 삼았습니다. 최근 께랄라 좌익 정부는 정보통신 산업과 생태관광 산업, 인도의 전통적 대체의학 산업 육성에 힘쓰고 있습니다. 제2단계 인민계획에서는 주민의 직접 참여를 강조하는 캠페인 방식보다는 제도 보완에 더 초점을 맞추고 있고 계획 내용도 고용 증대와 지역경제 발전에 관련된 것을 강조하고 있습니다. 좌파 정부의 이런 변화를 어떻게 해석할지에 대한 논란이 많지만 경제 성장의 침체라는 한계가 이런 변화를 가져온 것은 분명합니다.

경제 침체는 께랄라 모델의 경제적 한계들을 드러나게 했습니다. 실업, 소득과 토지 분배에서의 불평등, 교육의 상품화, 보건 상태의 악화, 생태적 위기가 심각한 정도로 확산되고 있습니다. 특히 빈곤은 쉽게 줄어들지 않고 불평등은 절대적 관점에서나 상대적 관점에서나 확대되었습니다. 농업 노동자와 지정 카스트, 지정 부족들이 가장 취약한 집단입니다. **농업 노동자 중에서 지정 부족민 집단은 가장 큰 타격을 받았습니다.** 2004~2005년 사이에 상황은 더욱 악화되었습니다. 이들은 모든 사회 집단과 비교했을 때 명목소득과 실질소득 모두 감소한 유일한 집단입니다. 이런 농업 노동자의 경제 수준 저하는 상품 작물 가치 하락과 공공분배체계의 실패 때문입니다. 께랄라 주의 주내 농업 부문 총생산 자체도 1993년에서 2004년 사이에 2% 정도 감소했습니다. 공공분배체계에서 제공하는 밀과 쌀의 가격은 시장가격과 차이가 없었고 곡물의 질 또한 저하되었습니다. 게다가 다른 주에 비해 공공분배체계가 보호하는 비율도 낮아졌습니다. 께랄라의 공식 빈곤 통계는 농촌 지역이 9%, 도시 지역이 20%라고 합니다. 그러나 최근에는 께랄라의 빈곤율이 37%에 달한다는 연구 결과도 있습니다. KSSP의 조사도 정부 통계의 두 배에 달하는 빈곤율을 보여 줍니다. **빈곤 문제가 가장 심각한 곳은 아디와시 거주지, 달리뜨 공동체, 플랜테이션 노동자 가족과 같은 전통적으로 빈곤했던 영역에 여전히 집중**되어 있습니다. 흔히 께랄라의 낮은 유아 사망율을 칭찬하지만, 아디와시 유아 사망률이 전체 인구에 비해 현저하게 높다는 사실은 잘 알려져 있지 않습니다. 어떤 달리뜨 학자에 따르면 아디와시 거주지에서는 45세 이상의 사람을 찾기 힘들다고 합니다. 기대 수명에 있어서 께랄라 전체 인구의 기대 수명이 75세인 데 비해 아디와시의 기대 수명은 58세에 머물고 있습니다.

신자유주의 시기인 1990년에서 2007년 사이에 교육과 보건에 대한 정부 지출도 감소해서 이미 UNDP 기준보다 훨씬 낮은 수준이 되었습니다. 교육에 대한 정부 지출은 1970년대의 정부 예산의 39.7%에서 1991년에는 25.17%로, 그리고 2005년에는 17.97%로 낮아졌고 건강과 가족 복지 부문의 지출은 1984년 정부 예산의 11.67%에서 신자유주의 이후에는 6.36%까지 떨어졌습니다.

동시에 **보건과 교육 부문의 상업화가 께랄라 모델을 실질적으로 약화**시켰습니다. 사립학교도 신자유주의 이후 15년 만에 세 배 이상 늘어났고 특히 지정 부족, 지정 카스트와 다른 집단 사이의 교육 불평등은 더욱 심화되었습니다. 2006년의 연구에 따르면 가장 부유한 계층의 55.5%가 아이들을 사립학교에 보냈고 가장 낮은 집단은 3.4%를 사립학교에 보냈습니다. 또한 본인이 학비를 부담하는 직업 대학들이 난립했습니다. 기술자 양성 학교의 82%와 의학 계통 학교의 45%가 사립 부문이 되었습니다.

공적 의료비 지출 감소로 가계의 의료비용이 급증합니다. 개인병원, 요양원, 스캐닝 센터, 진단 센터 등이 급속하게 증가했습니다. 께랄라 전체 병상의 거의 65%가 민간 병원에 있습니다. 공공 부문은 적절한 장비와 약품 부족으로 환자를 제대로 돌보지 못하게 되었습니다. 민간 병원이 매력적인 급여를 제공하면서 공공 부문에서 공공 부문으로의 의사 유출이 심각한 수준이고, 기초 의료 센터의 공적인 활용도 떨어지고 있습니다. 정부가 이에 대한 예산 배정을 줄이면서 의료 서비스의 질이 떨어졌기 때문입니다. **빈민들은 수입의 40%를 건강관리에 쓰지만 부자들은 수입의 2.4%만을 지출합니다. 이렇게 의료비용이 증가하는 것을 메디플레이션(mediflation)이라고 부릅니다.** 메디플레이션으로 인해 의료비를 감당할 수 없는 빈민들은 빈곤선 아래로 추락하고 과도한 부채를 지게 됩니다.

만성적인 정치적 불안정도 심각합니다. 께랄라에서는 지난 50년간 약 60개의 정당이 난립했고 현재도 18개 정당이 활동하고 있습니다. 알려진 것과는 달리, 께랄라 정치가 자율적인 토론과 독립적 시민들 사이의 논의를 위한 강력한 공적 영역을 결여하고 있다는 비판이 늘어나고 있습니다. 게다가 공산당이 자랑하던 **남녀평등도 급속히 후퇴**하고 있습니다. 강간, 남편의 학대, 지참금 살인 등 여성에 대한 학대가 증가하고 있습니다. 1997년에서 2007년의 10년 사이에 자살자 수는 10만 명당 30명을 넘었습니다. 부자와 가난한 사람 사이의 소비 수준 불균형은 2000년에서 2005년 사이에 급속히 늘었습니다. 결국 능력을 확대한다는 참여민주주의의 잠재력은 여전히 거의 발휘되지 못하고 있는 상황에서 께랄라 모델은 그들 스스로 역사적으로 이룩해 놓은 가장 큰 성과들을 상실하고 있습니다.

ADB 차관과 께랄라 모델의 쇠퇴

2000년 이후 신자유주의의 두번째 세대가 시작되었습니다. 전기와 물 같은 공공재를 전면적으로 자유화하는 것이 그 핵심입니다. 국가가 관장하던 전기와 물은 거래 가능한 상품으로 취급되었습니다. 이외에도 **다양한 공공 서비스로부터 국가가 철수**하고 있습니다. 이 과정에는 께랄라 주 정부와 함께 **아시아개발은행(ADB)이 주도적인 역할**을 했습니다. 께랄라 주 정부가 ADB에게 재정적으로 의존하면서 께랄라 모델의 남은 부분조차도 위협받고 있습니다. 께랄라 모델이 민중의 생활 조건 향상에 경제 성장이 반드시 필요하지 않을 수도 있음을 보여 주었다면, 새로운 께랄라 모델 도입 이후에는 경제 성장이 된다고 해서 빈민의 생활 조건 향상을 반드시 가져오지는 않는다는 것을 잘 보여 주고 있습니다.

ADB의 조건부 차관은 신자유주의가 께랄라에 도입되는 중요한 계기였습니다. 이와 함께 께랄라의 민주주의는 쇠퇴했고 보건과 교육 부문도 새로운 형태의 의존 상태에 빠졌습니다. ADB의 정책 차관은 2003년에서 2006년 사이에 인도 여러 주에게 약 미화 80억 달러를 제공했습니다. ADB 차관이 요구한 구조조정 프로그램에 대해 께랄라에서는 강력한 저항이 있었지만 결국 관철되었습니다. 구조조정 계획을 추진한 것은 국제 금융 기구의 일방적인 압력 때문만이 아니었고 국내의 특정 정치적·사회적 세력도 중요한 역할을 했습니다. 구조조정 프로그램은 빈곤 감소와 굿거버넌스(good governance)를 표방했는데, 이를 명분으로 ADB와 차관을 받은 주 정부는 사회 서비스의 상품화를 통한 사영화 프로그램을 강화시켰습니다.

ADB는 오랫동안 운영 방식의 불투명성 등의 다양한 이유로 아시아-태평양 지역에서 비난받아 왔습니다. ADB의 프로그램은 우파적 특성을 분명히 보여 주고 있습니다. 그러나 이 정책을 받아들인 것은 우파 정부만이 아닙니다. 여러 연구들은 사회주의자들이 구조조정 차관을 받기 위해 애를 썼다는 것을 보여 주었습니다. **중도 좌파들은 정치적 우파가 했다면 강력한 반대에 부딪쳤을 개혁 조치들을 저항 없이 도입할 수 있었습니다. 께랄라에서 좌파 정권은 지난 집권 기간 동안의 ADB 차관을 받아들인 책임이 있을 뿐만 아니라 자발적으로 신자유주의 개혁을 수행하는 도구 역할을 했습니다.**

께랄라 정부가 ADB 차관을 받아들인 배경은 중앙정부의 재정 지원이 감소한 것입니다. 1980년대 중반 이후로 인도의 다른 여러 주들과 마찬가지로 주 정부의 재정 상태가 악화되었습니다. 께랄라의 부채는 1990년대 내내 가파르게 상승했습니다. 주내 총생산 대비 부채 비율이 40%를 넘었습니다. 이것은 1990년대 중반 이후 더욱 심화되어서 구조조정 개혁을 받아들이는 명분이 되었습니다. **ADB는 구조조정 차관을 조건으로 주 정부에게 사회보장 지출 삭감과 공공요금 인상을 강요**합니다. 인도 중앙정부는 해외 차입을 권장하는 입장을 취했습니다. 결국 주 정부는 고비용의 프로젝트들과 구조조정 차관을 받아들이지 않을 수가 없었습니다. 하지만 **1996년에 1,142억 달러이던 께랄라의 채무는 차관 도입 이후인 2007년에는 5,713억 8천만 달러가 되었습니다.** 그러나 주 정부의 세입은 90년대 초 이래로 감소해 왔습니다. 경제의 성장세로의 전환도 증가하는 부채를 감당할 만한 세입 증가를 가져오지는 못했습니다. 게다가 주 정부는 대

2000년대 들어 ADB는 께랄라 정부와 함께 각종 사영화 프로그램을 강화시켰다. 민주적 분파와 급진 좌파들이 저항의 움직임을 보였지만, 정부와 ADB 프로그램의 공모성을 폭로하고 대안적 발전 모델을 제시하는 데에는 실패했다.

출 이자의 증가와 ADB가 요구한 계획에 소요되는 비용을 충당하기 위해 점점 더 많은 차관에 의존해야 했습니다. 전체 세입의 4분의 1 이상이 부채 상환에 사용되고 있습니다. ADB 차관의 도입 이후로 께랄라는 부채의 덫에 빠져 있습니다.

다른 대부분 나라들에서처럼 께랄라의 재정적자 확대는 세입 감소가 큰 원인이었습니다. 세입 감소는 다양한 특권 집단들이 세금을 거의 제대로 내지 않기 때문에 더 심각해졌습니다. 이렇게 새어 나가는 금액만 계산해도 ADB 차관 액수와 비슷하거나 더 많다는 평가가 있을 정도입니다. 그러나 대기업 경영자들, 사치스러운 호텔 소유자들, 플랜테이션 자본가들, 귀금속 상인들, 주류상들, 산림 개발업자 등등은 서로 공모해서 께랄라의 사회 축적 구조를 자본가 계급에게 유리하게 만들고 있습니다. 실제로 정체되어 있는 GDP 대비 세금 비율은 거대한 지하경제가 존재함을 보여 줍니다. 의회 내의 좌파와 보수적 우파 모두 이런 특권 집단들과 연결되어 있다고 합니다. **께랄라 주의 정치 엘리트들은 새로운 권력 집단 내에 완전히 안착되어 있고 ADB와 연합한 시장 주도 개혁은 이 구조를 더욱 강화시켰습니다.** 그 결과 공산당을 포함한 주류 정당의 지배 집단은 모두 경제의 시장화를 촉진시키고 있습니다.

ADB가 께랄라로 진입하는 데는 좌파와 우파 정부 모두 찬성했지만 1999년에 ADB와 협상을 처음 시작한 것은 CPI-M이었습니다. **좌파 정부는 1998년에 이미 시장 원칙과 민간 참여에 근거한 공공 부문의 재구조화라는 신자유주의적인 의제를 받아들였습니다.** 주 정부 재정의 악화와 낮은 경제성장률 때문에 해외 차관에 의존할 수밖에 없었다는 ADB와 좌파 정부의 주장과는 달리 1980년대 후반부터 께랄라 경제는 회복되고 있었습니다. 1990년대 중반까지도 께랄라 경제는 인도 전체 평균보다 더 높은 성장을 기록했습니다.

좌파 정부가 시작한 ADB 차관 도입은 정권 교체와 함께 우파 정부에게 승계되었습니다. 야당이 된 좌파는 우파 정부가 차관을 성급하게 도입했다고 비난하고 나섭니다. 그러나 이것은 단지 좌파들의 선거 전략일 뿐이었습니다. 2006년에 좌파가 다시 집권하자 그들이 비난했던 모든 단점에도 불구하고 좌파 정부는 ADB 정책 패키지가 요구하는 구조조정을 전면 수용했습니다. 더 나아가 이런 구조조정 정책을 합법화하기 위한 노력의 일환으로 **주 정부는 시영 기업과 같은 자치 기관에게도 국제 금융 기관으로부터 대출을 받을 수 있는 권한을 부여했습니다. 이것이 분권화하는 지구적 금융의 새로운 방식입니다.** 그리고 이것은 공공 부문의 사영화와 같은 신자유주의적 개혁과 연관되어 있습니다. 그리고 주 정부는 다른 금융 기관과의 모든 합의나 협상은 ADB와 의논해야 했습니다. 주 정부는 재정 문제에 있어서 결정을 내릴 권리를 잃어버린 것입니다. 주의 모든 공기업들은 대안적인 경영 시스템을 받아들여야 했는데 여기에는 사영화, 투자 중단, 합병, 경영 계약, 그리고 임대 등이 포함되어 있습니다.

ADB 차관은 다음의 세 가지 개혁 조치를 요구했습니다.

- 정부 프로그램의 현대화와 재정 개혁.
- 전력 부문 개혁.
- 께랄라의 지속 가능한 도시 개발 계획.

그 외에도 ADB가 계획한 민관 합동(PPP) 단위들이 인도 도시 중심 여러 곳에 건설되고 있습니다.

ADB가 요구한 **도시의 지속적인 발전 프로젝트**는 음용수 시스템, 공공 교통 체계, 도시의 쓰레기 처리 수단의 현대화를 포함한 것입니다. **이 요구의 실체는 기초적인 공공 서비스에 사용 요금을 부과하고 손실이 생기는 공공 부문을 사영화**한다는 것입니다. ADB와 함께 세계은행은 인도의 물과 관개 부문에서 가장 큰 몫을 가지고 있습니다. 세계은행은 물 사업이 정부에서 독립해서 독자적인 기관에게 맡겨져야 한다고 주장해 왔습니다. 이를 통해 수자원에 대한 시장 주도의 정책이 도입되었습니다. 께랄라에서도 ADB는 시 정부와 시영 기업들, 그리고 지방자치 기관들에게 시장원리에 입각해 음용수에 사용료를 부과하도록 설득했습니다. 최근까지도 께랄라에서 음용수는 대중에게 무료로 공급되었습니다. 그러나 **결국 물은 가격이 매겨진 상품이 되었고 지방자치 단체의 관할로 넘겨졌습니다**. 그리고 ADB의 차관을 받아들인 시영 기업들은 공공 수도를 없애고 사용료를 부과하려 했습니다. 이에 대항하는 운동이 공공 수도의 전면적인 폐지는 성공적으로 막았지만 이 추세는 계속되고 있습니다. 주 정부는 그 외에도 ADB가 요구한 정책들을 고수하고 있습니다. 희망퇴직 제도를 모든 고용자들에게 확대한 결과 실업이 급속히 증가했지만, 정부는 경제특구에 해당되는 수출 촉진 구역(export processing zone)을 통해 고용 창출이 가능하다는 환상만을 만들어 내고 있습니다.

전기 부문 개혁은 발전, 송전, 배전을 위한 독립 회사들을 설립하게 했습니다. 우리나라의 한전 사영화도 똑같은 방식으로 진행되고 있습니다. 이런 상황이 가져올 저항을 예상했던 ADB는 굿거버넌스라는 명분을 전면에 내세웁니다. 이를 통해 **ADB 주도의 현대화 프로그램이 인간의 얼굴을 하고 수행된다는 인상을 주려고 노력했습니다. 그러나 실제로 공공 부문 구조조정은 노동 계급, 특히 중하 소득 집단의 문제를 악화시켰을 뿐입니다.** ADB가 후원하는 빈곤 경감 계획(Poverty Impact Assessment), 특히 쿠둠바스리(Kudumbasree)*와 같은 소액대출 사업은 현실에 거의 도움이 되지 않았습니다.

결국 이 사례들은 **정부의 하급 단위로 자금을 조달할 책임과 권한을 이양하는 정부의 분권화라는 과정은 세계은행의 분권화라는 개념과 밀접하게 연결되어 있다는 것을 보여 줍니다.** 그 결과 국내 정책에 대한 외부 기관의 압력이 증대되고 정책 자체가 조건부 차관과 최소주의적 복지국가로 가는, 분권화라는 세계은행의 의제에 맞추어지고 있습니다. **자신들의 분권화는 세계은행의 것과는 다르다는 공산당의 말은 정치적 선전에 불과했던** 것입니다. 사실 세계 거의 모든 곳에서 민주주의와 개인의 자유, 인권의 신장이라는 명분으로 또 최근에는 자율성의 확대라는 미명 아래 국가가 국민들에게 당연히 제공해야 하는 기본적인 서비스들을 시장에 넘겨주

---

* '가정의 번영'이라는 단어로 께랄라 주에서 가난 퇴치 운동으로 진행한 소액대출 사업

는 일들이 너무나 광범위하게 진행되고 있습니다. 께랄라나 우리나라도 그중의 하나일 뿐입니다.

주 정부가 운영하는 생산지향적 계획이 없기 때문에 이주자들이 보내오는 막대한 송금은 산업과 농업 분야가 아니라 부동산 투기, 주식시장에 주로 투자되고 있습니다. 최근의 께랄라 경제는 투기경제의 본산이 되었습니다. 그 결과 높은 수준의 부패와 지대 추구 행위가 만연하고 있습니다. 주 정부 스스로도 주내의 저축을 활용하는데 관심이 없습니다. 낮은 예대금리 비율로 저축이 역외로 유출되고 있는 상황입니다. 그럼에도 ADB와 세계은행은 인도 중앙정부와 께랄라 주 정부가 부채를 늘릴 수 있도록 허용했습니다. **이 대출이 사용되는 곳은 주로 ADB가 께랄라 사회를 현대화한다는 명분으로 강요한 대규모의 인프라 건설 사업인데, 이 사업 계약은 ADB에 기금을 낸 강대국의 기업들이 사업권을 독점하고 있습니다. 결국 ADB와 세계은행의 차관은 이자까지 더해져서 선진국으로 역류**됩니다. 이런 현상을 제임스 페트라스(James Petras)는 **역원조(reverse aid)**라고 불렀습니다.

차관과 연계된 기술 지원 사업에 있어서도 수혜자는 미국, 영국, 캐나다, 호주 등 극소수의 기금 제공 국가들입니다. 호주의 재무부 장관은 의회에 제출한 보고서에서 다음과 같이 말하고 있습니다. "ADB가 자금을 제공한 계약은 호주 기업들에게 상당한 규모의 상업적 기회를 제공한다. 그리고 아시아와 태평양 지역의 개발도상국에서 추가적인 사업을 위한 초석이 될 수 있다." 이와 함께 께랄라 내부에서도 관료, 컨설턴트, 학자 등이 수혜 집단으로 등장했습니다.

몇몇의 민주적 분파와 급진 좌파 집단들이 'ADB는 께랄라를 떠나라' 캠페인(ADB-Quit Kerala Campaign)을 시작했지만 주 차원의 대안적 발전을 만들어 내는 데는 실패했고, 주 정부, ADB, 중앙정부가 한통속임을 폭로하는 데도 실패했습니다. 이 운동은 더 이상의 부채는 께랄라의 경제적 상황을 위태롭게 하고 께랄라가 자랑해 왔던 사회적 발전 모델을 역전시킬 것을 걱정하며 시작되었습니다. 캠페인의 초기 단계에는 좌파도 ADB 차관에 공개적으로 반대했습니다. **좌파민주전선의 지도자들은 자신들이 집권하면 차관을 상환하지 않을 거라고 선언했지만, 2006년 5월 실제로 집권하게 되자 ADB 정책 패키지를 온전히 실행**했습니다.

새로운 께랄라 모델에 대한 평가

새로운 께랄라 모델과 그 핵심 정책인 인민계획 캠페인의 **가장 중요한 공헌은 인민의 참여를 확대시킨 분권화된 계획이라는 새로운 방법의 도입입니다**. 이것은 께랄라 모델을 살아남게 하고 새로운 세계질서의 부작용으로부터 지역을 보호하려는 시도였습니다. 새로운 께랄라 모델은 재분배 전략에만 매달린 낡은 께랄라 모델이 경제 발전을 가져오는 데 실패했다는 반성에서 출발했습니다. 그러나 문제의 핵심은 분권화된 민주주의가 께랄라 모델의 참여적이고 평등주의적인 능력을 유지할 수 있느냐입니다. 대중, 전문가, 자원을 생산에 동원하려는 노력은 잘못된 조정 능력과 계획 탓에 산업과 농업의 생산을 의미 있게 향상시키는 데 실패했습니다. 또 인민계획 캠페인은 주 차원이나 지역적인 수준에서 불평등한 권력관계에 도전하는 어떤 시도도 포함하지 않았습니다. 그 결과 지역 수준에서 기득권 세력은 어떤 도전에도 직면하지 않고 유지될 수 있었습니다. 최근의 민주주의 심화에 대한 담론들은 주로 인민계획의 민주적 분권화 프로그램에 대한 연구에 근거하고 있는데, 이 연구들은 계획의 긍정적

효과가 께랄라에서의 민주주의의 질을 높였다고 평가합니다. 특히 여성 달리뜨 부족민 같은 하위 집단들의 참여가 극적으로 증가했다는 것을 높게 평가합니다.

그러나 새로운 께랄라 모델이 께랄라 모델이 성취한 사회민주주의적 성과를 희생시키지 않고 민주주의 확대라는 성과를 더했다는 주장은 실제 현실에서 근거를 찾기 어렵습니다. 신자유주의 이후 불평등의 증대, 지니계수의 상승, 교육과 보건에 대한 공공지출의 극적인 삭감, 또한 이 부문들의 급속한 상품화가 께랄라 모델의 토대를 흔들었음은 앞서 보았습니다. 더 나아가 농업 부문의 붕괴로 인한 하층 농업 노동자들의 비참한 현실은 급진적 사회민주주의가 께랄라를 지배한다는 주장에 의문을 던지게 합니다. CPI-M은 점점 더 중간 계급의 정당이 되고 있고, 더 나아가 점점 더 지역의 대자본에 의존하고 있습니다. 최근에는 공산당이 시민사회 조직을 통제하려 한다는 비판마저 받고 있습니다. 이는 민주주의의 심화와는 거리가 먼 것입니다. 민주주의 심화에 대한 주장은 평생 공산주의 활동가였던 사람들의 환멸을 받고 있습니다. 대중적 기반을 건설하려는 공산당의 노력, 특히 도시의 중간 계급 가운데에서 기반을 건설하기 위한 입장 선회는 계급투쟁을 희석시켰습니다. 그 결과 단순한 개량주의가 아니라 현존하는 정치적·사회적 구조를 옹호하는 데까지 나가게 되었습니다.

인민 캠페인이 국가의 관료제와 정치 체제 그리고 그들을 후원하는 특권 집단에 대한 공격이라는 주장은 타당하지 않습니다. 공산당 경제 정책은 겉으로는 대자본의 진입에 반대하는 선동을 하면서 다른 한편으로는 이를 허용하는 모순을 드러냈습니다. 위의 사례에서도 알 수 있듯이 분권화된 발전 전략에 더 적합하다고 여겨진 것은 기초적인 서비스나 소생산 부문입니다. 산업화와 인프라 발전은 주 정부 수준의 개입을 필요로 했습니다. 1980년대 중반까지 당은 사적 자본이 전기, 경공업, 고무 가공, 농업 그리고 비교우위가 있는 다른 산업에 투자하도록 권유했습니다. 다른 한편으로 소규모 영역에서 생산성을 증대시키고 공공 서비스의 질을 향상시키는 운동에 대중들이 참여하게 했습니다. 즉 **주요 기간산업 혹은 대규모 산업은 대규모 민간 자본에게 넘기고 소규모 경제에서는 시민사회의 역할을 증대시켰습니다. 이는 경제에서 국가 역할의 급격한 축소를 가져왔습니다.** 비중이 크지 않은 영역에서 대중의 참여가 높아진 것만 선전하지 기간산업을 시장에 내맡긴 것은 잘 언급하지 않습니다.

마찬가지로 민주주의 심화 프로그램은 국제 금융 기관들로부터 차관을 추구하는 정책과 공존합니다. 이런 정책은 공적인 자원에 대한 인민의 통제를 감소시키는 조건들과 함께 제공되기 때문에 민주주의 심화와 모순됩니다. 그들이 찬양하는 분권화는 실제로는 정부의 하위 구조에 지**구적 금융의 침투를 도와주는 결과를 가져왔습니다. 어떤 학자들은 이런 모순된 정책을 좌파의 정신분열**이라고까지 말합니다. 한국의 자유주의자들이 신자유주의 비판을 입에 달고 사는 것도 자기 부정이자 정신분열적 행동이라 할 수 있을 것입니다.

새로운 께랄라 모델과 같은 급진적 프로그램을 표방하는 안들이 가진 더 큰 **문제는 대중의 경제적 맹목성을 부추긴다는** 점입니다. 비경제적인 방식의 급진적 정책들이 더 근본적이라는 일부 급진주의자들의 주장은 어떤 현실적 성과도 내놓지 못했습니다. 그런 주장들이 만연했던 지난 20년간 한국 사회의 사회·경제 구조는 나아진 것이 없지 않습니까? 신자유주의가 민중에게 가한 가혹한 경제적 고통의 문제를 민주주의의 심화라는 엉뚱한 방향으로 해결하겠다는 주장에 대해 그들은 어떤 근거도 제시하지 않았습니다. 께랄라에서도 민주주의의 심화 담론은 토지의 실질적 경작자들이 제기하는 토지 개혁의 완수와 같은 폭발적인 요구들을, 또 이들과 함께 카스트 위계의 최하층을 구성하는 어부들의 운동, 생태적 운동, 여성운동, 부족민 운동과 같은 다양한 새로운 운동의 등장도 인정하지 않았습니다. 최근에 달리뜨와 아디와시가 대부분인 농업 노동자들이 일으킨 토지 투쟁에 대해 공산당이 지배하는 조직된 노동조합이 반동적인 반응을 보인 사례는 새로운 께랄라 모델이 누구를 위한 것인지 짐작하게 해줍니다. 그래서 2011년 좌파의 선거 패배는 좌파 강령의 희석에 대한 대중의 분노의 결과였다는 평가가 있습니다. 그런데도 좌파 정당은 회의당이 주도하는 UDF가 진보의 유일한 장애물이고 LDF의 재집권만이 새로운 정치적 활력을 불어넣을 수 있다고 주장합니다. 즉 이들은 신자유주의의 모순을 제도권 정당들인 LDF와 UDF 사이의 대립 구도로 왜곡한다는 점에서 한국의 정치 집단들과도 유사한 모습을 보입니다.

참고문헌

단행본

강경선 외, 『인도와 인도 사람들』, 서경문화사, 2009.

게일 옴베트, 『암베드카르 평전』, 이상수 옮김, 필맥, 2005.

나렌드라 자다브, 『신도 버린 사람들』, 김영사, 2007

라나지트 구하, 『서발턴과 봉기』, 김택현 옮김, 박종철출판사, 2008.

박정석, 『카스트를 넘어서』, 민속원, 2008.

백좌흠 외, 『내가 알고 싶은 인도』, 한길사, 1997.

이광수, 『역사는 핵무기보다 무섭다』, 이후, 2010.

이옥순, 『인도 현대사』, 창비, 2007.

이재기, 『현대인도경제론』, 형지사, 2008.

E. M. S. 남부디리빠드, 『마하트마 간디 불편한 진실』, 정호영 옮김, 한스컨텐츠, 2011.

에쇼 히데키, 『인도 경제의 발자취』, 박종수 옮김, 경상대학교 출판부, 2009.

잔드레세카·고쉬, 『인도 경제 개혁의 그림자』, 박종수·김영화 옮김, 비즈프레스. 2008.

정호영, 『인도는 울퉁불퉁하다』, 한스컨텐츠, 2011.

조길태, 『인도사』, 민음사, 1994(2000).

Banerjee, Diptendra(ed.), *Marxian Theory and the Third World*, New Delhi : Sage Publication, 1985.

Bob, Clifford, *The Marketing of Rebellion*, New York: Cambridge University Press, 2005.

Desai, Akshayakumar Ramanlal(ed.), *Agrarian Struggles in India After Independence*, New Delhi: OUP, 1986.

Franke, Richard W., *Kerala: Radical Reform as Development in an Indian State*, A Food First Book, 1994.

Mallick, Ross, *Indian Communism*, OUP : Delhi, 1994.

Mallick, Ross, *Development Policy of a Communust Government : West Bengal since 1977*, Cambridge University Press, New York, 1993.

Mehta, Vrajendra Raj & Pantham, Thomas, *Political Ideas in Modern India : Thematic Explorations*, New Delhi: Sage Publication, 2006.

Metcalf, Barbara D. & Metcalf, Thomas R., *A Concise History of Modern India*, New York : Cambrideg University Press, 2006.

Omvedt, Gail, *Reinventing Revolution : New Social Movements and the Socialist Tradition in India*, New York : An East Gate Book, 1993.

Prakash. B. A.(ed.), *Kerala's Economic Development*. New Delhi : Sage Publication, 2004.

Ravi Raman, K.(ed.), *Development, Democracy and the State*, New York: Routledge, 2010.

Ray, Rabindra, *Naxalites and their Ideology*, New Delhi: OUP, 1988.

Sen, Sunil Kumar, *Working Class Movement in India 1885~1975*, OUP : Dehli, 1994.

Williams, Michelle, *The Roots of Participatory Democracy: Democratic Communists in South Africa and Kerala, India*, New York : Palgrave Macmillan, 2008.

논문

강현수, 「인도 케랄라의 급진적 개혁을 통한 지역 발전 사례」, 『동향과 전망』 78호, 2010.

고홍근, 「빤짜야뜨 라즈(Panchayat Raj) : 그 과거와 현재」, 『남아시아연구』 14권 1호, 2008, 1~32쪽.

권기철, 「인도의 경제개혁 지체와 그 사례」, 『남아시아연구』 14권 2호, 2009.

권기철·김규,「인도의 금융시장 개혁 : 성과와 과제」,『인도연구』12권 2호, 2007, 1~48쪽.

김경학,「개발과 인권 : 인도 나르마다 계곡 개발 프로젝트를 중심으로」,『남아시아연구』16권 3호, 2011.

김명숙,「심의민주주의의 경험과 분석」,『한국자치행정학보』25권 1호, 2011.

김찬완,「2009년 총선결과 및 향후 인도 정치 및 경제 전망」, 4회 인도지역연구회 자료, 2009.

_____,「지정카스트의 경제적 위치에 대한 인도 경제개혁 영향에 관한 연구」,『남아시아연구』13권 1호, 2007.

_____,「인도산업정책의 성격과 최근변화 연구」,『남아시아연구』14권 2호, 2009.

_____,「UPA집권 성공요인과 2009년 인도 총선거 특성연구」,『남아시아연구』15권 3호, 2010.

_____,「인도 경제자유화에서 정치적 요소」,『인도연구』5권, 2000, 61~84쪽.

_____,「자치단체로서의 빤짜야뜨 : 서벵갈 바만가뜨(Bamanghat) 빤짜야뜨 사례연구」,『남아시아연구』14권 1호, 2008, 33~52쪽.

_____,『인도 경제개혁 10년의 평가와 향후 과제』, 대외경제정책연구원, 2000.

_____,「인도의 공업구조 변화연구」,『남아시아연구』, 11권 1호, 2005.

_____,『인도 경제개혁 10년의 평가와 향후 과제』, 대외경제정책연구원, 2000.

_____,「서벵갈 좌파전선의 개발전략 : 정체성 유지의 딜레마」,『국제지역연구』14권 2호, 2010.

남상민,「환경과 인권, 그 관계맺음에 대하여 : 인간 중심적 관점을 넘어서야 할 환경권」,『세상을 두드리는 사람』26호, 2007.

박금표,「영국 지배시기의 지방자치제도 도입과 빤짜야뜨」, 2008년 국제인도아세안학회 춘계 학술대회 발표문, 한국외국어대학교 국제사회교육원.

박정석,「남인도의 불가촉천민에 관하여」,『인도연구』4권, 1999, 81~114쪽.

박종수·백좌흠·장상환,「인도의 토지개혁과 농민운동」,『지역연구』4권 4호, 서울대학교 지역종합연구소, 1993.

백좌흠,「신경제정책하의 인도 농업문제」,『인도연구』7권 2호, 2002.

_____,「통일진보연합 정부 집권 1년의 평가」,『인도지역동향』10권, 2005.

백좌흠 외, 2004, 「힌두-무슬림 갈등의 구조적 성격과 동태 분석: 구자라뜨 사태를 중심으로」, 『인도연구』 9권 2호, 1~53쪽.

____, 「인도의 농업개혁법과 자본주의 발전」, 『민주법학』 11호, 1996.

____, 「2004년 총선 이후 인도 정치에서 좌익 정당들의 부상」, 『인도연구』 11권 2호, 2006.

____, 「인도의 2004년 5월 총선과 통일진보연합 정부의 성립」, 『인도지역동향』 7·8권, 2004.

____, 「뭄바이 세계사회포럼」, 『인도지역동향』 6권, 2004.

이광수·김경학·백좌흠, 「인도의 근대 사회 변화와 카스트 성격의 전환」, 『인도연구』 3권, 1998.

이병진, 「인도 지방자치에 대한 일고찰: 편잡 빤짜야뜨 사례를 중심으로」, 경희대학교 정치학과 박사학위논문, 2009.

____, 「인도의 급진적인 농민운동에 관한 연구: 낙살라이트 농민운동을 중심으로」, 경희대학교 정치학과 석사학위논문, 1998.

____, 「사회적 자본 형성과 대중운동 간의 관계에 관한 연구: 께랄라주의 인민참여운동 사례를 중심으로」, 『인도연구』 10권 1호, 2005.

이옥순, 「인도 동북지방 부족민 연구, 19~20세기」, 『남아시아연구』 15권 3호, 2010.

이은주, 「빤짜야뜨제도 정착에 미친 간디의 영향과 그의 정치이념: 그람 스와라즈(Village Self-rule)」, 『남아시아연구』 14권 1호, 81~113쪽.

이정호, 「인도의 독립과 마하트마 간디의 죽음」, 『남아시아연구』 16권 2호, 2010.

정채성, 「2004년 5월 총선과 낙살테러: 의회민주주의 대 무장공산혁명?」, 『인도지역동향』 7·8호, 2004.

____, 「인도 환경운동의 사회경제적 성격: '칩꼬'와 '나르마다' 운동을 중심으로」, 『인도연구』 13권 1호, 2008.

____, 「인도의 기타후진계급의 사회적 성격」, 『인도연구』 5권, 2000.

____, 「하리잔과 달리뜨: 불가촉천민의 집단의식 형성」, 『인도연구』 8권 1호, 2003, 61~83쪽.

____, 「독립 후 인도 농촌에서 계급 간 갈등의 전개 양상」, 『남아시아연구』 4호, 1999.

____, 「개발과 부족민, 그리고 무장게릴라: 오릿사주 산업화 정책의 문제점」, 『인도지역동향』 11권, 2006.

_____, 「인도 달리트운동의 국제화와 인권 문제: 국내 운동과의 관계에서 드러난 한계에 대한 비판적 검토」, 『인도연구』 16권 1호, 2011.

_____, 「인도환경운동의 시민운동적 성격」, 37차 한국문화인류학회 정기학회, 2005.

조길태, 「인도 농민 운동의 성격과 그 한계」, 『서남아연구』 창간호, 1996.

최종찬, 「인도 지방자치제도의 기원」, 한국외국어대학교 남아시아연구소. 『남아시아연구』 14권 1호, 115~134쪽, 2008.

해외경제연구소 국별조사실, 「인도 총선 실시 결과 및 향후 전망」, 2009.

홍형석, 「식량위기 시대 대안을 찾아서 : 식량주권 개념과 그 정립 과정」, 녀름 농업농민정책연구소, 2010.

Acosta, Raul, "The fluid market of advocacy network research" The International Society for Third-Sector Research, *Working Paper Series*, Vol. VI, 2008.

Keck, Margaret, and Kathryn Sikkink, "Transnational Advocacy Networks in International and Regional Politics", *International Social Science Journal*, Volume 51, Issue 159, 1999.

Khullar, Mala, "Emergence of the Women's Movement in India", *AJWS*, Vol. 3 No. 2, 1997.

Kiel, Christina, "How Transnational Advocacy Networks Mobilize", *Josef Korbel Journal of Advanced international Studies*, Vol. 3, 2011.

Lerche, Jens, "Transnational Advocacy Networks and Affirmative Action for Dalits in India", *Development and Change*, Vol. 39, Issue 2, pp. 239~261, 2008.

Srinivas, Ch. & Abdul Thaha S., "A study on Alternative Public Distribution System : A Novel Initiative of Deccan Development Society", Glocal Research and Consultancy Services Hyderabad.

찾아보기

【ㄱ】

간디, 마하뜨마(Mahatma Gandhi) 17, 93, 123, 154, 158, 160, 258, 311
간디, 라지브(Rajiv Gandhi) 29, 31
간디, 라훌(Rahul Gandhi) 46
간디, 산자이(Sanjay Gandhi) 27
간디, 소냐(Sonia Gandhi) 31, 39
간디, 인디라(Indira Gandhi) 22, 24~27, 99, 104, 106, 126, 240
    ~의 헌법 개정 25
    부정선거 107
    비상통치 31, 106
고상한 야만인 275
고용 없는 성장 60
고용의 여성화 61~62
공공분배체계(PDS) 55, 67, 226
    대안적 ~(APDS) 214~216
공기업 사영화 58, 72, 146, 336
구자라뜨 사건 34~36
구하, 라나지뜨(Ranajit Guha) 197
국가여성주의 266
국가 제조업 정책(NMP) 78
국가 제조업 투자 구역(NMIZ) 79
국제달리뜨연대망 171

국제적 전시효과 29, 54
굽따(Indrajit Gupta) 100
금융 자유화 55~56
까르나따까 농업연맹(KRRS) 211~212
께랄라 모델 86, 288
    ~의 지속 가능성 301
    새로운 ~ 311
께랄라 의회 해산 125
꼴까따 학살 117

【ㄴ】

나르마다 댐 건설 반대운동 270~273
낙살 반군 23, 68, 100, 130, 166, 175, 216, 220, 246~250, 284
    ~의 부활 224
    붉은 회랑 225, 247
난디그람 사건 47, 112, 138
남부디리빠드(E. M. S. Namboodiripad) 96, 100, 124, 126, 289
네루, 자와하를(Jawaharlal Nehru) 17, 20, 93, 123, 125, 142, 234, 279, 312
네팔공산당-M 252~254
네팔공산당-ML 251, 253
네팔회의당 251, 253

노동은행 325
노동의 비정규직화 61
노동조합의 쇠퇴 147
노키아 122
녹색혁명 23~24, 70, 176, 198, 205, 226, 239~241, 300
농민 자살 34, 241, 244
농업 보조금 55, 179, 227
농촌 사회의 계급 갈등 179~180, 205, 229

【ㄷ, ㄹ】

다르나 207
다스, 찟따란잔(Chittaranjan Das) 142
달리뜨 국제화 운동 168
달리뜨 팬더 164~168, 187
   노선 갈등 188
당게(Shripad Amrit Dange) 95~96, 99, 101, 106, 108
대중사회당(BSP) 48, 171~172, 174, 183, 189, 191~193
데사이, 모라르지(Morarji Desai) 184
데칸발전협회(DDS) 213~215
독립노조 운동 119
두따 사만뜨(Dutta Samant) 119
따따(J. R. D. Tata) 117
따따 그룹 17, 82
   따따 스틸 121
   따따 자동차 44, 136
떼바가 농민 봉기 201~202
뗄랑가나 농민 봉기 202~204, 235
뜨리나물 회의당(TC) 49
라오(Narasimha Rao) 31, 39
라이, 랄라 라즈빠뜨(Lala Lajpat Rai) 141

람, 깐시(Kanshi Ram) 189~191
로이, 마나벤드라 나트(Manavendra Nath Roy) 88~90

【ㅁ】

마야와띠(Mayawati Kumari) 192~193
마줌다르, 짜루(Charu Majumdar) 219, 250
   8개의 역사적 문서들 222
만달위원회 177, 184~185
   만달 보고서 37, 177
만달화 정책 31
말릭, 로스(Ross Mallick) 100
메디플레이션 332
명예살인 152
몬산토 213, 227, 242
무역 자유화 53, 63
무카르지, 쁘라나브(Pranab Mukherjee) 66
민관 합동 프로젝트(PPP) 70, 83, 337
민족민주연합(NDA) 34, 45
민족민주주의 96
민족자본가 221, 235
민족해방운동 89, 258
민중민주주의 94, 96

【ㅂ】

바네르지, 마마따(Mamata Banerjee) 113
바라뜨 끼산 유니언(BKU) 206~208, 210
바수, 조띠(Jyoti Basu) 100, 131, 136
바즈빠이(Atal Bihari Vajpayee) 32~33
밧따짜르지, 붓다데브(Buddhadeb Battacharjee) 110, 136

방글라데시 독립 24, 106
보스, 짠드라(Subhas Chandra Bose) 93, 142
'보호를 위한 차별' 정책 182
봄베이 파업 119, 144
부족민 50, 217, 279
   동북부 ~ 277~279
   아디와시 277, 331
   정체성 보존운동 280~281, 283
불가촉천민 152, 181
   달리뜨 37, 156
   달리뜨 해방운동 153~157, 162, 182
   하리잔 154, 186
비거주 인도인(NRI) 56, 164
비를라 그룹 18
비를라(Ghanshyam Das Birla) 18, 105
빠뗄(Vallabhbhai Jhaverbhai Patel) 18
빤짜야뜨 161, 251~252, 311~318

【ㅅ】

사띠 258, 261
사회주의당(Samajwadi Party, SP) 48, 191
산얄(Kanu Sanyal) 250
산업정책결의(Industrial Policy Resolution) 18, 21
샤스뜨리(Lal Bahadur Shastri) 21
서발턴(하위주체) 197, 261
서벵갈 공산당의 패인 135
세계금융위기 62, 73, 120, 148
세카르, 짠드라(Chandra Shekhar) 31
센, 아마르띠야(Amartya Sen) 139, 288
셰뜨까리 상가탄(SS) 206, 208~210
소액금융 231~232
수입대체산업화 21, 53

신경제 정책(NEP) 32, 136
신사회운동 87, 164, 206, 260, 268
신자유주의적 개혁 31, 49, 57, 65, 336
싱, 만모한(Manmohan Singh) 39, 41, 45, 29
싱, V. P.(Vishwanath Pratap Singh) 30
싱구르 사건 47, 112, 138

【ㅇ】

아메다바드 폭동 38
아시아개발은행(ADB) 325, 333~337
   '~는 께랄라를 떠나라' 캠페인 340
아요디야 사태 192
IMF 28, 31, 145, 170
안돌란 273~276
암베드까르(Bhimrao Ramji Ambedkar) 156~163, 174, 182, 187
여성운동
   ~의 이원화 259
   여성의 이웃 집단 321~322
여타후진계급 37, 175
역원조 339
연합민주전선(UDF) 111, 293, 303, 313
5개년 계획 19, 21~22, 24, 27, 83
옴베트, 게일(Gail Omvedt) 229, 267
유니언 카바이드 28
유보 제도(Reservation) 109, 160, 172, 176, 279
인간의 얼굴을 한 발전 45, 84
인권 170, 173
인도
   ~ 자본가 계급 내의 분리 현상 54
   파키스탄과의 군사 충돌 21
인도 공산당 125, 199, 245

인도공산당(CPI) 20, 30, 87, 90, 95, 124
　회의당과의 연정 127
인도공산당 마오이스트(CPI-Maoist) 224
인도공산당 맑스-레닌주의당(CPI-ML)
139, 218, 223, 247, 249
인도공산당 맑스주의당(CPI-M) 30, 40,
87, 96, 100, 126, 140, 218, 248, 297, 302,
336
인도공화당 183, 186
인도국민당(BJP) 27, 30, 32~33, 128,
183, 185, 192
인도국민회의(회의당) 16~17, 22, 88, 95,
106, 125, 135, 154, 177, 188, 199
　~ 사회주의당(CSP) 91
인도노동자단(BMS) 115, 142
인도노동자중심(CITU) 115, 118, 142,
299
　~ 와 CPI-M의 연합 293
인도민족노동조합회의(INTUC) 115, 142
인민당(Janata Dal) 30~31, 177
인민봉기 251
　1차 ~ 251
　2차 ~ 254

【ㅈ~ㅎ】

자민다르 20, 197
자민다리 20, 198, 234, 238
전인도노동조합회의(AITUC) 115~116,
141~142

조쉬, 샤라드(Sharad Joshi) 209~210
조직(/비조직) 부문 61
종교공동체주의 21, 36, 123
좌파민주전선(LDF) 111, 127, 293, 303,
330, 340
중-소 분쟁 101~102, 126, 221
칩코 운동 269~270
카길 212, 227
카스트 150, 181, 211
　바르나 151~152
　슈드라 151, 153, 181
　자띠 151~152
　지정 ~ 50, 154
코민테른 90~92, 220
KSSP 295, 304, 310, 331
쿠둠바스리 338
토지 개혁 127, 131, 136, 204, 225, 233,
235~237, 295, 297, 300
　~ 과정에서 여성의 배제 263
통합진보연합(UPA) 35, 45
　공동최소강령 40~41
파머스 무브먼트 198, 205
포르투 알레그리 319
포스코 44, 284
　오디샤 프로젝트 44
푸나 협정 160
푸나프라 바얄라 반란 293
힌두-무슬림 갈등 16
힌두 민족주의 27, 33, 41, 265